JM

Les adonaissants

« INDIVIDU ET SOCIÉTÉ »

La collection **« Individu et Société »**, née en 2002, continue la collection **« Essais & Recherches »**, précédemment éditée par Nathan Université. L'une et l'autre proposent surtout des textes qui tentent de suivre au mieux le raisonnement sociologique. La liste des premiers ouvrages de « Individu et Société » est ici suivie des principaux titres de la collection « Essai & Recherches » :

Jean-Claude KAUFMANN, *Premier matin*, 2002.
Philippe CORCUFF, *La Société de verre*, 2002.
François de SINGLY, *Les uns avec les autres*, 2003.
Pascal DURET, *Les Larmes de Marianne*, 2004.
Jean-Claude KAUFMANN, *L'Invention de soi*, 2004.
Jean-Claude KAUFMANN, *Casseroles, amour et crises*, 2005.

Neil ANDERSON, *Le Hobo. Sociologie du sans-abri* (épuisé).
Didier DEMAZIÈRE, Claude DUBAR, *Analyser les entretiens biographiques. L'exemple des récits d'insertion* (épuisé).
Anne GOTMAN, *Dilapidation et prodigalité* (épuisé).
Jean-Claude KAUFMANN, *La Trame conjugale* (épuisé).
Jean-Claude KAUFMANN, *Corps de femmes, regards d'hommes* (épuisé).
Jean-Claude KAUFMANN, *Le Cœur à l'ouvrage* (épuisé).
Jean-Claude KAUFMANN, *La femme seule et le Prince Charmant.*
Jean-Claude KAUFMANN, *Ego. Pour une sociologie de l'individu* (épuisé).
Bernard LAHIRE, *L'Homme pluriel. Les ressorts de l'action.*
Bernard LAHIRE, *Portraits sociologiques. Dispositions et variations individuelles.*
Frédéric Le PLAY, *Les Mélouga. Une famille pyrénéenne au XIXe siècle* (épuisé).
Gérard MAUGER, Claude POLIAK, Bernard PUDAL, *Histoires de lecteurs* (épuisé).
Karl MANNHEIM, *Le Problème des générations.*
Anne MUXEL, *Individu et mémoire familiale* (épuisé).
Jean-Claude PASSERON, *Le Raisonnement sociologique* (épuisé).
François de SINGLY, *Le Soi, le couple et la famille.*
François de SINGLY, *Libres ensemble.*
Claude THÉLOT, Olivier MARCHAND, *Le Travail en France (1800-2000)* (épuisé).
William I. THOMAS et Florian ZNANIECKI, *Le Paysan polonais en Europe et en Amérique. Récit de vie d'un migrant.*

Collection Individu et Société
dirigée par François de Singly

François de Singly

Les adonaissants

ARMAND COLIN

Du même auteur

L'Individualisme dans la vie commune, La Tour d'Aigues, Éd. de l'Aube, 2005.
Les Politiques de l'individualisme, Paris, Éd. Textuel, 2005, avec P. Corcuff, J. Ion.
Un corps pour soi, Paris, PUF, 2005, avec C. Bromberger, P. Duret, J.-C. Kaufmann, D. Le Breton, G. Vigarello.
Les Uns avec les autres. Quand l'individualisme crée du lien, Paris, A. Colin, 2003, rééd. Paris, Hachette, coll. « Pluriel », 2005.
Libres ensemble. L'individualisme dans la vie commune, Nathan, Paris, 2000, rééd. Paris, Presses Pocket, 2003.
Habitat et relations familiales, Paris, Éditions du Plan Construction, 1998.
Le Soi, le Couple et la Famille, Paris, Nathan, 1996, rééd. Paris, Presses Pocket, 2005.
Sociologie de la famille contemporaine, Paris, Nathan, 1993, rééd. Paris, A. Colin, 2004.
Parents salariés et petites maladies d'enfant, Paris, La Documentation française, 1993.
Le Questionnaire. L'enquête et ses méthodes, Paris, Nathan, 1992. Édition refondue, Paris, Armand Colin, 2005.
Lire à 12 ans, Paris, Nathan, 1989.
Gens du privé, gens du public, Paris, Dunod, 1989, avec C. Thelot.
Fortune et infortune de la femme mariée, Paris, PUF, 1987, rééd. (nouvelle postface), PUF, coll. « Quadrige », 2002.
L'Œil à la page. Enquête sur les images et les bibliothèques, Paris, Édition du Centre Georges Pompidou, 1984, avec J.-C. Passeron, M. Grumbach.

Livres (co-)édités

Enfants adultes : vers une égalité de statuts ?, Paris, Universalis, 2004.
Être soi parmi les autres, t. I. *Famille et individualisation*, Paris, L'Harmattan, 2001.
Être soi d'un âge à l'autre, t. II. *Famille et individualisation*, Paris, L'Harmattan, 2001.
Comprendre le lien familial, Paris, PUF, 2001, coédité avec S. Mesure.
Familia e Individualizaçào, Rio de Janeiro, Editora F.G.V., 2000, coédité avec C. Ehers Peixoto, V. Cicchelli.
The European Family. The Family Question in the European Community, Dordrecht, Kluwer Academic Publishers, 1997, coédité avec J. Commaille.
Identité, lecture, écriture, Paris, Éd. du Centre Georges Pompidou, 1993, coédité avec M. Chaudron.
La Famille : l'état des savoirs, Paris, La Découverte, 1991.
Affaires de famille, affaires d'État, Nancy-Paris, Éditions de l'Est, 1991, coédité avec F. Schultheis.

ISBN : 2-200-34688-3

ARMAND COLIN ÉDITEUR • 21, RUE DU MONTPARNASSE • 75006 PARIS

REMERCIEMENTS

Ce livre résume un travail de recherche de plusieurs années. Il a bénéficié de nombreux soutiens.

L'enquête par monographie, centrale, a été financée par le plan Urbanisme Construction et Architecture (consultation de recherches « Habitat et vie urbaine ») du ministère de l'Équipement, des Transports et du Logement. Karine Chaland a eu la responsabilité du « terrain », aidée par Frank Welz, Benoît Chazot, Yaëlle Emsellem, et par des personnes des collèges et des institutions extrascolaires qui ont servi de relais pour le contact avec les adonaissants (années 2001-2002). L'enquête par questionnaire sur l'autonomie des collégiens a été réalisée, sous ma direction, avec Vincenzo Cicchelli, Christophe Giraud, Olivier Martin, Sarra Mougel, par les étudiants de licence 2 de sociologie (faculté de sciences humaines et sociales de la Sorbonne, université de Paris 5, 2001). L'enquête sur les moments communs avec les parents, passée également auprès d'adonaissants, a été réalisée, sous ma direction, par des étudiants de licence 3 de sociologie (faculté de sciences humaines et sociales de la Sorbonne, université de Paris 5, années 2005 et 2006) ; le corpus a été complété par Stéphanie Courtois. L'exploitation statistique de l'enquête sur l'autonomie a été assurée par Judith Penguilly. Le manuscrit a été relu par Muriel Letrait et Christophe Giraud.

Deux personnes ont tout particulièrement accompagné ce travail : Karine Chaland et Elsa Ramos, notamment pour l'analyse des monographies et des entretiens. Le Centre de recherches sur les liens sociaux – avec en tout premier lieu, Françoise Treguer – a été un appui précieux. Les preuves de confiance de mes éditeurs ont été nombreuses. Et une fois de plus, Chantal m'a supporté, surtout dans les moments de doute.

Je remercie chaleureusement chacune et chacun.

Et j'espère ne pas avoir, dans la mise en forme de leur expérience, trahi les adonaissantes et les adonaissants qui ont accepté de se raconter et à qui ce livre est dédié.

« Le rock a été inventé pour sortir les petits garçons des prisons des caresses maternelles. Le rock est une guerre inévitable pour échapper à sa mère… La musique se met à nous définir entièrement. »

Sylvie Robic, Les Doigts écorchés, *2006.*

Introduction

Deux thèmes ont libre cours aujourd'hui dans l'opinion savante ou ordinaire : désormais, les enfants et les adolescents sont considérés comme des adultes et ainsi privés de leur enfance ; les adultes restent *ad aeternum* des adolescents, des « adulescents » a-t-on pu écrire (Giral, 2002). Voilà qui est étrange : en toute rigueur, cela voudrait dire que les jeunes qui sont des adultes redeviendraient adolescents en accédant à l'âge adulte ! Comment peut-on affirmer en même temps que les adultes sont des éternels adolescents et que les jeunes sont adultes ?

De telles contradictions trahissent en réalité un grand désarroi face aux transformations des âges et du jeu des générations dans les sociétés contemporaines. Elles témoignent des difficultés nouvelles surgies dans la relation des parents à leurs enfants, qu'ils peinent à « situer », et donc à « élever ». Mais, par leur incohérence et leur caractère approximatif, elles n'aident pas à comprendre ces changements. Elles augmentent même la perte de repères. Au-delà donc de tous les discours, catastrophistes ou lénifiants, sur les ratés éducatifs et pour contrer cette grande peur qui conduit à traquer dès le plus jeune âge les signes avant-coureurs d'une possible asocialité, il importe de donner à voir ce qui perturbe les cœurs et la raison en rendant visible le nouveau « découpage » initial du cycle de vie. Le modèle « classique » — l'enfance (innocente et joueuse) suivie de l'adolescence (nécessairement en crise) — n'est plus véritablement opérant, si tant est qu'il le fût jamais. Un nouvel élément complique, réoriente et *enrichit* le jeu intergénérationnel : l'apparition de l'*adonaissance*, à laquelle cette enquête est consacrée.

À la racine du désarroi : le processus d'individualisation

Ce qui se joue dans ces changements c'est la montée de l'individualisme et de l'individualisation. La dénonciation du « flou » des âges rejoint celle du flou des frontières entre les sexes : les adultes auraient perdu leurs repères, cherchant à s'aligner sur les adolescents, tout comme les hommes voudraient s'aligner sur les valeurs féminines désormais dominantes.

Cette peur de l'inversion[1] (adolescents adultes, adultes adolescents, etc.) traduit dans la profondeur des choses une résistance devant l'individualisation, processus central de la période actuelle (Beck, Beck-Gernsheim, 2002). Qu'est-ce que l'individualisation ? C'est le droit pour tout individu de ne pas être défini seulement par une place, par sa place dans l'ordre des générations, des sexes, ou encore dans telle ou telle institution. Un garçon ou une fille n'est pas seulement « fils de » ou « fille de » même avec ses parents, tout comme une femme n'est pas seulement « épouse » même lorsqu'elle est avec son mari. Chacun est défini comme auparavant par sa place, mais il peut également être considéré en tant qu'individu à part entière, en tant que personne. *Le processus d'individualisation exprime un refus devant la réduction identitaire.*

Cette nouvelle manière de définir les individus dans nos sociétés bouleverse les barrières traditionnelles dressées entre les âges, les genres, les orientations sexuelles. Elle engendre, c'est incontestable, un certain flou, puisque par exemple les enfants ont désormais des droits sans attendre l'âge adulte. Mais cela ne signifie en rien que l'enfant devient un adulte, à moins de présupposer que les droits des personnes sont réservés aux adultes. Ainsi un malade dispose de droits en tant que personne, cela n'implique pas qu'il prenne la place du médecin ; il a seulement plus de pouvoir dans la relation. L'individualisation est un des supports de l'émancipation.

---

1. Une telle crainte s'exprime par exemple dans un article intitulé « Les adulescents nous font chier », publié sur le site www.fluctuat. net.

Personne n'est plus contraint de rester enfermé dans une seule appartenance. Ce dédoublement identitaire (avoir toujours au moins deux dimensions) ne supprime pas, soulignons-le pour éviter les malentendus, les différences de position, de taille symbolique entre les individus, mais il ouvre la possibilité de ne pas être seulement défini par sa position, par sa taille. En conséquence, l'enfant reste « enfant » sans pour autant être seulement « petit ».

« Vers une enfance majeure » ?

Le sens de ce processus d'individualisation s'enracine dans la philosophie des Lumières. Dans son *Qu'est-ce que les Lumières ?* (1784), Emmanuel Kant répond ainsi à la question posée par le titre : « La sortie de l'homme de sa minorité dont il est lui-même responsable. Minorité, c'est-à-dire incapacité de se servir de son entendement (pouvoir de penser) sans la direction d'autrui, minorité dont il est lui-même responsable (faute) puisque la cause en réside non dans un défaut de l'entendement mais dans un manque de décision et de courage de s'en servir sans la direction d'autrui. *Sapere aude* ! (« Ose penser ! ») Aie le courage de te servir de ton propre entendement. Voici la devise des Lumières ». Cette philosophie plaide donc pour que tous les individus puissent, dans la mesure de leurs moyens, être autonomes, penser par eux-mêmes et devenir « majeurs », même ceux et celles qui historiquement sont pensés comme « mineurs ». Il ne suffit pas de répéter ce commandement : « Ose penser », encore faut-il en avoir les conditions sociales de possibilité. Ainsi les détenus, privés de la liberté de circuler, ne devraient pas pour autant être dépossédés des autres droits. C'est pour cette raison que pour la première fois en France, le silence carcéral est rompu grâce à l'Observatoire international des prisons, qui a donné en mai 2006 un questionnaire à tous les détenus de France sur leurs souhaits de réforme de la prison, de la vie commune[1]. L'individualisation n'existe que par la prise de parole. Le mineur se tait, ou répète la

1. D. Simonnot, « C'est la rupture du silence carcéral », *Libération*, 25 mai 2006.

leçon apprise, le majeur doit pouvoir s'exprimer, ne serait-ce que pour confronter sa pensée à celle des autres. Le processus d'individualisation ne se confond pas avec le repli sur soi, avec le soliloque, il engendre bien davantage le débat, l'échange, la discussion.

Mais cette application de la philosophie des Lumières aux enfants, aux mineurs, surprend. Plaider pour une « enfance majeure », comme le fait Charles Fourier (2006), semble aller contre-nature. Nous retrouvons la crainte, maintes fois exprimée, de voir des enfants dépossédés de leur enfance, ou traités comme des adultes. Cette peur provient d'une équivalence entre les mots « majeur » et « adulte », ce qui est, à mon sens, une erreur. L'enfant, l'adolescent n'a pas à être traité comme un adulte ; toutefois il peut être considéré, pour une part, comme « majeur », c'est-à-dire susceptible d'avoir une certaine autonomie. Cette considération requiert une transformation de l'éducation et du rapport pédagogique. En effet, dans cette perspective, l'enfant n'a pas à attendre l'âge adulte pour s'exercer à devenir lui-même, même s'il reste par ailleurs dans une relation de dépendance. Il doit apprendre dans un processus continu à prendre de la distance par rapport à ses parents et à leur autorité afin de pouvoir s'affirmer et de dessiner pour une part les contours de son existence.

Cette revendication ne fait certes pas l'objet de manifestes éducatifs, mais elle irrigue bon nombre de discours. Ainsi pendant l'été 2005, le quotidien *Le Monde* a publié pour la première fois une chronique — « Le Monde des ados » — avec le concours de « l'École des parents et des éducateurs ». Reprenons celle du 25 juillet. Julia, 12 ans, clame qu'elle en a « marre d'être une fille unique » et qu'elle voudrait que ses parents adoptent un enfant. La médiatrice familiale, Marie-Élisabeth Lafaille, entend un autre message : « Derrière cette envie d'avoir un petit frère ou une petite sœur se cache peut-être une préoccupation différente… C'est sans doute l'occasion de définir une relation nouvelle avec tes parents. Tu as 12 ans, âge où l'on a besoin d'élargir son horizon. Pas étonnant que tu trouves tes parents parfois un peu trop sur ton dos… Tu as un message à leur faire passer : “Je grandis ! Laissez-moi respirer un peu…” Négocie des sorties, des horaires et respecte-les, prends-toi plus en charge, dans ton travail par exemple. Bref, prouve à tes parents qu'ils peuvent te faire confiance. La liberté et l'autonomie, ça passe par là».

La médiatrice rend légitime la demande de Julia. L'adolescence doit être reconnue ; c'est un âge pendant lequel un jeune éprouve des besoins nouveaux qui ne peuvent pas être réprimés. Le changement le plus important est résumé dans le titre de la rubrique — «Le Monde des ados» — qui reconnaît implicitement que *Le Monde* est en réalité celui des adultes. Les jeunes peuvent avoir un monde à eux qui n'est plus défini seulement par les parents : leur est reconnu le droit de négociation à la condition qu'ils soient responsables. Il s'agit donc d'une indépendance sous condition, d'une forme hybride entre le mineur et le majeur. Les partisans des frontières nettes ne peuvent être que déçus. Tout en restant «petit» du fait de sa dépendance objective et d'un certain besoin de protection, l'enfant, le jeune, apprend à être «grand».

Une distance au «nous» familial

La fréquentation du collège par le jeune, concomitante de son entrée dans l'adolescence permet de comprendre le travail que tout individu contemporain doit effectuer pour réussir cette première épreuve dans la construction d'une identité personnelle. Précisons la nature de ce travail en nous référant à une théorie de Norbert Elias (même si ce dernier n'évoque pas l'adolescence). Pour lui, la société des individus s'accompagne d'un «renversement de l'équilibre "nous-je" : pour les hommes et les femmes, «[l']inéluctable encadrement à vie par la famille, la parentèle [...] et [l']identification avec eux se réduisent [...] Ils peuvent bien plus librement décider de leur sort. Mais aussi *doivent-ils* [souligné par Elias] décider de leur sort. Non seulement ils peuvent devenir plus autonomes, mais ils le doivent. À cet égard ils n'ont pas le choix» (Elias, 1991).

J'analyserai l'entrée dans l'adolescence en référence à ce retournement de l'équilibre «nous-je», tout en enrichissant le schéma initial. En effet, Norbert Elias ne distingue pas de phases dans ce renversement, et homogénéise ainsi le processus d'individualisation. Or pour parvenir à penser « je », à dire « je », l'individu prend appui sur des ressources qui sont, elles aussi, collectives, qui dérivent d'un autre « nous » que le premier. Dire « je » peut prendre la forme paradoxale d'un dire « nous » provisoire. À l'entrée de l'adolescence, les jeunes mettent bien autant en avant cet autre « nous » — sur les murs de leurs chambres, par leur mise en scène vestimentaire et corporelle, à travers leurs radios... — qu'un « je » original.

L'analyse des jeunes collégiens permet donc de préciser le schéma proposé par Elias. Le renversement de l'équilibre « nous-je » doit donc être décomposé, schématiquement, en deux mouvements. Pendant le premier mouvement, le « nous » premier — celui du groupe familial — est déstabilisé par le « nous » générationnel. Dans une de nos enquêtes, une jeune fille, Mélodie (12 ans, parents gardiens d'immeuble), parvient à faire comprendre ce glissement : « Quand je suis avec mes copines, on rigole, on parle de tout et de rien, alors qu'avec eux [ses parents], je sais pas, c'est pas la même chose. » Cette jeune fille regarde à distance ses parents, s'identifiant à un autre groupe de référence. Le processus d'individualisation qui repose nécessairement sur une forme de dédoublement identitaire est engagé : Mélodie peut changer de point de vue, elle est « fille de » ses parents et elle est aussi « copine ». C'est cette confrontation, le plus souvent pacifique, entre deux « nous » qui crée les conditions autorisant la subjectivation, le fait de pouvoir s'exprimer à titre personnel.

On ne naît pas « sujet » ou « individu individualisé », on le devient par le détour d'une autre appartenance qui donne la possibilité d'un surgissement personnel. Pour Jean-Paul Sartre (1976), « le soi représente une distance idéale dans l'immanence du sujet par rapport à lui-même, une façon de ne pas être coïncidence ». Cette non-coïncidence est ce qui permet l'élaboration d'un « espace intérieur où le moi est à l'abri du monde », d'une « intériorité comme lieu d'absolue liberté à l'intérieur du moi », selon les termes d'Hannah Arendt (1954).

Cette non-coïncidence entre le nous familial et le nous générationnel est ce qui caractérise, selon nous, la fin de l'enfance. Pendant le second mouvement, pendant l'adolescence, un «je» plus personnel apparaîtra. Mais à l'entrée de l'adolescence — c'est pour moi une des surprises de cette recherche — la découverte d'un «soi profond», d'une intériorité personnelle, ne préoccupe pas les jeunes. Elle ne viendra qu'après, lorsque le «nous» familial de référence sera suffisamment déstabilisé par le «nous» générationnel, ou lorsque ces deux «nous» auront coexisté assez longtemps pour que la conscience de soi naisse. Les jeunes collégiens ne sont pas à la recherche d'un Pygmalion qui les aiderait à savoir qui ils sont vraiment et à développer leur trésor enfoui (de Singly, 1996). Pour le moment, ils expérimentent l'aller et retour entre les deux appartenances. Ils cherchent à relativiser le «nous» familial et non à le supprimer.

Ils n'en sont pas à établir un inventaire de leur héritage familial. C'est pour plus tard, comme le raconte une femme de 43 ans. À 18 ans, elle décide de quitter la province et ses parents pour venir à Paris[1] dans un logement indépendant. Or son père lui offre un cadeau : «Il y avait une sorte de buffet que mon père voulait absolument me donner, que je détestais, atroce. Et un jour ils débarquent à Paris avec et je me retrouve avec ce buffet de famille dans un deux-pièces. Donc j'ai ce buffet. Un jour j'ai dit : "Ce buffet je n'en veux pas." J'ai vendu le buffet. Et je suis allée voir mes parents ou je les ai eus au téléphone. J'ai dit à mon père que j'avais vendu ce buffet que je détestais et que je n'en voulais pas. C'était un acte un peu symbolique, de rupture symbolique, le buffet disparut en une semaine.» Cette jeune adulte refuse que son logement et son identité soient encombrés par ce buffet paternel. Elle dilapide cette partie de l'héritage (Gotman, 1995) pour affirmer, au-delà de ce meuble, que c'est à elle, et à elle seule désormais, de savoir ce qui lui convient.

1. Extrait d'un entretien mené auprès d'une femme kinésithérapeute, mère de deux enfants (Barrett, 2006).

Un nouvel âge de la vie, l'adonaissance

À l'entrée du collège, l'heure est à la prise de conscience que l'appartenance familiale est relative, grâce aux multiples offres d'appartenance à la jeunesse. Les jeunes collégiens s'assurent qu'ils sont assez grands et assez forts avant de partir à la découverte d'eux-mêmes. Accompagnés par leurs copains ou leurs copines, qui ont la même revendication, ou par des stars auxquelles ils s'identifient, ils font des exercices de yoga identitaire afin d'avoir assez de souplesse pour se détacher en partie de leurs parents. Avant de prendre le large, ces jeunes apprécient leur entraînement dans l'équipe des adolescents, d'abord comme remplaçants avant de passer titulaires. Sans se lasser, ils font et refont le premier mouvement du retournement « nous-je ». Ils apprennent à se détacher. Évoquant les obligations professionnelles de ses parents, Marcel Rufo se souvient de cette découverte : « Ces jours-là, j'étais libre de mes parents. Le temps, la ville et le monde m'appartenaient. Je m'appartenais. J'avais besoin de mes parents et besoin de m'éloigner d'eux. Sans le savoir, ils m'aidaient à prendre de la distance » (Rufo, 2005). L'autonomie ne se décrète pas, elle se prend, les parents devant seulement créer les conditions de cette déprise relative.

Ce premier mouvement, centré sur la déstabilisation du primat du « nous » familial, nous nous proposons de le nommer « adonaissance ». Celle-ci a lieu, le plus fréquemment, pendant les premières années du collège. Ces jeunes ne cherchent ni à devenir adultes, ni à être adolescents. Ils veulent que soit reconnu, avec leur nouveau statut scolaire, un changement de taille symbolique. Ils savent que cette grandeur n'est que relative. Ils quittent une plus petite école mais en même temps ils se retrouvent les plus petits des plus grands. C'est ce qu'observe Sophie (parents cadres) qui estime qu'à l'entrée du collège on n'est pas encore adolescente, qu'on est seulement « pré-adolescente » (insistant bien sur le « pré ») : « Déjà que je suis rentrée en sixième, je me sens vraiment mais toute petite par rapport aux autres filles.

Et j'ai vraiment l'impression d'être une enfant plutôt. » Sarah (père ouvrier, mère cadre moyen) se considère également comme « pré-ado » : « Je ne suis pas mûre. Je suis pas idiote à ce point-là mais je suis normale. Mais je me considère pas comme une adolescente parce que je ne fais pas encore ce que je veux. Enfin, l'adolescente ne fait pas tout ce qu'elle veut non plus, ça dépend comment les parents ils éduquent leurs enfants. Par exemple, ceux de ma classe, les racailles, se croient déjà pour quelqu'un de majeur, quelqu'un qui a tous les droits, quelqu'un qui pourrait faire ce qu'il veut quoi. » En quelques phrases cette jeune fille dit beaucoup. Elle affirme qu'elle est normale, c'est-à-dire qu'elle ne revendique que ce qui est propre à son âge. Quand elle sera adolescente, elle voudra et aura plus de marge de manœuvre, ce qui ne signifie pas qu'elle aura la taille d'un adulte. Elle sait où elle en est sur le parcours des âges. Aussi ne comprend-elle pas que sa professeur de sport lui ait dit : « Faudrait que t'arrêtes ta crise d'adolescence. » Cela lui semble absurde puisqu'elle n'est pas adolescente ! Elle considère que cette étiquette traduit plutôt un problème chez l'adulte : « Je sais pas pourquoi elle dit ça. Déjà elle est bête, elle en a marre de son métier, elle pète un câble avec nous. Elle nous déteste, on la déteste. » Sarah refuse qu'on la vieillisse trop vite, prend son temps pour grandir, et n'accepte pas non plus que la catégorie « adolescence » ou « crise d'adolescence » serve à la dévaluer.

La distance vis-à-vis des parents, le détachement relatif de l'appartenance familiale ne se font pas seulement sur le mode de la déclaration de principe. Ils s'inscrivent dans des actes, dans des demandes d'horaire, dans une certaine prise de pouvoir sur soi. Ils sont des marqueurs d'une transformation identitaire. Les adonaissants sont très attentifs à ces preuves de soi, d'un soi changeant. Certains souffrent d'un décalage entre leur revendication et la manière dont ils sont reconnus. C'est le cas de Charline (11 ans et demi, parents divorcés, cadres dans le privé) qui se voit plus grande que ses parents ne la voient : « Quand j'étais en primaire, j'avais encore l'impression que j'étais encore une enfant, maintenant je me sens… (*petit silence*) grande. » L'enquêteur la relance pour lui demander de préciser comment elle se définirait. Charline répond : « Pré-ado (*petit rire*). Je me sens pas totalement adolescente. J'aimerais bien. Mais quand t'es ado, tu peux faire trois fois plus de choses que quand t'es enfant. Et je me sens ni enfant, ni adolescente. Je me sens entre les deux. » Elle se sent adolescente puisqu'elle « préfère faire des choses toute seule » sans l'aide de ses parents. Et elle ne se sent pas adolescente car son père et sa mère sont encore « derrière » elle à certains moments et qu'ils ne le lui donnent pas ce statut. Les âges ne sont plus séparés par des barrières nettes, ils sont l'objet d'une comptabilité subtile : le statut d'adolescent autorise pour Charline « trois fois plus de choses » que le statut d'enfant. Selon ses estimations, le compte ne lui permet pas de se sentir « adolescente ». Charline nous apprend que le critère pour savoir où l'on en est dans le processus d'individualisation est la prise de pouvoir sur soi. Alors que l'enfant doit obéir à ses parents qui sont derrière son dos, l'adonaissant a droit à des temps où il peut n'en faire qu'à sa tête, sans se préoccuper de ce qu'en pensent ses parents, des temps où il peut agir à d'autres titres que celui de « fils de » ou « fille de ». L'adonaissance, ce n'est ni la rupture du lien de filiation, ni le maintien de cette identité dominante. C'est un temps pendant lequel le jeune cherche ses marques, plus générationnelles que personnelles afin de se prouver et de prouver aux autres que son identité ne se réduit pas à son appartenance familiale.

La puberté ne constitue pas le critère d'entrée dans l'adonaissance. Celle-ci est définie par l'accès au collège, par la sortie de l'école primaire : dès 11 ans pour certains. Un bref détour par l'histoire est nécessaire pour comprendre ce nouvel âge de la vie. Ce dernier dépend, comme l'adolescence, de la scolarité. Dans la première moitié du XXe siècle, pour de nombreux enfants, la jeunesse correspondait à la fin de la scolarité obligatoire et à l'entrée dans le monde du travail. Les jeunes vivaient avec des adultes sans se confondre avec eux. Ils n'étaient pas encore « responsables » d'une famille, ils pouvaient vivre un peu différemment. Ainsi les jeunes ouvriers de l'Angleterre de l'entre-deux-guerres avaient le droit de se défouler après le travail, plus que les adultes (Hoggart, 1970). Ils devaient en profiter avant d'être adultes.

L'adolescence était alors un âge réservé aux enfants des classes dites supérieures, elle correspondait à la scolarité secondaire, au lycée, qui restait un privilège social. Elle ne devient un âge pour tous que lorsque la scolarité s'allonge et se massifie. En France, ce mouvement suit la création des collèges d'enseignement général (CEG) dans les petites villes de province, à partir de 1962. Ces années correspondent aussi à la naissance de la « culture jeune » (Sohn, 2001). Ces deux événements soutiennent l'adolescence moderne : l'accès massif à une scolarisation prolongée et à un bain de culture jeune. Les jeunes deviennent « adolescents » lorsqu'ils sont maintenus dans les murs de l'institution scolaire — suivant la thèse de Philippe Ariès (1960) —, maintenus dans un monde séparé de celui des adultes (contrairement aux apprentis).

Mais depuis la fin du XXe siècle, l'opposition entre les adultes et les jeunes ne suffit pas à rendre compte de l'adolescence. Celle-ci est en effet redoublée par des clivages internes : désormais il existe des musiques pour chaque tranche d'âge de la jeunesse. *Quand je serai jeune* est par exemple un titre qui est resté au Top-10 pendant quinze semaines en 2002 et que Priscilla a enregistré à l'âge de 12 ans. En Europe se développe un type de musique destinée aux jeunes du même âge. Cette spécialité est née aux États-Unis, sous le joli nom de *bubble gum music*, avec des chansons ressemblant à des comptines, basées sur le principe de la répétition. La mode et les produits de maquillage et de soin cherchent aussi à s'imposer aux plus jeunes[1]. Soutenu par la reconnaissance des droits de l'enfant (la Déclaration internationale date de 1989, et la création d'une haute autorité, le Défenseur des enfants, de 2002) et par la possibilité d'un équipement personnel pour chaque membre de la famille, le processus d'individualisation s'accélère. Dès l'entrée au collège, le garçon ou la fille devient tout autant « membre de sa classe d'âge » que « membre du groupe familial ». Cette appartenance revendiquée à une classe d'âge est le support principal – à cette période de la vie – de l'affirmation de soi.

1. *Cf.* par exemple « Lolita. À quoi rêvent les très jeunes filles ? », *L'Expressmag*, 30 janvier 2003.

Cette distinction par (tranche d') âge prend et prendra de plus en plus d'importance jusqu'à l'âge adulte tout au moins. Il faut se garder d'interpréter cette tendance comme une imposition du marché, comme le fait une psychanalyste amenée à commenter « la précocité des filles de 7 à 11 ans », visible par la manière dont les « petites filles » (terme utilisé par la journaliste) s'habillent[1]. Selon l'experte, ces toutes jeunes « jouent à la grande par conformisme ». Elle en déduit que devant « le nombril à l'air, les parents sont coincés entre la norme consumériste et la crainte d'apparaître comme rétrogrades ». Or, poursuit-elle, « éduquer un enfant c'est l'aider à choisir ses références, ses repères et ses valeurs. Les parents sont là pour exercer un contre-pouvoir au marketing et aux phénomènes de mode dans lesquels les enfants se laissent aspirer… Et pourquoi ne pas réhabiliter l'anticonformisme, y compris à 7-11 ans ! » Ce principe oublie que la tâche principale des jeunes est le détachement relatif de l'appartenance familiale. Leur demander de résister aux sirènes du marché en s'alignant sur les critères des parents pourrait avoir pour effet de les maintenir dans le conformisme familial.

Ne faut-il pas mieux se demander pourquoi les jeunes, de plus en plus jeunes, ne veulent-ils plus être pris pour des « enfants », pour des « petits »[2] ? Cette revendication à être considéré de plus en plus tôt, comme grand ou grande, signale l'exigence d'obtenir un statut qui combine une dépendance objective vis-à-vis des parents (notamment financière) et une certaine autonomie, et la volonté d'être engagé dans le processus d'individualisation. La mode sait utiliser à son profit cette demande, elle ne la crée pas. C'est une plus forte poussée, celle de l'individualisation des enfants, qui s'inscrit ainsi dans de telles apparences. Les pré-adolescentes doivent rendre visibles, d'abord auprès de leurs parents, qu'elles ne sont plus « petites filles ». Elles utilisent une arme à leur disposition : renvoyer à plus petit qu'elles les biens, les comportements précédemment caractéristiques de cette pré-adolescence, éventuellement en

1. S. Wolf, « Comment gérer la précocité des filles de 7 à 11 ans ? », *Elle*, 25 août 2003, avec une interview de Sylviane Giampino.
2. Le même article indique que les poupées Barbie sont devenues « la coqueluche des 3-7 ans » et non plus, comme auparavant, des 8-12 ans.

prenant quelques-uns des attributs des plus anciens qui se trouvent alors automatiquement dévalués.

La «distinction», notion avancée par Pierre Bourdieu (1979) pour caractériser la lutte de classes, devient également centrale pour comprendre les rivalités entre les âges. Pendant la jeunesse, en effet, le processus d'individualisation (tel que nous l'avons défini) repose sur la recherche d'une nouvelle appartenance collective, susceptible de créer le détachement vis-à-vis de l'appartenance familiale. On le verra tout au long du livre, l'adonaissant, pour revendiquer son pouvoir, est contraint à une double distanciation : non seulement il cherche à ne pas être pris seulement comme «fille de» ou «fils de», mais aussi à ne pas être confondu avec un plus «petit», bref ne plus être un enfant (au double sens du terme). Les sociétés individualistes sont paradoxales : alors qu'elles brouillent les frontières entre les âges en accordant partiellement aux petits des droits identiques à ceux des grands, elles voient naître par ailleurs un raffinement des catégories d'âge. Celles-ci sont nécessaires pour que les jeunes sachent et fassent savoir où ils en sont dans leur processus d'individualisation. Comme pour la distinction sociale, la diffusion de telle ou telle marqueur, de tel ou tel chanteur à une catégorie d'âge plus jeune interdit aux plus vieux de continuer à les apprécier. Par exemple pour les vêtements, il ne suffit pas de ne pas être habillé comme un adulte, encore faut-il également ne pas avoir les mêmes vêtements que ceux qui sont un peu plus jeunes que soi. Étant située entre l'enfance et l'adolescence, l'adonaissance est le temps par excellence de cette double distinction.

Cela permet de compléter le schéma théorique du processus d'individualisation : si l'adonaissant cherche à se distinguer du «nous» familial, il doit aussi veiller à ne pas se tromper dans son appartenance générationnelle afin d'avoir la bonne taille symbolique et de ne pas être vu comme trop petit. Le jeu comprend donc trois appartenances et non deux : l'appartenance familiale, l'appartenance générationnelle que l'adonaissant revendique et l'appartenance générationnelle qu'il ne veut plus avoir. Cela a pour conséquence de contraindre le jeune à modifier ses propres apparences pour ne pas être décalé. Pour cette raison, les parents ne devraient pas trop s'inquiéter puisque les marqueurs visibles disparaîtront lorsque leur fils ou leur fille voudra changer de catégorie d'âge. Les psychologues ou les psychiatres ont raison de s'inquiéter lorsque ces marqueurs — comme les tatouages, les automutilations — sont tels qu'ils ne peuvent plus s'effacer. Toute affirmation de soi n'est pas équivalente : le fait de ne pouvoir que revenir difficilement dessus ferme le jeu identitaire et supprime le pouvoir sur soi.

En-quête des adonaissants

Les adonaissants en sont donc au stade où ils affirment avoir plus de pouvoir par ces jeux subtils de déprise, de distanciation entre les générations. Ils desserrent notamment le lien qui les relie à leurs parents, sans le briser, en appréciant même — pour beaucoup — son existence qui les sécurise et les rassure. À l'instar de la chèvre du conte d'Alphonse Daudet, ils demandent que le lien soit allongé pour aller au-delà du pré carré familial. Plus tolérants que monsieur Seguin, bon nombre de parents contemporains acceptent de modifier le lien. Quand ce dernier est plus souple, plus élastique, les adonaissants apprennent l'alternance : à certains moments ils sont plus « filles de » ou « fils de », à d'autres ils sont plus « jeunes ». La famille contemporaine n'est pas une institution totale, au sens que Goffman donne à cette expression (1968), qui contraindrait les adolescents à n'avoir que la dimension filiale (de même que les malades mentaux sont réduits à une unique dimension dans l'hôpital psychiatrique). Elle permet aux jeunes, y compris à l'intérieur du domicile, d'échapper au pouvoir parental et d'endosser d'autres identités. L'institution totale mutile, l'institution ouverte soutient l'expansion du moi[1].

> Ce conte de l'adonaissance est recueilli selon la version des adonaissants eux-mêmes, et non selon celle de leurs parents. Pour disposer de plusieurs variantes, nous avons procédé à une série d'enquêtes :

1. Toutefois la famille peut se refermer en institution totale, mutilante, par sa violence.

– La première est une approche franco-allemande du processus d'individualisation chez quatre-vingts jeunes de 11 à 13 ans, de milieux sociaux fortement différenciés. Ces adonaissants sont en sixième ou en cinquième en France, ou dans leurs équivalents en Allemagne (5., 6., ou 7. *Klasse*). En Allemagne, quand un jeune entre en 5. *Klasse* — qui correspond approximativement à la sixième française, il peut intégrer la *Hauptschule* (qui conduit à un équivalent de l'ancien certificat d'études), la *Realschule* (qui mène à un équivalent du BEPC) ou enfin le *Gymnasium*, niveau le plus élevé. La grande différence entre les deux systèmes est qu'en France, il y a un « collège unique », la hiérarchie se recréant par le choix de l'école privée ou par une dérogation au secteur pour l'école publique. En Allemagne, dès le début du collège, il existe explicitement des filières différentes et hiérarchisées. Les adonaissants connaissent cette hiérarchisation. Par ailleurs, les jeunes interrogés habitent une grande ville : Paris, Strasbourg, Fribourg ou Berlin. Les thèmes des deux entretiens portent sur l'ensemble de leur vie.

– La seconde enquête porte sur neuf cent quatre-vingts jeunes de 12 ans et 13 ans de la région parisienne. Ils ont répondu à un questionnaire comprenant de nombreuses questions notamment sur les usages de la chambre et sa décoration ; sur le contrôle parental des activités scolaires et des loisirs, des fréquentations amicales, des horaires ; sur les sorties ; sur les échanges avec le père, la mère.

– La troisième enquête, menée auprès de cinquante-cinq adonaissants de la région parisienne, cerne les « bons » et les « mauvais » moments partagés avec les parents. Pendant l'entretien, ont été recueillis des récits précis sur la journée précédente, sur le dernier week-end ou les dernières vacances avec les parents ; sur les meilleurs et les moins bons moments passés avec le père, avec la mère.

– D'autres enquêtes complètent le dispositif, notamment une enquête par questionnaire, pour le compte de l'Institut de la ville en mouvement, sur un échantillon représentatif de huit cent vingt jeunes de 11 à 13 ans vivant en ville. Ces adonaissants décrivent les déplacements qu'ils font sans adulte, et ceux qu'ils font avec un adulte accompagnateur.

Est ainsi saisie l'indépendance spatiale. Nous nous sommes enfin appuyés sur trois enquêtes par entretien, menées auprès d'adonaissants dans le cadre de la rédaction de mémoires de master 1 : une pré-enquête à l'enquête franco-allemande sur le processus d'individualisation des collégiens (Chazot, 2001) ; une approche de la manière dont la famille se réunit autour de la télévision et dont les adonaissants vivent ces temps (Ville, 2005) ; une analyse des catégories de perception des adolescents par leurs pairs (Courtois, 2006).

Penser par cas

Appliquer une analyse classique de contenu — selon un découpage par thème — reviendrait à faire disparaître le processus d'individualisation des récits adonaissants. C'est pour cette raison que j'ai pris l'option de dessiner des portraits afin que soit conservée l'unité identitaire du jeune et qu'au-delà ne soit pas déconstruit son processus d'individualisation. Ce choix méthodologique ne signifie pas que l'adonaissant ait une identité très unifiée, bien au contraire. Le jeune procède plutôt par essais et erreurs afin d'obtenir un peu plus de pouvoir, un peu plus de liberté, un peu plus d'expression personnelle.

Ce type d'approche autorise également une meilleure prise en compte du contexte des actions (Passeron, Revel, 2005) et des identités. « Penser par cas n'implique pas que l'on se tienne au plus près des faits observés », que l'on adopte un point de vue strictement descriptif (Zimmermann, 2005). En effet, « le récit qui retrace l'histoire d'un cas est le produit d'une fiction » (*idem*) dans la mesure où ce qui est présenté résulte de choix théoriques. Ainsi la vie d'un adonaissant est trop riche pour être épuisée par un récit. Elle ne peut être approchée, à chaque fois, que par un certain type de questionnement. Dans ce livre, nous verrons l'existence des jeunes sous un certain angle : la manière dont ils prennent possession d'eux-mêmes. Ces collégiens auraient donné un autre récit de leur vie si l'enquêteur avait surtout voulu savoir comment ils nouaient des relations amicales, ou comment ils utilisaient les nouvelles technologies. Les commentaires insérés dans chacun des portraits rappellent que « les détails » retenus ne le sont que pour nous permettre de comprendre le processus d'individualisation, central pendant l'adonaissance. La méthode de cas est requise pour une « sociologie des individus » (Elias, 1999)[1].

Se centrer sur des cas ne doit pas faire oublier que les adonaissants ne parviennent à s'individualiser qu'en référence à des « modèles », à des « scénarios » qui fournissent des cadres de référence. Le jeune — comme tout individu — improvise sa vie en fonction de cinq critères : les valeurs générales de la société dans laquelle il vit (en l'occurrence l'injonction sociale de devenir soi-même, l'impératif de l'individualisation, la définition de la culture jeune), un cadre de référence plus précis dépendant de son milieu social, les ressources dont il dispose, les interactions dans lesquelles il agit, le sens qu'il veut donner à son existence. Certains sociologues critiquent l'individualisme, pensant à tort que cette perspective suppose l'individu entièrement libre. Ils se contentent dès lors de rappeler le poids des déterminismes sociaux. Or le débat ne porte pas sur leur existence, incontestable, mais sur l'ampleur de cette détermination : est-elle totale ou partielle ? Si c'est la seconde éventualité qui est retenue, rien n'interdit alors au sociologue de travailler « par cas » pour approcher ce jeu complexe entre les composantes de toute action — le système de valeurs ou l'idéologie dominante, les ressources, le cadre de référence, l'interaction et le projet réflexif de l'individu.

Pour tenir compte à la fois des ressources sociales et culturelles dont disposent les adonaissants et du système de valeurs de leurs parents, nous avons analysé les entretiens de jeunes en maintenant constante leur origine sociale. Ce « toutes choses égales par ailleurs » a pour mérite de faire apparaître les variantes internes à chaque milieu, et donc le jeu possible. La deuxième partie présentera les cas de collégiens vivant dans une famille de cadre et la troisième partie les cas de collégiens vivant dans une famille populaire. Le premier chapitre de chacune de ces parties (chapitre 4 et

1. Bernard Lahire (2005) et Danilo Martuccelli (2006) procèdent également ainsi.

chapitre 7) sera consacré à la présentation des modèles du processus d'individualisation, spécifiques à chaque milieu, à travers des cas correspondant le mieux aux exigences de ces modèles. Dans deux autres chapitres par partie (chapitres 5 et 6 pour les familles cadres ; chapitres 8 et 9 pour les familles populaires), nous examinerons certaines des façons par lesquelles les adonaissants parviennent à obtenir plus de pouvoir, ou au contraire comment ils sont contraints d'en rabattre par rapport à leurs parents.

Ces deux parties renvoient à l'appartenance statutaire familiale des adonaissants. Les variantes à l'intérieur d'un « nous » défini par l'origine sociale des parents révèlent les différentes manières de prendre un certain pouvoir sur soi, notamment en s'appuyant sur un autre « nous », à savoir l'appartenance générationnelle. C'est par ces tensions entre ces deux appartenances que s'opère le re-commencement de soi, au moment si important de l'adonaissance. La partie conclusive (chapitres 10 et 11) décrira la confrontation entre ce pouvoir des adolescents et le contrôle que continuent à exercer sur eux les parents. Preuves à l'appui, elle démontrera que les adonaissants continuent à occuper une place spécifique qui ne se confond en rien avec celle des adultes. Ils sont des « mineurs » qui apprennent à être autonomes, à être « majeurs », sans attendre d'avoir toutes les « lumières » de la raison. Des mi-mineurs, mi-majeurs en quelque sorte.

Le diagnostic selon lequel les jeunes sont élevés comme des adultes s'avère faux. Un autre doit être posé : surtout dans les familles cadres, les parents inquiets devant l'avenir de leurs enfants ne laissent à leurs adolescents, comme possibilité de devenir eux-mêmes, que l'univers de la culture des jeunes, un monde à part, un monde sans avenir, un monde sans responsabilité. Cette très forte restriction a pour effet pervers de dévaluer le monde de l'autre culture, celle qui n'est pas définie par une appartenance générationnelle, la culture du travail. Peut-être les parents doivent-ils changer leurs manières de faire en laissant plus de responsabilité aux adonaissants, en les considérant moins comme des enfants qui n'ont le droit de s'épanouir que sur le « tapis d'éveil » construit pour eux — aux couleurs de la jeunesse.

PREMIÈRE PARTIE

QU'EST-CE QU'UN ADONAISSANT ?

1

L'adonaissant n'est pas un adulte

La plupart des débats actuels autour de l'adolescent, de l'enfant, de l'éducation et de l'autorité veulent nous faire croire que « les enfants font la loi[1] », que « les enfants sont considérés comme des adultes[2] ». Chacun devrait être à sa place, les jeunes devraient donc rester « petits ». Lorsqu'elle repose sur des enquêtes, un des mérites de la sociologie est de révéler qu'une idée dominante n'est pas nécessairement fondée sur des faits. Or comme ce livre le démontre, dans la très grande majorité des familles, les adonaissants ne font pas la loi chez eux. Ils ne se prennent pas pour des adultes et ne revendiquent pas ce statut. Ils ne sont pas pressés de le devenir. Ils veulent être reconnus comme « jeunes » et ils apprécient ce moment de l'existence.

Pourquoi un tel décalage entre les faits et les représentations d'un monde à l'envers, d'un monde où « l'enfant [est] chef de famille » (Marcelli, 2003) ? Pour plusieurs raisons. La première et la plus simple est le fait que de nombreuses croyances ne reposent pas sur des constats objectifs, qu'elles sont tellement fortes qu'elles se passent de la preuve, ou ne s'interrogent pas sur la validité de ce qui est présenté comme preuve. La deuxième raison est l'ignorance des changements intervenus dans la conception de l'individu en Europe et en Occident, qui modifient la définition de l'enfant. En effet malgré leur caractère erroné, les jugements sur « l'enfant roi », « l'enfant chef de famille », « l'enfant-adulte » reposent sur une impression juste, à savoir que le statut de l'enfant et celui de l'adolescent ont changé. Le jeune est

---

1. « Pourquoi les enfants font la loi », couverture de *L'Express*, 2 mars 2006.
2. Propos de Ségolène Royal à Rome, *Le Figaro*, 6 mars 2006.

toujours d'une part dans une relation d'infériorité par rapport à ses parents, qui détiennent l'autorité. D'autre part, bien que « mineur », il a le droit d'être reconnu comme une personne à part entière au même titre que les adultes. Désormais le jeune a donc une nature double, il est « petit » et il n'est pas seulement « petit ». Or il existe une forme de cécité sociale qui consiste à ne regarder qu'une partie de la réalité. En l'occurrence, certains se focalisent sur les activités où les adolescents ont le droit de ne pas être petit pour en conclure, avec effroi, qu'ils ne le sont plus du tout.

L'heure du coucher

C'est faux. Prenons l'exemple significatif de l'heure du coucher : alors que les parents fixent eux-mêmes l'heure à laquelle ils se couchent (en fonction des contraintes de leur travail) et que bien évidemment aucun parent ne se couche à l'heure demandée par un de ses enfants, dans leur très grande majorité, les adonaissants ont une heure limite de coucher pour les veilles d'école et une autre pour les jours sans lendemain scolaire. Ces collégiens la respectent plus ou moins, mais il est faux de dire que les règles n'existent pas, y compris celles régissant le temps. La maîtrise de son emploi du temps est un des fondements les plus importants du pouvoir sur soi qui fait précisément défaut à l'adonaissant. N'ayant pas ce pouvoir personnel, les adonaissants ne l'exercent pas sur les autres. L'illusion naît du fait que les jeunes se sentent légitimes à revendiquer plus de pouvoir, et que cette exigence de « plus de pouvoir » est entendue et transformée en « tout le pouvoir ».

Curieusement, la seule famille où les adonaissants n'ont pas d'heure précise pour se coucher n'est pas héritière de 1968. Les parents d'origine marocaine et de religion musulmane ont expliqué les règles du jeu à leurs enfants. Un de leurs fils, Mourad (13 ans, élève de cinquième) les rapporte : « Je peux dormir à 2 heures [du matin] mais je suis obligé de me lever le matin. Je n'ai pas d'horaires fixes pour me coucher le soir, mais j'ai des horaires fixes pour me lever le matin. Mes parents, ils vont rien me dire mais ils vont me dire : “Si le matin t'arrives pas à te réveiller, t'étonnes pas si je te jette de l'eau sur ton lit.” Ils ont fait ça à tout le monde presque et dès qu'on a pris le verre d'eau, on a compris qu'il fallait dormir après le premier film. » Cet adonaissant doit réguler de lui-même la durée de sa nuit en fonction de ses activités du lendemain. Il doit donc apprendre qu'une conduite (comme se coucher tard) a des conséquences qu'il faut assumer. Tous les autres parents procèdent plus classiquement, en donnant une heure de fin de journée, ou deux, s'ils acceptent de différencier l'heure du coucher et l'heure d'extinction des feux. Leurs fils et filles la respectent plus ou moins. Il est donc faux de dire que les règles n'existent pas. Interrogée sur ses horaires de coucher, Zorah (12 ans, parents d'origine tunisienne, père agent de service, mère femme au foyer) commence par donner l'heure appliquée pendant les vacances, 22 heures, avant de dire que « pendant l'école, c'est 20 heures, 21 heures ». L'enquêtrice lui demandant si c'est un horaire « pile », elle précise : « Quelquefois je lis dans mon lit. Je me couche à 20 heures et je lis, sinon je regarde un peu la télé. Après 21 heures, mes parents me disent : “T'éteins tout de suite.” » David (12 ans, père enseignant, mère assistante) s'exprime ainsi : « Pour certaines choses, je peux faire ce que je veux, pour d'autres choses, par exemple aller au lit, là j'ai quand même un horaire. Mais je trouve que c'est mieux quand les parents fixent les limites, donnent des contraintes, par exemple, répéter au piano, ou bien pour les claquettes, ou pour les devoirs, je trouve quand même que c'est mieux parce que je deviens meilleur. » Les marges de jeu dont bénéficient les adonaissants ne signifient pas que ce sont ces derniers qui les fixent. Il est erroné de faire comme s'ils étaient considérés comme des adultes, à partir de cet indicateur important de la maîtrise de son temps.

Pour mieux comprendre l'origine de cette cécité sociale, quittons un moment les jeunes pour nous centrer sur les malades et leurs relations aux médecins. Les changements qui ont transformé l'univers du soin ressemblent à ceux que nous étudions sur la jeunesse. La logique est la même, elle consiste en ce que je nomme le refus de la réduction identitaire. Aujourd'hui, en face du médecin, un malade n'est plus seulement un malade, on lui reconnaît également d'autres dimensions identitaires. Pour une part en effet, le malade reste inférieur à son médecin du fait d'une distribution inégale du savoir. Chacun reste à sa place, le malade ne prend pas la place du médecin, il n'a pas à dicter son ordonnance au spécialiste. Il ne la lui dicte pas. Mais pour une autre part, le malade n'est pas que malade, il a des droits, notamment celui de décider, en toute connaissance de cause (s'il a été bien informé par son médecin), d'accepter ou de refuser les soins proposés. Selon la loi du 4 mars 2002, « le médecin doit respecter la volonté de la personne après l'avoir informée des conséquences de ses choix ». Le malade a une identité plus complexe, même malade, il est doué d'un certain pouvoir sur lui-même. Le médecin conserve incontestablement sa compétence de savant, il a néanmoins perdu le pouvoir de décider à la place du malade. Le rapprochement entre le malade adulte et l'enfant n'est pas arbitraire. Auparavant, le malade était officiellement considéré comme un « enfant », comme l'écrivait le président du Conseil national de l'ordre des médecins en 1950 : « Tout patient est et doit être pour le médecin comme l'enfant à apprivoiser, non certes à tromper…, un enfant à sauver, ou à guérir. » Dans cette conception, le malade n'étant que malade, il était « petit », les grands par le savoir devaient décider à sa place.

La définition de l'enfant et de l'adolescent, a également changé. Elle tient compte de la lutte générale contre la réduction identitaire. Un adolescent n'est plus seulement un adolescent, même s'il reste un adolescent. On ne devrait pas, sous prétexte de simplifier, dénaturer cette complexité en la réduisant à un énoncé du type : puisqu'un adolescent n'est plus seulement un adolescent, alors il n'est plus un adolescent du tout. C'est un tel tour de passe-passe qu'opèrent pourtant ceux et celles qui prennent les positions par lesquelles nous avons commencé cette introduction : il n'y a plus d'enfants, ils sont devenus adultes, etc. Cette complexité ne peut pas être supprimée puisque c'est en elle que réside la spécificité de l'enfance et de l'adolescence. L'adolescent est à la fois un adolescent et une personne. Cette dualité rend difficile le travail éducatif des parents et le rapport des adolescents à eux-mêmes. Contrairement à une vision déformée, il n'y a pas un « manque de repères », mais la coexistence — inévitable — de deux systèmes de repères : les uns indiquent comment se conduire vis-à-vis d'un adolescent en tant qu'adolescent ; les autres vis-à-vis du même adolescent en tant qu'individu. L'adolescent reste dépendant de ses parents qui doivent continuer à le protéger en tant que mineur ; il se trouve aussi dans une émancipation progressive vis-à-vis de ce lien de dépendance. Tout le problème réside donc dans la manière dont se règle la coexistence de ces deux identités aussi importantes l'une que l'autre : l'adolescent en tant qu'adolescent et l'adolescent en tant qu'individu disposant de droits au même titre qu'un adulte.

L'embarras est inévitable. Il se perçoit à la lecture de la Déclaration des droits de l'enfant de 1989, qui oscille entre la nécessité de la sollicitude vis-à-vis de l'enfant et l'affirmation de droits équivalents aux « droits de l'homme ». La loi relative aux droits des malades (4 mars 2002) et certains articles du Code de santé publique témoignent de la même hésitation. Premièrement est affirmé le principe selon lequel « les droits des mineurs sont exercés par les titulaires de l'autorité parentale » (art. L. 1111-2). Deuxièmement, il est reconnu que par dérogation, « le médecin peut se dispenser d'obtenir le consentement du ou des titulaires de l'autorité parentale sur les décisions médicales à prendre… dans le cas où cette [personne mineure] s'oppose expressément à la consultation du ou des titulaires de l'autorité parentale afin de garder le secret sur son état de santé » (art. L. 111-5). À qui appartient l'adolescent ? La réponse n'est pas univoque. Il appartient à ses parents, dotés de l'autorité parentale. Il appartient aussi à lui-même et, de ce fait, il peut refuser que ses parents soient informés. Dans ce cas, il doit se faire « accompagner d'une personne majeure de son choix ». Cette mesure trahit bien la nature désormais complexe du jeune qui n'est ni tout à fait « petit », ni tout à fait « grand ». Il ne peut pas prendre de décision seul, concernant ses soins, mais peut malgré tout choisir l'adulte qui sera à ses côtés. C'est un compromis. Il n'a qu'un pouvoir partiel sur lui-même, contrairement à un adulte (s'il est « éclairé »). Il n'est pas traité comme un adulte. Socialement, l'adolescent se voit reconnaître une nature ambiguë : entièrement « mineur », et cependant possesseur de certains droits reconnus antérieurement seulement aux « majeurs ». Quelque chose de comparable se joue dans la famille, quelque chose de complexe qu'aucune dénonciation de « l'enfant roi » ou de « l'enfant chef de famille » ne permet de comprendre.

La thèse de l'enfant, de l'adolescent roi affirme que le jeune a profité des changements sociaux pour se glisser dans la place libérée et pour imposer ses quatre volontés aux adultes qui s'occupent de lui. Il s'agit d'une surinterprétation des faits observés : dans la grande majorité des cas, le changement de statut du jeune n'a entraîné ni une domination des « mineurs », ni une confusion des places dans la famille. Tout se passe comme si les schèmes de pensée étaient presque toujours en retard : pourquoi imaginer qu'un groupe familial a toujours un « roi », un seul ? La fin du père-roi n'entraîne pas obligatoirement l'arrivée des mères « supérieures » — une autre version des transformations domestiques met en avant la suprématie des mères — ou des tyrans enfantins. Nous assistons à une évolution d'un autre type. La famille contemporaine se fait plus démocratique et chacun, tout en conservant sa place, y change de statut. La femme et l'enfant — les deux personnages dominés dans les générations précédentes, les deux « mineurs » — ne sont plus considérés de la même manière. L'une et l'autre ont accédé à des droits. « L'homme » de la Déclaration universelle des droits s'est étendu à la femme et à l'enfant. Qu'une déclaration spécifique soit consacrée à ce dernier (ce qui n'est pas le cas pour la femme) est bien la preuve qu'il n'est pas confondu avec l'adulte.

Rupture historique

Dans sa version de 1989, la reconnaissance des droits de l'enfant ne peut être comprise que si elle est resituée dans un mouvement plus général, celui de la reconnaissance de l'enfant comme « individu[1] », et des conséquences pédagogiques qui en découlent. L'enfant, l'adolescent n'a pas à attendre d'être totalement éduqué pour exister. Il n'est plus une pâte à modeler qui, tant qu'il n'a pris la bonne forme, n'a pas le droit de conduire sa vie. Il devait auparavant obéir jusqu'à l'âge de raison, jusqu'à ce qu'il se conduise de manière raisonnable. Dans les institutions, il n'avait pas à être écouté tant qu'il n'avait pas de discernement.

Les idées des pédagogies nouvelles se sont progressivement imposées dans les années 1960. L'enfant est écouté, le droit à la parole lui est juridiquement reconnu dans les affaires le concernant. Il s'exprime, même lorsqu'il ne peut pas parler. En effet, ses pleurs, ses colères deviennent significatives. Ils ne sont plus *a priori* des caprices auxquels il est inutile de prêter attention. Ils peuvent dire quelque chose, et les parents doivent alors comprendre ce langage. Les magazines ou les livres éducatifs apprennent aux mères et aux pères à comprendre ces pleurs. Prenons l'exemple d'un article intitulé[2] : « Décoder ses pleurs » qui commence ainsi : « Votre nouveau-né pleure… Qu'est-ce qui ne va pas ? Faim, soif, ennui… si petit, il n'a pas d'autre moyen pour communiquer ses émotions. Heureusement, avec un peu d'expérience, vous comprendrez mieux ce qu'il veut vous dire. » Cette croyance en l'existence d'un message émis par l'enfant est une nouveauté historique. Elle prolonge l'invention du sentiment de l'enfance (Ariès, 1960). Le très jeune enfant n'est plus un « petit animal », il contient déjà en lui-même sa nature propre, son originalité. Le rôle des parents est dès lors de l'aider à devenir lui-même, et non plus un être raisonnable, socialisé au sens classique du terme. En France, un personnage a joué, par son œuvre comme par ses interventions à la radio, un rôle décisif dans la diffusion de cette nouvelle croyance. Il s'agit de Françoise Dolto. Un de ses énoncés permet d'appréhender cette nouvelle manière de prendre en considération l'enfant :

1. Cette expression s'est diffusée dans l'opinion, depuis l'émission de télévision de B. Martino, datant de la fin des années 1980, et reprise sous la forme d'un ouvrage, *Le Bébé est une personne* (2002).
2. *Enfant*, novembre 2003.

> « Le développement d'un enfant se fait comme il se doit, au mieux de ce qu'il peut, selon la nature qui est la sienne au départ de la vie, quand il se sent aimé par des parents qui s'aiment et qu'il y a de la gaieté dans l'air… Un enfant heureux, bien dans sa peau, c'est celui qui se développe comme il a, lui, à se développer, avec ses particularités qui seront respectées. »
>
> 1979.

Les parents doivent changer de rôle. Ils ne sont plus d'abord des individus appartenant à une génération précédente chargés de transmettre à la génération suivante les savoirs et les expériences accumulés. Ils sont des individus chargés de décrypter, d'interpréter les besoins des enfants afin de les aider à devenir eux-mêmes. Ils doivent aussi mettre en place un environnement susceptible de les aider dans cette ambition (de Singly, 1996).

Pour comprendre ce changement, il est nécessaire de ne pas séparer les transformations du rapport à l'enfant au sein de la famille (et dans les autres institutions) des autres changements des sociétés contemporaines. La croyance à un enfant doué d'une nature spécifique et originale est en effet indissociable des progrès de l'individualisme. Selon l'histoire philosophique de cette notion en Occident, l'identité moderne est celle d'un individu qui a une « nature intime » qu'il ne découvre que par « l'expressivisme » (Taylor, 1998). L'individu sait qui il est en rendant manifeste par des gestes, des comportements, sa propre voix intérieure, son élan intérieur. Cette croyance s'est imposée comme cadre de référence à partir du milieu de la décennie 1960. Les théoriciens de l'enfant ou de l'adolescent roi oublient totalement ce fait, aussi ne comprennent-ils pas pourquoi le rapport à l'enfant a changé. Or si l'éducation change et doit changer, c'est parce que l'enfant a changé d'identité : non parce que les adultes s'inclineraient devant l'enfant « roi », mais parce que tout individu, jeune ou non, est « roi » dans une société individualiste.

L'autonomie comme forme de gouvernance de soi

L'usage du terme « roi » peut tromper. Il faut préciser la nature du royaume de ces nouveaux rois. L'enfant est, voudrait être, devrait être roi de son monde, de sa culture. Il n'a pas à être le roi d'un royaume où ses parents, ses frères et sœurs, ses copains seraient ses sujets. Le type de pouvoir auquel a droit l'enfant moderne porte un nom, *l'autonomie*. L'enfant doit participer le plus possible à l'élaboration de l'univers dans lequel il vit. Même la loi sur l'autorité parentale du 4 mars 2002, qui n'a pas voulu admettre que les parents et les enfants se doivent un respect mutuel, demande cependant au père et à la mère d'exercer leur autorité « dans le respect dû à la personne » de l'enfant : « Les parents associent l'enfant aux décisions qui le concernent, selon son âge et son degré de maturité. » Cet énoncé, qui résulte d'un long travail préparatoire, reconnaît à l'enfant une *certaine* autorité sur sa propre vie.

Selon la loi, il n'est donc pas totalement roi puisqu'il n'a pas *toute* autorité sur son existence. Cela marque nettement que l'enfant ne peut pas être confondu avec un adulte. Mais il vit dans une famille plus démocratique qu'auparavant, puisqu'il doit être au moins consulté avant toute décision. Cela signifie que les parents ne peuvent pas, par définition, en tant que parents, savoir toujours mieux que leur enfant ce qui constitue son « intérêt », son « bien ». Cette ignorance relative est conforme à la nouvelle définition de l'individu : l'éducation ne consiste pas seulement à intérioriser les règles de la vie sociale et morale, elle vise avant tout à développer la nature spécifique de chaque personne. Les parents quittent les habits du roi tout-puissant pour prendre deux autres rôles : d'une part, celui d'interprète de l'identité cachée de l'enfant qui ne se révèle que peu à peu tout le long de la vie d'autre part, celui d'aide chargé de créer les conditions les plus favorables à cette invention de soi.

L'enfant participe à la production du monde dans lequel il vit. Il le fait de plus en plus, sans attendre un rituel de passage à l'âge adulte qui lui donnerait enfin accès à la propriété de soi et de sa vie. C'est pour cela que le monde social peut sembler fou. L'accès à la majorité donne le droit de vote et la pleine capacité juridique, mais un jeune n'attend pas ses 18 ans pour être maître de certains morceaux de son existence. Une jeune fille peut ainsi acheter en pharmacie, sans l'accord de ses parents, la pilule du lendemain. Un jeune peut aller voir certains films interdits aux moins de 12 ans, ou de 16 ans, indices d'une pluralité d'étapes dans le développement. Un jeune a le droit d'être entendu dans toute procédure administrative ou judiciaire l'intéressant, selon l'article 12 de la convention de New York et l'article 388-1 du Code civil (Henaff, 2000)… Ce flou sur les âges, qui donne une impression de désordre, traduit moins une hésitation dans la définition de l'enfance, qu'une conception positive : selon la maturité, le discernement de l'enfant (souvent évalué par défaut par des bornes d'âge) et selon les pratiques considérées, le jeune est plus ou moins responsable de lui-même. Il obtient, dans la majorité des cas, vers 12 ans, le droit d'aller voir un copain chez lui dans la journée, sans être accompagné par un adulte. Il devra attendre 16 ans pour se rendre chez le même ami, dans les mêmes conditions le soir (de Singly, 2002). La liberté de circuler, progressive, est une des conditions de construction du monde des jeunes, car elle permet de découvrir des horizons peu ou mal connus par les adultes.

Même si les deux dimensions sont liées, cette indépendance ne se confond pas avec l'autonomie (Renaut, 1989 ; Chaland, 2001). En schématisant, l'indépendance désigne le refus de tout lien de dépendance et le travail d'émancipation vis-à-vis de ces liens, alors que l'autonomie est la construction personnelle de « son » monde. L'autonomie n'est pas incompatible, bien au contraire, avec des règles, à la condition que ces dernières soient fixées par l'individu lui-même. En différenciant bien ces deux valeurs, ces deux idéaux, on peut comprendre la spécificité de l'enfance et de la jeunesse. Il s'agit d'un âge pendant lequel l'autonomie peut exister à l'intérieur du maintien d'un certain lien de dépendance, objective, à la fois économique et spatiale (de Singly, 2000).

Pour ne prendre qu'un exemple, un jeune peut recevoir de l'argent de poche de ses parents ou de ses grands parents — rappel du lien de dépendance économique — et peut le dépenser éventuellement comme il l'entend, en achetant notamment sa musique, c'est-à-dire en créant la dimension musicale de son univers. La culture « jeune » a pour fonction de créer la distance nécessaire entre les générations afin que les plus jeunes puissent vivre, à certains moments, dans leur monde, qui ne se confond pas avec l'univers parental. Ce n'est pas un hasard si le soir, de nombreux collégiens s'endorment en écoutant leur musique au casque, sous leur couette. Ils s'endorment ainsi non pas comme « fils de » ou « fille de », mais comme un membre de leur génération, ayant droit à cet espace symbolique au sein duquel ils ont le sentiment d'exister à titre individuel.

L'enfant participe sous de multiples formes — y compris à travers la consommation, avec son équipement en téléphone personnel, en chaîne hi-fi, etc., avec le choix de « son » dessert au sein d'un repas de famille, de « sa » trousse et de « son » sacs à dos pour aller à l'école, de « ses » vêtements — à la construction de son monde, qui reste toutefois en grande partie financé par ses parents. Contrairement à la version antérieure de l'éducation, l'apprentissage de l'autonomie ne peut pas attendre l'indépendance. C'est un long processus, toujours sous tension puisque la dépendance a des effets sur les formes de l'autonomie des enfants. Par exemple, l'enfant a souvent « une chambre à soi » afin de pouvoir construire son espace. Il aura le droit de fermer la porte, d'exiger que ses parents, ses frères et sœurs frappent avant d'entrer mais il ne pourra pas fermer à clé, interdit qui rappelle le statut ambigu de la chambre, univers en grande partie autonome et cependant « dépendant », les « vrais » propriétaires étant toujours les parents (Ramos, 2002).

La nature double de l'enfant

L'enfant, à sa naissance, est objectivement dépendant de ses parents. Il a aussi besoin de protection. C'est un « petit ». Cette caractéristique suffit-elle à définir l'enfant ? C'est sur ce point que réside la polémique actuelle sur le statut de l'enfant. Dès que, par un critère, les observateurs voient qu'un enfant est traité comme un « grand » (ou un « roi »), ils crient à la mystification (Finkielkraut, 1990 ; Théry, 1992), au risque d'inversion des rapports familiaux, présupposant que les parents sont automatiquement, par le jeu des vases communicants, « petits » dès qu'on grandit les enfants. Lorsqu'une mère ou un père tient compte des besoins de son enfant, fait attention à lui et respecte certaines de ses demandes, devient-elle automatiquement « petite », ou esclave de l'enfant devenu « chef » ? Il s'agit d'un procédé d'exagération rhétorique visant à disqualifier la reconnaissance de l'enfant comme une personne qui possède par conséquent des droits semblables à ceux des adultes. Cela ne signifie pas que l'enfant est « grand » comme une grande personne, il est aussi « petit ».

La Convention des droits de l'enfant a changé entre 1924 et 1989 afin de ne pas limiter ces droits à des droits spécifiques et de les élargir aussi à des droits semblables. Ce texte reconnaît donc, en quelque sorte, une nature double de l'enfant, à la fois fragile comme un petit et respectable comme tout être humain. En conséquence, il existe une tension permanente entre « protection » et « libération ». Il serait absurde que « l'approche juridique de l'enfance, du fait que les sociétés où elle s'est affirmée sont structurées par l'exigence de l'égalité, en vint à identifier reconnaissance des droits et mise entre parenthèses de la façon dont l'enfant renvoie aussi à son altérité et son irréductibilité ». Il serait tout aussi absurde au nom de la spécificité du « petit homme » de « récuser la thématique des droits de l'enfant » (Renaut, 2002).

Tirons quelques-unes des conséquences de cette double nature de l'enfant quant à sa place dans la famille. Une des manières de résoudre cette tension est de faire varier la taille de l'enfant. À certains moments, il est protégé et ses parents prennent les décisions à sa place, même si le jeune exprime un avis contraire. À d'autres moments, le jeune doit pouvoir participer aux décisions le concernant. Il prend donc une taille plus grande. Il peut être le héros de la famille. Il peut devenir, pour quelques heures, « roi ». Ce n'est plus le jour de la fête des rois, en début janvier. C'est le jour de l'anniversaire. Les parents se mettent au service de l'enfant pour que cette fête soit la sienne, avec ses amis, ses copains (Sirota, 1999). Ils essaient de suivre ses conseils pour qu'il en soit bien l'auteur. Les cadeaux de Noël tendent aussi à ne plus obéir à la logique de la surprise, les parents — et encore plus les grands-parents — ne peuvent pas être certains qu'ils connaissent le monde, en partie secret, de leur enfant (ou petit-enfant). Ils lui donnent alors de l'argent pour qu'il puisse lui-même décider. À un autre moment, il peut même y avoir inversion, l'enfant étant « grand », dominant ses parents plus « petits ». Les repas dans les *fast-foods* mettent en scène un « monde à l'envers », au sein duquel les parents doivent accepter une certaine régression en mangeant, eux aussi, à la main, et en renonçant à contrôler, comme à la maison, la tenue à table (de Singly, Janet-Chauffier, 2000). Certains parents ne comprennent pas qu'en achetant des hamburgers et en les mangeant à la cuisine chez eux, le plaisir est absent. Ils font comme si ce dernier était dérivé de la nourriture alors qu'il est engendré par la suspension provisoire de l'éducation. On retrouve cette inversion dans les albums pour jeunes enfants avec l'image du « père-cheval », l'enfant étant sur son père (de Singly, 1996). Ce n'est pas le symbole de la prise de pouvoir complète des enfants sur leurs parents et donc de l'intronisation de « l'enfant chef de famille ». C'est une manière de faire comprendre que les personnes traditionnellement dotées du pouvoir renoncent provisoirement à leur taille pour être plus proches des enfants. Le père ne se contente pas d'élever ses enfants — au sens premier de rendre grand — il doit aussi s'abaisser afin d'être attentif à lui. Janusz Korczak propose une autre variation de taille :

> « Vous dites : "C'est fatigant de fréquenter les enfants." Vous avez raison. Vous ajoutez : "Parce qu'il faut se mettre à leur niveau, se baisser, s'incliner, se courber, se faire petit." Là, vous avez tort. Ce n'est pas cela qui fatigue le plus. C'est plutôt le fait d'être obligé de s'élever jusqu'à la hauteur de leurs sentiments. De s'étirer, de s'allonger, de se hisser sur la pointe des pieds. »
>
> *Quand je redeviendrai petit* (1979).

En effet, la spécificité de l'enfant ne se résume pas à sa petitesse, à sa fragilité, à son besoin de protection. Un enfant est aussi quelqu'un qui a moins réprimé ses envies, ses désirs et qui peut apprendre aux adultes, en redevenant symboliquement «petits», à découvrir ce qu'ils ont eux-mêmes encore à développer. L'enfance reste l'horizon indépassable des sociétés modernes, tout individu restant «inachevé», ayant encore des ressources inédites pour dessiner et mettre en œuvre de nouveaux projets. C'est pour cela que l'enfance et la jeunesse sont des références si attractives dans les sociétés individualistes, contrairement aux sociétés holistes où le grand âge témoigne de la sagesse.

L'éducation fait coexister et alterner plusieurs temps dans une société individualiste. À certains moments, l'enfant est «petit» et se définit essentiellement comme «fils de» ou «fille de», et à d'autres, il est «grand», et régit son monde personnel. Pour cela, il faut lui reconnaître le droit d'avoir des territoires personnels où il apprend l'autonomie.

L'enfance oubliée ?

Le raisonnement suivant est une erreur d'interprétation parmi les plus fréquentes. L'enfant est traité comme un «grand» puisqu'il a des droits en partie comparables à ceux des adultes et qu'il a un certain pouvoir sur son monde. De cette observation juste, est tirée la conclusion que l'enfant est maltraité, négligé. «L'enfance [serait] oubliée» (Roussel, 2001) parce que l'enfant serait roi. Un enfant devrait en effet rester à sa place, celle de «petit»; en lui donnant une place de «grand», on néglige sa véritable identité. On le traite donc mal. Il faut lui redonner sa vraie taille, «petite», et ainsi lui apprendre les qualités propres à cette taille, notamment l'obéissance. Les parents doivent reprendre le pouvoir, dessiner des limites, et ne plus céder aux enfants. Pour le sociologue, la nouvelle éducation conduit à d'horribles méfaits : «Les enfants sont "gâtés" et c'est là sans doute la plus dangereuse des pollutions» (2001, p. 219). Ces jeunes ne deviendraient jamais adultes. La société occidentale serait «adolescentrique».

La nouvelle éducation mènerait à une impasse puisque les enfants seraient trop grands et les adultes, trop petits, refuseraient de grandir (Giral, 2002 ; Fourgnaud, 1999).

Cette version refuse de prendre en compte le processus d'autonomisation progressive des enfants, et de comprendre la variation de taille. Elle confond le fait d'avoir un monde à soi et d'avoir contribué à le construire avec le fait d'être adulte. Elle oublie aussi que les gains d'autonomie masquent certaines pertes d'indépendance. Ainsi en Angleterre, en 1970, les enfants de 7-8 ans allaient presque tous à l'école (80 %) seuls, sans leurs parents ; vingt ans plus tard, ils ne sont plus qu'une minorité (9 %) à avoir cette possibilité (Jackson, Scott, 1999). L'allongement de la jeunesse s'est ainsi généralisé en Europe, du fait du prolongement de la scolarité et des difficultés pour trouver un emploi stable maintenant les enfants plus longtemps dépendants de leurs parents (Galland, 1995). L'enfance et l'adolescence se caractérisent surtout par une autonomie plus grande, sans que celle-ci se traduise par un allégement de la dépendance vis-à-vis des parents. Trop souvent, cette disjonction n'étant pas aperçue du fait du flou conceptuel, la vision alarmiste prend la croissance de l'autonomie pour un oubli de la dépendance.

Le déclin de l'obéissance

L'accent mis sur l'autonomie a pour contrepartie cohérente la dévalorisation de l'obéissance. Le père et la mère ne peuvent pas limiter leur travail à l'exigence de l'obéissance, qualité qui pouvait antérieurement résumer le rapport de l'enfant à ses parents. En Occident, la place de l'obéissance diminue progressivement dans la hiérarchie des qualités demandées pour les enfants et les jeunes (tableau 1). Une enquête américaine a enregistré le passage d'une éducation de la première modernité à celle de la seconde en comparant les qualités que les mères souhaitent pour leurs fils et leurs filles aux qualités que leurs mères souhaitaient pour leur génération (Alwin, 1988). Cette comparaison a été effectuée à Middletown, ville célèbre en sociologie pour une grande enquête effectuée dans les années 1920, et renouvelée cinquante ans plus tard (Lynd et Lynd, 1929, 1937 ; Caplow, 1982). Ces données révèlent les profondes transformations subies par la conception de l'enfant et de son éducation.

Tableau 1. Un changement dans les qualités souhaitées pour les jeunes

Qualités souhaitées	Pour les mères des femmes en 1924	Pour les enfants des femmes en 1978
Loyauté vis-à-vis de l'Église	**69,3**	22,4
Stricte obéissance	**64,4**	16,8
Bonnes manières	**40,6**	23,3
Franchise	24,8	25,5
Économe	21,8	16,8
Indépendance	15,8	**75,8**
Patriotisme	**16,8**	4,5
Volonté d'avoir de bons résultats scolaires	14,9	6,3
Connaissance de l'hygiène sexuelle	2,0	7,8
Attention aux problèmes de société	6,9	**25,7**
Concentration	4,0	7,7
Goût pour la culture	5,0	4,8
Tolérance	5,0	**46,8**
Volonté de se faire un nom	5,0	0,9
Curiosité	1,0	**9,9**

Source : Alwin, 1988. En gras dans la colonne 1924, les qualités qui ont connu une forte baisse, et dans la colonne 1978, celles qui ont connu une forte hausse. Lecture : en 1924, 64,4 % des femmes interrogées déclaraient que leurs mères souhaitaient avoir un enfant obéissant. En 1978, 16,8 % des femmes interrogés déclarent qu'elles souhaitent, elles, avoir un enfant obéissant.

Elles démontrent en effet une baisse de l'intérêt porté par les mères à la stricte obéissance de leurs enfants : cette qualité perd 48 points ! Le patriotisme, les bonnes manières diminuent également. Inversement d'autres qualités augmentent : l'indépendance (60 points), la tolérance (42 points), l'attention aux problèmes de société (19 points). Le rapport aux autorités — Dieu et l'Église, la nation, la patrie, les parents et les professeurs — s'est également modifié. La notion de respect à des individus ou à des institutions supérieurs est moins mise en avant. L'enfant n'a pour autant pas à être indifférent au monde et aux personnes qui l'entourent. La tolérance et l'attention aux problèmes de société se sont substituées à l'obéissance. Le sens donné à la « différence » n'est plus le même. À la première époque, la différence séparait les grands des petits. À la seconde, elle marque tous les individus. Le « respect » est maintenu comme valeur en changeant de signification. La tolérance vis-à-vis des autres a une face personnelle : chacun doit être plus indépendant. Les liens de dépendance ont perdu de leur valeur dans les relations intergénérationnelles tout comme dans les relations conjugales.

Peu d'enquêtes révèlent de si fortes variations :

Qualités souhaitées	En 1924, les mères des femmes interrogées pour leurs fils et leurs filles	En 1978, les femmes interrogées pour leurs fils et leurs filles
Obéissance	45,4	24,8
Indépendance	24,8	75,8

On observe un changement de modèle éducatif. L'enfant devait être obéissant dans la mesure où, faible, il devait être protégé et donc rester soumis aux adultes qui prenaient soin de lui. L'enfant doit désormais être indépendant car, même « petit », il doit apprendre et mettre partiellement en œuvre ces valeurs d'indépendance et d'autonomie.

L'obéissance, une qualité populaire ?

Des sociologues ont expliqué que la classe ouvrière était « autoritaire » car elle reproduisait à l'intérieur du foyer domestique le rapport que les ouvriers subissaient dans l'entreprise (Kohn, 1969). Le père se conduisait comme un « patron », apprenant l'obéissance à ses enfants. Ce constat était accepté car il confirmait l'*a priori* des chercheurs, classant les milieux populaires du côté des comportements « traditionnels ». Que révèle cette enquête historique ? L'obéissance perd 57 points comme qualité dans les classes supérieures et

40 points dans les classes populaires. L'indépendance bénéficie de cette régression, faisant un saut de 66 points dans les classes supérieures et de 56 points dans les classes populaires (tableau 2.1 et 2.2).

Tableau 2. Les changements selon les milieux sociaux

2.1. Pour les classes supérieures

Qualités souhaitées	En 1924, les mères des femmes interrogées pour leurs fils et leurs filles	En 1978, les femmes interrogées pour leurs fils et leurs filles
Obéissance	70,6 %	13,6 %
Indépendance	17,6 %	83,7 %

2.2. Pour les classes populaires

Qualités souhaitées	En 1924, les mères des femmes interrogées pour leurs fils et leurs filles	En 1978, les femmes interrogées pour leurs fils et leurs filles
Obéissance	61,2 %	20,7 %
Indépendance	14,9 %	70,7 %

Source : Alwin, 1988. Lecture : en milieu dit supérieur, les mères des femmes interrogées valorisaient l'obéissance dans 70,6 % des cas en 1924. En 1978, les femmes interrogées valorisent l'obéissance pour leurs enfants dans 13,6 % des cas.

L'autoritarisme attribué au milieu ouvrier n'est donc pas prouvé. Comment rendre compatibles les données de ces deux enquêtes sur Middletown avec celles de Melvin Kohn (1969), qui insiste surtout sur l'obéissance populaire ? On peut avancer l'explication suivante. Dans les années 1950-1970, les familles des classes supérieures ont adopté plus rapidement le nouveau système de valeurs. L'alignement sur le modèle de l'enfant plus indépendant a été plus tardif dans les milieux populaires. Ce schéma classique de diffusion de haut en bas (Boltanski, 1969) n'autorise pas à caractériser ces normes de l'individualisation de « bourgeoises ». L'adoption plus précoce de la valeur de l'autonomie dans les familles dites supérieures témoigne surtout de la possession de ressources culturelles et économiques — par exemple la possibilité de mettre à disposition de l'enfant une chambre individuelle — nécessaires à la mise en œuvre des nouveaux impératifs. Rien ne lie pour autant ces valeurs aux milieux qui les ont mises en pratique en premier ; en effet, leur origine a des racines plus profondes, plus anciennes, elle puise dans « les sources du moi » de l'individualisme occidental (Taylor, 1998).

Il y a donc bien eu une bascule dans le modèle général de référence de l'éducation et de l'enfance entre la première et la seconde modernité[1] dans tous les milieux. « Bien agir c'est bien obéir », affirme Émile Durkheim dans son cours à la Sorbonne sur *L'Éducation morale* au début du XXe siècle. Pour ce fondateur de la sociologie savante et de la morale républicaine, l'individu doit apprendre les règles sociales et morales de la société. Il les subit « passivement » pendant l'enfance, et il doit progressivement comprendre « la raison d'être » de ces règles. L'autonomie ainsi comprise est la reconnaissance par un individu, éclairé par la Raison, du bien-fondé de cette réglementation, il doit « accepter librement cette limitation parce qu'elle est naturelle [socialement] et bonne ». Dans cette perspective, la socialisation d'un individu s'opère en deux temps : l'enfant se soumet, et lorsqu'il a suffisamment pris l'habitude de la discipline, il peut obéir en acceptant « librement » l'autorité de la règle, à la condition que cette « acceptation [soit] éclairée » (*idem*). Il ne s'agit pas d'une obéissance aveugle, les règles doivent être expliquées pour que le jeune puisse en admettre le bien-fondé. Pendant la première modernité (de la fin du XIXe siècle jusqu'au milieu du XXe), il n'y a pas antagonisme entre l'obéissance et l'autonomie, la seconde n'étant qu'une des formes de la première. Ce qui peut sembler un tour de passe-passe, c'est l'intime

1. Si chaque milieu a un modèle de référence, ces modèles sont eux-mêmes surplombés par un système général de valeurs, par une idéologie dominante, à savoir l'individualisme, qui ne se confond avec aucun des modèles des milieux sociaux. À ce dernier niveau, il y a lutte entre spécialistes pour en définir les contours, notamment pour ce qui nous intéresse ici, pour définir « la bonne éducation » (avec des « repères », le rappel à la loi d'un côté et avec une responsabilité accrue associée à la liberté d'expression d'un autre). Les résultats de l'enquête américaine montrent qu'au-delà de ces différences d'appréciation entre les experts d'une part, et entre les groupes sociaux d'autre part, se dégagent de grandes lignes de force.

conviction que tout individu, bien éduqué, fera sienne les règles qu'il aura d'abord apprises dans une relation d'autorité. L'autonomie serait le stade suprême de l'hétéronomie.

Cette conception vacille sous l'impulsion d'autres visions de l'enfant et de la pédagogie, et également du fait que le capital scolaire (devenant dominant dans le système de reproduction sociale (Bourdieu, 1989) est un capital intériorisé. L'enfant n'est plus pensé comme devant apprendre à limiter l'expression personnelle, comme dans le modèle de l'obéissance. Pour Durkheim, à la naissance, chacun a des désirs illimités. L'obéissance et la discipline ont pour objectif de mettre des « freins » à ces besoins, de définir des activités précises pour ne pas prendre le risque de laisser l'individu devant des « horizons illimités » et indéterminés. Dans les années 1970, le second modèle est construit selon d'autres principes : l'enfant doit disposer d'une plus grande liberté, sans attendre d'être grand, afin de pouvoir exprimer ses ressources personnelles. L'obéissance perd incontestablement sa valeur centrale. Par exemple, les caprices changent de signification. Ils ne révèlent pas d'abord l'expression d'une volonté peu éclairée, ils reflètent quelque chose que l'adulte doit comprendre. Les parents doivent aider l'enfant à devenir lui-même et non pas lui imposer de l'extérieur des règles qu'il doit accepter. Cette dévalorisation de la discipline et de l'obéissance s'inscrit dans les comportements quotidiens, par exemple pour l'alimentation du bébé. Sous la Troisième République, la mère devait réveiller le bébé pour qu'il apprenne, en prenant à heures régulières son lait, les régularités, premier élément de la règle (Rollet, 1990). Aujourd'hui les parents doivent suivre le rythme de l'enfant, du moins en partie. Au lieu d'apprendre la soumission à la règle, l'enfant sait désormais qu'il peut exprimer ses besoins et qu'il peut attendre que, pour une part, ces derniers soient respectés.

Une contrepartie à l'indépendance ?

Au XXIe siècle, un consensus général se forme autour d'un individu plus autonome, plus libre. À la question sur les « principales valeurs, positives ou négatives, que vous ont transmises vos parents », les personnes interrogées mettent ainsi en première place le respect des autres, avec un score de 54 %, loin devant le respect de l'autorité, qui ne comptabilise que 14 %[1].

C'est sur la contrepartie demandée en échange de cette autonomie accrue qu'existe un désaccord entre les générations. Plus intéressés que les adultes à obtenir des droits, les jeunes cherchent à obtenir une liberté plus grande. Ils mettent surtout en avant cette revendication, alors que les adultes (dans les entretiens) insistent davantage sur la double nature de l'enfant — obéissant en tant que « petit » et indépendant parce qu'ils grandissent. Quel que soit le milieu social, les jeunes essaient de mener le jeu pour obtenir l'indépendance à laquelle ils estiment avoir droit en tant que « jeunes ». Pour de nombreux parents, l'accent mis sur l'indépendance ne doit pas supprimer leurs exigences vis-à-vis de leurs enfants. Ils veulent un certain équilibre entre les droits (l'indépendance) et les devoirs (l'obéissance), substituant donc à la responsabilité (contrepartie pour les adultes de l'indépendance et de l'autonomie des enfants) au respect de l'autorité et de ses règles. L'individu enfant et l'individu adulte diffèrent donc.

1. Sondage national, *Sélection du Reader's Digest*, octobre 2003.

2

L'adonaissant devient en partie « propriétaire » de lui-même

Souvent mal comprise, l'ambiguïté de la nature sociale de l'enfant et de l'adonaissant réfracte un long mouvement de la pensée occidentale qui ne s'est inscrit dans les pratiques qu'à partir des années 1960. L'individualisme puise à plusieurs « sources du moi » (Taylor, 1998). Une d'entre elles est celle affirmant que l'individu ne devient lui-même que s'il est propriétaire de lui-même. Cette revendication est centrale pour comprendre certains mouvements sociaux, notamment le mouvement des femmes exigeant pour une femme, pour toute femme, quelle que soit sa situation matrimoniale, d'être et de rester propriétaire d'elle-même… Cela s'est traduit par la lutte contre l'abolition des lois interdisant la contraception et l'avortement, ou encore pour la reconnaissance du viol conjugal. Comme le rappelle le site Internet *Les Pénélopes* :

> « "Notre corps nous appartient !" — le slogan s'est imposé durant les glorieuses années 1970. Il en englobait un autre, célèbre : "Un enfant si je veux, quand je veux." Mais aussi, l'affirmation d'une sexualité féminine non assujettie aux désirs des hommes. Affirmation oh combien révolutionnaire ! Revendication dépassée ? Dites plutôt : encore inconcevable dans bien des régions du monde où le corps des femmes est mutilable, vendable, violable, engrossable à merci… »

La loi du 28 décembre 1967 abroge la loi de 1920 et autorise la contraception. On pourrait aussi relire l'histoire de l'abolition de l'esclavage, forme supérieure de dépossession de soi. Supprimé par la Révolution française, il est rétabli dès le début du XVIIIe siècle, et il faut attendre le décret d'abolition du 27 avril 1848 pour qu'à nouveau l'esclavage soit condamné :

> « Le Gouvernement provisoire, considérant que l'esclavage est un attentat contre la dignité humaine ; qu'en détruisant le libre arbitre de l'homme, il supprime le principe naturel du droit et du devoir ; qu'il est une violation flagrante du dogme républicain : Liberté, Égalité, Fraternité… décrète :
> *Article 1er* — L'esclavage sera entièrement aboli dans toutes les colonies et possessions françaises. À partir de la promulgation du présent décret dans les colonies, tout châtiment corporel, toute vente de personnes non libres, seront absolument interdits. »

Ces revendications de « Personne ne doit être l'esclave de quelqu'un d'autre », et de « Mon corps m'appartient » s'enracinent dans une philosophie individualiste. L'essai de Richard Averton datant de 1646, *Une flèche visant tous les tyrans*, fournit les arguments soutenant cette demande d'une propriété personnelle :

> « À tout individu vivant ici-bas est naturellement donnée une propriété individuelle que personne n'a le droit de violer ou d'usurper : car ce qui fait que je suis moi, c'est que je suis propriétaire de ce moi, autrement, n'ayant pas de moi, je ne serais pas moi. Cette propriété que possède tout homme, personne ne saurait l'en dépouiller sans violer et profaner ouvertement les principes mêmes de la Nature, et les règles de la justice et de l'équité qui doivent commander les rapports entre les hommes ; sinon "le mien" et "le tien" ne sauraient exister. Personne n'a pouvoir sur mes droits et mes libertés, je n'ai pouvoir sur les droits et les libertés de personne. Je n'ai d'autre droit que d'être l'individu que je suis, et de jouir de ma vie qui est ma propriété[1]… »

Il est difficile d'exprimer mieux ce droit de l'individu à être propriétaire de soi comme condition préalable à toute construction de l'identité personnelle.

1. Cité par C.B. Macpherson, *La Théorie politique de l'individualisme possessif*, Paris, Gallimard, coll. « Folio Essais », 2004, postface de P. Savidan, p. 234.

Ne pas savoir « où aller »

Trop souvent l'histoire de la philosophie de l'individu en Occident insiste sur deux dimensions identitaires, l'intériorité et la nécessité de se révéler par ses actions (Taylor, 1998). L'identité personnelle, cachée au fond de soi et non réductible aux apparences sociales, ne peut être découverte au regard d'autrui et de soi-même que par l'action, que par l'extériorisation de ce qui est caché[1]. Elle sous-estime les conditions de possibilité de ce passage de l'intérieur à l'extérieur, à savoir que l'individu doit avoir le pouvoir sur lui-même, ne pas être trop dépendant d'autrui.

La connaissance ordinaire et savante sur l'adolescence montre que les jeunes ne se distinguent pas d'abord par une grande création personnelle. Il semble même à bien des observateurs que l'adolescent tombe sous la coupe de ses pairs ou de la culture jeune : « Si les parents ont perdu une grande partie de leur pouvoir de prescription, les individualités ne peuvent pas pour autant s'exprimer librement » (Pasquier, 2005). Dominique Pasquier, pour justifier le sous-titre de son ouvrage sur les cultures lycéennes, *La Tyrannie de la majorité*, cite Hannah Arendt[2] : « Affranchi de l'autorité des adultes, l'enfant n'a donc pas été libéré, mais soumis à une autorité bien plus effrayante, et vraiment tyrannique : la tyrannie de la majorité » (Pasquier, 2005). Conclure ainsi, c'est affirmer que l'adolescence est un âge trompeur, en quelque sorte une grande illusion, les jeunes étant encore plus dépendants que lorsqu'ils étaient surtout « fils de » ou « fille de ». N'y a-t-il pas une faille dans le raisonnement ? Il faudrait déjà démontrer que les jeunes, même s'ils empruntent à la culture jeune, ne sont que dans une attitude de soumission. Mais c'est à un autre niveau que l'objection peut être énoncée. Pourquoi ne pas concevoir que l'adolescence — notamment en ses débuts — est le moment où le jeune vise à devenir en partie

1. Ce double mouvement est repris dans la théorie de l'habitus de P. Bourdieu, à la différence que c'est l'inconscient qui est caché.
2. Dans *La Crise de la culture*, 1986.

« propriétaire » de lui-même, en marquant sa distance à ses parents et à la culture adulte, et non le temps où ce jeune a pour objectif de démontrer son originalité ? Pourquoi ne pas penser que la construction de soi s'opère en plusieurs temps ? Dans cette optique, pendant la première partie de la jeunesse, l'adolescent ne cherche pas à exprimer ce qui est caché « au fond de » lui, à connaître sa « vraie » nature, à affirmer son originalité. Il cherche à s'émanciper de la tutelle parentale en prenant possession de lui, de son corps, de son temps et de son espace.

La construction de soi comprend deux mouvements : celui de l'émancipation des tutelles parentales, des héritages et celui de la découverte d'un soi original. Le second mouvement prend appui sur le premier. C'est ainsi que l'acteur Denis Podalydès[1] raconte qu'il a dû se débarrasser d'une part de son héritage familial, ayant vécu dans un « cocon » à Versailles. En effet, il ne parvenait pas à jouer comme les autres au cours Florent : « Mes camarades se roulaient des pelles en se jetant par terre. Moi, je travaillais les scènes de Bossuet et Crébillon, un peu dédaigneux. En rêvant de me traîner par terre comme eux. Il a fallu que je tue la vieille dame versaillaise en moi. » Il lui faut « apprendre à n'être que soi », à comprendre ses émotions et leur expression :

> « Mais sommes-nous certains qu'il s'agisse bien de “nous” et pas d'un autre installé au cœur de notre personnalité à notre insu ? Cette “identité profonde” dont nous nous targuons, ce “rapport authentique” au monde qui serait l'expression de notre subjectivité, qui nous prouve qu'il ne s'agit pas des états d'âme d'un coucou caché dans notre nid ? »
>
> Tisseron, 2005.

Cette distinction entre les « vraies » émotions qui traduiraient la « vraie » personnalité, et les « fausses » qui trahiraient un héritage, cette croyance en un individu qui ne se définit pas d'abord par son appartenance familiale ont eu pour effet de modifier la conception de l'éducation. Celle-ci devrait éviter, consciemment et inconsciemment, d'imposer aux enfants ces fausses identités. C'est ainsi que Bruno

1. « Frères lumière », portrait par Pascale Nivelle, *Libération,* 8 septembre 2005.

Podalydès passe certaines soirées avec son frère Denis à écouter leurs vieux disques, à se raconter leur enfance, à revoir des films anciens. Il le fait en cachette de ses deux enfants : « J'ai peur de leur parler de tout ça, de les influencer. Je veux qu'ils trouvent ce qu'ils aiment tout seuls. »

Dans cette optique, l'adolescence devient un temps central de l'éducation contemporaine, paradoxal puisque les parents s'effacent un peu pour que leur enfant puisse commencer à se dépouiller d'éventuels « faux » habits hérités et prendre ceux qu'il a envie de prendre. Il emprunte alors à la garde-robe générationnelle, étant certain ainsi de ne pas ressembler à ses parents. Il a le plaisir de se déguiser. Le temps de la découverte d'un soi original n'est pas encore venu. La construction identitaire ne se fait pas en un seul moment. Il y a un décalage entre les deux temps.

Le « contenu » importe assez peu dans le premier « mouvement », celui de la prise de distance, de l'éloignement relatif des parents[1]. Un jeune adonaissant, Luca (12 ans, père cadre, mère universitaire, parents séparés) traduit bien cette modalité de l'individualisation qui ne peut pas être jugée selon le critère de l'originalité de soi. Il a encore assez peu la liberté de circuler seul, autrement qu'à pied dans le quartier. Il comprend que la taille de son monde dépend du mode de transport auquel il a droit. Alors, à la question de l'enquêtrice sur ce qu'il aimerait faire et qu'il ne peut pas faire, en raison de son âge, il répond sans hésiter : pouvoir conduire une voiture ou une moto. « Pourquoi ? » lui demande la sociologue. « Pour y aller », réplique-t-il. « Mais pour aller où ? », reprend l'enquêtrice. « Mais je sais pas. J'en sais encore rien (*il marmonne*). En fait c'est bien, tu veux, tu peux aller où tu veux, si tu veux aller. » Les réponses de Luca indiquent bien le travail spécifique à l'adonaissance : commencer à quitter un peu sa famille, rejoindre ses amis et « traîner » éventuellement, sans savoir quoi faire, sans savoir où aller. Pas encore tout au moins. Ainsi approche-t-on la définition de « l'adulte », si mystérieuse : est adulte celui qui sait où il va.

1. Les intellectuels sont spontanément sensibles au « contenu », du fait de leur croyance en la légitimité de certaines activités.

Si la société est de plus en plus caractérisée par la mobilité, par « la liquidité » (Bauman, 2004), l'adonaissant apprend aussi une compétence qui lui servira toute sa vie : savoir trop tôt où l'on va, n'est-ce pas avoir des chances d'être déstabilisé par les incertitudes et les « risques » (Giddens, 1994 ; Beck, 2001) ?

La messe du temps présent

L'adonaissant vit un rapport spécifique au temps. Il célèbre « la messe du temps présent ». Ses parents se préoccupent plus que lui de son avenir, ils le lui rappellent, ils s'étonnent même qu'il ne s'en soucie pas plus. Surtout s'il est garçon, l'adonaissant aime s'entraîner sur un terrain de sports, recommencer mille et une fois une figure, parfaire un mouvement. Il peut se raconter qu'il deviendra un champion. Il peut ne pas y croire, appréciant surtout l'exercice pour l'exercice, l'exercice qui apprend sur soi, sur ses limites, qui permet de les dépasser. L'adonaissance n'est pas l'âge du « où ?[1] ». Cela surprend puisque l'analogie des classes d'âge installées sur l'axe du temps engendre l'illusion d'étapes qui seraient approchées par ce qui doit être atteint, par l'arrivée. Or l'adonaissance a pour caractéristique d'être définie par le départ : apprendre à s'éloigner de l'origine, de sa famille, de son identité de « fille de » ou de « fils de ». Le top du départ — « À vos marques ? Prêts ? Partez ! » — est pris au sérieux par les jeunes, ils emportent avec eux pour cette course leurs maillots recouverts d'inscription publicitaire. Ils ne veulent pas courir dans l'équipe familiale, ils empruntent une autre identité, provisoire, à laquelle ils resteront un peu attachés[2] sans que, pour autant, celle-ci soit déterminante du lieu d'arrivée. Les adonaissants sont des individus qui aiment « sortir », sortir pour sortir, avant tout pour s'éloigner du domicile — tout en appréciant d'y revenir. Ils ont même la possibilité de sortir sans sortir, en s'évadant avec l'univers des jeux vidéo,

1. Cet exercice pour l'exercice peut mener certains à éprouver la sensation du vide, et à essayer des manières dangereuses de le remplir. C'est un des risques de cet âge.
2. Ils continueront ainsi par nostalgie à écouter la musique qu'ils aimaient à cet âge.

des séries télé, du téléphone portable. Le plaisir tiré de ces multiples sorties — physiques ou virtuelles — naît de l'éloignement, momentané, de l'identité de filiation, et surtout de l'entrée dans des mondes spécifiques, idéalement n'appartenant qu'à des membres de leur génération. Le droit de sortir, de s'évader constitue, pour le jeune, un des moyens de s'assurer qu'il dispose d'une certaine propriété de soi.

En effet, les supports nécessaires à la construction de l'individu ne se limitent pas aux propriétés sociales — notamment le droit à une certaine sécurité de l'emploi, à des assurances sociales — dont Robert Castel parle dans ses ouvrages sur l'État-Providence (1995, 2000, 2003). Compte bien autant la propriété privée, entendue non pas au sens de l'extension de soi par des objets, des territoires appartenant à l'individu (comme son logement), mais au sens strict du pouvoir sur soi, sur son corps, sur sa manière d'occuper son temps… Cette propriété de soi[1], les femmes en ont été dépossédées, même avec l'État-Providence qui s'est souvent installé dans une logique de droits masculins. La femme n'a (n'avait) accès à ces droits que par la médiation du travail de son mari. Elle était dépendante. La défense des conditions sociales permettant à chacun de pouvoir devenir lui-même ne doit pas engendrer la nostalgie de la période précédente, dans la mesure où cette conquête s'est faite suffisamment sans prendre en compte la propriété de tous les individus. Paradoxe de l'État-Providence en France, par exemple, qui soutient incontestablement le processus d'individualisation sans déstabiliser le lien de dépendance privée entre l'homme et la femme. L'histoire de la propriété de soi ne se confond pas avec celle d'autres supports identitaires comme les propriétés sociales. Elle mérite autant une analyse sociologique que la seconde. Alors que la première modernité a limité les pouvoirs de l'individu en l'enserrant dans de fortes institutions[2], la seconde modernité lui reconnaît une plus large autonomie, visible par la place accordée au consentement éclairé comme forme

1. Cette centration sur la propriété de soi ne signifie en rien que nous considérons comme non nécessaire l'existence des propriétés sociales.
2. Par exemple en n'autorisant pas le divorce par consentement mutuel.

normale de régulation des relations entre les hommes et les femmes, entre les médecins et les malades.

L'adonaissant est « à moitié indépendant »

La propriété de soi est devenue un impératif à partir de la seconde moitié du XXe siècle, transformant les définitions de l'enfant, de l'adolescent et de l'éducation. Cela se traduit par le glissement d'une conception par rites de passage (valorisant le changement de statut) à une conception d'un apprentissage progressif (valorisant l'autonomie et l'indépendance). L'énoncé du « chacun à sa place » et la dénonciation de la « confusion des rôles » (qui constituent un des arguments principaux de ceux et de celles qui résistent à ce changement) méritent examen. Car souvent les partisans d'une thèse prennent la partie pour le tout : le fait que l'enfant ait des droits (que les adultes n'ont pas eus lorsqu'ils étaient petits) n'implique pas que l'enfant ait tous les droits d'une part, ni que l'enfant prenne la place de ses parents d'autre part. Par analogie, le droit syndical limite certes la toute-puissance patronale, mais il serait difficile de déduire d'un tel constat qu'il existe une confusion des places. Si « les enfants ne sont pas de grandes personnes » (Copper-Royer, 2002) — le contraire n'a jamais été revendiqué dans l'histoire de l'individualisation[1] —, les enfants ne sont pas, non plus, seulement des petites personnes. Plus précisément, ils ne peuvent devenir des grandes personnes plus tard que si et seulement si, même jeunes, ils disposent d'un terrain où ils apparaîtront plus grands que nature. Il ne suffit donc pas d'affirmer que « l'adolescent est une personne » (Fize, 2006) pour régler le problème. Il faut admettre un principe de variation de la taille pendant l'enfance et l'adolescence. L'adolescent est tour à tour une « petite » personne, une « grande » personne

1. Ce qui n'exclut pas de telles formes pathologiques. Tout comme pendant la première modernité, l'éducation répressive était le pôle extrême du modèle de l'obéissance, l'éducation à l'autonomie a pour pôle extrême le laisser-faire.

(par la propriété de son monde) et une « personne », respectée comme tous les autres individus.

Sous la première modernité, le jeune devait apprendre toutes les règles avant de devenir socialisé et majeur. Aujourd'hui le modèle de référence est autre : tout en obéissant à certaines règles, l'enfant et l'adolescent doivent se socialiser sans attendre pour faire leurs preuves d'une certaine indépendance. Il ne s'agit pas d'une démission des parents, il s'agit d'une restriction du pouvoir des parents qui par exemple ne peuvent pas tout contrôler, sinon comment leurs enfants pourraient-ils apprendre à agir par eux-mêmes, à construire leur propre monde ? Ils revoient leurs rôles pour devenir davantage des accompagnateurs que des guides au sens strict. Si l'on reprend une analogie développée par Peter Sloterdijk (1999), « le venir-au-monde a toujours, d'un certain point de vue, le caractère d'un voyage, mais ce qui caractérise ce voyage, c'est le fait que l'on n'y découvre les objectifs et les étapes qu'au fur et à mesure de sa progression ». Le jeune (comme l'adulte) ne suit pas une feuille de route précise où chaque étape serait marquée, ne récite pas seulement un programme appris pendant sa ou ses socialisations. Herman Hesse prête à Siddhartha (1925) ce bilan :

> « "Quelle drôle d'existence que la mienne !", pensait-il et par quels singuliers détours m'a-t-elle fait passer !... Quand je pense qu'il m'a fallu passer par tant de sottises, par tant de vices, d'erreurs, de dégoûts, de désillusions... Où la route que je suis me conduira-t-elle ? N'est-elle pas absurde, cette route, ne me mène-t-elle pas en courbes, peut-être même en cercle ? Qu'elle soit comme elle voudra, je la suivrai. »

Cela dessine, dans une version peut-être extrême, le sens de l'adolescence moderne : un voyage qui doit mener à soi après de longues années.

Un tel voyage n'est pas prévendu par une agence de voyages, ni programmé par les parents (quoique...). Il ressemble à une marche nocturne à la boussole. Le jeune s'oriente très approximativement, en réajustant sa course en fonction des arbres ou de n'importe quel repère ainsi que de ce qu'il pense de cette aventure. Il avance doucement. Et le lendemain, au réveil, il découvre *a posteriori* où il est avant de repartir. Ses parents le suivent plus qu'ils ne le précèdent pour l'aider le lendemain matin, au réveil, à refaire le point et prendre de nouvelles décisions. Ils ne disparaissent pas, ils ne le laissent pas seul :

> « L'adulte n'a pas à dissimuler son point de vue, ses accords ou ses désaccords... il lui faut s'interdire, sauf exception, toute intrusion mais demeurer présent à affronter ou à récuser, ou si nécessaire être recours[1]. »

Sortir seul

À la différence du balisage précis d'un chemin, l'éducation contemporaine laisse plus de latitude aux jeunes pour que, par leur démarche, ils apprennent à se connaître, et surtout à faire des exercices de pouvoir sur soi. Écrit et dessiné par Yvan Pommaux, *Une nuit, un chat...* (1994) propose aux enfants une fable de la seconde modernité. Groucho est un chat que l'on suppose adolescent. Une nuit, il décide de sortir, « ses parents s'y attendaient. Tous les parents chats attendent avec angoisse cette nuit-là : la nuit où leur enfant sort pour la première fois seul ». Ils ont peur que ce « pauvre petit » se perde et surtout soit dévoré par « un énorme rat d'égout ». Malgré tout, « chez les chats, il existe une loi, une règle d'or : lorsqu'un chaton sort pour la première fois, seul, la nuit, ses parents le laissent faire ». La mère demande cependant à son mari « de le suivre sans qu'il s'en doute ». Le livre se poursuit par la description de la découverte par le fils de la vie nocturne, il rencontre même Kitty. Malheureusement le rat d'égout qui rôde les poursuit. Discrètement le père parvient à faire trébucher le rat. Sauvés, Groucho et Kitty se promènent avec bonheur. Lorsque le chaton rentre chez lui, ses parents sont là, ils font comme si de rien n'était. Le père ne se vante pas de son exploit. Son fils doit apprendre à se débrouiller

1. Le psychanalyste auteur de ces propos — R. Cahn (1990) — est cité par B. Copper-Royer qui souligne en gras dans la même page le rôle des parents : « énoncer l'interdit », ce qui n'est pas inscrit dans les propos de R. Cahn pour qui « s'interdire (si possible) toute intrusion » et « interdire » ne se confondent pas.

seul, mais il peut être accompagné jusqu'à ce qu'il ait appris à se défendre complètement. Le père n'énonce pas d'interdit, il assure la sécurité autrement que lorsque son fils était plus jeune. Il ne démissionne pas. Ce livre aux dessins qui peuvent susciter la peur fait découvrir au jeune enfant qu'il doit devenir « grand » en prenant son indépendance, ce qui procure joies et frayeurs, essais et erreurs. Il illustre parfaitement, nous semble-t-il, l'adolescence contemporaine, une période originale où chacun doit quitter *un peu* ses parents tout en retournant chez eux, tout en étant surveillé par eux. On pourrait parler d'un régime de « semi-liberté », si cette expression avait une connotation plus positive.

Dans une société où l'on doit se soumettre à l'impératif d'être soi-même sans attendre l'âge adulte, l'adolescence inquiète les parents — comme ceux du chat Groucho — à cause des dangers inévitables que le jeune peut rencontrer en prenant des chemins moins balisés. Mais refuser les risques de l'adonaissance et de l'adolescence, c'est aussi craindre que son enfant ne sorte pas de l'enfance, qu'il reste collé à sa famille, ce qui est également dénoncé[1]. Entre le trop de protection envers les « petits » et le trop de liberté envers ces presque « grands », entre le droit à l'indépendance et la sollicitude (Mesure, 2004), la ligne est obligatoirement floue[2] puisqu'elle dépend aussi de ce que peut faire ou non l'enfant.

Posséder des actions à son nom

Même dans les textes juridiques, les expressions reflètent une telle imprécision : le jeune doit participer aux décisions « d'une manière adaptée à [son] degré de maturité », selon la loi sur les droits des malades. Dans la loi sur l'autorité parentale, la formule est presque identique pour l'article du Code civil, 371.1 :

> « L'autorité parentale est un ensemble de droits et de devoirs ayant pour finalité l'intérêt de l'enfant. Elle appartient aux père et mère

1. *Cf.* Hefez, 2004.
2. Comme la plupart des normes propres à la seconde modernité, *cf.* de Singly, 2003.

> jusqu'à la majorité ou l'émancipation de l'enfant pour le protéger dans sa sécurité, sa santé et sa moralité, pour assurer son éducation et permettre son développement, dans le respect dû à sa personne. Les parents associent l'enfant aux décisions qui le concernent, selon son âge et son degré de maturité. »

Les personnes qui déplorent l'absence de repères précis, d'interdits dans l'éducation devraient s'interroger sur l'inscription explicite dans les lois d'une telle marge de manœuvre qui signifie qu'est reconnu le pouvoir des jeunes sur eux-mêmes, dans certaines conditions. Ainsi l'autorité parentale ne suffit plus à définir à elle seule les conditions du travail éducatif. Dans la vie quotidienne, les parents et les jeunes ont à gérer ce flou autour de la « maturité », de la participation à la prise de décision et donc au pouvoir sur soi. C'est ce qui permet la négociation, inévitable dans une telle conception, puisque le jeune ne disposant pas de la totalité du pouvoir sur soi en a, néanmoins, une partie, de telle sorte que rien ne justifie une éducation qui ne serait définie que par l'obéissance.

Selon un quasi-consensus social et même si elle augmente de manière continue depuis l'enfance, la « maturité » franchit un degré supplémentaire avec l'entrée dans l'adolescence. L'adolescence est un âge dont le sens ne renvoie plus d'abord à des critères biologiques comme la puberté (comme dans d'autres contextes culturels)[1] ; elle devient surtout le marqueur d'un accroissement du pouvoir de décision du jeune. Tout se passe comme si à cet âge, il y avait une modification des actionnaires, des propriétaires de « l'adolescent », ce dernier se voyant octroyer des actions lui permettant de gérer, *pour une part*, sa propre entreprise. Le régime de l'adolescence est nécessairement « mixte », pris entre la gestion classique par des propriétaires extérieurs et l'autogestion. En réalité, c'est même plus complexe : le jeune n'a pas telle quantité de pouvoir, et ses parents, le reste. Le pouvoir dont dispose le jeune est contrôlé par son père et sa mère (qui sont des actionnaires majoritaires tant que leur fils ou leur fille est mineure), et il varie également selon le contexte, les activités

1. Même si cela reste un argument disponible.

considérées. Un fait divers révèle l'importance des conditions dans lesquelles s'exerce le pouvoir sur soi. Bérangère, jeune fille de 14 ans, et son professeur de musique, âgé de 27 ans, sont tombés amoureux. Le professeur est poursuivi pour atteinte sexuelle sur mineur de moins de 15 ans par personne ayant autorité puisqu'ils ont eu des relations sexuelles, même si elles sont jugées « librement consenties » par les deux membres du couple. L'avocate de Bérengère estime ce procès sans signification puisque la jeune fille « n'est pas victime dans cette affaire. La protéger, ce serait éviter qu'elle porte le poids de conséquences judiciaires inadaptées à cette situation particulière ». Le procureur est en désaccord :

> « La loi est là pour protéger les victimes, et Bérangère est une victime au regard de la loi. Cette loi dit que des enfants de moins de 15 ans ne sont pas en droit d'avoir des relations sexuelles, même consenties. On peut ne pas être d'accord avec cette loi, on peut vouloir la supprimer, mais alors cela fera la plus grande joie des pédophiles[1].

Cela n'est pas exact puisque cette jeune fille aurait pu avoir des relations sexuelles avec un jeune de son âge. Il n'y aurait eu ni signalement, ni procès. Bérangère n'est propriétaire de son corps que si son consentement n'est pas obtenu dans une relation inégalitaire. « De quel droit et à quel titre la loi de la République peut interdire un amour vrai, quels que soient l'âge et les situations des parties ? » s'interroge l'avocat du professeur de musique. N'est-ce pas au nom de la surveillance que l'État doit assurer pour qu'un consentement ait de la valeur ? Surtout, mais pas seulement, à l'adolescence, la propriété de soi n'est que conditionnelle. Elle varie en proportion inverse du degré de légitimité des parents à intervenir. Le jeune reste « petit » tout en n'étant pas seulement « petit ». Dans les faits, il est généralement plus libre pour ses affaires amoureuses (à la condition qu'elles restent au sein de la classe d'âge) que pour ses affaires scolaires. Dès lors, la perspective des rites de passage n'a guère de sens. Contrairement à d'autres sociétés, à d'autres périodes historiques, la « nature » du jeune ne change pas en totalité en fran-

1. P. Ferrer, « Un professeur de musique comparaît pour des relations sexuelles avec une de ses élèves », *Le Monde*, 20 novembre 2003.

chissant telle ou telle porte, tel ou tel obstacle, elle se modifie *un peu*. Une femme, documentaliste, donne un exemple de la manière dont elle agit vis-à-vis d'un de ses fils, âgé de 14 ans : « Cela m'embête ces histoires de marque. C'est un truc que j'ai instauré. Si pour un pantalon qui coûte 30 euros, il veut un pantalon avec une marque qui coûte 50 euros, c'est lui qui paye la différence. Pour les chaussures, c'est pareil, je prends une moyenne et c'est lui qui complète » (Lafond, 2005[1]). Cette mère décide donc qu'à travers l'achat d'un pantalon, les deux dimensions de son adolescent existent : d'une part en tant qu'enfant, il laisse à sa mère la charge de l'achat, et d'autre part en tant que jeune disposant d'un certain pouvoir de décision sur ses affaires, il doit prendre en charge la différence entre le prix normal (décidé par la mère) et le prix du produit qu'il désire. Un tel acte exprime la complexité de l'identité de l'adolescent.

Les jeunes apprennent à être « grands », ils s'y préparent sous l'impulsion de leurs parents. C'est que rappelle un père (peintre en bâtiment), à son fils de 13 ans : « Quand tu auras 18 ans et que tu auras ton appartement, tu devras tout faire tout seul, et tout. » Cet adonaissant doit se préparer à cette échéance. À la manière du chat Groucho, en attendant, il doit acquérir une « certaine maturité », et un jour il quittera la maison, pas seulement pour quelques heures. Bien que toujours « mineur », l'adolescent s'exerce à être « grand ». Un autre garçon de 13 ans, Anthony, exprime la mixité propre à son âge. Il définit d'abord ce qui signifie pour lui être indépendant : « Que l'on peut décider soi-même ce qu'on fait… Que l'on est libre, libre dans les choses que l'on fait. » Il estime qu'il est indépendant, non pas totalement, mais pour son âge, ayant encore besoin de ses parents. Aussi affirme-t-il être « à moitié indépendant ». C'est un processus continu : « Avant je faisais tout avec mes parents, ils venaient avec moi partout, au cinéma, et maintenant je fais ça tout seul aussi. Et je préfère aller au cinéma avec mes copains qu'avec mes parents. » Observant que son frère de 16 ans ne fait plus

1. Le travail de Laure Lafond, que nous citons plusieurs fois, présente le point de vue des parents. Le reste du livre privilégiera la version des adolescents eux-mêmes.

grand-chose avec ses parents, Anthony en tire la conclusion suivante : « Je crois que l'indépendance ça se développe doucement parce qu'une fois ou l'autre, c'est la première fois pour le ciné avec un copain, mais aussi d'autres fois avec les parents, et puis maintenant j'y vais plus qu'avec les copains… Pour le moment j'aimerais bien rester ici [chez mes parents plus tard], mais je vois mon frère, il préfère maintenant passer les vacances sans mes parents. Quand il avait 13 ans, il partait encore avec mes parents en vacances et maintenant il part souvent sans mes parents. » Anthony est intrigué par cette observation puisqu'il apprécie, lui, d'être avec son père et sa mère. Il anticipe peu, il se demande quand il changera d'avis en souhaitant quitter le domicile familial. La question ne se pose pas pour lui maintenant. Il conduit sa vie à son rythme, centré sur sa « moitié d'indépendance » qui lui paraît suffisante. Cette lenteur tranquille n'exclut ni l'ouverture de négociations pour obtenir quelque chose de plus, ni la résistance silencieuse. Ainsi la mère d'Anthony préférerait qu'il fasse ses devoirs dès son retour de l'école et qu'il sorte ou joue seulement après. Comme elle est absente à son retour, l'adonaissant n'obéit pas à cet ordre : « Maman veut que je fasse mes devoirs tout de suite après l'école, mais je trouve ça nul, parce qu'on sort juste de l'école et qu'on a d'abord envie de faire autre chose, et ensuite seulement, une heure après, on peut les faire. » Il veut déposer au moins pour un moment ses habits d'élève. Il pense qu'il a le droit, à la condition de faire son travail scolaire, de maîtriser ses transformations identitaires et de s'autoriser une pause de rôles obligés pour éprouver la sensation d'un temps « libre », d'un temps à soi. C'est un moyen par lequel il revendique son indépendance relative, tout en acceptant les contraintes scolaires et domestiques.

L'adonaissance est un temps d'expérience où, à défaut de trouver le chemin qui mène à soi, le jeune peut agir sans guide, sans autorité, afin de faire des exercices personnels. Cela peut sembler frustrant pour les adultes qui l'entourent et qui éventuellement ne comprennent pas pourquoi cet adonaissant perd tant de temps au lieu de les écouter, eux qui sont plus avancés sur la route de la vie.

3

L'adonaissant veut être reconnu comme « jeune »

Tout adolescent est traversé par une tension identitaire. Il possède le statut d'enfant entendu au sens de « mineur », placé sous l'autorité de ses parents, mais il a également une autre dimension. C'est sur cette seconde composante que les différences sociales apparaissent.

Des modèles différenciés socialement

Dans les familles cadres, les parents prennent nettement plus comme référence la logique individualiste. Grâce à cela, l'adonaissant a le droit de posséder des domaines personnels. Par exemple, il peut écouter sa musique sans que son père ou sa mère intervienne dans le choix, sa taille de « petit » n'a pas à être prise en compte. Mais d'autres domaines sont par ailleurs en copropriété, notamment les études et au-delà tout ce qui concerne la reproduction de la position de la famille à la génération suivante. Les parents considèrent leur intervention comme légitime. Une femme, institutrice, explicite ce principe : « J'ai un cheval de bataille, c'est quand même les études. Donc la réflexion qu'ont mes enfants (19 ans et 16 ans) : "Pour toi, il n'y a que le travail qui compte." C'est vrai que c'est pour moi une angoisse : c'est l'envie qu'ils réussissent. C'est vrai que je suis peut-être un peu poison à ce niveau-là » (Lafond, 2005).

Dans les milieux populaires[1], la tension n'est pas réglée de la même façon. L'appartenance familiale des adonaissants ne

1. Dans les monographies, les milieux populaires sont définis par la position des parents comme ouvrier/ouvrière, employé/employée. Les milieux cadres sont définis par la position des parents comme cadre ou profession libérale.

connaît pas d'éclipse. C'est ce que nous désignerons sous le terme d'éducation « continuiste ». Alors que, dans les familles cadres, le clivage entre les deux zones permet à l'adonaissance d'exister autrement que comme « fils de » ou « fille de », dans les familles populaires, le modèle change. Bien que toujours membre de la famille, l'adonaissant peut avoir sa vie propre. Les justifications changent : c'est moins pour qu'il devienne lui-même que parce qu'il est jeune. Le registre dominant devient celui de l'âge, chaque âge a ses devoirs et ses droits. Il n'est donc pas question que tous les membres de la famille vivent la même existence, à chaque âge correspond des besoins particuliers. Schématiquement, dans les familles cadres, l'adolescent est aussi reconnu comme « individu », et dans les familles populaires comme « jeune ».

En réalité ces conceptions divergentes n'engendrent pas de grandes différences. En effet, d'une part les adonaissants de milieu populaire, pour défendre leurs droits, ou les parents pour les admettre, peuvent emprunter à la logique individualiste, en justifiant leur position au nom de différences « individuelles ». Telle cette femme, secrétaire, qui n'aime pas trop les pantalons que veulent porter ses garçons : « Eux, ils préfèrent le pantalon où tu vois le slip, le caleçon très cher qui dépasse. J'aime pas trop ça mais c'est un goût personnel. Si tu veux le mettre, tu le mets. » Avoir un goût personnel et avoir un goût générationnel se confondent. D'autre part, les adolescents de milieu cadre, pour affirmer leur individualité, revendiquent des comportements propres à leur classe d'âge. Ils utilisent aussi le registre de la jeunesse. Ils ne veulent pas être adultes, ils veulent posséder ce qui caractérise leur âge. Une mère, professeur, se souvient que lorsque sa fille est rentrée en sixième, celle-ci lui a dit : « "Maman, je suis pas habillée comme il faut." Je lui dis : "Qu'est-ce qu'il faut faire ?" Elle me dit : "Il faut que je m'habille plus à la mode." Nous voilà parties toutes les deux dans tel magasin, et je lui dis : "T'achètes tout ce que tu veux à la mode." »

Deux appartenances, la famille et la jeunesse

Dès l'introduction, nous avons souligné que le processus de construction identitaire repose sur une confrontation entre deux appartenances, la famille et la jeunesse. Lorsqu'une femme, mère cadre moyen, décrit ce qui enthousiasme ses deux enfants de 15 ans et 12 ans, elle glisse vers la généralité : « Nous, il y a pas de Playstation, il y a déjà l'ordinateur. Tu vois Paul, il rentre de l'école, et tut, tut, tut (*imitant le bruit des mains sur le clavier*). Je l'ai supprimée [la console], non, non. Ils passaient de l'ordinateur à la Playstation, de la Playstation à la télé. C'est ça, les ados » (Lafond, 2005). Ses enfants, elle les reconnaît comme appartenant à la catégorie « adolescence ». Une autre mère (employée administrative) a une fille : « Camille a 12 ans donc elle a deux couleurs de cheveux. Elle est noire au-dessus et blonde en dessous. C'est mon amie coiffeuse qui lui a fait. J'autorise plein de trucs parce que je pense que t'es jeune, t'as qu'une vie. Faut en profiter. Maintenant, elle se maquille pas. » Pour cette mère, la logique de l'âge est manifeste dans l'usage du « donc » : « Elle a 12 ans donc elle a… » Et elle termine en insistant sur le maquillage, car cela sera pour plus tard. Les apparences corporelles ne signalent pas seulement aux autres le milieu social de la famille, elles désignent aussi deux autres appartenances, le genre et la génération.

Dans les deux milieux, les adonaissants ne sont que partiellement propriétaires d'eux-mêmes, même pour les activités qu'ils contrôlent plus directement. Cette restriction tient à leur dépendance économique. Elle tient aussi à la conception que les parents ont de ce qui convient à tel ou tel âge, à la manière dont ils estiment les capacités de leur enfant.

Une propriété de soi toujours conditionnelle

Les frontières entre le permis et l'interdit, entre l'interdit strict et l'interdit toléré sont définies et défendues par les parents. C'est une propriété toujours conditionnelle, d'où l'importance dans certaines familles des sanctions positives ou négatives. Un père (employé de service) précise cet usage à propos de sa fille de 14 ans : « Jusqu'à présent, on lui a bien fait comprendre que justement son travail ça lui permettait d'avoir quand même quelques avantages, comme le téléphone portable, des sorties, des voyages avec l'école ou chez ses grands-parents pendant les grandes vacances, des camps d'ados. Jusqu'à présent on lui a bien fait comprendre que justement parce qu'elle travaillait bien à l'école, elle pouvait bénéficier d'un tas d'avantages et qu'il y en aurait moins si ça baissait au niveau scolaire » (Lafond, 2005). D'autres parents n'utilisent pas la punition et manifestent seulement leur désaccord, comme l'affirme cette mère (secrétaire) : « J'ai jamais imposé aucune punition. Je pense que c'est dans leur tête à eux qu'il faut que ça fasse le chemin. Qu'ils soient punis ou pas, personnellement ça ne m'apporte pas grand-chose. Si on dit pas "non", mais qu'on montre qu'on n'est pas d'accord, que personnellement, nous, on n'apprécie pas telle ou telle chose, je pense que c'est aussi valable. » Dans les deux cas, les parents ne laissent pas faire, ils donnent des indications.

L'adonaissant peut accepter assez facilement les limites que ses parents posent. Il peut aussi les contester, estimant qu'elles ne lui donnent pas le niveau de reconnaissance auquel il a droit. Il peut prendre appui sur une des armes qui sont à la disposition des jeunes, et lancer une offensive « crise » pour modifier le rapport de forces entre lui et ses parents. C'est ce que découvre Mathilde, 12 ans[1] avec

1. Son père est chômeur après avoir été vendeur ; sa mère est conseillère d'éducation. *Cf.* Chazot, 2001.

un certain étonnement : « Il y a des fois où j'ai jamais les mêmes avis que mes parents. Je suis un peu en vis-à-vis avec eux... Mes parents, ils appellent ça la crise d'adolescence. Et quand j'étais petite je disais : "Je ferai jamais de crise, jamais, jamais, je serai toujours comme je suis là." Donc quand on est petit, on pense, on pense que plus tard on ne sera jamais comme les autres. En fait quand on est petit, on voit pas ; on y passe quand même dans cette crise. Plus tard sûrement que je dirai : "Oui quand j'étais petite je disais ça et pourtant maintenant je le fais." C'est sûrement ce qui va m'arriver d'ailleurs, je pense que ça loupera pas... Mais là je commence un peu à pas du tout avoir les mêmes avis que mes parents, pas du tout comme j'étais avant. Donc, c'est pas vraiment la crise d'adolescence qui vient là mais disons que c'est le commencement. » Elle comprend qu'elle est, selon sa jolie expression, à un « commencement ». Elle prend des positions différentes de son père et de sa mère sans pour autant avoir envie de rompre ou de prendre une grande distance. Elle se sent « petite » en tant que « fille de » et elle ne se sent plus « petite » en tant que « jeune ». Cette tension que Mathilde ressent en elle se traduit par quelques mouvements d'humeur. Malgré cela, elle apprécie son âge : « Faut pas grandir trop vite. » Pourquoi atteindre l'âge adulte ? Elle n'en rêve pas, elle pense qu'elle est en train de se transformer, que c'est un long processus et que prendre son temps n'est pas inutile. Elle devient progressivement adolescente, elle veut être avant tout « jeune ».

L'énoncé « L'adonaissant veut être "jeune" » renvoie à une revendication des adonaissants qui ne veulent plus être catégorisés avec le reste des « enfants », comme c'est souvent encore le cas dans de nombreuses institutions[1]. Le mot « jeune » désigne une catégorie dont un des usages sociaux est de mettre une barrière entre les « petits » et eux. Pour l'exprimer schématiquement, l'adonaissant détourne une catégorie pour réaliser un compromis linguistique. Comme ils sont « petits » (au sens de mineurs) et moins « petits » (au sens une

1. D'où le succès récent des « maisons des adolescents » pour répondre aux besoins spécifiques de cette classe d'âge.

personne ayant une faible propriété de soi), ils apprécient ce terme de « jeune » qui indique bien, à leurs yeux, cet « entre-deux » qui ne les renvoie pas non plus trop vite à l'âge adulte et aux responsabilités associées.

L'intérêt de la catégorie « jeune » est le jeu qu'elle autorise avec un de ses opposés, celui de « vieux ». Contrairement au terme « adulte », le mot « vieux » n'a aucune connotation positive dans une société où tout le monde veut rester « jeune ». « Jeune » leur convient donc parfaitement, désignant aussi une appartenance à une catégorie culturelle — au sens de culture jeune. Qui oserait proposer l'envers, l'appartenance à la « culture vieille » ? L'adolescence, construite plus négativement à travers l'association quasi systématique avec « la crise » et les problèmes associés, est moins attractive que la jeunesse.

Ni petit, ni adulte : « jeune »

Pour les adonaissants, « jeune » est un terme idéal pour exprimer leur revendication d'être reconnus à ce qu'ils estiment leur « juste » taille. Ils ne demandent pas la taille « adulte » — contrairement à la représentation déformée et polémique sur les classes d'âge. En revanche, ils se sentent assez souvent perçus comme « petits » par leurs parents. Ils sont alors en désaccord avec la toise parentale. Ainsi Youmna (12 ans, père gérant d'un commerce, mère secrétaire) reproche à ses parents une inattention, selon elle, liée au fait que ses parents la considèrent comme petite. Elle voudrait pouvoir « entrer » dans les discussions de ses parents : « Des fois, je lui [à son père] demande aussi comment s'est passée sa journée de travail. Mais à vrai dire, mes parents pensent qu'un enfant ne comprend pas les choses. Qu'il n'y a que les adultes qui peuvent comprendre. Souvent mon père ou ma mère me dit, tu peux pas comprendre, tu n'es qu'une enfant. » Malgré ses tentatives, cette adonaissante ne réussit pas à se faire reconnaître pour ce qu'elle veut être : « Quand mes parents parlent entre eux et que je veux parler avec eux, ils me disent que c'est des problèmes de grandes personnes… Et moi, je ne suis qu'une petite fille, comme disent mes parents. » Comme d'autres, ces derniers se prennent les pieds dans le tapis où sont noués les nœuds complexes des catégories. Les jeunes ne veulent pas être des grandes personnes, des adultes. Ils ne souhaitent pas, pour autant, être des petites personnes.

Une autre jeune fille, Mélanie, 12 ans (parents gardiens), ressent la même chose que Youmna. Elle raconte que partie en voyage scolaire en Espagne, elle a apprécié ce temps sans parents : « C'était trop bien de pas les avoir ! En fait, on était trois dans la chambre, dans une famille d'accueil. On avait vraiment de la liberté. On faisait ce qu'on voulait, on pouvait rentrer à 9 heures du soir. C'était trop bien. J'y retourne cette année. » Elle précise qu'elle a aimé les discussions avec ses copines : « En général on trouve que nos parents nous traitent comme des petits enfants. Sauf pour les garçons, en fait. Les garçons sont plus libres, j'ai l'impression et les filles, plus… Enfin, plus chouchoutées par les parents. Alors que nous, comme on grandit, on en a un peu marre. » Mélanie remarque un des paradoxes de l'adonaissance. En grandissant, les jeunes se rapprochent de l'âge adulte tout en s'éloignant concrètement des adultes. Marine (12 ans, père médecin et mère institutrice) exprime bien cette distance intergénérationnelle : « Il n'y a pas de moments où je suis avec mes parents devant la télé ou alors deux minutes pour essayer de comprendre ce qu'ils regardent. Ou alors c'est eux qui s'intéressent à ce que je regarde. Mais ils critiquent tout le temps et ils s'en vont en ruminant que je regarde toujours des bêtises. Mais c'est aussi des bêtises. Leurs trucs on s'en fout. C'est pas des trucs funs et ils peuvent pas comprendre que moi je suis jeune, quoi ! Et que c'est normal que je regarde ce genre de choses. » Ceux et celles qui craignent la confusion des âges devraient se réjouir, les jeunes soulignent les écarts entre eux et leurs parents. Revendiquer des droits, ce n'est pas demander l'abolition des différences entre les âges, c'est obtenir par ce détour une plus juste reconnaissance de soi vis-à-vis de ses parents.

Une autre preuve de sa bonne taille

Les preuves de cette reconnaissance sont multiples et contradictoires. Il existe deux manières de savoir que l'on n'est pas petit : être avec des grands dans une quasi-égalité provisoire, comme Youmna ; être avec des jeunes de son âge, sans petits ni adultes. Cette seconde méthode est plus fréquemment utilisée. C'est celle qu'adopte Mélodie qui ne veut pas être vue en public avec son père et sa mère pour ne pas être défigurée comme « petite » : « Là, comme vendredi c'est mon anniversaire, ils voulaient qu'on y aille ensemble chercher mon cadeau, mais moi je préfère qu'ils y aillent seuls parce que je ne veux pas être avec eux. » Ses parents envisageaient d'acheter le présent au centre commercial de la Défense : « Il y a plein de jeunes et je serai la seule peut-être avec ma mère et mon père. » La présence des deux parents la cantonne davantage dans une définition de « petite » : « [qu'avec ma mère] ça serait déjà mieux, parce que si je suis avec ma mère et mon père, ça fait vraiment trop. »

L'exigence est la même, même si ses traductions dans les faits divergent : c'est toujours le statut de « petit » qui est refusé. Le danger peut venir tout autant d'enfants plus jeunes que d'adultes. Mélanie ne veut plus partir une semaine chez sa marraine, ses cousins sont trop petits. En revanche elle ne refuse pas d'aller en vacances avec ses parents dans le Sud car là-bas avec sa sœur, elle a rencontré d'autres jeunes qu'elles revoient chaque année : « On traîne tout le temps avec eux et les parents ils sortent ensemble. Mon père joue aux boules de pétanque et ma mère va faire des courses. Franchement, on a notre petite vie à nous et c'est très bien. » Le « ensemble » avec les parents change de sens, il devient un « libre ensemble » qui autorise chacun — aussi bien les adultes que les jeunes — à avoir son monde personnel qui se confond nettement avec un monde générationnel.

L'adonaissant veut avoir bon genre

Dans le premier mouvement de transformation identitaire, l'adonaissant met à distance son identité statutaire de « fils de » ou de « fille de » afin de laisser de la place à une autre identité de même nature, celle de « jeune », et de pouvoir affirmer un plus grand pouvoir sur lui-même. En réalité, cette seconde appartenance se décline selon le genre. L'entrée dans l'adonaissance est aussi un temps performatif pendant lequel les activités ont encore plus qu'à d'autres moments de l'existence pour fonction de faire coïncider le sexe biologique et le genre social. Si les garçons et les filles se ressemblent parce qu'ils veulent être « jeunes », ils souhaitent que cette appartenance ne menace en rien leur appartenance à la catégorie « masculin » ou « féminin ». Ils se soumettent, à leur manière, à l'ordre du genre[1] (Clair, 2005) qui, divisant le monde en deux, exige que chacun soit nettement dans son camp. Un slogan publicitaire[2] met dans la bouche d'une femme cette déclaration : « Sportive ou féminine ? Pourquoi ne pourrais-je pas être les deux à la fois ? » Cette femme continue : « Je suis forte. Je suis déterminée. Je suis performante. Je suis ambitieuse. J'aime me dépasser », empruntant des qualités nettement plus associées au genre masculin qu'au genre féminin. Elle complète sa litanie : « J'aime être seule. J'ai besoin de mes dix heures de sport par semaine. Je suis bien dans mes baskets. Je danse, mais pas pour que les gens me regardent. Je me sens bien. Je me sens belle. Je suis une femme N. » La marque ne veut pas que la femme plus sportive, plus « masculine » (par un effet de halo) puisse se sentir « moins féminine ». Elle indique également à la femme moins sportive, plus « féminine » (toujours par construction sociale) que cela n'est pas incompatible avec l'exercice du sport : « Je suis sensible. Je suis indécise. Je suis paresseuse. Je suis

1. Celui-ci ne doit pas être confondu avec la domination masculine. L'ordre du genre s'impose socialement aux deux sexes.
2. Paru en mars-avril 2006 pour une marque célèbre de chaussures et de vêtements sportifs.

zen… J'aime me parfumer… J'hésite pendant trois heures avant de trouver la tenue pour sortir. J'ai besoin de mes dix heures de shopping par mois. J'aime changer de baskets. Je m'habille sexy pour qu'on me remarque. » Même si la variation des activités est plus grande, si l'imposition laisse plus de latitude (entre les deux types de femmes, par exemple), le premier commandement reste identique, agir pour que cela soit vrai : « Je suis une femme (N.) ».

L'adonaissant se situe rarement dans le jeu de la séduction, et c'est sans doute une des plus grandes différences avec le stade suivant de l'adolescence. Il doit néanmoins se prouver et prouver aux autres qu'il appartient bien à une des catégories « garçon » ou « fille ». Aussi investit-il souvent dans des activités qui sont davantage pratiquées par les uns ou par les autres. La culture jeune n'est pas homogène de ce fait. Les adonaissantes apprécient davantage que les adonaissants les chanteuses, les chanteurs ; et elles font moins de sport, comme si la représentation publicitaire avec ses clichés était plus vraie que nature (Goffman, 1988). Inversement les adonaissants monopolisent les consoles de jeu et fréquentent les stades. Témoin, Vincente, âgé de 12 ans, fils unique d'un père, agent immobilier après avoir été chauffeur de taxi, et d'une mère, homéopathe. Il donne cette définition de lui-même : « Je vais souvent jouer au football, je suis footballeur. Je joue tous les jours, j'ai un entraînement deux fois par semaine et je vais aussi jouer parfois, jouer avec mon ami au football. Nous avons tout près quatre ou cinq terrains de football, c'est vraiment bien. » Il est donc « footballeur ». Son club n'étant pas à proximité, Vincente s'y rend en bus, en une dizaine de stations, ou en vélo lorsque le temps est beau. Il a commencé le football il y a quatre ans parce qu'un copain y jouait et il a voulu essayer. Cela lui a beaucoup plu et il s'est inscrit. Il se rend à l'entraînement le lundi de 18 h 30 à 20 heures, le mercredi et le vendredi de 16 heures à 18 heures. Le samedi, son équipe (il est en défense) joue contre une autre équipe. Le football constitue son activité principale. Pour son dernier anniversaire, il avait organisé un après-midi football, un tournoi, avec quelques copains ainsi que des partenaires de son club de football. Ses parents avaient emmené de quoi manger et boire. Vincente organise sa vie en fonction du football. Alors qu'il apprécie certaines séries télévisées, notamment des mangas chinois, il ne les regarde pas tous les jours car elles sont diffusées pendant qu'il fait du sport. Il préfère ce dernier. Autre indicateur, Vincente veut demander pour son prochain anniversaire des gants de goal pour le foot. Et il rêve d'avoir le câble : « Je regarderais plus le football et le sport, parce que c'est intéressant, et aussi le tennis et le hockey sur glace. » Mais il sait que sa mère ne cédera pas, limitant déjà le temps de télévision.

Plus jeune, il avait eu à faire une rédaction sur ce qu'il aimerait faire plus tard et où il aimerait vivre, il se souvient d'avoir écrit : « Quand je serais grand avec ma femme et mes deux enfants, j'aimerais vivre au Brésil. Mais maintenant je dirais plutôt l'Italie… L'Italie, avec une jolie maison, une villa sur une montagne ou quelque chose comme ça, ce serait chouette. » Lorsque l'enquêtrice lui demande ce qu'il ferait là-bas comme métier : « Sportif. Ça fonctionnerait aussi là-bas, ils jouent au football. Toute l'Europe en fait joue au football. » Son avenir, il le rêve à la manière dont d'autres jeunes se voient chanteurs ou chanteuses, surtout avec *Star Academy*. Il se demande pourquoi il ne ferait pas une carrière éclair dans le sport : « Quand on devient célèbre comme ça soudainement… Si je joue au football dans mon club, parfois il y a des gens qui viennent et qui regardent s'il n'y en a pas un qui est bon, et ensuite ils l'invitent à des entraînements [de plus haut niveau]. » Cet adonaissant voudrait que cela lui arrive, surtout qu'il a eu auparavant un entraîneur qui est désormais au *Berliner Auswahl*, club de footballeurs de haut niveau. Pour lui, s'impose l'idée de faire sa vie « dans le sport » : comme sportif, manager ou entraîneur.

L'adhésion au monde sportif ne suffit pas à Vincente. Il veut aussi accéder à la culture jeune, malgré sa mère qui le surveille beaucoup pour la télévision, la console de jeux (interdite), les marques et le téléphone portable. S'il reprend les arguments maternels sur l'excès de consommation, sur la tyrannie des marques, il ne cède pas en revanche sur le cartable, qui ne peut être qu'un Eastpack. Il l'a eu pour son anniversaire : « Je m'étais souhaité un sac de cette marque. » Dans sa classe, presque tous les copains ont un tel sac. Pour justifier cette demande, il prend appui sur un autre argument, celui de la qualité de cet équipement. Il désobéit pour la télévision quasiment interdite, jugeant abusive une telle restriction : « Parfois ma mère est là, et la plupart du temps je n'ai pas le droit [de regarder], donc je regarde souvent en cachette quand ma mère n'est pas là. Le lundi ou le vendredi quand mon copain sort plus tard de l'école [et en attendant de déjeuner] et que j'ai encore du temps, je regarde. » Grâce à la radio, cet adonaissant reste en contact avec cette culture spécifique qui le réassure sur son identité, malgré sa mère qui voudrait l'en éloigner : « Ma mère, elle écoute toujours la même station, et moi j'écoute la station de radio que j'aime bien. J'aime bien écouter de la pop-music et elle, plutôt des vieilles chansons. Elle écoute Radio 1 et moi j'écoute RTL ou NRJ. » Le soir, il doit éteindre à 21 h 30. Il peut ensuite écouter encore vingt minutes la radio. Il a une fonction qui lui permet de programmer ce temps. Il préfère la musique aux émissions de libre parole. C'est en tant que « jeune » qu'il s'endort pendant que les « vieux » sont dans leur monde. Vincente ne dispose pas du maximum de ressources pour cumuler les points pour se situer dans les catégories « jeune » et « masculin ». Le déficit vient de ses parents qui le privent de console de jeux, ou de lui-même qui aime bien de temps en temps se définir comme « petit ». Lorsqu'il regarde la télévision avec son père et sa mère, il quitte sa place sur le canapé pour être plus près d'eux : « Nous tournons un peu la télévision et on se met tous ensemble avec une couverture et nous nous faisons des câlins. »

À l'adonaissance, le jeu identitaire ressemble plus à une addition qu'à une soustraction : « Je demande la carte jeune fille (ou garçon) », « Je demande la carte copine (copain) », s'ajoutent à « J'ai — déjà — la carte fille de (fils de) », « J'ai — déjà — la carte membre de la famille ». Selon les moments et les situations, la hiérarchie des préférences entre les cartes se modifie. Ce qui importe avant tout pour le jeune, c'est d'une part de disposer de plus de cartes dans son jeu, et d'autre part de refuser que ce soient ses parents qui distribuent toutes les cartes. Ce sont deux preuves de l'accroissement de son pouvoir. Il ne souhaite pas être roi de sa famille, il rêve d'avoir un royaume qui soit reconnu par les puissances parentales voisines et qui ait une taille qui corresponde à son âge.

Deuxième partie

Apprendre à être propriétaire de soi en milieu cadre

4

Une identité clivée, et idéalement équilibrée

Les utopies ne sont pas nécessairement reprises *in extenso* lorsque les individus et les groupes en font usage. C'est ce qui s'est passé avec les pédagogies « anti-autoritaires » (continuatrices des pédagogies centrées sur l'enfant). Ainsi il faut être aveugle (ou aveuglé par la critique) pour croire et faire croire que dans les familles de la seconde modernité, « il est interdit d'interdire » ! En réalité, ces modèles de pédagogie ont été lus — *Libres enfants de Summerhill* l'est toujours[1] — et ensuite, avec plus ou moins de bonheur, ils ont été détournés pour une mise en musique familiale. Les parents des milieux cadres n'ont pas pris le risque de laisser tout le terrain à l'aventure pour leurs fils et leurs filles. Ils se sont donné un « domaine réservé », les études, en copropriété. Il y va de la reproduction sociale de la famille. Et à côté, ils ont dessiné un royaume où l'enfant peut être roi. Au moins théoriquement. Ce second domaine n'est pas laissé en friche. Il se justifie pour un autre travail, plus proche du jardinage, où l'enfant, le jeune, doit, par son expression personnelle, parvenir à se cultiver lui-même. Dans un cas, le responsable est l'adulte, dans le second, c'est le jeune lui-même. Ce compromis permet, dans l'idéal, de cumuler les bénéfices d'une accumulation des savoirs par l'école et de sa transformation en capital scolaire et la découverte par l'enfant de ses intérêts personnels. Ce ne sera que plus tard qu'il pourra, dans un projet, réunir les deux parties de son identité, provisoirement dissociées. Pour le moment, les parents n'ont guère confiance dans le sens de l'avenir que peut avoir un jeune, ils s'estiment

1. Trente-six ans après sa parution, en édition de poche (Alexander S. Neill, La Découverte, 2004), il figure dans les deux mille premières ventes par Internet (site Amazon, au 1er mai 2006).

en conséquence responsables de ce temps, et laissent à leur fille ou à leur fils le temps présent. Ils reprennent un des principes de la pédagogie anti-autoritaire — « la qualité de la vie menée dans le présent a plus d'importance que les efforts faits en vue d'une vie à venir » (Watson, 1976) — mais en limitant sa zone d'application. La propriété de soi est donc strictement limitée à l'adonaissance dans les familles cadres.

Atteindre un certain équilibre

Les jeunes sont libres d'expérimenter une partie de leur vie à la condition qu'ils respectent l'autre règle du jeu, à savoir le fait de déléguer la gestion de leur intérêt ultérieur à leurs parents. Ces derniers gèrent la fortune, tout en acceptant de donner de l'argent de poche (pratique nettement plus répandue dans les familles cadres que dans les familles populaires au sein desquelles les parents donnent en fonction de la demande de leurs enfants). On observe donc dans la version qu'en ont tirée les parents cadres que l'éducation centrée sur le développement de l'enfant est devenue conditionnelle. Il y a une contrepartie exigée de la part des jeunes : moins le respect en soi de l'autorité des parents que l'obligation du travail scolaire. Pour prendre un exemple, un jeune peut écouter sa radio, même à une heure où elle diffuse des programmes pouvant heurter les oreilles des parents (Glevarec, 2005), s'il travaille pour ses études. Pour les parents mobilisés dans la réussite de leurs enfants, la scolarité ne doit pas être négligée, le reste étant accordé sous surveillance.

Ce modèle propose une identité clivée, avec une part plus personnelle et une part plus familiale ; avec une zone de liberté et une zone d'apprentissage scolaire. Ce clivage peut engendrer des illusions d'optique de la part des adonaissants qui peuvent coder la zone scolaire comme étant significative de leur « petite » taille, et la zone personnelle comme représentative du fait qu'ils soient « grands ». Du fait de ce chevauchement entre l'obéissance et l'indépendance, entre le temps de l'élève (même à la maison) et le temps libre, un adonaissant peut conclure que la scolarité est une affaire secondaire de son point de vue. C'est un des risques de l'éducation individualiste : qu'elle produise une relative désaffection des études à un moment historique où la concurrence entre les familles pour le capital scolaire est redoublée, mais aussi à une période définie par la seule certitude du changement, et donc par l'interrogation sur les savoirs accumulés et hérités.

Cela n'aboutit pas à une division du travail entre les parents, uniquement préoccupés des études, et les jeunes soucieux du respect de leur temps libre. Sauf en cas de crise. Normalement (au sens social du terme), les père et mère font également attention à l'épanouissement de leur enfant, et les jeunes ne refusent pas les rappels de leurs parents. Le clivage est approuvé dans les deux cas, c'est la pondération entre les deux dimensions qui diffère assez fortement. Les parents veulent avoir un jeune qui ne soit ni trop obéissant, ni trop indépendant, ni trop centré sur ses études, ni trop exclusivement préoccupé par le reste de la vie. Caractéristique de la seconde modernité, la norme du « ni, ni » (de Singly, 2003) s'applique à l'éducation. En conséquence, le maître mot devient l'équilibre. L'adonaissant doit faire preuve d'initiatives personnelles sans relâcher ses efforts pour réussir au collège. Il doit démontrer sa capacité à être indépendant et autonome, tout en comprenant que ce présent ne doit pas lui faire négliger son avenir, ni, au-delà, celui de la trajectoire de la famille.

Ce souci de l'équilibre est plus affirmé dans les familles cadres en raison des enjeux de la reproduction sociale et scolaire[1] (Bourdieu, Passeron, 1964, 1970) et de la force des croyances dans les normes psychologiques du développement personnel. L'exigence vis-à-vis des deux demandes est plus forte, ce qui ne rend pas plus facile l'arbitrage. Certains parents de ce groupe espèrent toutefois qu'une pédagogie explicite favorisera la recherche de cet équilibre, que le respect affirmé de l'autonomie de l'adonaissant aura pour

1. La massification de l'enseignement a comme effet objectif un accroissement de la concurrence sur le marché scolaire.

effet positif de rendre ce dernier plus sensible à la contrepartie. Nous sommes dans une culture de la négociation, entendue au sens de mise en œuvre de ce que des experts nomment le « gagnant-gagnant ». Aucune des parties « n'a l'intention d'être le perdant de la situation (ce qui est toujours le cas si chacun respecte ses propres besoins)[1] ».

Pour appréhender la manière dont peut être vécu cet idéal d'un équilibre entre les deux exigences, nous dessinerons les portraits d'une adonaissante et d'un adonaissant[2]. Ceux-ci correspondent à l'idéal d'un jeune qui parvient à concilier, pourrait-on dire, « vie personnelle » et « vie de travail », et à estomper ainsi le clivage initial. Cela présuppose que le jeune ne perçoive pas sa dimension d'élève comme étant surtout « familiale ». L'idéal de l'équilibre se transforme en idéal de l'unité de soi : le jeune assume alors à titre personnel, parce que cela l'intéresse, ses études et ce qui y est associé. Sa dimension de « fille de », de « fils de » n'est pas non plus vue comme empêchant son expression personnelle.

Nina ou le cumul identitaire réalisé

C'est ce que parvient à réaliser Nina, 12 ans (en 7. *Klasse*). Elle habite Berlin dans un grand appartement bourgeois, situé dans un quartier plutôt populaire. Sa mère a arrêté son travail dans la mode et son père est un grand éditeur allemand. Lorsque son frère est né, il y a cinq ans, ses parents ont changé d'appartement pour que chacun ait bien sa pièce (y compris le père et la mère). Il y a aussi un salon, près de la chambre paternelle, une grande cuisine qui jouxte la chambre maternelle, une buanderie et un petit débarras. Nina dispose d'une grande chambre. La jeune fille a spontanément fermé la porte avant l'entretien. Elle y tient car son jeune frère aime venir voir ce qui se passe, surtout lorsqu'elle a une visite. Cela l'énerve car lorsque sa meilleure amie, Sophie, vient la voir,

1. Le livre de référence est celui de Thomas Gordon, *Parents efficaces*. Publié en 1996 en poche, il est toujours dans la liste des deux cent cinquante meilleures ventes sur le site Amazon par exemple.
2. L'analyse ne sera pas différenciée selon l'origine nationale, entre l'Allemagne et la France. Les différences, très secondaires, ne seront commentées qu'en conclusion.

elles sont toujours dérangées par ce frère[1]. Dans cette pièce, Nina a fait aménager une mezzanine qui est son coin privé à elle. Son lit s'y trouve avec une étagère de bouquins. Elle désire pour son prochain anniversaire un petit canapé (elle l'a repéré sur catalogue, et ses parents ont approuvé) afin de créer un nouveau coin, proche de la chaîne stéréo. Cela sera plus aisé pour écouter des histoires sur cassette. Pour le moment, elle s'assoit par terre sur un tapis recouvert de quelques coussins. Elle préfère les histoires à la musique. Par exemple, *Harry Potter* dont elle possède les enregistrements sonores. Elle a aussi tous les livres, et elle a vu les films qui en ont été tirés. Elle préfère les livres ou les cassettes, car « les livres sont aussi sans image et on peut s'imaginer les personnages soi-même alors que dans le film, on t'impose toujours les images. Maintenant qu'on a vu le film, tu auras toujours les images du film dans la tête. Les cassettes je trouve ça bien parce qu'on a juste les mots ». Cet argument est souvent utilisé par ceux et celles qui aiment lire. Nina appartient à ce groupe. Elle lit beaucoup, ses livres sont sur une petite étagère et dans deux caisses que son père lui a données. Pendant l'année, elle lit surtout le soir. La lumière doit être éteinte à 21 h 30, et il lui arrive de ne pas avoir le temps de lire. Malgré tout, lorsqu'elle pense que ses parents ne font pas attention, elle rallume la lumière pour lire. Il est devenu exceptionnel aujourd'hui d'entendre un récit de lecture dérobée dans les entretiens.

Nina aime aussi dessiner. Avec une amie, elle a peint un des murs de sa chambre. Les personnages sont ceux d'une trilogie littéraire (*Die Fließende Königin, Das Steinerne Licht* et *Das gläserne Wort*) : « Ce sont des livres que j'ai lus et ma meilleure amie aussi. Nous avons toutes les deux été émerveillées. Alors nous avons peint les personnages d'après notre fantaisie, tels que nous nous les imaginions car dans le livre il n'y a pas d'images. Nous avons peint pendant

1. Nina préfère dormir chez Sophie ou chez une copine : « Mes copines, presque toutes mes copines n'ont pas de frères et sœurs, et surtout pas de petits frères et sœurs et quand je suis ici avec une copine et que je fais quelque chose, mon petit frère vient toujours voir ce qu'on fait. Je peux le comprendre, mais ça m'énerve quand même un peu. » Nina ne ferme pas sa porte à clef : « C'est ça le problème. Alors il vient et frappe à la porte. Il entre et alors il a tellement d'épées et tout le reste, il se déguise et il vient nous voir. »

des heures. » La jeune fille précise qu'elle a demandé à sa mère la permission. Auparavant, les murs étaient couverts de posters : « Il y en avait partout, jusqu'en haut, et je me disais : "Oh mon Dieu ! C'est vraiment moche, ils sont tous tellement différents, ils ne vont pas ensemble, il y en a des grands, des petits." Alors j'ai tout enlevé et j'ai trouvé que ça faisait vraiment vide tout d'un coup. J'avais une tout autre vue sur ma chambre. Alors j'ai demandé si je ne pouvais pas peindre quelque chose sur ce mur. Alors je m'y suis mise, d'abord au crayon de papier et ensuite avec de la peinture. » Cette adonaissante a suivi des cours de peinture dans une école d'art pour jeunes. Mais c'était le vendredi, cela tombait mal car elle suit aussi des cours de soutien en mathématiques. Il n'y avait pas assez de temps pour le déplacement entre les deux cours. Elle est obligée d'arrêter mais compte reprendre : « Pour l'instant je fais une pause et je vais voir si je trouve pas d'autres activités qui me plaisent. Mais je veux de toute façon continuer à peindre. » Dans sa chambre, très peu d'affiches donc, mais il y a quand même un poster de Shakira dont elle a un CD. Elle a également mis des dessins de fleurs qu'elle a réalisés elle-même lors des cours qu'elle a suivis.

Contrairement à de nombreuses adonaissantes, y compris de son milieu, Nina apprécie ce qu'il est convenu de nommer des « activités culturelles ». Un de ses souhaits scolaires trahit également à la fois un environnement cultivé et le goût que cette adonaissante exprime à titre personnel. À son école privée, catholique, le latin est une langue obligatoire. Son père ayant étudié cette langue, il lui fait travailler son vocabulaire latin. Nina trouve que parfois il faut « s'accrocher » mais celui ne lui déplaît pas. L'an prochain, elle fera probablement du grec ancien plutôt que du français, soulignant que presque tous les élèves apprennent le français et que ce n'est pas la peine de faire comme tout le monde. Ils seront trois à apprendre le grec, et Nina pense ainsi qu'ils auront un professeur plus attentif. Elle ne sait pas encore à quoi le grec ancien peut servir. Ses parents ont encouragé ce choix.

Nina ne construit pas son monde seulement à partir de propositions parentales. Elle emprunte aussi à la culture jeune en regardant la télévision (même si elle doit demander l'autorisation et si elle ne doit pas dépasser d'une heure quotidienne) dans la chambre de sa mère, car « il y a un grand lit et on peut s'allonger confortablement dessus ». Auparavant elle appréciait une célèbre série *Gute Zeiten, Schlechte Zeite* (*GZSZ* pour les familiers), elle a d'ailleurs collé un autocollant sur une étagère, et elle achetait le mensuel qui porte ce nom. Mais à présent, elle change : « Je regarde, mes copines regardent ça, je regarde toujours *Friends.* » C'est tous les soirs à 18 heures en semaine. L'objectif est de ne pas décrocher du monde amical.

La musique fait partie de l'univers de Nina, sans avoir une place centrale, le nombre d'activités de cette jeune fille est tel qu'aucune ne prédomine. Nina chante dans un groupe de musique. Elle ne joue pas d'un instrument. Elle a pris des cours de guitare, et ce fut très bref car les autres personnes qui prenaient ce même cours savaient déjà jouer. Cela l'a découragée. Elle a arrêté « car ça ne m'apportait rien et ne me faisait pas plaisir », ses parents ne l'ont pas contrariée. Chanter lui plaît beaucoup. Lorsqu'à la fin des entretiens, l'enquêtrice lui demande ce qu'elle souhaite faire plus tard, Nina répond qu'elle a « mille idées ». L'enquêtrice s'étonne : « Mille ? » La jeune fille se reprend : « Ok, pas mille. Mais j'en ai pas mal. » Elle donne la première : « Alors, j'ai un groupe et je pourrais m'imaginer faire quelque chose dans la musique, je veux dire chanter. » Dans son groupe, elle chante : « J'écris des textes et mes copines chantent aussi avec. On a un saxophoniste, quelqu'un à la batterie et ma copine joue du piano, enfin c'est un keyboard [un piano électronique]. Et il y a encore un vrai piano. »

La seconde idée témoigne de l'importance de l'amitié. Nina rêve d'ouvrir un restaurant avec Sophie : « Un restaurant allemand aux États-Unis. Parce qu'ils ont souvent que des hamburgers ou des hot-dogs. Je sais pas, par exemple, on pourrait avoir des saucisses [allemandes]. » Elle veut un lieu central pour avoir du succès. L'origine d'une telle idée ? : « Mon père m'a raconté qu'il connaît quelqu'un, ou bien un copain à lui connaît quelqu'un, qui a ouvert un petit restaurant servant de la saucisse blanche et qui est devenu riche.

Alors je me suis dit que ça devait être amusant de faire ça et que j'aimerais bien essayer. » Elle n'a jamais été aux États-Unis mais ses parents y sont déjà allés. Elle a envie d'y aller à son tour. Les États-Unis, la réussite possible, l'alliance avec une copine rendent le projet attractif.

Pour cette adonaissante, la culture jeune contribue surtout à maintenir et à renforcer les liens amicaux sans nourrir fortement son imaginaire. Nina ne veut pas se couper de ses copines qui comptent beaucoup dans sa vie. Elle est souvent invitée. La semaine précédant l'enquête, elle est allée à deux fêtes. Pour une de ces soirées, elle s'est achetée — c'était la première fois — un vêtement sans sa mère. Elle voulait absolument un haut coupé d'une manière particulière avec une manche d'un côté et sans manche de l'autre. Elle l'a payé 25 euros, pris sur ses économies. Un de ses souhaits à court terme est d'avoir le droit pour son anniversaire d'organiser une *Schlaf-Party*, une soirée pyjamas. Les amis, garçons et filles, viennent dormir, regarder des films et discuter longtemps.

Nina se maquille un petit peu lorsqu'elle sort ou qu'elle a rendez-vous avec une copine. Au collège, cela serait « déplacé ». Elle a dans sa chambre une boîte où elle met son maquillage personnel (vernis à ongles, démaquillant, rouge à lèvres, ombre à paupières notamment), sa mère lui en donne aussi de temps à autre. Elle se maquille depuis environ un an. Sa mère ne dit rien car c'est discret ; elle ne l'autoriserait pas à se maquiller plus. Pour ce qui est des cheveux, Nina les a toujours eus assez courts, elle aimerait bien les laisser pousser à présent. Pendant les entretiens, ses cheveux étaient relâchés sur les épaules, mais pour le collège, elle a toujours une tresse. Pendant sa dernière année de primaire, elle s'est teint les cheveux en rouge, c'est sa mère qui lui avait fait. Une autre fois, elle a eu des mèches rouges, réalisées par le coiffeur. Elle compte recommencer, mais pas tout de suite[1]. Avant de se rendre à une fête, Nina, avec Sophie, a fait un *Beauty Tag*, une journée de mise en beauté avec de la gymnastique, des masques de beauté, des soins.

1. En Allemagne, la coloration des cheveux est nettement mieux acceptée qu'en France.

Avoir de bonnes relations avec les amis et avec les parents ne fonctionne pas comme un système de vases communicants. Nina n'est pas en « crise d'adolescence ». Le soir, elle aime bien « l'au-revoir », un rituel familial. C'est le seul moment où quelqu'un peut monter sur sa mezzanine : « Quand je suis au lit, ma mère vient parfois me dire bonsoir, ou bien mon père lorsqu'il est là le week-end, il me lit parfois une histoire et là il monte aussi. » Au moment des souhaits (un thème des entretiens), Nina demande à ce que son père travaille à nouveau à Berlin comme avant, car il est trop absent et il lui manque. Elle supporte assez mal cette séparation. Un autre indicateur de son attachement affectif à la vie familiale réside dans le rite alimentaire. Sa mère lui prépare un goûter, un sandwich pour les pauses du matin. Elle le met directement dans le cartable. Nina apprécie cette surprise. Avec sa mère elle aime bien faire des sorties shopping — chez H&M, C&A, Piek & Kloppenburg, etc. — ; elles essaient beaucoup de vêtements.

Il y a peu de tensions entre elle et ses parents. Nina travaille bien. Elle a quelques difficultés en mathématiques, aussi suit-elle des cours individualisés de soutien donnés par une lycéenne de terminale deux fois par semaine pour les maths. Sa mère lui fait confiance, elle ne vérifie pas ses devoirs. Cette confiance dépasse les études. Nina prévient le jour même lorsqu'elle va dormir chez une copine, la décision étant prise au dernier moment. Elle ne le fait que si elle sait que ses parents n'ont rien prévu de spécial. Nina parvient à gérer les deux dimensions complémentaires de l'identité adonaissante : fille de, et amie, parce que ses parents acceptent cette dualité et parce qu'elle a importé dans son monde une partie de l'héritage.

Une jeune fille « indépendante »

La coexistence pacifique de ces deux types de liens n'est possible que parce que cette adonaissante bénéficie d'une grande indépendance. Nina a les clefs de chez elle depuis plusieurs années : « Ils auraient dû s'adapter à moi, à l'heure à laquelle je rentre. C'est pour ça que j'ai eu mes propres clefs.

C'est beaucoup plus simple.» Que signifie être indépendant pour elle ? Nina prend l'exemple de la liberté de circuler : «Alors que ma copine, qui rentre toujours en voiture avec sa mère, elle n'est pas indépendante. Le fait que je me déplace en bus toute seule, que je m'y connaisse avec les plans et que je n'appelle pas ma mère si jamais je me suis trompée d'arrêt ou de station, mais que je me débrouille parce que je connais un peu.» Ainsi pour se rendre à son collège, Nina prend le bus et elle doit changer une ou deux fois. Le trajet dure environ une demi-heure. C'est long, «mais il y a beaucoup d'élèves qui font ce trajet et je rencontre aussi ma meilleure amie et un copain de ma classe. Avec eux on discute et on révise notre vocabulaire». Au retour, elle s'arrête sur la grand-place où habite Sophie, à la limite de son propre quartier. Cette place a de la valeur pour elles deux, c'est là que chaque été, elles se rendent habillées dans les fontaines, se trempent, tout en ayant amené des vêtements de rechange. Nina a des petits moments de folie. Par exemple, avec son argent de poche (3,50 euros par semaine[1]), il lui arrive de s'acheter des cerises avec sa copine sur le marché de cette place pour faire ensuite des concours de crachats de noyaux ! Nina aime jouer : dans sa chambre avec un ballon à multi-usages ; sur son ordinateur portable, notamment à un jeu qui met en scène un détective qui résout des énigmes ; dans la cour de recréation, à des jeux qu'elle invente avec ses amies, en filant quelqu'un comme un détective, en jetant des raisins en l'air qui doivent être rattrapés dans la bouche.

Nina, qui circule surtout en bus, connaît bien la ville. Elle repère sur un plan de Berlin les choses importantes à ses yeux : sa rue, son école, le West-End où vit sa grand-mère, les endroits où vivent ses amis, et aussi Babelsberg car ce sont les studios de *GZSZ*. Elle a déjà pris l'avion et le train toute seule. Cette indépendance spatiale ne traduit pas une indifférence de la part de ses parents. Sa mère a fait plusieurs fois le trajet jusqu'au collège avec elle avant la rentrée des classes. Le jour de la rentrée, Nina y est allée toute seule. Elle est libre, à la condition que sa mère sache où elle est.

1. La grand-mère donne aussi, mais cet argent est placé.

C'est pour cela qu'elle a un téléphone portable depuis un an. Au début ses parents étaient réticents, une carte téléphonique leur semblait suffisante. Ils ont dû admettre qu'il n'y avait pas toujours de cabine téléphonique et ils ont cédé. Nina l'utilise surtout pour appeler sa mère lorsqu'elle a du retard ou qu'elle doit faire une course. Sinon elle se sert du téléphone familial, surtout pour parler à Sophie, elle le prend et va dans sa chambre pour être tranquille. Nina a également une maîtrise de la cuisine qui dépasse le simple maniement du four à micro-ondes, ce qui est plus rare. Lorsqu'elle dort chez Sophie (leurs parents se connaissent mais sans plus), elles font la cuisine. La dernière fois par exemple, elles ont cuisiné des escalopes de dinde à la sauce à l'ail avec du riz. Nina cuisine aussi parfois chez elle. Il n'y a pas si longtemps, elle a demandé à sa mère si elle pouvait faire le repas. Sa mère lui a répondu « Bien entendu » : « Alors j'ai pris ce qu'il me fallait, j'ai fait la cuisine et elle m'a dit que c'était très bon. » Il s'agit moins d'une socialisation explicitement centrée sur le genre avec la logique de la transmission intergénérationnelle que d'une activité à la fois ludique et créative (même si la cuisine reste plus « féminine » que « masculine »).

Ses parents la laissent libre de créer son monde personnel, comme on le voit à travers l'exemple du journal intime. Nina le tient tous les soirs. Lorsqu'elle n'a pas le temps, elle écrit seulement une page ou deux, sinon c'est plus. Pendant les vacances, le texte s'allonge car elle a plus de choses à raconter. Elle raconte tout : ce qui se passe à la maison, les profs, les camarades de classe, ses amoureux (elle n'a pas de petit copain en ce moment mais elle a quelqu'un en vue). Au départ, elle ne savait pas quoi écrire. Un jour elle a commencé : « J'ai remarqué que ça me faisait vraiment plaisir et que ça me libérait quelque part parce qu'on écrit tout. Alors j'ai continué. » Toute la famille est au courant que, le soir, Nina écrit dans son journal. Elle le cache sous son oreiller ou sous le matelas. Mais c'est une précaution formelle car personne ne cherche à savoir ce qu'il y a dedans. Ce respect manifeste un encouragement à l'autonomie. Cela se traduit aussi par le fait que son père et sa mère ont accepté ses demandes concernant l'aménagement de sa chambre, l'arrêt de la guitare et du dessin. Ils ne contrôlent pas strictement son travail scolaire.

Ils interviennent plutôt sur le contrôle des horaires (tout en tolérant les imprévus avec la meilleure amie). Avec les heures du coucher, du lever, et de la télévision. Avec une offre d'activités organisées. Il suffit de regarder les occupations de Nina après les cours. Deux fois par semaine, elle reste en étude au collège pour ses devoirs. Auparavant, elle jouait au ping-pong le lundi. Mais comme ce jour-là, c'est piscine pendant deux heures, elle ne peut enchaîner avec deux heures de ping-pong, aussi a-t-elle arrêté, ne continuant que le jeudi. Le mercredi, elle a chant. Le vendredi, elle suit ses cours particuliers de maths. Seul le mardi, rien n'est prévu, elle en profite alors pour rester chez son amie. Cette éducation à l'autonomie n'est donc pas synonyme de laisser-faire.

Le pouvoir de désobéir

Lorsqu'on lui pose la question de ce qui devrait changer dans les années suivantes, Nina souhaite pouvoir choisir davantage ses horaires : « J'irai à plus de soirées et je ne serai plus aussi fiable, car quand il faudra que je sois à la maison à 22 heures, ce sera sans doute plutôt 23 heures. Et je pense que j'aurais d'autres copains et copines, mais je pense que Sophie restera quoiqu'il arrive ma meilleure amie. On a déjà fait tellement de choses ensemble, ça soude. » Mine de rien, Nina lâche un mot significatif, celui de « fiable ». Pour le moment, elle est quelqu'un à qui on peut se fier. Cette qualité aux yeux de ses parents a un prix, cette adonaissante le sent bien. Elle voudrait diminuer ce coût en renégociant les frontières entre ce qu'elle accepte de bon cœur et ce qu'elle voudrait rejeter. Le monde de ses parents peut devenir sien sans problème — notamment avec la culture qu'elle apprécie à titre personnel. Il ne doit pas interférer avec les exigences des relations amicales. Les horaires de la sortie du soir sont emblématiques du désaccord entre parents et adolescent. La fiabilité et la confiance ne peuvent pas impliquer un alignement total sur les normes des adultes. Le sentiment de propriété de soi naît non seulement d'un élargissement des horaires, mais aussi d'un certain droit à la désobéissance. Nina veut pouvoir dépasser l'horaire autorisé pour éprouver qu'elle a autorité sur elle-même.

Martin ou une certaine conciliation

Martin, 12 ans, en cinquième, appartient à une bande dont on retrouvera plus loin deux autres membres qui ne parviennent pas comme lui à concilier les deux injonctions énoncées au moment de l'adonaissance dans les familles cadres : la liberté d'expression et le devoir d'étudier. La mère de Martin, cadre dans le domaine culturel, a démissionné récemment et est en recherche d'emploi. Martin est le plus jeune de la famille : il a deux sœurs (une de 21 ans qui n'est plus à la maison et une de 14 ans), un frère (18 ans) et également un quasi-frère (24 ans), sa mère s'étant remariée avec un homme (banquier) qui avait cet enfant. Pendant l'entretien, le pré-adolescent nomme quelquefois son beau-père « mon père », ce qui génère des confusions. Son père, commercial, habite à Paris, dans un appartement proche. Il se rend fréquemment en Algérie. Dès qu'il revient après un séjour d'une ou deux semaines, « on fait un dîner chez lui, avec tous les enfants ». Martin le voit souvent. L'équipement téléphonique traduit les liens de cette famille recomposée. Trois lignes de téléphone sont installées : « Mes parents ils ont une ligne là... mon frère il a une ligne et nous (sa sœur et lui) on a une ligne. » Pourquoi ? « Parce qu'en fait, la mère de mon frère, elle aimerait pas tomber ni sur moi ni sur ma mère. » Chaque téléphone a une sonnerie différente.

La culture quand même

Martin fait du théâtre. C'est sa deuxième année et il apprécie : « C'est marrant et on fait des spectacles de fin d'année. » Il dit comment il apprend ses textes par cœur, dans sa chambre, tout seul et sans l'aide de personne : « Suffit d'un papier puis [on] cache ce qu'on dit, on le dit et ensuite on enlève le papier, et on voit si on a bon. » C'est lui qui a eu l'idée de suivre ces cours du mercredi : « C'était en CM2, on a fait du théâtre. Alors c'est en sixième [que] je me suis inscrit. Je voulais en faire.» Martin n'a pas le trac. Il estime que l'enjeu n'est pas très important, «vu que c'est gratuit, s'ils trouvent ça nul, les gens ils oseront partir». À la fin de l'année, sa famille vient le voir, il souligne que l'an passé son père était là.

Les relations nouées pendant cette activité culturelle ne débordent pas sur le reste de l'existence de Martin. Il a des copains au théâtre avec lesquels il s'amuse bien, mais il ne les voit qu'à cette occasion. S'il devait organiser une fête, il ne les inviterait sûrement pas. Il ne se dirait pas : «Tiens, je vais appeler les gars du cours de théâtre.» Il appellerait sa petite bande de copains avec qui il fait du roller. En revanche, certains bons copains de roller sont déjà venus le voir à des spectacles. Martin fait même un peu de promo pour son spectacle de fin d'année durant les entretiens!

Avec sa mère, le dimanche, il va dans des musées, «des trucs comme ça» : une fois par mois et sans grand enthousiasme. Par exemple, bientôt ils se rendront en Normandie : «On va voir pendant un week-end le mémorial de Caen, le débarquement.» L'attention éducative à la culture se manifeste par le rapport très distant de sa mère vis-à-vis de la télévision. D'abord elle ne la regarde jamais. Quelquefois elle écoute les infos à la radio, mais elle préfère la lecture du journal. Martin le lit aussi parfois. Auparavant il était abonné à un journal pour enfants du genre *Sciences et vie junior,* il s'est lassé. Actuellement aucun magazine ne lui plaît, ce sont trop «des magazines d'enfant d'actualité, c'est vraiment pour les plus petits en fait». Il lit surtout des BD. Pour les études, il doit lire des livres. Celui qu'il doit lire en ce moment pour l'histoire le rebute : «C'est un livre adulte historique.» Martin refuse les livres pour enfants et pour adultes, trahissant bien sa situation d'entre-deux. Il ne s'aligne pas sur le refus de télé de sa mère, mais il établit une sélection originale pour un adonaissant. Il aime regarder les émissions comme *Envoyé spécial* ou les émissions où il y a des invités qui parlent sur un problème spécial. Il regarde aussi *C'est pas sorcier*, émission qui explique la science de manière simple, ou encore les séries, «les petites émissions, les trucs qui passent sur *Canal J*, les trucs comiques». Il doit éviter de succomber à ce que ses parents considéreraient comme une overdose de télé. Ainsi, «le soir, on n'a droit qu'à une émission parce qu'après on regarde trop la télé». Martin accepte cette règle sans trop protester.

Sa mère le suit d'assez près pour ses études. Quand il rentre du collège, il n'a pas le droit de regarder la télévision avant d'avoir fait ses devoirs. Sa mère regarde son cahier de textes et l'aide au besoin pour l'anglais et le français : «Quand je fais des maths, vu qu'elle est pas très forte, et moi je me débrouille, elle me fait confiance mais... Elle m'interroge si j'ai des leçons puisqu'elle a le cahier sous les yeux, et l'anglais.» À la question : «Donc elle vérifie le soir?», Martin répond «Ouais». Son travail doit toujours être terminé. Il investit plus que ses copains dans son travail. Il a de bonnes notes, il pense passer en quatrième sans difficulté. Il aime beaucoup les langues, il est bon en anglais. C'est sa deuxième année d'anglais. Il aurait pu faire aussi latin, mais ça ne l'intéresse pas d'autant plus qu'il n'aime pas le français (et qu'il a, dans cette matière seulement, des notes insuffisantes). Il a donc refusé de faire du latin. Il a été beaucoup influencé par sa mère : «En fait, elle m'a fait le choix et pfff... Parce qu'elle, quand elle en avait fait, elle avait pas aimé. Elle m'a demandé : "Moi si moi je voulais?", et j'ai dit : "Non".» Il justifie longuement son choix de n'avoir pas fait de latin : «Parce que les élèves qui en font déjà, ils disent : "C'est nul." Ça fait deux heures en plus, donc soit ça fait commencer plus tôt ou finir plus tard. Et en plus, les trois quarts des élèves qui font latin maintenant, ils feront anglais l'année prochaine, c'est seulement une initiation. Beaucoup arrêteront je pense.» Il fait sien le conseil de sa mère en prenant également appui sur des avis de jeunes. En quatrième, il commencera à apprendre l'espagnol : «J'aime bien, c'est joli. Dans toute ma famille, on a fait espagnol. Ils ont fait anglais-espagnol.» Il s'aligne sans problème sur les siens.

Martin ne refuse pas les études. Il souffre de la discipline exigée dans son collège. Cet adonaissant ne se réfugie pas dans le silence, il participe beaucoup en classe : «J'interviens trop moi». Il répond aux questions sans être vraiment interrogé. Ses professeurs lui reprochent souvent de ne pas lever le doigt, « ils l'ont écrit sur le bulletin ». Il a essayé de se calmer mais « ça avait recommencé au troisième trimestre ». Martin trouve son collège trop strict. Dans la cour, « il suffit qu'on s'amuse entre nous à se pousser, et c'est pfff… "Ouais, arrêtez !" » Martin a été collé une fois cette année. Il juge les surveillants « bêtes » : « T'as pas le droit de réviser en permanence tes leçons avec quelqu'un. » Les règles ne sont pas justifiées puisqu'elles jugent comme des infractions ce qui lui semble des manières de travailler et de s'exprimer.

Salut les copains

Martin cumule un amour — modéré — de la culture et des études au « reste » de la vie. Il ressemble à ses copains. Il est heureux avec eux. La question sur le « meilleur ami » l'embarrasse. Pour lui, le problème ne se pose pas ainsi : « Non j'ai pas de meilleur ami. Je ne sais même pas ce que ça veut dire. Pour moi, ça a pas trop de sens. » Et d'ailleurs, selon lui, à partir d'un certain âge : on a des amis « mais on dit pas : "Lui, c'est mon meilleur ami" ». Il est comme sa sœur qui a « plein d'ami(e)s qu'elle aime bien, mais elle a pas une meilleure amie ». Il est heureux d'avoir des copains et de les voir. Il sait que ses parents sont indispensables tout en affirmant qu'il arrive à se débrouiller sans eux, grâce aux copains. Il est donc un individu « seul », par rapport à ses parents, mais « avec » par rapport à ses amis. Sa mère le sait, et lorsqu'elle veut le punir, elle le menace de ne plus l'autoriser à faire du roller avec les copains.

Martin sort pour faire du roller[1] dans la semaine et le week-end. Le mercredi et le samedi, il se rend place de la Bastille. Il se débrouille assez bien : « D'habitude y a un tremplin. C'est des tremplins construits, des sortes de plots rouges ou blancs, ça dépend. On met une planche de bois dessus, puis le panneau publicitaire des bus. » Il exécute des « slights », mais il préfère « sa » paire de rollers à quatre roues qu'on lui

1. En plus du roller, Martin fait du surf des neiges.

a prêtée. Il apprécie l'association entre la rencontre amicale et une activité : « Au moins on glande pas, je sais pas, chez un copain ou on va sur un banc ou… On est en rollers. » La dépense physique et le plaisir amical sont ainsi réunis. Les copains font quelquefois des jeux : « En roller, on fait des "éperviers". Y a une personne qui doit attraper tout le monde. Et plus elle en attrape, si elle en attrape un, ils sont deux. C'est dur, mais c'est marrant. »

Il veut sourire et rire de la vie. C'est une valeur qu'il décline tout le long de l'entretien. Il raconte à ses copains des blagues sur les blondes que lui raconte son beau-père, tout en préférant les blagues belges. Il s'en souvient bien généralement, sinon « on peut toujours la raconter, en changeant les mots ». Avec ses copains, ils se moquent de tout ce qui leur arrive : « C'est ça que j'aime. » Il donne un exemple. « Ma sœur, y a son oiseau qui est mort sur son nid. » Ce n'est pas drôle en soi, mais quand « on le dit aux copains c'est marrant. » Il cite aussi un de ses exploits parisiens lorsqu'il voit des groupes de touristes anglais. Il leur parle. « Ils vous regardent. Je vais les voir, je leur parle rapidement. Quand ils demandent la place des Vosges, je leur explique tout pour rien. Et je leur raconte l'histoire de Victor Hugo. » Il adore aussi jouer la comédie. Il se rend avec ses copains place des Vosges ou ailleurs et ils entrent dans des magasins ou des galeries. Ils se font passer pour des clients auprès des vendeurs sans jamais rien acheter. Martin ne s'en vante pas à la maison. Ce qui compte c'est le plaisir immédiat : « Sur le moment, c'est marrant. C'est comme quelqu'un qui fait un sketch, enfin il fait le sketch, c'est rigolo parce qu'il fait des sketchs, mais ensuite à le raconter c'est pas rigolo. »

Cet adonaissant s'est construit une « petite » ville dans Paris. Déjà au CM2 quand il voulait aller chez ses copains, il pouvait le faire à pied. Avec le collège, le recrutement s'est élargi, et donc le cercle autorisé s'est un peu agrandi. Son collège n'est pas très loin de chez lui, cet adonaissant s'y rend à pied en une dizaine de minutes. Il prend le bus plus que le métro. Il pense que sa mère préfère le premier moyen de transport. Lui aussi préfère le bus : « J'aime pas le métro en fait. Enfin j'aime pas énormément, je trouve cela pratique. » Son monde a une taille restreinte. Quand il va faire du roller place de la Bastille, « c'est à cinq minutes ». Quelquefois, il se rend à Go Sport avec ses copains, « on prend le [bus] 65 ». L'activité théâtrale est en face de chez lui. Pour le tennis, c'est aussi tout près. Il se déplace seul. Il lui est aussi déjà arrivé de dépasser ce premier cercle et d'aller en bus chez des copains à l'île de la Cité. Il dit bien connaître le 3e, le 4e et le 11e arrondissements.

Martin a une chambre à lui depuis cette année, il n'est plus avec sa sœur (la plus jeune). Il en est heureux mais il aime autant être dans les autres pièces. Il aime la compagnie. Il ne sait pas trop ce qu'il préfère dans sa chambre : « Y a rien de particulièrement moche. » Il possède une chaîne, cadeau du dernier Noël. Il a des CD, « certains trucs nouveaux », et aussi de la musique plus ancienne : « J'aime bien les Beatles, Tracy Chapman ou M. » Il n'est pas uniquement dans la culture jeune. Il est éclectique, partagé entre des goûts plus « familiaux » et des goûts plus personnels. Il se branche sur la radio : « Je reste assis en fait, en allumant la radio, et j'écoute » : surtout *Fun radio,* notamment une émission où des gens appellent pour raconter leurs petites histoires : « Par exemple t'en as marre de quelqu'un, tu peux l'appeler et puis après, y a des engueulades. » Selon lui, beaucoup mentent, « y a des histoires, c'est n'importe quoi ». Lui n'appellerait pas car ce qu'il aime, c'est surtout écouter la réaction des gens. Grâce à l'Internet familial, il joue quelquefois à des jeux en réseau sur Internet. Il se rend aussi sur des sites de « tchatche », mais il trouve la procédure, notamment pour retrouver le « salon privé » qu'il a créé avec ses copains, trop lourde, trop lente. En fin de compte, il écrit des mails. C'est son père qui lui a appris une certaine maîtrise de l'informatique.

Dans ces conditions, être membre de sa famille ne lui pèse pas. Récemment il est allé avec sa mère voir *Monsieur Batignolles* au cinéma, même s'il s'y rend plus souvent avec ses copains le samedi ou dans la journée. Il prend des cours de tennis et joue avec des membres de sa famille en vacances en Bretagne. Sa mère fait du tennis aussi, elle en est à sa deuxième année. Il ne peut donc pas encore trop jouer avec elle, mais « cet été, on pourra jouer ». Son coucher reflète bien la dualité, tranquille, malgré sa vie trépidante, de Martin. Quand il est dans sa chambre et qu'il est couché, sa mère vient lui dire bonsoir et sa sœur aussi. Puis avant de s'endormir, il programme sa radio pour qu'elle reste encore allumée une demi-heure. Avant de replonger dans la culture jeune, il n'a rien contre être, pour un moment, « fils de » ou « frère ». Il tient à ses copains. Il a fait savoir à ses parents qu'il souhaitait rester dans le quartier s'ils devaient déménager. Il pense qu'ils en tiendront compte, et au pire il prendra l'adresse de son père afin de pouvoir conserver au moins le collège, et donc ses copains.

Martin est de son âge. Il ne se projette pas trop dans l'avenir : « Non, non parce qu'enfin, je sais pas, c'est des idées sur ce qu'on se dit maintenant. Par exemple on peut faire : "Oui j'ai envie d'être biologiste parce que la biologie c'est marrant, c'est rigolo", et après on va se trouver, en troisième, en seconde, et on va pas réussir à garder la biologie, ou j'ai plus envie d'en faire par exemple. » Le moment n'est donc pas encore venu, le présent importe plus que l'avenir (qui attendra au moins les années lycées). Les lendemains ne sont pas nécessairement enchanteurs pour Martin. Quand il sera en quatrième, il sait qu'il aura plus de devoirs et une demi-journée de cours en plus par semaine, le mercredi matin (ce qui supprimera le mardi soir « libre »). Il se demande donc si ses parents l'autoriseront à faire plus de choses qu'actuellement. Ce dont il est certain, c'est qu'il aura moins le temps de s'amuser avec ses copains. En outre, il observe que plus il grandit, plus ses parents lui demandent d'aider à la cuisine[1]. Il rejoint l'attitude d'autres adonaissants, fascinés avant tout par le fait d'avoir du pouvoir sur eux-mêmes et qui ne comprennent pas le déroulement temporel de la jeunesse. Il leur semble qu'il y a une contradiction : pour eux, « grandir » cela signifie être plus libre, alors qu'ils observent qu'en passant dans les classes supérieures, au lycée en particulier, ils seront moins indépendants. Aussi ne sont-ils pas pressés de franchir les étapes. Vue ainsi, l'adonaissance est un âge

1. Sans que cela soit clair, l'argent de poche est associé, au moins pour une part, au travail domestique.

d'or, elle ne se confond plus avec l'enfance, elle ouvre donc de nouveaux droits ; elle n'est pas encore liée aux classes scolairement déterminantes pour la réussite, elle n'oblige pas à trop d'efforts.

Faire de nombreux exercices de soi

Même si des jeunes tiennent un journal intime (Nina est celle qui le fait le plus sérieusement), l'adonaissance se caractérise peu par un retour réflexif sur soi. Ils ne refusent pas la connaissance de soi, mais ils préfèrent l'atteindre par la médiation des activités qu'ils font et des commentaires qui suivent. Ils sont sans doute influencés par le fait de vivre dans une société de consommation, ils empruntent certains des traits au consommateur : « Il doit veiller à mobiliser constamment toutes ses virtualités, toutes ses capacités consommatives… Il faut *tout* essayer : car l'homme de la consommation est hanté par la "peur" de rater quelque chose, une jouissance quelle qu'elle soit. » Le « tout » dépend non seulement des moyens économiques dont le jeune dispose, mais aussi de ce qui lui paraît désirable : ce qui peut le faire apparaître comme « jeune » (Baudrillard, 1970). La distinction n'est pas un mécanisme qui fonctionne seulement pour autoriser la distance entre les groupes sociaux (Bourdieu, 1979) ; elle est également à l'œuvre pour renforcer le sentiment d'appartenance à une classe d'âge[1]. De nombreux adonaissants portent sur eux des signes de jeunesse pour être certains qu'ils ne sont plus petits, qu'ils ne sont pas non plus « fils de » ou « fille de ». Ils se décorent de marques fabriquées pour eux.

Plus les jeunes ont à leur disposition des insignes, et des activités qui peuvent les différencier des petits et des adultes, plus ils peuvent aisément s'affirmer librement. C'est un des éléments de l'inégalité sociale au moment de l'adonaissance, les garçons et les filles des familles de cadre ont à leur disposition davantage de nouveaux habits, de nouvelles expériences

1. Ou encore à un « genre ». À ce niveau, la consommation peut servir de support à des énoncés performatifs, dotant l'individu du « masculin » ou du « féminin ».

que les autres. Ils peuvent choisir ce qui leur convient, quitte à abandonner assez vite telle ou telle activité, surtout si celle-ci devient codée, par son public, comme ouverte aux petits. Ils valorisent plus des petits allers-retours (avec garantie de retour à la maison) que le grand voyage, le grand départ.

Ils sont motivés pour faire des entraînements, des exercices, sans éprouver le besoin de savoir exactement où ces derniers les mèneront. Pour cette raison, le portrait d'un adonaissant semble assez déstructuré. Le plus souvent il n'est pas possible d'avoir une clé permettant d'ouvrir sur une identité cohérente, telle celle donnée, par exemple, par les écrivains (Heinich, 1999). La manière de se présenter avec une certaine cohérence est nettement moins recherchée à l'adonaissance[1], l'objectif étant davantage la connaissance par essais et erreurs que la synthèse. Les adonaissants n'en sont pas à la formation d'une identité narrative structurée. Aussi avons-nous décidé de nommer ces portraits des inventaires. Non seulement assez souvent, les deux morceaux principaux de leur identité (statutaire en tant que fille de ou fils de, personnelle en tant qu'élève) sont juxtaposés sans couture solide, mais à l'intérieur de leur part personnelle, les modalités de cette expression sont également éclatées. On est dans l'ordre de l'énumération. Le pouvoir sur soi a besoin de terrains pour être éprouvé. L'amour du jeu, les Playstations, les consoles et le sport témoignent de ce besoin. La confrontation avec d'autres, réels ou imaginaires, proches ou non, permet de découvrir ses propres limites, et non pas celles que les autorités classiques imposent. La confrontation à des univers inconnus, dangereux, permet de tester ses propres capacités. Sur un terrain de foot ou avec une raquette de tennis à la main, dans la jungle ou l'univers du Moyen Âge, le lien de filiation compte peu, n'est d'aucune aide. Démuni de cette identité familiale, chacun pense qu'ainsi peut apparaître un autre soi, même provisoire. Il existe une version plus féminine de travestissement, avec l'identification aux stars, ce qui autorise aussi un déplacement dans un

1. La diversité des thèmes abordés pendant les entretiens rendait plus difficile une telle homogénéité de soi.

univers imaginaire où la personne exprime, par la chanson, ses compétences propres. Une part importante de ce processus en partie éclaté relève plus d'une connaissance «pratique» que d'un haut degré de réflexivité (Giddens, 1987). Les théories de l'individualisation tendent à mettre trop l'accent sur la réflexivité. Or l'individu se construit aussi dans des exercices qui ne sont pas tous «spirituels[1]». La question du «sens» dans le cadre d'un projet est repoussée; pour le moment, s'éprouver importe davantage.

Un inventaire

La distance progressive que met l'adonaissant entre lui et ses parents crée un vide, comblé par des activités qui lui font endosser, provisoirement, d'autres dimensions identitaires. C'est le cas de Nicolas, 11 ans et demi, élève de cinquième à Strasbourg, qui utilise beaucoup de ressources mises à sa disposition. Il prend ainsi appui sur ce que la société propose aux jeunes pour être «adolescents», au double sens du genre masculin et de la génération. L'inventaire de son monde personnel pourrait se faire à la Prévert.

Un grand frère

Nicolas a noué une bonne relation avec son frère qui n'a que dix-huit mois de différence avec lui. Son frère aîné lui raconte parfois des choses qu'il ne raconte ni à ses parents ni à son petit frère. Cela n'exclut pas une certaine hiérarchie : «Dès qu'il est à la télé, qu'il regarde un truc, on peut pas venir et changer.» Ce «grand frère» — Nicolas utilise parfois pendant l'entretien cette expression — ne joue pas ce que l'on désigne parfois sous ce terme de «grand frère», une sorte de substitut à l'autorité du père, chargé de l'ordre familial (Duret, 1999; Clair, 2005). Il est un exemple de ce qu'un «grand» peut faire ou non. Lorsque Nicolas est entré en sixième, il a observé que son frère ne jouait pas avec ses copains : «J'ai essayé de faire comme eux. J'allais

1. L'exercice spirituel a inspiré la pratique du journal intime, caché au fond de soi, il y a simultanément Dieu, sa voix et son vrai moi.

pas commencer à jouer au loup et tout ça (*rires communs*). » Cette année, il y a encore des cinquièmes qui jouent au loup, Nicolas préfère discuter « d'un peu tout », de la télé, de *Loft Story* : « Entre ceux qui trouvent ça bête et ceux qui aiment bien (*rire*). » Nicolas circule dans la cour : « Y a le groupe de mon frère, y a mon groupe, je passe comme ça pour dire salut à tous mes copains. Après, je retourne avec mon groupe. » Il connaît en effet tous les copains de son frère qui viennent à la maison. En revanche Nicolas s'occupe peu de son petit frère (7 ans et demi) qu'il ne désigne jamais par son prénom pendant l'entretien. Le monde des petits est à éviter.

Un chien

Nicolas voulait un chien ; il l'a eu. Il se souvient de la scène de la présentation. Son frère aîné est venu le chercher : « Viens vite voir, il y a une grosse araignée. » Le chien était sur le tapis. Cet adonaissant adore ce chien qui est avec lui depuis un an : « Enfin, je voulais pas forcément celui-là, je voulais un chien depuis longtemps. » Il s'en occupe. Le soir, après le dîner et les infos — que ses parents regardent aussi — il prépare ses affaires pour le lendemain, il se brosse les dents. Et il joue un peu avec le chien (énorme). Il se couche à 21 h 30 sans rien regarder d'autre : « Parce qu'après j'ai du mal à me réveiller le lendemain. » Nicolas s'endort assez vite.

Des Nike

Le plus souvent il se met en jogging ou en jeans. Il préfère le premier : « Parce que, je sais pas, on est plus libre, comme ça. » Nicolas adore les marques. Ses chaussures sont surtout des Nike. Il adopte aussi Sergio Tacchini, Lacoste. Contrairement à beaucoup d'autres jeunes, il achète seul ses vêtements, sans ses parents. Il va en centre ville lorsqu'il y a les soldes ou lorsqu'il a besoin de quelque chose. Il dépense beaucoup. Son grand frère se conduit de la même façon. Quelquefois il lui donne des vêtements, ce qui n'est pas toujours du goût de Nicolas qui préfère se les acheter lui-même, même s'ils aiment le même genre d'habits. Le matin, le gel dans les cheveux courts complète la présentation de soi.

Ce garçon constitue une sorte de standard pour les autres copains qui cherchent à s'aligner alors que Nicolas déclare n'imiter personne. Dans son quartier, qu'il connaît bien — il y habite depuis qu'il est tout petit —, il a cinq copains qui sont du même collège public. Ces derniers subissent la dictature des marques, tout comme lui (contrairement à ses déclarations[1]) : « Parce qu'ils ont l'habitude de me voir avec des marques alors… Si d'un coup je me ramène avec des trucs qui sont sans preuve de marque, après ils vont me dire quelque chose. Ils vont dire (*rire*) : "C'est quoi ce truc ?" ou je sais pas. » Si jamais Nicolas porte une paire de baskets sans marque, ses copains se moquent de lui. Lui fait de même quand un copain a un vêtement non griffé. Nicolas est accro aux marques, comme ses deux frères. Il remarque que quelques garçons du collège échappent à cette mode. Lorsque l'enquêtrice lui demande les sanctions qu'ils reçoivent, l'adonaissant précise : « Pas tout le temps. Non parce qu'on va pas se moquer d'eux tous les jours (*sourire*) ; on a autre chose à faire. » Les copines de collège que Nicolas voit sont aussi affectées par le virus des marques. « Elles ont plutôt des chaussures de marque, des Air Max, des trucs comme ça. » Elles ne portent pas de jupe. « Elles sont sportives alors ? » demande l'enquêtrice, l'adonaissant lui répond : « C'est pas vraiment sportif, c'est un style. » Le style importe pour Nicolas.

Ses parents — un père universitaire ; une mère professeur de sport — laissent faire. Cela ne signifie pas qu'ils approuvent. À une question sur l'éventuel fossé entre les adultes et les jeunes de son âge, Nicolas répond qu'il n'y en a pas. Ce n'est qu'après plusieurs relances qu'il déclare : « Si par exemple au niveau des marques, ils disent : "C'est stupide d'acheter des marques." Mais si on se pointe au collège avec que des trucs [de ploucs]… On n'est pas très à l'aise. » Le jugement des pairs compte davantage que celui des parents sur cette question, d'une part parce que le vêtement doit

1. Version officielle donnée à une adulte, supposée être plus distante.

marquer l'appartenance à une classe d'âge, et d'autre part parce que les parents sont plus indulgents. Sur certains points malgré tout, ses parents résistent. Ils ne lui ont pas encore offert de portable. Nicolas en rêve, non pas parce que c'est un grand usager du téléphone — il estime passer une dizaine de coups de fil par semaine — mais parce que cet équipement constitue une nouvelle norme, la plupart de ses copains en ont un. « Mes parents disent que ça ne sert à rien (*rire*). » Même son grand frère n'en a pas. Nicolas essaie d'argumenter rationnellement : « Dès qu'on est par exemple dans le tram, ou des trucs comme ça, et qu'il y a un copain qu'on voudrait contacter, on l'appelle. Quand on est au Racing, par exemple quand on ne se retrouve pas dans le stade, alors on se téléphone. » Il avoue aussi : « En plus y a les jeux dessus comme ça pour s'amuser (*rire*). »

Une Playstation

Sa chambre est composée de deux pièces en enfilade. Plus petite, la première contient le lit et une armoire ; la seconde est plus équipée : une sorte de canapé, deux étagères de livres, la télé qui sert pour les vidéos ou la Playstation-2. Cette présence donne un statut un peu particulier à la pièce car la Playstation n'est pas seulement à Nicolas. Elle résulte d'un investissement collectif des « hommes » de la maison. À Noël dernier, « ça nous a pas revenu très cher parce que mon père a amené cinq cents francs, moi j'ai mis cinq cents francs, mon grand frère a mis cinq cents francs et mon petit frère aussi ». La propriété personnelle lui importe moins que la qualité de cette console. Nicolas est heureux de cet achat. D'une manière plus générale, il préfère demander de l'argent pour pouvoir le dépenser à sa guise, il peut ainsi compléter l'argent donné pour ses habits. Lorsqu'il s'en achète, il les paie parfois partiellement avec l'argent qu'il a reçu à Noël ou à d'autres fêtes. Il est fier de souligner par la même occasion qu'il a depuis peu une carte bancaire avec laquelle il retire de l'argent. Il voudrait bien une augmentation de son argent de poche — 15 euros par mois —, trouvant que c'est insuffisant : « Ils me donnent pas très beaucoup. » Il les garde pour le cinéma et le MacDo.

Nicolas ferme la porte de sa chambre dès qu'il joue « à la Play ou des trucs comme ça » pour se protéger de la surveillance éventuelle de ses parents ; ses frères ont un droit d'accès libre. Le petit en profite : « Non, il me demande pas, il vient, il joue parce que la télé et la Playstation, c'est pas à moi. C'est autant à lui qu'à moi alors il peut venir jouer. » De temps en temps, Nicolas rappelle néanmoins que c'est sa chambre et son bureau : « Soit si c'est des leçons ou des trucs comme ça, je lui dis "non", ou sinon je lui dis : "Tu mets pas de son" et tu joues. » L'un joue et l'autre travaille, ou essaie, sachant que le bureau est juste à côté de l'écran télé.

Des posters de footballeurs (et un grand-père)

Sur les murs de la chambre, des posters de footballeurs, d'équipes de football. Nicolas joue au foot depuis quatre ou cinq ans. Il est inscrit à un club à la Robertsau, situé au nord-est de Strasbourg, à une vingtaine de minutes en voiture du domicile familial. Son grand frère est dans la même équipe que lui (le petit aussi). Le lundi soir, la mère les y emmène, et un parent d'un copain les ramène. Le mercredi, changement d'accompagnateur. Après les cours, le grand-père prend Nicolas pour l'emmener au tennis, et ensuite il cherche le grand frère pour que tous les deux aillent de nouveau au foot. Ce grand-père fait un peu le taxi pour emmener ses petits fils ici ou là.

Nicolas est un sportif. Il joue aussi au foot en dehors du club. Il retrouve ses copains du quartier ou d'ailleurs dans un stade. Après, ils s'achètent un kebab, près de l'arrêt de tram. Au collège, l'EPS est sa matière préférée. En ce moment, « le vendredi on fait patinoire et le jeudi du badminton ». Presque chaque jour est ponctué par une activité sportive. Cette année, il apprécie plus le tennis, « parce que le foot, ça fait quand même longtemps que j'en fais, alors c'est un petit peu lassant au bout d'un moment ». Quand il sera grand, Nicolas ne sait pas encore trop bien ce qu'il voudra exercer comme métier : « Je sais pas trop mais j'aimerais bien être dans le sport quand même. » Il ne signale jamais le fait que sa mère soit professeur dans ce domaine. On sent plutôt que les parents préféreraient que Nicolas investisse davantage dans d'autres disciplines même s'ils ne cherchent pas à limiter les activités sportives de leurs fils.

Du rap et de petites fugues

Un inventaire sans musique serait-il concevable pour un adonaissant ? Nicolas ajoute donc le rap. Peut-être est-ce dû à l'enquêtrice, mais il commente peu ce goût. Auparavant il a fait du hip-hop dans un club, mais cela tombait mal au niveau des horaires. Il a donc conservé le foot. Ce qui lui plaisait aussi, c'était qu'aucun de ses frères ne le pratiquait.

Nicolas s'autorise des petites fugues, des sorties de l'ordre scolaire. Lorsqu'un professeur est absent, cet adonaissant ne se rend pas toujours en permanence. Il va parfois « en ville, ou chez un copain ou des trucs comme ça ». Quelquefois le collège vérifie les présences, et « des fois y a des lettres qui arrivent à la maison (*sourire*)... Cela arrive rarement. Je dis : "Mais j'avais pas envie d'aller en perm", alors elle [sa mère] me dit : "Bon, la prochaine fois t'iras" (*sourire*). » Elle n'approuve pas mais ne sanctionne pas, estimant sans doute que le désordre reste tolérable, et que l'existence d'une soupape de sécurité est nécessaire. Celle-ci s'actionne aussi de temps en temps à l'heure du déjeuner. Nicolas doit rester au collège le lundi et le jeudi midi. Il apprécie peu ce qui lui est offert. Il a la tentation de sortir et il lui arrive d'y céder : « Une fois, avec un copain, on n'avait pas envie de rester, alors on est allé manger un petit truc au MacDo. » Il observe que bien des collégiens y vont. Une troisième résistance, toujours au moment des repas : « On n'a pas le droit de sortir de la cantine, alors on mange pas beaucoup. Après on reste quand même dans la cour, mais des fois on sort quand même, juste pour se balader. » Nicolas proteste contre les à-côtés du collège sans toucher à l'essentiel, les études. Il parvient, à l'intérieur de l'espace scolaire, à se prouver que l'autre partie de lui-même existe toujours.

On peut s'étonner que la fête ne constitue pas un des items de l'inventaire. Nicolas ne compte pas célébrer ses 12 ans alors qu'il avait organisé une boum pour ses 10 ans. Pourquoi ne pas recommencer lui demande l'enquêtrice ? « Je sais pas, peut-être la peur qu'elle soit loupée. Et même tout organiser, c'est… pfff. J'ai pas envie d'en faire ». Il ne refuse pas d'aller chez des copains à la condition que cela reste exceptionnel. Pour danser, cela ne peut pas être sur sa musique préférée qui n'a pas le même charme que dans la vie quotidienne. Aime-t-il danser ? « Enfin c'est un peu dur de se mettre dedans mais (*rire*)…. Après, une fois qu'on a commencé, c'est bien. » Le corps dédié à la danse et celui dédié au sport ne coïncident pas. Nicolas préfère pour le moment le second ; il préfère la confrontation avec d'autres garçons à une épreuve, largement inconnue encore, avec une fille. Cela sera pour l'étape suivante.

La « médiocrité » éducative

Aucun des éléments de cet inventaire n'est totalement désapprouvé par les parents. Nicolas ne flirte pas avec les conduites addictives comme l'alcool, le tabac ou les drogues douces. S'il a déjà bu de l'alcool, c'est avec l'assentiment parental : « Des fois je dis à ma mère : "Je peux avoir un peu de champagne ?", et elle m'en donne. » Il participe un peu à la fête comme un « grand ». Plutôt sportifs, ses copains ne boivent pas de bière. Quand ils mangent un kebab, ils prennent un coca ou un soda. Ni ses copains, ni lui, ne fument.

Ses parents lui donnent suffisamment d'argent pour qu'il achète ses vêtements, sa Playstation. Leur pédagogie ne repose pas sur des interdits. Elle tente plutôt d'apprendre aux jeunes un bon usage des choses. Ses parents veulent lui apprendre une certaine « médiocrité », prise dans son sens premier qui renvoie à « médium », comme l'indique Bossuet : « Cette médiocrité tempérée en laquelle la vertu consiste. » La télévision, la Playstation sont autorisées à la condition qu'elles n'empiètent pas trop sur le monde scolaire. Ils rappellent que cette partie de l'existence — les études — compte aussi. Ils espéraient que le souci de l'avenir s'imposerait de lui-même, avec évidence, et ils se sont rendus compte que ce n'était pas le cas. Ils ont alors modifié leurs comportements en conséquence. Lorsqu'il rentre du collège, Nicolas fait d'abord son travail scolaire : « Je fais mes devoirs avant de m'amuser parce que même dès que je rentre de l'école, c'est les devoirs. » Il en a beaucoup, surtout en maths. Son père regarde cette matière et la mère vérifie l'apprentissage des leçons. Nicolas demande parfois aussi à son frère qui est en quatrième de l'aider. Le contrôle a lieu tous les soirs : « Parce qu'avant, ils regardaient pas et alors c'était pas très bon ; maintenant ils regardent. » Et les notes sont devenues meilleures. Nicolas ne proteste pas, il semble même apprécier d'avoir ce rappel d'un autre ordre. Il n'est pas si facile de trouver un équilibre dans la dualité identitaire : Nicolas est partagé entre son inventaire personnel et ses études, entre un présent attractif et un autre qui l'est moins.

Si ses parents disent peu de choses lors des petites fugues, ils ne réagissent pas avec la même indifférence pour d'autres absences ou conduites. Nicolas a déjà eu des heures de colle parce qu'il n'avait pas fait ses devoirs et qu'il avait bavardé en classe, et ses parents l'ont fortement grondé. Ils le punissent également — en le privant de télévision — s'il ne se plie pas aux horaires fixés. Après ses devoirs, soit Nicolas joue à la Playstation, regarde la télé, « des séries ou bien une chaîne de sport », soit il ressort voir des copains. Il doit alors être rentré tous les soirs à 19 heures, le dîner ayant lieu un quart d'heure plus tard. Cela lui est déjà arrivé d'être en retard, il se fait « engueuler (*sourire*) », et il le comprend. Si le retard n'est pas trop important, il a le droit à des remarques ; si le retard est plus grand, il est puni. Respecter l'horaire, ce n'est pas seulement la régularité (comme dans le régime de la première modernité[1]), c'est comprendre que le temps libre ne doit pas trop empiéter sur le temps scolaire ou familial. Mais si ses parents sortent le soir, Nicolas en profite : « Je regarde la télé, je joue à l'ordi, à la Play (*rire*) », montrant une fois de plus sa hiérarchie personnelle.

Sa mère se charge aussi de lui proposer de la lecture. Nicolas n'aime pas trop lire. Il souligne cependant avec

1. Durkheim insiste beaucoup sur les habitudes temporelles (1963).

plaisir qu'il est le seul à avoir apprécié les *Harry Potter* dans le texte : « C'était mon oncle qui avait les trois, qui me les avait offerts, comme ça pour qu'on lise. Alors au début, on n'avait plus trop envie de lire, on n'avait pas trop envie de les lire parce qu'on était petits. Et alors moi, un jour, j'ai essayé comme ça, alors ça m'a plu alors je les ai lus tous. Mon grand frère, il a essayé, il a pas trop aimé, mon petit frère aussi. » Nicolas n'est pas inscrit dans une bibliothèque ; c'est sa mère qui, revenant des courses, dit : « Tiens, je t'ai ramené un livre. Par exemple la semaine dernière elle m'en a ramené deux. » Il en a déjà lu un. Lui, lorsqu'il se rend à la Fnac, c'est surtout pour les jeux vidéos. Sa mère insiste sans doute d'autant plus que Nicolas n'aime pas la matière « français » au collège et qu'il n'a pas de bonnes notes dans cette matière. Il critique le professeur qui note « sévère » et qui, lorsqu'il parle, « il est comme un mort-vivant comme ça (rire) ». Ce professeur symbolise par lui-même ce que représente la culture légitime à bon nombre de jeunes (hommes) : ce qui est « mort », ce qui est poussiéreux (de Singly, 1993), à l'opposé de ce qu'ils perçoivent comme la vraie vie, fut-elle virtuelle.

Les parents de Nicolas tentent de tenir les deux bouts de l'éducation propre aux milieux supérieurs et moyens : rappeler explicitement qu'un autre monde que celui de la jeunesse existe, en partie élaboré par les générations antérieures, et créer en même temps les conditions pour que leur fils apprenne à se débrouiller progressivement seul. Ce dernier point passe par la liberté de circuler. Nicolas se déplace en vélo dans le quartier, qu'il connaît bien. Pour aller au collège, il prend le tram et marche encore un petit peu pour y arriver. Il lui arrive d'être accompagné par un copain. Il a arrêté d'y aller à vélo parce qu'au collège les bicyclettes sont mal gardées et aussi parce qu'il aime la compagnie : « À vélo on est tout seul comme ça, alors pour moi c'est un peu long. » Nicolas est libre de ses mouvements : « Par exemple si je leur dis : “Je vais en ville” et je peux aller en ville. » Il a une carte pour le tram, qu'il prend aussi pour aller jouer au stade. Il apprécie cette liberté qui a augmenté en cinquième : « Par exemple, pour aller au Racing au début de l'année dernière, c'était avec le grand frère ou des trucs comme ça. » Désormais il peut y aller seul.

Le clivage identitaire n'est pas total, des passerelles sont jetées : sur le terrain scolaire, Nicolas prend des petites libertés ; sur le temps dit libre, la mère tente d'imposer la lecture. Les deux zones se chevauchent un peu sans que l'unité se réalise. Il faudrait pour qu'elle soit réalisée soit que l'adonaissant fasse reddition, en construisant son monde personnel en prenant appui sur la culture scolaire ou classique, soit que les parents laissent faire. Ce n'est le souhait ni des parents, ni globalement des adonaissants eux-mêmes qui ne sont pas mécontents d'un encadrement familial. L'équilibre relève surtout de l'imaginaire des parents. L'équilibre n'a de valeur pour les jeunes qu'à la condition que le capital scolaire soit assumé à titre personnel. L'imposition peut disparaître si l'adonaissant confirme par son propre pouvoir, et non par soumission, l'intérêt de tels investissements. L'unité de soi ne se réalise que dans les cas où le temps contraint est vécu, comme le temps libre, comme l'expression personnelle. C'est d'autant plus exceptionnel que les parents tendent toujours à limiter le degré de liberté du temps hors scolaire par la surveillance des horaires de télévision, de jeux vidéo, des temps passés à ne rien faire. Il n'est pas certain que les adultes parviennent à cette unité identitaire, sauf au prix d'une grande réflexivité que les adonaissants mettent assez peu en œuvre. Ils sont préoccupés davantage par la logique d'action qui prouve qu'ils sont — un peu, beaucoup, moyennement — propriétaires d'eux-mêmes.

5

Une balance identitaire mal réglée

Dans un texte critique sur *Libres enfants de Summerhill*[1], Bruno Bettelheim souligne que Neill se trompe lorsqu'il affirme que « les parents gâchent la vie de leurs enfants en imposant à ces derniers leurs croyances périmées ; ils sacrifient leurs enfants au passé » (Collectif, 1976). Bettelheim pense que « le danger qui guette les enfants » des familles moyennes et supérieures, « c'est d'être sacrifiés au futur et non plus au passé ». Selon lui, des « parents sacrifient leurs enfants à l'avenir, en insistant auprès d'eux que s'ils veulent réussir dans la vie, il faut qu'ils passent leur enfance à se préparer à cette réussite et qu'ils doivent pour ce faire enfiler la camisole de force de l'éducation compétitive » (idem). Bettelheim dénonce le fait que les parents sacrifient leur enfant à « leurs intérêts » et « n'accordent pas à leurs enfants ce que Neill considère être le privilège le plus important : le droit de jouer dans leur enfance ». Avec pertinence, Bettelheim comprend que l'apprentissage des normes morales a été remplacé par l'obsession scolaire qui engendre les mêmes effets, un manque de respect vis-à-vis des enfants et des jeunes. Son désaccord avec Neill n'est que partiel, les deux sont favorables à ce que les jeunes puissent disposer de ce temps de la vie pour se découvrir, leurs parents devant créer un environnement favorable à cette création personnelle.

Ces utopies éducatives qui posent l'unité de l'enfant — centré sur la construction de son indépendance et de son autonomie — ont été reprises et adaptées. En témoigne la manière dont les familles cadres ont voulu résoudre le problème en tentant de concilier deux critères, le jeu et l'ex-

1. *Cf.* note 1, p. 83.

périence de la liberté d'une part, la contrainte et l'apprentissage de l'autre. La nouvelle norme de l'épanouissement personnel doit s'articuler avec l'exigence de la scolarisation et de la reproduction sociale de telle sorte que l'identité du jeune est nécessairement clivée. Le futur ne devrait pas effacer le présent, le travail scolaire le temps libre, l'enfant scolarisé, l'enfant joueur, ni la contrainte la liberté. Ce clivage devrait être à son tour régulé par le principe de l'équilibre. C'est chose difficile, tout parent issu de ces milieux le sait. Il s'interroge sur la légitimité de ce qu'il peut exiger, de ce qu'il peut et doit tolérer.

Le déséquilibre puise à deux sources. Le jeune peut tenter de dérégler la balance en mettant toute son énergie du côté de l'expression personnelle ; le père ou la mère peut oublier la subtilité des pondérations et tendre à réduire son enfant à la dimension scolaire. Comme nos enquêtes donnent le point de vue des adonaissants sur ce qu'ils pensent de leurs vies, le déséquilibre en faveur du temps libre n'est pas vécu comme tel, contrairement au poids trop important accordé à la scolarité. Ces deux types de réglages n'ont pas le même statut. Seule la trop grande attention portée à la scolarité, la trop faible latitude laissée à l'adonaissant est construite par ce dernier comme expérience négative. Dans l'autre cas de figure, les plaintes sont rares, sauf si la liberté est vécue comme de l'indifférence de la part des parents.

Surtout « enfant »

Sylvia ou la réduction identitaire

Âgée de 12 ans, Sylvia a une petite chambre personnelle de dix mètres carrés dans laquelle elle ne se plaît guère. Sur les murs, à côté de posters de joueurs de foot et d'Avril Lavigne, se trouve une affiche du *Petit Prince* gagnée à l'école ; d'autres objets mettant en scène ce héros sont présents dans la pièce, sans pour autant que cette adonaissante ait jamais lu le livre et ne s'y intéresse. Elle a disposé de nombreuses peluches sur un petit divan. Là encore, naît un sentiment étrange puisqu'elle déclare ne pas les aimer vraiment. Elles sont là, juste comme cela. À la question sur ce qu'elle préfère dans sa chambre, Sylvia répond : « Rien. » Elle voudrait qu'on la débarrasse du divan-lit qui signale qu'elle n'est là qu'en tant que membre de la famille. En effet lorsque ses parents ont de la visite, ils lui demandent d'aller dormir dans la chambre de son frère (âgé de 8 ans). Sylvia ne parvient pas à faire de son espace un « chez soi » (Ramos, 2002). Cette distance est redoublée du fait que l'ordinateur de la pièce est partagé avec son frère et sa grande sœur (15 ans) qui l'utilisent quand ils le souhaitent. Cette adonaissante, qui aime bien fermer la porte de sa chambre pour s'y enfermer, se sent malheureuse de ces intrusions. L'existence de la chambre indépendante peut être trompeuse, comme le montre un autre indice. Sylvia a une télévision dans sa chambre (c'est un ancien poste offert par son grand-père) sans que cela lui ouvre le monde. Sa mère exige que sa fille demande à chaque fois qu'elle veut regarder quelque chose. Ainsi elle ne voit pas souvent les séries qu'elle aime bien. Elle tente de contourner la loi maternelle en regardant la télé le soir, sans permission, mais sans mettre le son pour éviter de se faire repérer. L'individualisation de l'équipement n'est qu'apparente.

Le désir d'indépendance de Sylvia est étouffé, partiellement, par une forte exigence de participation à la vie familiale, de la part de la mère. Dans l'appartement, situé au nord de Berlin, dans un quartier résidentiel, trois adultes vivent avec les trois enfants : le père architecte (absent de 7 heures à 22 heures), la mère enseignante et un oncle paternel. La mère insiste sur deux objectifs pédagogiques, la valeur de la réunion de famille et la réussite scolaire. L'enfant est donc avant tout « élève » et « membre du groupe domestique », ce qui semble être efficace sur le plan scolaire, les trois enfants ayant un an d'avance. Sylvia est en 7. *Klasse* dans un *Gymnasium*, filière la plus reconnue en Allemagne. Le travail scolaire doit être réalisé ensemble en famille sur la demande de la mère (et non pas parce que la maison est petite). L'adonaissante répète un des arguments de sa mère pour justifier un tel regroupement : dans sa chambre, elle trouve toujours autre chose à faire. Avant, il arrivait que cette jeune fille fasse ses devoirs avec un copain, ce qu'elle aimait bien. Mais la mère en a décidé autrement, le travail doit être fait seul. Et elle lui fait faire, en plus des devoirs, du vocabulaire anglais et français.

La pression de la mère est forte sur l'organisation du temps de sa fille. En rentrant de classe (vers 14 heures ou 15 heures), Sylvia déjeune avec son frère et sa sœur. Aussitôt après, elle se met au travail, pour une heure environ. Ensuite elle passe au supplément, en apprenant son vocabulaire. Elle joue du piano. Et elle se remet à nouveau au travail, révisant encore son vocabulaire avant que sa mère ne l'interroge. Ce rythme est imposé par la mère qui affirme qu'après avoir appris une leçon, il faut faire une pause avant de reprendre l'apprentissage. Pas de temps libre pendant lequel Sylvia pourrait oublier qu'elle est « fille de » et élève.

Pour une large part, Sylvia est dépossédée de la propriété de son temps. Elle joue par exemple au tennis depuis deux ans, avec des cours le dimanche. Mais quand l'enquêtrice lui demande comment cette idée lui est venue, cette adolescente répond : « Maman. » C'est sa mère, joueuse elle aussi, qui l'a inscrite. Cette adonaissante est également inscrite dans un club d'aviron où elle se rend deux fois par semaine. Pourquoi en fait-elle ? Sa réponse ressemble à la précédente : « À cause de papa », son père faisant de l'aviron. Ses parents font tout pour que cette jeune fille reproduise les exemples parentaux sans chercher à savoir ce qu'elle souhaite. Cette impression est confirmée par la troisième activité pratiquée par Sylvia, le piano. Elle a cours tous les vendredis de 16 heures à 17 heures, et sinon elle joue tous les jours sur le grand piano du salon. Elle apprend depuis quatre ans. Elle n'aime pas du tout cela et voudrait arrêter. Sa mère ne veut en entendre parler qu'à la condition que sa fille prenne un autre instrument. Sylvia n'a aucune envie de recommencer un nouvel apprentissage, alors elle continue sans enthousiasme à la différence de sa sœur et de son frère qui, eux, aiment cet instrument (que la mère maîtrise !). Lorsque l'enquêtrice fait remarquer à Sylvia qu'elle ne doit pas tellement avoir de temps à elle entre ses devoirs et toutes ses activités de loisirs, celle-ci répond : « Ma mère pense que le tennis et l'aviron c'est mon temps libre. » Le temps ne doit être ni perdu, ni laissé à l'initiative de l'enfant lui-même. Il est trop précieux pour cela ; aussi c'est la mère, plus responsable, qui le prend en charge.

La résistance de Sylvia est plutôt passive. Elle joue sans entrain du piano. Elle déteste lire. Et cette année, sans doute aussi pour d'autres raisons — il semble que les relations conjugales ne soient pas excellentes — elle a même des mauvaises notes. En conséquence, sa mère la suit de plus près encore et la réprimande. Après s'être fait gronder, Sylvia pleure, considérant sa mère comme assez terrorisante. L'obsession scolaire est telle qu'un des jeux les plus fréquents de cette jeune fille avec son frère est « l'école » : chacun doit faire ses devoirs et vérifier si l'autre les a faits !

La surveillance maternelle s'exerce aussi sur la tenue. Le « négligé » n'est pas autorisé. Par exemple, la mère demande à ce que le sweat Adidas ne soit pas porté en dehors des cours de sport. Sylvia suit la consigne, tout en ayant le plus fréquemment au pied des chaussures de cette marque. La mère exige aussi que sa fille mette des barrettes pour que ses cheveux ne lui tombent pas sur le visage. Là, Sylvia résiste en rusant. Elle les met le matin avant de partir, et elle les enlève ensuite. Elle ne l'avoue à l'enquêtrice qu'avec difficulté, ayant peur sans doute que sa mère soit au courant. Comme bien d'autres adolescentes allemandes, elle apprécie les cheveux teints en rouge. Sa mère lui a dit que pour cela, il fallait de bons résultats scolaires. Comme Sylvia a eu une bonne note, elle a obtenu l'autorisation. Ses cheveux ne sont pas un signe d'expression personnelle, ils sont une récompense. Tout tourne autour de la réussite.

Sylvia exprime un souhait personnel, elle aimerait bien travailler dans l'univers de la couture. Elle sait dessiner — ses travaux sont exposés dans l'escalier. Pour le moment, elle voudrait récupérer les vieux habits de la famille pour les transformer. Sa mère ne veut pas, affirmant que cela ne vaut pas la peine, qu'il n'en sortira rien de bon. C'est très frustrant pour Sylvia. Elle se voit contrainte d'envisager un autre avenir professionnel. Elle voudrait exercer un métier dans la branche dans laquelle travaille son père, dans l'architecture (sans en savoir beaucoup plus). Elle ajoute enfin qu'elle veut bien aussi être dentiste ou orthodontiste : « J'aime pas mettre les doigts dans la bouche mais ma mère pense que c'est bien parce qu'on gagne de l'argent. » Sylvia ne veut pas être professeur comme sa mère ; c'est un métier où l'on gagne mal sa vie selon l'avis maternel. Les réponses à la question de son avenir professionnel sont représentatives de ce qu'est Sylvia, prise entre ses désirs et le réalisme social, répété par la mère. Il y a là comme un paradoxe puisque cette jeune fille est traitée à la fois comme une « enfant », très surveillée, et aussi très protégée par sa mère, et comme un « adulte », devant mener en tout point une vie sérieuse. Elle n'est guère traitée comme une « jeune ». Sa vie présente n'est tournée que vers la préparation d'un avenir dessiné par les parents. Elle est doublement dépossédée, et de son présent et de son avenir. Sylvia est peu propriétaire d'elle-même. Elle ne parvient pas à prendre du champ par rapport à ces contraintes parentales. Elle a peu le droit de sortir, elle ne s'évade pas dans un monde virtuel, seule la musique lui permet de respirer : Sylvia écoute beaucoup la radio, surtout Kiss FM, et des CD, ou plutôt son unique CD d'Eminem. Elle ne s'appuie ni sur des ressources amicales[1], ni sur ses frère et sœur. Il ne lui reste que le chat familial, qu'elle aime bien. Il lui rend souvent visite le soir, dormant sur une caisse dans sa chambre. Quand elle est énervée, elle avoue le battre et le taper. Mais elle affirme être gentille avec lui, après[2]. C'est au sens strict son animal de compagnie. En effet la logique de la réunion de famille autour des devoirs ou dans le salon ne suffit pas à créer l'environnement dont a besoin Sylvia : à cause des tensions du couple parental, mais aussi de la réduction identitaire. L'expression personnelle n'est guère autorisée, les habits de membre de la famille et d'élève sont quasiment les seuls autorisés. Le souci des études — une part du patrimoine familial, surtout lorsqu'il y a, comme ici, une forte mobilisation — redouble la dimension de « fille de ». Sylvia ne réussit pas à trouver une échappatoire, elle en est encore à rejouer les scènes de la surveillance maternelle avec son frère. Elle sublimera peut-être en surinvestissant dans les

1. Sylvia ne cite qu'un seul nom de copine, Sophie, une voisine. Elle affirme bien s'entendre avec ses camarades de classe mais sans qu'il y ait d'affinités particulières. Elle n'est pas très intégrée, plutôt observatrice des relations que participante.
2. On peut se demander si elle ne rejoue pas certaines scènes familiales.

études (encore faudrait-il qu'elle ait l'impression d'avoir une maîtrise de son avenir). Bloquée, Sylvia repousse son individualisation à plus tard, optant surtout pour le moment pour la reconnaissance familiale.

L'échappée virtuelle d'Ariane

Pour Ariane[1], une élève de cinquième qui a presque 12 ans, c'est la présence de son petit frère de 8 ans qui la gêne le plus, comme si cela la tirait vers un âge plus jeune. Il est plus difficile de se rassurer sur l'accroissement de son pouvoir à l'adonaissance lorsqu'on a l'impression, par la coprésence avec un plus petit, d'en rester à cette petite taille. Ariane n'aime pas du tout partager sa chambre avec son frère : « J'aimerais bien être toute seule des fois, avoir une chambre pour moi toute seule. » Elle fuit, prenant prétexte de la présence d'un nouvel ordinateur connecté à Internet pour être, au moins dans la journée, dans une pièce voisine, le bureau. Lorsqu'elle veut être tranquille, elle s'enferme parfois dans la chambre en poussant une commode pour bloquer l'ouverture de la porte : « Parce que des fois mon frère il m'embête tellement que j'ai plus envie qu'il rentre dans la chambre… Des fois aussi je m'enferme dans le bureau. » Ses parents respectent sa sphère (ils frappent, sur sa demande, même pour entrer dans le bureau si elle le demande), mais pas son frère : « Quand j'écris mon mail, à chaque fois que je suis dans le bureau, y a mon frère qui dit : "Tu fais quoi ?" Et il regarde. À chaque fois je fais : "Regarde pas, regarde pas." À chaque fois, il fait : "Mais pourquoi ?" et je fais : "C'est secret." Et puis à chaque fois il veut regarder ce que je fais. » Les parents ont inscrit Ariane dans un collège, classé en ZEP, malgré l'importance accordée aux études parce que cet établissement est proche de l'école de son petit frère. Le soir, une fois rentrée du collège, elle doit ressortir pour le chercher après l'étude, elle le fait sur la demande de ses parents. Cela l'ennuie car ce déplacement tombe au moment de ses séries favorites à la télévision. En revanche, Ariane n'a pas le droit de ressortir

1. Dont le père est ingénieur et la mère est documentaliste.

entre la fin du collège et le retour de son frère, pas plus que de rentrer en retard. Elle est sous contrôle : « Dès que je rentre de l'école je dois appeler maman parce qu'elle veut toujours savoir quand je rentre. Si je suis pas sortie surtout. Pour voir si je suis pas dehors au lieu de travailler à la maison, c'est ça surtout. » Depuis le début de l'année, elle n'est repartie qu'une seule fois après les cours, c'était pour acheter un cadeau de Noël pour sa mère ! Elle n'a pas le droit non plus d'inviter des copines à la maison en l'absence de ses parents. Ariane se réfugie dans ce que lui propose la télévision — à tel point qu'elle est parfois agacée quand certaines de ses copines très « pipelettes » l'appellent : « Juste au moment où je veux regarder ma série, y a une fille qui me téléphone », et « pour raconter n'importe quoi ».

Le monde dans lequel vit Ariane est de petite taille. Cette adonaissante ne prend jamais ni le bus, ni le métro, sans ses parents ; elle ne circule qu'à pied. Elle connaît mal Paris, aussi repère-t-elle avec difficulté l'endroit où elle habite sur un plan. Elle ne sait pas décrire le chemin qu'elle emprunte le mardi pour le cours de natation — c'est une activité que sa mère lui a demandé de suivre, il fallait « un sport » — car elle se fait toujours accompagner. Si le monde extérieur existe si peu pour elle, cela tient à plusieurs raisons : des parents méfiants qui limitent au maximum la découverte de la ville ; une rupture au moment de l'entrée en sixième, la plupart des copines du primaire étant parties dans d'autres écoles que le collège du secteur qui n'a pas bonne réputation (mais qui offre l'avantage d'être à côté de l'école primaire du petit frère), des déconvenues en amitié. Ariane a ainsi décidé de ne plus fêter son anniversaire avec ses copines : « Parce qu'elles me disaient : “Oui je suis ta copine, je suis ta copine”, mais à chaque fois elles me volaient mon argent quand j'allais acheter des gâteaux. » Elle n'en dit guère plus, mais elle est sur ses gardes. Elle n'est pas à l'aise dans les soirées pyjamas organisées par ses copines. Elle regrette d'y avoir été et n'a pas envie d'y retourner. Elle n'a pas non plus envie de « traîner », de faire les magasins avec elles (en a-t-elle le droit ?). Elle ne semble à l'aise ni dans son corps, ni dans ses relations avec les autres personnes de son âge. Son physique, assez mûr pour une jeune fille de son âge, ou encore le petit cheveu sur la langue qui la gêne pour parler sont sans doute en partie responsables de ce malaise.

Un drôle de terrain d'aventures

Pour cette double raison, Ariane recherche des espaces de compensation d'un réel qui ne lui convient qu'à moitié. Elle aime la télévision, qu'elle regarde au moins une heure et demie par jour. Ses parents laissent faire même s'ils ne se gênent pas pour lui dire ce qu'ils pensent : « Ils aiment pas, mais moi, ils me laissent regarder. Ils n'aiment pas du tout *Charmed*. Y a *Buffy* aussi, *Providence*, des trucs comme ça. » Elle n'est pas très restreinte dans ce domaine, du fait que les programmes qui l'intéressent sont à des heures où elle est seule (sans les parents) : « Dès qu'y a une *série à moi* qui passe, je regarde. » Sa mère et son père reviennent en fin de journée : « Et la plupart du temps, je suis libre jusqu'à 7 heures. » Ces moments de liberté sont importants et nouveaux pour elle ; en primaire il y avait quelqu'un à la maison. La navigation sur Internet constitue une deuxième échappatoire. C'est un des points sur lesquels Ariane est le moins contrôlée par ses parents : « Ils me laissent de la liberté pour Internet. Ils regardent jamais en fait. » Elle fait des recherches pour l'école et elle communique par e-mail, grâce à trois boîtes : « Oh par exemple Wanadoo et puis Caramail c'est plutôt avec mes copines et Yahoo c'est le travail. » Avec son amie qui n'habite plus Paris, elles commentent la semaine passée, s'envoient des paroles de chansons.

Ses parents ne lui laissent comme terrain d'aventures que l'espace virtuel. Ils veulent qu'elle soit à la maison et qu'elle pense surtout à travailler. Pour cette raison, Ariane n'a pas d'argent de poche donné « gratuitement ». Ce qu'elle touche est toujours gagné : « J'ai pas d'argent de poche qui vient comme ça. » Il faut qu'elle range les jouets de son frère, qu'elle ait un bon livret scolaire. Ariane ne se plaint pas, en justifiant encore cet état de fait par la distinction avec les autres de son âge : « En fait, je n'en ai pas trop besoin, parce que moi je suis pas trop [du genre] à acheter tout quand il faut, quand ça sort et tout… Parce que mes copines dès qu'y a un bon CD qui sort, faut direct qu'elles achètent. » Sur les études, les parents ne cèdent en rien, même s'ils ne consultent pas le cahier de textes quotidiennement, du fait de leur double engagement professionnel. Le samedi, tout change, le père et la mère reprenant la main : « Pendant le week-end, c'est — dit-elle sur un ton lancinant — : "Apprends ton contrôle, tu dois faire tes devoirs. Tu dois t'avancer pour la semaine, etc. etc." » Cette adonaissante qui n'aime que modérément le collège, malgré ses bons résultats, se sent contrainte par de telles pressions. Elle considère aussi le latin de la même façon. Quand l'enquêteur lui demande si c'est elle qui voulait en faire, Ariane laisse échapper un joli lapsus : « Non c'est ma mère qui m'a oubliée… euh obligée ! » Elle insiste : « Je voulais pas, je voulais pas faire latin ! » L'indifférence de ses parents vis-à-vis de ses goûts et de ses désirs, cette jeune fille la code, au moins inconsciemment, comme une absence de reconnaissance personnelle.

L'heure d'être soi

Cependant à aucun moment de l'entretien, Ariane ne s'autorise une critique frontale. D'ailleurs elle ne voit rien à changer dans sa vie : « Non franchement je suis bien, à part que j'aimerais que des fois je fasse simplement un claquement de doigt et que toute la chambre se range direct. » Cependant à la question de savoir si Ariane estime que ses parents la laissent plutôt faire ce qu'elle veut, elle répond « non » sans équivoque : « NON parce que le plus souvent quand je fais quelque chose, quand ils veulent que je fasse autre chose, c'est : "Tu fais ça, sinon je te prive de télé, d'ordinateur, et pour pas que tu l'utilises j'enlève les fils." » Les punitions ne tombent pas au hasard, visant le noyau dur du monde personnel de cette adonaissante. Bien qu'officiellement satisfaite, Ariane tente de desserrer quelque peu les contraintes. Sur un point, elle a « gagné ». En effet, les soirs qui ne sont pas des veilles de jours scolaires, elle peut se coucher à 22 heures (au lieu de 21 h 30). Elle est fière d'avoir obtenu cette demi-heure : « C'est grâce à moi ! J'ai demandé à ce que je me couche un peu plus tard maintenant que je suis un peu plus grande. » Ses parents lui ont dit : « D'accord, pas de problème. » Aujourd'hui elle veut obtenir de se réveiller par elle-même. Pour le moment, c'est son père qui s'en charge parce qu'elle n'a pas de réveil. Ariane ne se satisfait pas de cette situation : « Mais je veux un réveil parce que mercredi ma mère avait pas dit à quelle heure je commençais à mon père. Il m'a réveillée à 8 heures alors que je commençais à 8 h 20. Donc je vais commander un réveil. Parce que sinon s'ils oublient — et ils oublient souvent mes horaires — et après je me réveille en retard. » Ce n'est pas la première fois que cette jeune fille formule une demande pour acquérir cet objet, et jusqu'ici ses parents n'étaient pas d'accord. Ariane compte bien inscrire de nouveau le réveil sur sa liste de cadeaux, symbole — modeste — d'une plus grande maîtrise d'elle-même : pouvoir commencer ses journées autrement qu'en tant que « fille de ». L'identité de cette adonaissante n'est pas unidimensionnelle — limitée seulement aux dimensions de fille de, de sœur et d'élève. Elle comprend aussi la dimension propre à la jeunesse, avec le droit de circuler sur Internet, de regarder des séries de son âge, de la musique de son âge (Lorie, Alizée). Cela ne suffit pas à donner l'impression à Ariane d'avoir suffisamment de pouvoir sur sa vie. Elle est surtout libre lorsque ses parents sont absents. Dès qu'ils sont là, ils la contraignent excessivement à prendre ses habits d'élève, et à se conformer à une morale du travail. Ariane ne cite pas de bons moments avec ses parents, de temps où elle serait reconnue pour elle-même.

À travers ce cas, on comprend en creux que dans les familles de cadres, le traitement pédagogique du clivage doit inclure plus explicitement deux éléments positifs. Le premier exige que même dans le domaine scolaire, l'adonaissant doit être pris en compte — ici le latin est strictement imposé. Le second est que les zones libres, outre le fait qu'elles doivent l'être vraiment, ne doivent pas être perçues par le jeune comme un pis-aller que les parents accordent parce qu'il le faut bien. Idéalement, ces temps doivent avoir un certain sens pour les parents, non pas en tant que « contenu », mais en tant que moyens d'une expression personnelle. Si Ariane est libre, c'est parce que la nourrice ou la gardienne n'est plus nécessaire, elle regarde « sa » télévision tout en gardant son petit frère. Elle peut s'approprier du temps « libre » surtout en l'absence de ses parents. On a l'impression — sûrement exagérée — qu'Ariane n'existe que comme fille de et comme élève dès que son père et sa mère sont de retour.

Surtout « jeune »

Les deux portraits suivants représentent un autre déséquilibre dans la mise en œuvre du clivage. Ils sont masculins parce que les garçons considèrent plus que les filles le territoire scolaire comme un terrain familial, voire parental. Aussi ne le pensent-ils pas comme central pour eux-mêmes. À ce niveau, on peut penser que les adonaissants, sans le savoir, se rapprochent du modèle de Neill qui accorde une grande liberté aux jeunes, même pour leurs études : « Le rôle de l'enfant c'est de vivre sa vie propre, et non celle qu'envisagent ses parents anxieux, ni celles que proposent les éducateurs comme la meilleure » (Neill, 1970). Le clivage n'a guère de sens dans cette optique puisque la zone d'expression personnelle doit dominer : soit le jeune apprécie ce qu'il apprend dans le cadre scolaire, et il le fait sien ; soit il ne le perçoit que comme contrainte, sans intérêt personnel.

La vie « personnelle » ne doit pas être entendue au sens de vie intime, spirituelle, réflexive. Elle prend surtout une coloration amicale pour Maxime et Étienne : « Nous, ce qu'on adore, c'est vraiment avoir des..., être avec des copains. On est vachement avec des copains. » « Les copains d'abord », cette devise chère à Brassens, a pour effet de créer un certain déséquilibre[1]. L'autre part, celle des études, celle de la préparation de l'avenir, devient très secondaire. Les parents de ces deux adonaissants acceptent cet état de fait, tout en rappelant l'exigence scolaire. Ils n'approuvent pas, ils ne sévissent pas non plus ou peu.

1. Ce terme, soulignons-le, n'a de sens que dans la perspective de l'idéal-type de la pédagogie des familles de cadres. Les jeunes n'ont pas nécessairement une telle vision, même s'ils en connaissent bien l'existence. Ils parleraient sûrement plus d'une vie « pleine ».

Maxime : tout pour le skate

Maxime (13 ans, élève de cinquième) fait partie d'une bande de copains, qui se retrouve près de la Bastille, comprenant aussi Étienne, Victor, Arthur et Martin (que l'on a déjà vu au chapitre précédent, avec une identité plus équilibrée). Cet adonaissant vit dans un appartement du 10e arrondissement avec son père, enseignant dans un collège pour handicapés, sa mère chercheuse dans la santé, et un frère un peu plus jeune (11 ans et demi). Il a une chambre personnelle, mais y reste peu. Il préfère sortir même s'il n'a pas de copain disponible : « Cela m'énerve de partir tout seul mais parfois je peux pas rester, alors je pars quand même. Que ce soit deux minutes ou pas, je sors. » Il se moque des jeunes qui aiment être « enfermés » dans le CDI de son collège. Il perçoit cet espace comme dangereux : on ne peut même « plus ressortir après, parce qu'ils veulent pas... une fois qu'on est dedans, tu ressors qu'une heure après ». Il observe que ne s'y rendent que des jeunes tellement sérieux qu'ils sont devenus invisibles : « On ne les voit jamais dans la cour. Aujourd'hui j'ai vu un gars, je l'avais jamais vu à C. (nom du lycée). »

Maxime ne veut pas leur ressembler. Il fait tout pour que la différence soit perceptible. Cela commence par l'absence d'un geste simple. Il ne fait jamais ses lacets, il a des chaussures conçues exprès pour cela : « Y'a un élastique, c'est fait exprès. Cela me tient. Moi, je les serre jamais, j'ai jamais serré. C'est moche que de serrer les chaussures. » Il porte des chemises « larges, des jeans larges et des tee-shirts longs ». La liberté d'exister a pour symbole l'air, prendre l'air, s'envoler : « Quand même, j'aime pas rester enfermé une journée entière, j'aime pas ça. »

La liberté de la rue

Il poursuit : « Je suis beaucoup avec mes copains, dehors à la sortie du collège, on tourne vachement, on va dans des magasins. Je sais pas pour faire quoi. On n'achète rien, mais... À la sortie des cours, parfois le samedi. On fait plein de... On va dans les magasins, on rigole avec les gens. On s'amuse à faire des… On rigole dans la rue, on chante. » La rue est un espace libre. Maxime adore raconter le rite du Mardi gras. Avec une dizaine de copains, il s'emploie à bombarder — il n'y a pas d'autres termes — des passants avec des œufs. S'il reconnaît que ce n'est pas très aimable pour les victimes, il se réjouit de cet acte : « C'est les œufs qui s'explosent. C'est marrant, le Mardi gras c'est un super jour. On est partis, on a lancé des œufs sur les gens qui sortaient du métro. Pas très gentil mais on le faisait. C'était bien Mardi gras ! On tire sur tout le monde. On en avait 48, 50 [des œufs]. » Pendant ces quelques heures, ils peuvent tirer à volonté sur les adultes. Les parents de Maxime ne lui interdisent pas, estimant sans doute qu'il faut que jeunesse se passe et que de toute façon, ces jeunes le feraient quand même. Maxime a besoin d'une forte extériorisation. Il l'exprime aussi lorsqu'il joue avec d'autres à des jeux de rôle, dans une « boîte à réseau » pour jouer : « Nous, on joue à *Kunder Strike*[1]. Il y a les terroristes et les policiers. On s'attaque. Mais on est ensemble. C'est ça qui est marrant. Genre, toi et moi on se met ensemble, et on se voit dans le jeu. Il faut tirer sur… Tu peux tirer sur Étienne par exemple ! Moi je peux tirer sur Étienne. C'est marrant. »

À la Bastille !

Dès qu'il le peut, Maxime se rend dans son espace préféré, ouvert au vent et aux rencontres, la place de la Bastille. Il se livre à sa passion, le skate, doublé du plaisir d'être avec autrui : « On skate avec les autres, enfin avec les autres… sans tchatcher mais on skate là où les autres skatent. On les connaît tous aussi… ça, c'est bien, on se rencontre. Y'a pas : “Ici c'est chez moi, je fais ça ici, alors tu fais pas avec moi.” Genre : quand quelqu'un saute une bouteille, on a le droit de la sauter, on peut la sauter aussi. Tout est à tout le monde. » Maxime se fait beaucoup de copains, ne serait-ce qu'en recevant ou en donnant des conseils techniques pour l'achat de matériel, l'apprentissage des gestes de base et de perfec-

1. Ou *Counter Strike*, qui est un jeu d'action en ligne multijoueurs, très populaire.

tionnement : « On te conseille pour les skates, les rollers, on t'apprend la technique. C'est bien. » Il faut quand même rester vigilant pour deux raisons. Parce que c'est une activité dangereuse : l'adonaissant déclare être prudent en protégeant ses poignets, mais il ne met rien sur la tête, ni sur les coudes ni sur les genoux, contrairement à ce que souhaitent ses parents. Parce que la cohabitation n'est pas toujours harmonieuse : des jeunes adultes, plus performants, ne supportent pas les moins compétents. « Souvent, y a des grands là-bas, y a des gars, ils sont trop sérieux dans leur skate, ils sont : "OK, je vais vraiment essayer ça, c'est dur." Ça peut être dangereux s'ils renversent quelqu'un. » Il faut quelquefois se pousser pour que d'autres puissent faire la figure souhaitée. Le plus dur c'est quand certains « petits groupes de caïds arrivent parfois et foutent la merde », par exemple en volant les portables. Maxime se rend sur la place de préférence en fin d'après-midi ou en début de soirée, le plus souvent possible, avec une rencontre quasi obligatoire : « Tout le monde se donne rendez-vous à Bastille, comme d'habitude tous les mardis soirs, s'il pleut pas. On fait du roller et skate. C'est un peu une tradition. » Ils en font et ils font la pause : « On peut tchatcher un peu comme ça, on s'assoit quand on est fatigués. »

Maxime prend le skate au sérieux. Il veut avoir l'allure d'un skateur, ce qui se traduit surtout par le choix de ses chaussures. Cet adonaissant n'a pas de chaussures de ville dans ses affaires, il ne porte que des chaussures de sport. Il s'en vante : « Je suis déjà allé comme ça, à un mariage. On est allés dans une église et tout. J'étais avec, j'étais habillé, j'étais devant la mariée en plus. Des chaussures Nike. J'étais habillé un peu rappeur (*sourire*). » Ses parents n'ont rien dit. Maxime porte soit ces chaussures-là, des « petites fines, des Nike pour courir », soit des chaussures de skate : « C'est un style aussi. Le style skateur c'est même pas le style. »

Maxime s'entraîne avec application. Il ne veut pas l'avouer au début, il faut que l'enquêtrice lui dise qu'elle le sait par ses copains pour qu'il reconnaisse qu'il sait faire une figure que ses copains ne font pas, manquant d'exercice : « Je fais un *holy* pas mal on va dire, enfin c'est un saut, j'ai pas envie de me vanter… À force de s'entraîner, on y arrive à force.» Il investit aussi dans le matériel, il raconte comment il s'est construit sa planche à partir d'une planche de base en ajoutant des trucs, des roues. C'était avec Martin, «on avait envie de se faire un skate différent des autres, donc on a fait installer une planche, on se l'est fabriquée un peu, on l'a pas achetée en gros».

Maxime cherche à être intégré dans le monde des jeunes tout en cultivant la différence personnelle. Par sa planche. En évitant le jogging car «ça fait racaille». Il a une collection d'autocollants de marques de vêtements, il les colle sur sa porte, sur le mur, mais il ne les aime pas au point d'en porter : «Non pas moi, non je ne suis pas trop comme ça. Là [pendant l'entretien], j'ai pas un habit de marque. J'aime bien, comme un peu tout le monde. Mais je suis pas, non; je suis pas accroc de ça.» Il veut rester libre sans se couper de l'ambiance générale. Il procède de la même façon pour la musique. Il l'écoute le soir avant de s'endormir. La liste des styles qui l'intéressent trahit la recherche d'un goût personnel : «Du hard rock,; un peu de soul, du rock, du gospel, du country blues, c'est un truc que j'aime bien, c'est pas à la mode mais je m'en fiche, c'est des musiques de Noirs américains, du Rn'B, Matt, un mec qui fait du Rn'B de rue, ça, j'aime bien.» Parfois, il regarde des clips musicaux à la télé sur MCM, MTV… pour découvrir des titres qu'il achètera éventuellement ou qu'il gravera. Il compte s'acheter un CD de Marilyn Manson. En revanche il n'«aime pas trop» la musique de Britney Spears. Quand il se met au lit pour dormir, plus tard que ne le voudraient ses parents (qui tirent la sonnette à 21 h 30), il se plonge dans la musique : «Toujours je mets mon discman, un peu de hard rock, et voilà.» Il s'endort ainsi avec de la musique.

Jamais de musique classique, même s'il joue de la clarinette au Conservatoire. Il n'ira plus l'an prochain car il y est contraint d'apprendre le solfège; il prendra un cours privé pour son instrument. Ce n'est pas le genre d'institution qu'affectionne Maxime. En revanche, il garde d'excellents souvenirs de certains moments en colonie de vacances. Il se souvient des bêtises qui font du bien sans pourtant trop dégénérer : « Je fous un peu le bordel. Cela nous fait vraiment rire. Y a rien de trop. On a fait des vraies conneries, on prenait des pétards et, vers le soir quand il y avait les veillées... Mais nous, on n'allait pas, on partait en cachette dans notre chambre. On allait sur le balcon, on sortait la nuit et on lançait des pétards. On n'avait pas le droit de lancer des pétards : qu'une journée on a eu le droit, mais lancer des pétards partout. On faisait des conneries dans le genre : on se met sur une péniche, et une péniche où on dormait dessus, on s'est mis avec nos sacs de couchage, on courrait sur tout en haut et on sautait de péniche en péniche. » Cet amusement a été, avec ses compagnons, payé en corvées ménagères. Maxime s'en moque, ce qui lui plaît c'est d'être entre copains dans une ambiance différente de celle de l'école : « On a dû faire la vaisselle pendant je sais pas combien de temps. Mais à nous, ça nous fait rien, qu'est-ce qu'ils peuvent nous faire ? Encore, ce serait l'école, là on peut être viré, ça peut être embêtant. Là c'est une colo, c'est pour rigoler. » Faire des choses interdites qui ne sont pas trop dangereuses procure d'agréables sensations à Maxime, il a ainsi provisoirement le sentiment d'être le maître de son monde, sans autres contraintes.

Mais dans sa famille, les études sont un enjeu avec lequel on ne plaisante pas. La tolérance des parents de Maxime s'arrête là. Cet adonaissant ne peut pas se coucher tard s'il a classe le lendemain : « Ils veulent alors que je me couche. Ils veulent pas que j'aille avec des copains, mais le samedi soir ils veulent bien. C'est surtout en vacances que j'aime bien. Les vacances, ça, j'adore. » Les lacets défaits sont autorisés, mais pas le fait de ne pas faire son travail scolaire. Assez présente à la maison puisqu'elle effectue une partie de son travail de recherche sur place, sa mère le suit de près, d'autant plus que son parcours n'est pas parfait : à 13 ans, il n'est qu'en cinquième. Il a failli redoubler sa sixième. Et cette année, il a reçu « un avertissement de travail et de conduite ». Aussi doit-il signaler à sa mère ses devoirs, les contrôles et interrogations qui l'attendent à très court terme. S'il ne procède pas ainsi, il s'attire les foudres de sa mère principalement[1] : « Elle me suit pire. Quand je rentre et que je lui ai pas dit que j'avais un, si j'ai oublié que j'avais un contrôle, et je lui dis juste ça la veille, ça l'énerve. » Sa mère se préoccupe donc de lui en amont sans pour autant vérifier en aval si Maxime les a bel et bien faits ou non. Elle ne veut pas déroger à ses principes pédagogiques, elle joue toujours la confiance, comme pour les autres domaines de la vie de son fils.

Alors comme il a compris les règles, il s'y plie en essayant de prendre de l'avance pour ses devoirs afin de ne pas être gêné pour ses autres activités, si importantes à ses yeux. Il s'incline devant sa mère lorsqu'elle l'invite à faire d'abord ses devoirs avant de sortir, ayant avancé un argument qu'il reprend à son compte : « Je révise à l'avance parce qu'il faut pas que je redouble. Ma mère, elle veut. Elle me dit qu'après je suis trop fatigué. Elle a raison alors j'ai pas envie de discuter. » Pour autant, même s'il s'attelle à ses devoirs, Maxime n'est pas particulièrement pressé de passer en classe supérieure, c'est-à-dire en quatrième, car il sait qu'il aura encore plus d'heures de cours, notamment le mercredi matin. Quelles que soient les concessions qu'il devra faire l'année prochaine, Maxime est convaincu d'au moins une chose, il ne renoncera pas à son passe-temps favori, le skateboard : « J'irai quand même ! » Déjà, il se sent incapable de supprimer la récréation, y compris s'il n'a pas terminé ses devoirs. Sacrifier un temps libre est très difficile : « Moi, j'ai pas que ça à faire, d'aller dans une salle de travail à la récré, ça, je peux pas. Si on fait le travail en cours et après à la récré on travaille, ça, je peux pas. » Prendre l'air est une exigence non négociable, le collège est construit comme un temps dans les murs. Être « élève » fait partie de son destin, reste à en tracer des limites pour que cette dimension n'envahisse pas tout. Maxime ne veut surtout pas devenir, on s'en souvient, comme les jeunes si gris qui passent leur temps au CDI et qui s'affirment d'abord en tant qu'élèves.

1. Son père insiste moins que sa mère sur la réussite scolaire. Maxime ne fait pas de latin (alors que les trois quarts de la classe en font). C'est son père qui l'en avait dissuadé : « Mais non, ça te servira à rien. » Sa mère aurait souhaité qu'au contraire il suive ce cours, étant faible en français et en orthographe.

Sur l'écran de mes nuits blanches

Ses parents ne le réduisent pas à cette dimension scolaire. Ils acceptent qu'il invite ses amis chez eux. Maxime aime ces rencontres. Une fois, il avait convié plein de copains qui ont dormi dans sa chambre : « Plus on est, plus on se couche tard. Sept, on n'a pratiquement pas dormi. » Pour cet adonaissant, s'individualiser c'est dépasser les limites : de soi et de la souffrance — quelquefois au skate, il a « mal partout ; de la bonne éducation en lançant des œufs, en traçant des tags[1] » — ; du rythme « normal » du déroulement du temps en passant des nuits blanches. Cependant Maxime ne fume pas. Il a déjà essayé — des copains lui avaient proposé et lui ont même fini sa cigarette — mais trouvant cela « dégueulasse », il en a conclu : « Ça m'intéresse pas. J'ai pas envie de fumer. » En pratiquant ces dépassements, il s'aperçoit qu'il a du pouvoir, et aussi qu'il a des limites, ce qui constitue une des modalités de l'apprentissage de l'autonomie.

Pendant les entretiens, le récit le plus long de Maxime porte, et ce n'est pas un hasard, sur ce qu'il considère comme un exploit, une nuit blanche et un déplacement sans adulte au petit matin. Cette nuit suivait une boum, moyennement réussie, chez un de ses copains (les parents étaient dans l'appartement). Plusieurs sont restés après la fin de la soirée : « Quand on a dormi, là c'était bien. D'abord, on a fait une nuit blanche totale. À treize, comment on peut se coucher ? Déjà, j'avais pas de place. J'ai essayé de dormir sur un bureau... Alors, treize comme ça : y en avait six sur le lit, je crois, ou cinq, un grand lit mais quand même. Et par terre, on était tous par terre. Alors on se battait un peu. Enfin, pas pour des places mais pour rire. En même temps t'avais envie de dormir. Je me suis fait massacrer. Après j'ai dormi sur une chaise, puis je me suis mis sur un bureau. Après je suis allé dormir dans le lit, et encore après j'ai essayé de dormir par terre. J'ai dormi un peu partout, mais j'ai pas réussi à vraiment dormir. » À la fin, chacun est rentré chez soi, à pied. Le chemin fut un peu

1. Il s'entraîne chez lui à en faire.

long d'autant que la fatigue se faisait sentir : « On est allé sur Bastille, on dormait à moitié sur les bancs. On était ensemble. On est rentré à... *one, two, three, four... five, six, seven* [dernier chiffre prononcé avec insistance]. » Une fois arrivés, Maxime et Victor se sont écroulés, morts de fatigue, et ont dormi comme des souches. Les parents de Maxime savaient que leur fils aîné allait dormir sur place sans connaître les coordonnées du copain qui devait l'héberger. Ils n'ont rien dit quand ils ont vu Maxime rentrer à pied et ne l'ont pas réprimandé bien qu'il ait oublié de leur donner, comme prévu, le numéro de téléphone d'Adrien. Quand ils sont arrivés le matin, sa mère a simplement commenté : « Ok, je sens que vous avez fait une nuit blanche. »

Maxime aime parler avec ses parents : « Ici c'est un forum chez moi. » Entre le dîner et le coucher, Maxime n'a pas d'activité régulière. Il regarde la télévision « toujours seul », sauf quand son père a loué un DVD. Plus loin dans l'entretien, il revient sur ce moment en donnant une version différente. Il n'est pas toujours seul, les autres membres de la famille se trouvant aussi dans le salon devant la télévision : « Enfin, toute la famille, c'est pas exprès. Allez, tout le monde vient ! Non, non, parfois c'est tous ensemble comme ça. Mais pas exprès. » Le groupe a du mal à se séparer après le dîner, et les préventions anti-télé sont mises de côté si un des membres veut être téléspectateur. Maxime peut jouer le rôle de rassembleur. D'autres soirs, il reste pour discuter un peu de sa pratique du skateboard — ou de quelque chose d'intéressant — avec ses parents, même s'ils ne sont pas assez attentifs, selon lui, à ses exploits : « S'il y a un truc que j'ai trouvé bien, je peux raconter. En skate, je suis toujours à leur parler de skate mais ils s'en foutent, ils comprennent rien. Je leur dis : "Hein [comme s'il était choqué] aujourd'hui j'ai fait un *holy* 180." Et ils font : "Ah ouais, très bien Maxime." » L'enquêtrice sourit et demande si ses parents savent à quoi correspond cette figure. Maxime répond : « Non, mais ils font : "Ah ouais, et c'est dur ça ?" » (*rires communs*). Maxime n'est pas fâché de démontrer que son monde échappe à ses parents de leur fait.

Quelquefois, il le cache. Il lui arrive d'effacer une partie du contenu de son agenda parce que sa mère veut le voir.

Cette demande lui déplaît doublement, l'agenda sert aussi à la circulation de « petits mots » de filles, presque doux : « Tout le monde se drague un peu. Même si c'est sérieux, ça veut pas dire que t'es amoureux de l'autre, ça veut pas dire ça. » C'est une forme d'apprentissage des choses de l'amour que les parents n'ont pas à savoir. La seconde raison de la crainte du regard maternel c'est le travail lui-même qu'il ne déclare pas toujours : « Parfois je mens quand même un peu sur les devoirs, parce que sinon je peux rien faire. Genre j'essaie de mettre du Typex et je colle un autocollant par-dessus, style, y a pas de devoirs. » La confiance de ses parents dont il est fier de bénéficier ne résiste pas complètement devant les exigences de la scolarité, jugées trop grandes. C'est le problème de Maxime — et de bien d'autres garçons — à qui les études semblent surtout être un obstacle à son épanouissement. Le soir, quand il rentre chez lui — ses parents ne sont pas là les lundis et mardis — il affirme se mettre à ses devoirs après un petit goûter, mais il se prend les pieds dans l'aveu : « C'est plutôt mes devoirs ou je regarde un peu la télé. Enfin, je fais mes devoirs en regardant un peu la télé, après je ne fais plus rien de la soirée. » La télé lui fait oublier le fait qu'il est encore « élève » à la maison.

Maxime dispose de la liberté de circuler, même si le retour au petit matin est exceptionnel. Il ne prend pas toujours le même chemin pour aller ou revenir de son collège. Le plus souvent, il donne rendez-vous à des copains pour faire le trajet à pied. Quelquefois il modifie le circuit, espérant croiser quelqu'un ou pour le plaisir de changer. Il va au cinéma, avec ses copains, plus rarement avec ses parents. Il utilise une belle expression pour justifier le fait qu'il s'y rende avec son père et sa mère : « Cela m'arrive d'y aller avec mes parents, comme tout le monde, mais normalement j'y vais tout seul, non jamais tout seul. Avec Victor. » Maxime fréquente aussi les fast-foods, ce qui donne l'occasion de rencontrer des filles, comme dans les boums. Il se rend au conservatoire aux Halles soit en bus, soit sur le scooter de son père. Il apprécie aussi de se faire transporter : « C'est super dans la ville. Derrière, comme ça, c'est en moins de deux. » Il en profite pour demander à son père d'aller acheter des pantalons, ou de s'arrêter pour le coiffeur. Pour aller jouer au basket aux Blancs-Manteaux, il fait le trajet à pied. Mais il a l'intention d'arrêter, l'ambiance n'étant pas bonne et la présence d'enfants plus jeunes lui gâche le plaisir : «Y a plein de petits.» Côtoyer des enfants moins âgés, c'est nettement moins bien que d'être, comme sur la place de la Bastille, avec des plus grands. Les personnes avec qui il est contribuent à lui donner un statut, et Maxime apprécie avant tout d'être «jeune», ce qui doit rimer avec la liberté de mouvement (l'encadrement d'un cours, d'un club, du solfège est peu attractif), le plaisir de la dépense physique, et la joie d'être avec des copains.

Aussi Maxime formule-t-il un projet, rarement exprimé dans les autres monographies : partir en vacances avec ses copains, sans adulte accompagnateur. Il est très enthousiaste à cette idée : «Aller en vacances tout seul en fait. Ah ouais! Avec des copains comme ça, tu pars, faire du surf. J'aimerais bien.» Cependant il est réaliste : «Mais maintenant je sais que je peux pas en ce moment.» Il revient néanmoins sur le sens de ce rêve : «Mais là on ferait ce qu'on voudrait, ce serait vraiment super! Je m'imagine si je partais tout seul avec des copains. Ce serait bien (*enthousiaste*).» Cet été, Maxime aura à nouveau l'occasion de partir en colonie de vacances, en compagnie de trois de ses meilleurs copains : Martin, Étienne et Victor. Il est heureux de ce compromis où il peut sans interruption n'être que «copain».

Cet adonaissant peine à gérer le clivage identitaire (exigé par les parents), il veut que la dimension personnelle soit la plus large possible, d'où ses problèmes scolaires. Mais il rejette nettement moins le fait d'être fils, on l'a déjà vu. Il accepte de mêler monde familial et monde amical, comme on le découvre à l'occasion d'une de ses sorties : un concert des Stomps à la Cigale. Il y est allé avec Étienne, son frère, sa mère et une amie de sa mère. Maxime a beaucoup aimé ce divertissement : «C'était super, je trouve. C'est la première fois que j'ai vraiment apprécié un spectacle. C'est super ça, tout le monde aime. Même mon frère il a aimé, ça.» Il oppose cette soirée à d'autres spectacles où il s'est ennuyé : «Genre, une fois on m'a *enlevé* voir *L'Avare*, tu connais? Bon c'est une belle pièce, il paraît, mais moi je m'étais emmerdé.» Dès que cela sent le scolaire et le sérieux, Maxime voudrait s'absenter!

Étienne en roller

Étienne, 12 ans, est le troisième de la bande, après Martin et Maxime. Il partage bien des traits communs avec eux, l'attachement à la vie amicale et à l'appel du large urbain. Malgré ces ressemblances, nous dessinons son portrait pour mieux comprendre comment la proximité entre des individus, construite comme une soumission à la norme, voire à la dictature du groupe des pairs, change de sens quand elle est *vue de près*. Cette perception permet d'appréhender les ressources que l'appartenance à un groupe apporte à chacun et la manière dont ces ressources sont agencées à d'autres pour soutenir une construction identitaire. L'expérience commune (à savoir le fait de vivre ensemble des activités semblables) n'engendre pas automatiquement un alignement des expériences individuelles (à savoir la façon dont chaque individu donne sens à ce qu'il vit).

Les parents d'Étienne sont divorcés depuis très peu de temps. Étienne vit donc seul avec sa mère, psychologue, et son frère d'un an son aîné. Il voit peu son père, cadre dans une société privée. Ce qui change peu; avant le divorce, le père partait le lundi matin pour ne rentrer que le vendredi soir. C'était déjà un père «week-end». Désormais, tous les quinze jours, Étienne et son frère se déplacent dans une ville de province où vit leur père. Cela déplaît à Étienne dans la mesure où ces visites peuvent menacer la vie avec ses copains. Cela lui semble même insurmontable d'avoir à choisir entre son père et ses copains. Un week-end, son frère est allé tout seul chez son père car Étienne avait prévu quelque chose d'autre.

Étienne se différencie de Maxime dans son rapport au frère. Maxime était assez silencieux sur sa relation fraternelle, ce qui signalait même certain évitement (son frère fait du skate dans une autre rue). Étienne est plus explicite sur son frère, qu'il observe, tous deux partageant la même chambre. Il ne le comprend pas, il est trop différent : «Mon frère, il accroche pas du tout sur Internet; il accroche pas du tout sur le roller, ni sur le skate. Lui, il accroche vraiment sur le football, c'est tout. » Ils n'ont pas les mêmes copains. Son frère n'a « pas d'ami, c'est vrai en plus ». En réalité, il en a, mais Étienne ne les considère pas comme tels, ce sont des « intellos » : « Aussi, il [son frère] peut rien faire avec ses copains, il fait allemand et tout. Tous les copains, c'est les 18 de moyenne. » Son frère est presque étranger, du fait de son investissement supérieur dans les études. Chacun gère de manière totalement opposée (au moins dans la vision d'Étienne) les contraintes du clivage identitaire, l'un force sur la dimension « jeune », l'autre sur la dimension « élève ».

L'adonaissant se maintient à distance de son frère : « C'est réciproque. J'ai pas forcément envie de savoir la vie de mon frère parce que surtout, elle est pas passionnante… enfin pas méchamment mais… » Étienne est plus « ami » que « frère ». Il se moque ouvertement du sien, y compris pendant l'entretien. La rivalité entre « frère » et « copain » se pose concrètement lorsqu'un ami d'Étienne vient dormir à la maison, ce qui est assez fréquent. Étienne essaie de faire sortir son frère de la chambre pour qu'il aille dans l'ancienne chambre parentale. Le frère n'acceptant pas toujours, c'est alors à Étienne et à son copain d'émigrer dans l'autre chambre où une seule place de coucher est disponible : « Y a un petit lit, mais des fois c'est mon frère, il jarte et il va là-bas mais comme des fois c'est un gros rat mon frère, et il décide de pas jarter et on dort là-bas. »

À travers la confrontation avec son frère, Étienne confirme le bien-fondé de son style de vie puisque son grand frère essaie de l'imiter, en dehors des études (et non pas l'inverse !). Le premier exemple donné est celui de la décoration de la chambre. Étienne est fier de son côté : « J'aime bien mon mur, mes autocollants et mes posters. Mes autocollants, mes pancartes. » Il a installé essentiellement des posters de roller et de skate. Son frère tente de faire un peu comme lui en mettant aussi des autocollants sur son mur, mais avec moins de succès. Le second exemple porte sur le quasi-emprunt des copains : « Des fois il croit un peu [mon grand frère] que c'est ses copains [les miens]. » Étienne a des « vrais » amis : « En plus il a des amis, enfin ses amis c'est des intellos et tout. Il a pas, il a pas d'amis avec qui il peut s'éclater. » Ceci est dit pour expliquer l'emprunt. Le troisième exemple en dérive. Son frère tente de l'imiter pour tout ce qui touche à la culture jeune : « Comme lui, il a pas tellement d'amis, il copie un peu mes copains, les idées de mes copains. »

La vie d'Étienne ce sont surtout ses copains. Ainsi, on le sait, ils se retrouvent à la Bastille pour leurs activités favorites, le skateboard et le roller : « Je passe mon mardi, mon mercredi, parfois le samedi et le dimanche… Le vendredi, quand on a un peu de temps aussi. » Il y reste au minimum deux heures à chaque fois. Quand Étienne rentre du collège, il va parfois directement à la Bastille[1] pour faire du roller avec ses copains, ou il repasse chez lui pour récupérer son matériel. Ressortir après les cours lui semble banal, normal : « Je sais pas. J'arrive, je pose mon sac, je prends trois ou quatre cookies et repars. On va faire du roller. » Il faut vraiment qu'il fasse mauvais temps pour qu'ils laissent les rollers au placard pour aller au cinéma par exemple. Cette dernière activité est pratiquée de temps en temps, faute de mieux d'une certaine façon.

Étienne préfère être dehors qu'être chez lui. « J'aime trop sortir moi, j'aime pas rester chez moi. » Il apprécie d'aller dormir chez des amis, « au minimum deux fois par semaine : En général c'est Martin, Victor et Maxime et moi. On est chez Maxime ». Ils regardent ensemble des émissions à la télé sur le câble, notamment MTV, et ils discutent. La punition la plus redoutable pour Étienne c'est de ne pas pouvoir aller dormir chez ses amis comme il a l'habitude de le faire : « Genre, pas le droit d'aller dormir chez les potes. C'est pas vraiment puni, puni, mais c'est : "Maman est-ce que je peux aller dormir chez Maxime ?" — "Non !" Pour moi, c'est ça être puni. » La privation de copains est nettement plus difficile à supporter que la privation de télé[2]. Ces soirées entre copains ne sont pas organisées à l'avance. Il n'est pas rare qu'après une simple virée « roller » à la Bastille, Étienne appelle sa

1. Sur cette place, il s'est fait voler le portable que sa mère venait de lui offrir.
2. Pour Maxime, la punition « efficace » était la privation de skate, plus crainte que la menace de la vaisselle.

mère en disant « Oh maman ! » [*sur un ton suppliant, pendant l'entretien !*], pour lui demander l'autorisation de rester dormir chez Maxime. Il sait argumenter auprès de sa mère pour la faire accepter.

À la différence de Maxime, Étienne est plus explicite sur les « filles » et le « sexe ». Le plus souvent il se sert de la ligne téléphonique, réservée aux garçons, pour fixer les rendez-vous avec Maxime et Martin. Il n'appelle jamais après 21 heures, considérant qu'après « on gêne un peu les gens ». Ce n'est pas sa mère qui lui donne cette consigne, ce n'est donc pas une « obligation » mais c'est son expérience personnelle qui lui fait dire que 21 h 00 est une heure limite pour téléphoner. Quelquefois la conversation s'engage. L'enquêteur demande sur quoi elle porte. Étienne précise : pas sur l'école, mais sur « des filles, des trucs comme ça ». Il en fréquente peu, car elles sont rares à faire du skate ou du roller. Étienne les voit surtout dans les boums. Il a déjà eu une petite copine. Il est déjà sorti avec une fille de la classe de son copain Martin. Le temps d'une fête : « 8 heures, pas plus. Je l'aimais pas trop, je m'étais un peu forcé. » Et à quand la prochaine alors ? « On verra à la prochaine fête », explique Étienne. Il avoue aussi écouter à la radio des émissions sur le sexe. Tous les soirs, il se branche sur Skyrock pour écouter notamment *Hotline,* une émission où « ils parlent de cul » : « J'écoute un peu… Y a pas grand-chose à écouter sinon. » Il ne s'endort jamais avec son casque[1]. Quand il est fatigué, il l'ôte avant de s'endormir.

La liberté de circuler

Étienne investit avant tout dans le roller. Il fait des économies — il reçoit 12 euros d'argent de poche par mois, donné par son père, sa mère refusant de contribuer. Il a aussi de l'argent pour son anniversaire, pour Noël, grâce à ses grands-parents qui « ne savent pas quoi acheter ». Il désire s'acheter un nouveau skate en pièces détachées, cela revient moins cher. Il lit *Crazy Roller*, un magazine sur les rollers, qu'il achète de temps en temps. Le numéro qui traîne dans la chambre, c'est

1. Il écoute peu de musique. Il a fait graver deux CD, l'un d'Eminem et l'autre de Madonna.

sa mère qui le lui avait acheté. Étienne étant plus compétent que l'enquêteur, il lui explique les types de rollers, agressifs ou de fitness. Dans la chambre partagée, se trouvent deux paires de rollers, une pour chacun des enfants, mais ce ne sont pas les mêmes. Étienne a eu la sienne pour son dernier anniversaire. Elle a coûté « 1 200 balles » : c'est « grave » cher. « Y a mamie qui s'est mis avec eux [sa maman et lui] » pour rendre supportable une telle dépense. Étienne justifie cet investissement en expliquant qu'il les utilise très souvent, contrairement à son frère qui les prend « juste pour chercher le pain ». Sa tenue vestimentaire est aussi sous l'influence de sa passion : avec des chaussures de skate, ou des baskets ; jamais de chaussures de ville.

Dès cette année, Étienne a cessé le volley et le judo. Le volley car il y avait confusion entre l'école et le loisir : « Le volley ça me plaisait plus parce que je le faisais au collège, et le prof de volley, c'est mon prof de gym donc. Quand t'étais pas fort en volley, ça se retentissait sur les notes c'était... » Il ne veut pas mêler ses dimensions identitaires. Pour le judo, il utilise un autre argument : « Parce que le judo, j'étais trop grand pour en faire. J'étais le plus fort du coin, donc j'avais un an de trop. Je les ai un peu jartés [quittés]. » La vraie raison, c'est qu'Étienne veut être avec des copains élus. L'individualisation passe par le rejet d'activités qui, commencées sous l'impulsion des parents, ne sont pas toutes confirmées par le jeune lui-même, surtout lorsqu'elles sont très encadrées.

Étienne a une deuxième passion, l'informatique et Internet. Il lit des magazines de piratage informatique pour y trouver des informations utiles pour se protéger, et « manipuler grâce à Internet l'ordinateur d'un gars par exemple ». Il veut faire « craquer » les boîtes de courrier. Il se concentre sur cette activité dans l'ancienne chambre conjugale où se trouvent la télévision et l'ordinateur. Sa troisième passion c'est la télévision. Étienne la regarde beaucoup. Il a quelques séries préférées : *Melrose Place, Un gars une fille, Caméra café.* Il explique que dès lors qu'il n'est pas dehors en train de faire du roller, il est devant la télé. Étienne a une émission préférée sur MTV que tous regardent le samedi soir : « C'est une émission où il y a des gars qui font les cons, qui font plein de skate et qui font pleins de conneries. » Ce qui l'attire dans le fait d'avoir une chambre individuelle, ce n'est pas l'accès à un espace privé, c'est autre chose : « J'aurais une chambre tout seul. C'est sûr. Une chambre tout seul, ça me plairait. Je pourrais être tranquille, avec la télé à l'intérieur bien sûr. Comme ça, je serais peinard en train de zapper. » Le zapping est une forme de pouvoir, de « c'est mon choix », sans bien-fondé sinon l'impression d'être libre (toujours dans les limites des contraintes de l'offre).

Ce type de pratique symbolise une liberté de circulation très appréciée. Celle qui l'autorise à se déplacer, sans sa mère, Étienne l'a déjà. Il est à l'aise dans le repérage des cartes. Il indique très vite son logement et son collège sur le plan. Paris se limite au cercle comprenant les logements de ses amis. Cette ville n'a d'intérêt que parce que ses copains y sont, sinon il s'ennuie. Il n'aime pas les moments où ces derniers s'absentent. C'est pour cette raison qu'il était heureux, l'été dernier, de passer une dizaine de jours dans une grande ville de l'est chez ses grands-parents[1] pour un stage de canoë-kayak. Aller en colonie avec Martin et Maxime l'enchante ; il se réjouit de recommencer.

Étienne tire profit de l'indépendance octroyée par sa mère qui ne rentre le soir que vers 20 heures. Les contraintes de son travail, elle les convertit en conditions pédagogiques. Cet adolescent tire aussi profit des failles du système. Il sait ainsi que sa mère ne fait pas respecter la limite théorique d'être au lit à 22 h 30, dans la mesure où c'est l'heure à laquelle elle téléphone à une copine : « En train de cloper dans la cuisine, elle se rend pas compte. » Le seul domaine qui suscite des tensions, même si Étienne n'insiste pas sur les conflits, ce sont sans surprise les études. En effet, le collège n'inspire guère Étienne, il hésite avant de répondre à la question sur les matières préférées et rejetées. Après réflexion, il nomme les maths, et il déteste le français. Il apprend l'anglais « en première langue », son frère l'allemand. Pour Étienne, la langue doit être choisie non pour elle-même mais pour les

1. Il indique sa grand-mère parmi ses confidents, avec Martin et Maxime. Il garde aussi des choses pour lui, qu'il ne précise donc pas dans l'entretien.

copains qui prennent la même. Sa mère l'a quand même obligé à faire latin. Elle exerce un contrôle sans qu'il soit systématique : « Elle me demande si j'ai fait mes devoirs. Cela dépend des soirs. Des soirs elle est pressée, elle doit aller à des séminaires, et y a des soirs elle est pas pressée. Elle me demande de lui montrer ». Étienne explique, marquant ainsi la différence avec les vacances, que « les devoirs ça nous empêche de pouvoir vivre ». Il considère la scolarité comme obligatoire, sans en voir d'abord la nécessité. Il « assure » quand même avoir « à peu près 13 partout », et être « moyen plus » scolairement. C'est un bon rendement pour ses investissements.

Autonome et dépendant

Étienne apprécie toutefois d'être entré au collège, car depuis la sixième il a le droit de faire beaucoup plus de choses. Il ne doute pas de bénéficier d'encore plus de liberté quand il sera en quatrième : « Je sais pas exactement quoi, mais je sais, je pense que... Je sais pas, je pourrais rentrer plus tard le soir, sans prévenir. » Il estime qu'il lui faudra attendre 17 ans pour être vraiment indépendant. Pour le moment, son statut ne lui semble pas très clair : « Être indépendant, ça veut dire, je sais pas. Être indépendant ça rime avec, un peu, avec autonome. Cela veut dire pouvoir se débrouiller tout seul, mais en ayant la permission. Indépendant, je sais pas comment expliquer. Moi, indépendant ? Quand même un peu. Un petit peu, pas énormément. Indépendant, c'est le choix, pouvoir choisir ce qu'on veut faire, ce que... Si on, si on sort, si on sort pas. Je suis dépendant de mes parents pour le moment. Et je sais pas faire ci, je sais pas faire ça. Y a pas à mentir, j'ai besoin de mes parents pour faire des choses. Donc, je suis pas vraiment indépendant. Je suis autonome, mais pas indépendant. »

Contrairement à la plupart des usages ordinaires confondant ces deux termes, Étienne les distingue avec exactitude. Il ressent bien une tension entre le fait d'avoir une certaine autonomie et le fait de ne pas disposer de ressources suffisantes, notamment économiques, pour être indépendant de ses parents. Cette dissociation constitue la spécificité de la jeunesse sous la seconde modernité (de Singly, 2004*b*). Pour bien la comprendre, précisons ces deux dimensions du processus d'individualisation. Selon la philosophie politique (Renaut, 1989 ; Chaland, 2001), l'indépendance repose sur la conception monadologique de Leibniz : la monade (ici l'individu) fonctionne sur le mode de l'autosuffisance, elle dispose de ressources propres qui la rendent indépendante des autres monades. Défendue par Kant, l'autonomie est, quant à elle, la capacité d'un individu à se donner lui-même sa propre loi. Ces deux dimensions ne sont pas toujours associées, notamment pendant la jeunesse. En grandissant, et toujours sous le régime de dépendance, les jeunes deviennent autonomes de deux façons : en négociant la vie commune avec les autres membres de la famille et en construisant un « petit monde » dans leur chambre (Ramos, 2000) ou à l'extérieur. Ainsi, les parents peuvent accepter — la mère, chargée de la bonne tenue de la maison, souvent plus difficilement — le désordre, forme de séparation entre l'univers de la famille régie par des principes de rangement, et le monde du jeune dont les principes ne sont pas nécessairement perceptibles par les autres (sinon la distinction serait plus difficile à affirmer). La culture jeune, incluant aussi des activités comme le roller, le skate, s'explique, du côté de la réception, par la possibilité offerte à cette classe d'âge de pouvoir affirmer son originalité.

Cette dissociation entre autonomie et indépendance est engendrée par un double mécanisme, depuis la décennie 1960 : la valorisation de l'expression de soi et la prolongation de la scolarité pour la majorité des jeunes de tous milieux et de tous sexes. Cette scolarisation a repoussé d'autant l'entrée sur le marché du travail[1], et en conséquence l'accès à l'indépendance. La séparation entre les deux dimensions de l'individualisation ne devient source d'un malaise social et individuel que pour les jeunes adultes. Auparavant à l'adolescence, les jeunes ne réclament

1. Y compris, effet paradoxal, pour ceux et celles qui sortent tôt, sans qualification, puisqu'ils sont alors exclus de ce marché.

pas l'indépendance et les charges qui y sont afférentes. Exercer leur nouveau pouvoir, celui de l'autonomie relative, de la construction d'un monde personnel leur suffit. Étienne et Maxime illustrent ce premier temps du processus. Plus tard, lorsque leur indépendance est repoussée, les jeunes adultes vivent mal cette dissociation. En effet, pour tous les adultes, l'autonomie sans indépendance est perçue comme inférieure à l'autonomie avec indépendance parce que l'autonomie conquise dans le premier cadre est inscrite dans une relation inégale — celles des rapports entre les générations[1], et donc toujours, en partie, concédée. Pour les adolescents et les jeunes adultes dépendants, l'autonomie est toujours sous condition, comme on l'appréhende avec le cas d'Isabelle, étudiante de 20 ans en droit, dont le père est maquettiste et la mère inspectrice des impôts. Elle est en effet sous surveillance parentale. Elle ne peut construire son monde (à l'intérieur de sa chambre ou à l'extérieur pour ses sorties) qu'à la condition de remplir un contrat imposé par sa mère : elle doit obtenir de bons résultats à l'université : « Le point de mire de maman ce sont les études. Sa politique, c'est : "Si ça marche, à l'extérieur tu fais ce que tu as envie." Elle me parle souvent de ça. C'est toujours maman qui a voulu faire du droit. C'est vrai que le droit m'a toujours beaucoup intéressée. C'est une source de conflit parce que maman s'interroge beaucoup sur ma carrière et mon statut professionnel. Elle veut voir sa fille réussir. Donc quand j'ai redoublé, ça s'est assez mal passé » (de Singly, Ramos, 2000). Cette mère exprime une pédagogie du clivage. Le jeune peut être rappelé à l'ordre au nom du bon déroulement des études, c'est le signe qu'il bénéficie d'une autonomie sans indépendance, c'est le signe aussi que l'idéal de l'équilibre est, en dernière instance, démenti par une hiérarchie entre les deux domaines (si tout se passe bien en 1 (les études), alors tu es libre en 2 (le reste) du fait du conditionnel. En mettant en avant la revendication de leur liberté, l'inversion que les deux

1. Dans la première modernité, ce sont les « femmes au foyer » qui vivent sous ce régime de la dissociation, dépendantes de leur mari et pour une part autonomes.

adonaissants tentent d'imposer n'est pas entérinée par leurs parents. Ces derniers acceptent de revoir à la hausse cette zone d'expression personnelle sans approuver l'abolition du clivage. Les deux générations négocient afin de définir la ligne de partage entre les domaines. Aucune ne déclenche de fortes hostilités, tout au moins selon la version de la plus jeune génération.

6

La négociation de la propriété de soi

Dans les familles de cadres, le modèle du clivage identitaire ne peut fonctionner qu'à la condition que la frontière séparant la zone plus libre et la zone plus contrôlée ne soit pas entièrement fixée à l'avance par les parents, qu'elle soit discutée avec les jeunes. La négociation est obligatoire, avec l'exigence pour les parents de devoir justifier leur demande. Son introduction rencontre, depuis la décennie 1990, la résistance de certains psychologues, pédiatres ou psychiatres, qui y voient « le contraire de ce dont a besoin » un enfant, un adolescent : « Se justifier auprès d'un enfant revient à inverser l'ordre générationnel en lui permettant de juger, en le faisant, autrement dit, juge de soi » (Naouri, 2004). Pour Aldo Naouri, les parents doivent être sévères pour que le jeune déteste l'autorité : « Ayant eu à pâtir de l'autorité, devenu grand, il en combattra sans faillir les expressions. » En revanche, « se lancer dans de longues justifications de la moindre des décisions qu'on prend et en appeler à la raison ne crée pas, comme on l'escompte, une haine de l'autoritarisme, mais le contraire ». Daniel Marcelli (2003) reprend le même raisonnement, en s'appuyant sur Hannah Arendt :

> « Là où on a recours à des arguments, l'autorité est laissée de côté… La relation d'autorité entre celui qui commande et celui qui obéit ne repose ni sur une raison commune, ni sur le pouvoir de celui qui commande ; ce qu'ils ont en commun, c'est la hiérarchie elle-même, dont chacun reconnaît la justesse et la légitimité, et où tous les deux ont d'avance leur place fixée[1].

Dans la relation contemporaine entre le parent et le jeune, les places sont fixées, l'adonaissant ne réclame à aucun

1. Dans *La Crise de la culture* (1954).

moment de prendre la place de son père ou de sa mère, il sait trop que cet endroit est associé à des responsabilités qu'il ne désire pas. Il cherche le plus souvent à comprendre les raisons de ce qui lui est demandé, et il est capable d'en reconnaître le bien-fondé, par exemple en acceptant le plus souvent la différenciation des soirs veille d'école ou des soirs plus libres, et donc des heures de coucher. Le désaccord ne porte pas sur ces points, il est centré exclusivement sur le fait de la « raison » qui ne devrait pas être introduite dans la relation pédagogique : « Il y a effectivement une incompatibilité structurelle entre autorité et démocratie. »

Tracer la ligne

Au contraire, le modèle éducatif dans les familles de cadres propose une autorité capable de négocier. Lorsque certaines des lois françaises demandent que le juge tienne compte de l'avis du jeune en fonction de sa maturité, elles exigent aussi que la loi ne soit pas établie sans entendre l'avis en partie *éclairé* du jeune. Ce terme — éclairé — si important dans tous les textes juridiques contemporains désigne bien la possibilité que l'individu, même placé dans une situation hiérarchiquement inférieure, comme l'enfant vis-à-vis de ses parents ou le malade vis-à-vis du médecin, ne perde pas tous ses moyens. La négociation dans la famille, comme dans d'autres espaces sociaux (dans l'entreprise, entre patrons et syndicats), n'engendre pas *de facto* la confusion des places. Elle requiert la reconnaissance par la partie « supérieure » d'une certaine compétence de l'autre partie, « inférieure », à pouvoir partiellement dire son mot sur les affaires qui la concernent. Même dans le modèle plus extrême de la pédagogie anti-autoritaire, l'autorité du responsable n'est pas abolie : « Souvent un enfant vient me dire : “John a volé des sous à David”. Est-ce un cas que tu régleras ou devons-nous en parler à l'assemblée générale ? », et Alexander Neill répond : « Si je considère que le cas demande de la psychologie et de l'attention individuelle, je réponds que je réglerai la question moi-même. Si John est un petit gars heureux et normal qui a volé quelque chose d'insignifiant, je permets qu'on porte une accusation contre lui» (Neill, 1970). Tout ne passe pas directement à l'assemblée générale de Summerhill, le directeur de l'école «considère» les cas et juge en fonction des critères qui lui sont propres, de sa conception de l'éducation. Il exerce son pouvoir en traçant la ligne de partage entre les affaires qui relèvent de sa stricte autorité et celles qui peuvent être traitées par l'assemblée générale réunissant les enseignants et les élèves (avec égalité des voix). À en juger par ce qu'il vient de dire[1], on découvre que Neill distingue le «normal» et le reste, c'est-à-dire ce qui met en jeu l'équilibre psychologique de l'enfant. Il se réserve la seconde part, délégant ce qu'il considère comme des conflits ordinaires au pouvoir de l'assemblée générale. Il y a donc sous-jacent dans un tel fonctionnement, des valeurs qui justifient d'une part le partage entre la zone relevant strictement de l'autorité du chef et l'autre zone (en l'occurrence les enfants à risques psychologiques), et d'autre part la pondération entre les deux zones. À Summerhill, la pondération est nettement déséquilibrée : l'enfant devant prendre au maximum lui-même les décisions de sa vie, et les assumer pour l'essentiel devant la collectivité, seule une partie réduite appartient à la direction.

Dans les familles contemporaines de cadres, ce modèle est conservé à plusieurs différences près. La première est celle de la pondération : ce que les parents considèrent comme la zone où leur légitimité d'intervention est la plus forte, la plus incontestable est importante — ce sont notamment, on le sait, les études. La seconde porte sur la manière dont sont menées les négociations. Le degré de formalisation, d'explicitation — perceptible avec un règlement intérieur, une assemblée générale — est plus faible. Tout se fait, idéalement, «en douceur», par essais et erreurs. C'est cela que nous allons regarder, grâce à la vision des adonaissants. Même s'ils peuvent surestimer leur pouvoir de négociation, ils reconnaissent qu'ils n'ont pris ni la place ni le pouvoir des parents. Ils souhaitent surtout que la progressive propriété

1. Il ne s'agit pas ici de valider ou d'invalider Summerhill. Un premier bilan critique figure dans *Pour ou contre Summerhill* (1976).

de soi — programme approuvé par les parents — s'inscrive dans les faits. Or le fait même de négocier et, de temps en temps, de gagner, est un élément qui contribue à souligner ce pouvoir.

L'art de négocier

Charline, 11 ans et demi, élève de sixième, a des talents de négociatrice. C'est sa mère — salariée et profession libérale dans le conseil, divorcée de son mari, directeur de grande société — qui l'avoue à l'enquêteur avant qu'il ne quitte l'appartement, situé dans le centre de Paris[1] : « Vous ne savez pas ce que c'est que de devoir négocier avec des enfants. » Elle prend l'exemple des deux dernières séances d'aumônerie que sa fille a réussi, en négociant, à faire sauter. Cette préadolescente a un souci avec la pratique religieuse : « J'ai fait du catéchisme, j'ai fait ma communion mais j'ai pas envie de faire ma communion solennelle ». Elle est en désaccord avec sa mère à ce sujet. Elle est effrayée quand elle pense comment sa sœur aînée (13 ans) a dû « s'emmerder » pendant son séjour de trois jours dans un couvent pour préparer sa communion solennelle. D'avoir vu sa sœur ainsi ne lui donne pas du tout envie de le faire. La mère explique dans la conversation qui suit l'entretien que c'est « non négociable ». Charline a réussi à faire sauter quelques séances de catéchisme avant les vacances mais elle sera obligée d'y retourner : « Mais même pour faire plaisir à ma mère j'y allais. Mais c'est pas obligé qu'on y aille. Mais j'ai pas du tout envie d'y aller. J'ai pas envie d'y aller ! » Bien que peu pratiquante, sa mère est attachée à la culture religieuse. Contrairement à ce qu'elle pense, Charline sera sans doute contrainte d'aller au catéchisme pour préparer sa communion solennelle.

1. Ses parents ont divorcé en 1997, tout en continuant à vivre dans le même appartement jusqu'en 2001. Charline passe autant de temps chez son père (qui vit avec une autre femme, mère d'une fille de 10 ans) que chez sa mère. Elle n'a rien de « perso » chez son père, juste des vêtements, et même les soirs où elle dort chez son père elle repasse toujours d'abord chez sa mère pour faire son travail scolaire.

Charline trouve normal que ses parents la consultent avant de définir un programme ; ils devraient le faire plus souvent, selon elle : « Moi je me dis, ils devraient quand même nous demander à nous avant d'organiser des choses que nous, on avait vraiment pas envie de faire. » Elle évoque les visites chez les grands-parents qui l'empêchent parfois d'aller à des boums. Si elle n'obtient pas toujours gain de cause, elle discute presque toujours les décisions qui la concernent. Elle prend pour exemple les heures fixées à l'avance pour le retour à la maison quand elle sort avec des amis. Parfois elle n'hésite pas à rappeler son père ou sa mère du portable d'une copine pour pouvoir rentrer plus tard que prévu.

Cependant Charline trouve son père et sa mère « cools », elle n'a « quand même pas trop des parents qui lui collent au dos ». L'entrée au collège a modifié sa vie : « Quand j'étais en primaire, j'avais l'impression que tout le monde me... Que j'étais encore une enfant, maintenant je me sens... (*petit silence*) grande. » Elle aime bien quand ses grands-parents lui disent qu'ils la trouvent changée et grandie. C'est important pour elle qu'on lui renvoie cette image, ça la conforte dans sa sensation : « Parce que si y a que nous qui le remarquons, on n'est pas sûr ; quand c'est les autres qui disent quelque chose, tu te dis : "Dis donc, ça se remarque comme ça." » Cette adolescente estime qu'elle dispose d'une certaine indépendance : « Maintenant je suis indépendante. Je préfère faire les choses toute seule sans qu'il y ait mes parents qui m'aident derrière moi. » La surveillance parentale s'est relâchée sauf sur deux points de morale. Le premier concerne l'usage d'Internet, qui fait l'objet d'un interdit. Charline n'a le droit ni de surfer sur Internet, ni d'aller sur un « chat » : « J'aimerais bien mais mes parents veulent pas. C'est pour ça que j'aimerais bien avoir Internet pour moi, et y aller sans que mes parents le sachent. Parce qu'ils disent quand même si, enfin quand on chatte parfois on peut savoir notre adresse ou notre numéro de téléphone et ça peut être grave. » Elle n'y accède pas du tout pour le moment. Elle se sert juste un peu de l'email. Le second point, on l'a vu, concerne l'éducation religieuse.

Un bilan des libertés

Malgré cela, Charline insiste beaucoup sur la liberté dont elle dispose, accordée par ses parents, prise par elle-même. Le divorce de ses parents semble avoir augmenté ses marges de manœuvre. La dualité des espaces éducatifs l'autorise à prendre une certaine distance avec les règles. Sa mère tient ainsi à ce que ses filles soient au lit vers 21 h 30, et son père est moins strict sur ce point-là : « Quand je suis chez mon père et que je me couche tard, je le dis pas à ma mère parce qu'elle aimerait bien qu'on se couche vers 9 h 30. Mais nous, chez notre père, on a envie de se coucher tard parce qu'on a l'habitude de faire comme ça chez lui. » C'est non seulement la variation des règles qu'apprend Charline, mais aussi la logique du secret. En effet, sachant que sa maman attache de l'importance à son heure de coucher, Charline se gardera bien de lui dire : « Et parfois ma mère elle me demande : "Tu t'es bien couchée à 9 h 30 ?" Nous on dit "oui", mais en fait non quoi. Voilà. Mais c'est plus ma mère qui me pose plus de questions, mon père, lui, non il me pose pas trop de questions. Parce qu'il dit quand on est chez notre mère ça le regarde pas et que quand on est chez notre père ça regarde pas maman. » Le père encourage les réserves d'informations, Charline en tire une conclusion concernant le divorce : « Je trouve ça totalement normal, sinon à quoi ça sert ? Ça sert un petit peu à ça. Quand on est chez notre père, notre mère n'a pas besoin de tout savoir ce qu'on fait 24 heures sur 24. Je suis d'accord avec mon père, moi, sur ce point. Parce que voilà ça regarde pas ma mère. Quand ma mère elle sort, je lui demande pas : "Alors maman qu'est-ce que t'as fait pendant qu'on était chez papa ?" Cela moi je m'en fous parce que c'est sa vie. Donc voilà. » Charline veut vivre « sa » vie, appréciant d'en fixer elle-même les règles et estimant que, sur certains points, la comparaison entre l'existence d'un adulte et celle d'un jeune est légitime.

Premier exemple des libertés. Stressée avant d'aller au collège, Charline n'aime pas manger le matin. Sa mère la laisse faire. Elle n'impose pas beaucoup de contraintes sur la nourriture. La plupart du temps devant la télé, le soir, elles dînent toutes trois, mangeant normalement la même chose. Mais si Charline n'aime pas, elle peut se cuisiner quelque chose pour elle : « Je lui dis : "Maman je te le laisse. Est-ce que je peux me faire un autre truc ?" Et elle me dit : "D'accord". » Cette adonaissante a le droit de grignoter un peu après le dîner : « Si j'ai encore faim, je dis : "Maman est-ce que je peux manger par exemple des corn flakes ?", et elle me dit : "D'accord". » C'est une liberté conditionnelle, obtenue après un accord préalable de la mère.

Deuxième exemple, les vêtements. Charline tient à expliquer que c'est elle qui décide comment elle s'habille : « Je m'habille comme je veux. Ma mère, elle me dit pas : "Tiens, demain matin tu mettras ça." Non, c'est moi qui décide. Oh j'aimerais pas si ce serait ma mère qui me dirait : "Tiens demain tu vas mettre ça." Mais de toute façon si ma mère elle disait : "Tiens j'aime pas ton habit", moi je dirais : "Attends maman, c'est pas toi qui décide de ce que je mets." » Après avoir affirmé cela, Charline reconnaît qu'elle n'est pas obligée de rentrer dans un conflit, sa mère lui accordant ce droit. Elle s'achète quelques vêtements sans sa mère, en faisant du shopping avec ses copines : « Parfois quand j'ai de l'argent de poche j'en achète comme ça… La dernière fois j'ai quand même dépensé une grosse somme pour des hauts que j'adorais et que j'avais vus, j'avais flashé… Je crois que l'ensemble, c'était 57 euros. » Lorsque l'adonaissante achète un vêtement dont sa maman trouvera le prix excessif, elle se garde bien de le lui dire : « J'aurais peur qu'elle me dise : "Ah non, non, ça va pas, t'as dépensé trop." Mais je le garderais quand même moi, j'irais pas le changer si ça me plaît. C'est moi de toute façon qui le porte, ce n'est pas elle. » Charline préfère taire ses « folies », elle a les moyens financiers de le faire (elle ne connaît même pas le montant de son argent de poche !). Habituellement, elle procède selon une autre technique. Avec ses copines elle repère ce qui lui plaît, et elle demande ensuite à sa mère de venir avec elle : « Je remonte la rue commerçante et je lui dis : "Maman, maman j'ai trouvé des trucs bien par exemple chez Pimky." Alors elle dit : "Attends, je vais aller voir." Donc on y va ensemble. Si ça lui plaît, si elle est d'accord, elle me les achète, et voilà.» L'accord est le plus souvent obtenu, débouchant même sur un échange de vêtements, la mère et la fille ayant la même taille.

La propriété de son corps par Charline n'est que relative, comme en a été témoin l'enquêteur. À la fin du second entretien, il est resté pour discuter avec la mère. En voyant ses filles, cette femme a commenté leur tenue vestimentaire, notamment celle de Charline qui portait un haut assez court : «Les filles, va falloir cacher un peu le bidon pour ce soir, il y a des invités.» L'identité varie selon les moments. Dans les boums, Charline est «jeune fille» d'abord. Lors d'un dîner avec des invités, elle est d'abord «fille de», l'allure doit changer en conséquence même si l'adonaissante ne le souligne pas pendant l'entretien, préférant insister sur ce qu'elle a obtenu. Pour le maquillage, il y a aussi des limites. Assez coquette, Charline aime bien se maquiller de temps en temps. Elle a une coiffeuse dans sa chambre avec quelques cosmétiques posés dessus : «Les jours où j'ai pas école je me maquille parce que j'en profite. Avec mes copines pour s'amuser tout ça ou quand je suis toute seule à la maison. Mais sinon pas souvent à l'école.» Pour la classe, elle se met juste un peu de «truc pour les yeux, c'est tout». Sa mère ne lui pose pas de problème à ce niveau-là. C'est son père qui lui fait quelques remarques, sans lui interdire : «Il aime pas trop quand on se maquille. Il aime plutôt les filles naturelles.»

Troisième exemple, la circulation dans la ville. Il n'est pas rare que Charline soit dehors avec ses copines au cinéma, au MacDo, ou en train de faire du shopping. Elle peut sortir assez facilement de chez elle à la condition de demander l'autorisation. Elle trouve cela normal : «Enfin on prévoit toujours ça à l'avance, pas au dernier moment [cinéma, MacDo, etc.]. Donc voilà, enfin c'est logique. Moi aussi si j'avais des enfants, je voudrais qu'ils me préviennent.» Elle accepte les règles du jeu. Cependant «sa» ville, est petite : le collège, le cinéma, les magasins, les copains et les copines sont dans son quartier.

Quand elle commence à 8 heures, elle est chez son père. Dans ces cas-là, elle prend le bus avec sa sœur. Et quand elle commence à 9 heures, c'est sa mère qui l'accompagne en voiture. Elle aime cette solution, qui lui évite d'attendre. Elle apprécie le confort, sans mettre en avant la relation avec sa mère. À certains moments, être « fille de » ne la dérange pas. Le fait d'être déposé en voiture est moins compromettant aux yeux des pré-adolescents que le fait d'être accompagné à pied par un de ses parents. La médiation de la voiture autorise le lien filial ! Alors que Charline aime que sa mère l'emmène plutôt que de prendre le bus, à l'occasion de la question sur les changements intervenus depuis l'entrée au collège, elle note avec fierté : « Mais depuis que je suis au collège je suis trois fois plus indépendante... Parce que maintenant mes parents... Ah voilà c'est ça ! Avant mes parents m'accompagnaient toujours à l'école et maintenant j'y vais toute seule à l'école. »

Quatrième exemple, ses études. Charline a de bons résultats au collège, elle se « débrouille bien » selon sa mère. Elle n'est pas très surveillée : « Ils me suivent pas de près. On leur dit nos notes comme ça. Si c'est pour des contrôles, parfois ils nous aident à travailler. Mais ils sont pas scotchés sur notre travail, ils nous disent pas chaque soir : “Qu'est-ce que vous avez à faire ?” Ce n'est pas un tic. » Charline passe au « nous » qui comprend aussi sa sœur, les études sont une affaire de famille plus qu'une affaire personnelle. Même si sa mère demande régulièrement si le travail scolaire est bien fait — notamment en rentrant, lorsque sa fille est devant la télé — elle n'opère pas de contrôle systématique du cahier de textes : « Parfois elle veut regarder mon agenda. Et parfois elle a confiance en moi donc elle s'inquiète pas. » C'est pendant les périodes d'examen que sa mère est plus attentive : « Pour le contrôle, quand je lui dis qu'y a un contrôle, elle préfère voir ce que je dois réviser, me dire : “Tiens, ce soir tu vas réviser ça, demain matin une autre petite partie.” Elle m'aide à m'organiser en fait pour pas que je fasse tout en même temps. » Mais en général, Charline gère toute seule son travail : « En fait ma mère elle a pas besoin de m'aider pour travailler. » Le soir, elle effectue son travail avant les autres activités. Et elle prend même de « l'avance ». Cette liberté est obtenue par le sérieux[1] et les résultats.

---

1. Charline prépare systématiquement ses affaires : « On prépare notre cartable à l'avance,

Cinquième exemple, ses loisirs. Charline peut construire son monde, dans certaines limites. Elle écoute la musique qu'elle aime, sans contrôle : « Non. Non de toute façon maman elle s'en fout complètement pour ça ; même mon père, il s'en fout de la musique que j'écoute. C'est ma musique et voilà. » Charline adore la télévision. Quand elle prend conscience que ses parents n'ont pas eu la télé quand ils étaient jeunes, elle les plaint ! Pour la télévision, il y a néanmoins un contrôle de l'intensité de la pratique, ses parents ne la laissant pas devant le poste « 24 heures sur 24 ». Sa mère lui rappelle que lire c'est bien aussi. Sa fille ne change pas pour autant d'avis : « Elle dit : "d'abord faites vos devoirs et après vous pouvez regarder la télé." Ou elle disait : "Faut parfois lire", mais moi j'aime pas lire. Il est vrai que j'ai plein de livres, mais j'aime pas lire. Voilà. » Charline regarde la télévision seule (sans avoir de poste dans sa chambre), ou avec sa sœur, ou à trois : « Quand maman est là, parfois elle nous laisse regarder des émissions le soir. Parce que parfois elle aussi aime bien ces émissions. » Toutes trois, elles regardent *Julie Lescaut*, *Navarro*, *Graine de Star* ou *Star Academy.* Si ces émissions sont en semaine et se terminent trop tard — les filles devant aller au lit vers 21 h 30 — la mère enregistre la fin.

Charline a restreint ses activités extrascolaires. Elle faisait de la musique : « Avant je prenais des cours de piano mais j'ai voulu arrêter parce que je devais apprendre des leçons, des trucs, des machins et je voulais pas moi ». Ses parents voulaient qu'elle continue, mais ils ont accepté quand même qu'elle arrête. Elle a néanmoins conservé une activité, la danse le mercredi après-midi, car elle « adore ».

Sixième exemple, son espace « privé ». Charline a un petit copain du même âge et de la même classe (sixième) qu'elle. Pour elle, cette relation relève de sa vie privée. Elle l'a signalé à ses parents sans entrer dans les détails : « J'ai dit à ma mère que je sortais avec quelqu'un, à mon père aussi, mais je leur dis pas tout. Genre je leur dis que, je

---

nos habits qu'on doit mettre le lendemain matin tout ça. » L'usage du pluriel indique là encore que l'identité scolaire est familiale.

sais pas, non mais je leur dis pas tout. Ni à ma sœur bien sûr, donc je garde à peu près tout pour moi. » Ses parents respectent cette réserve : « Mais ils veulent pas tout savoir non plus. Ils me posent pas des questions en disant : “Alors t’as fait quoi comme ça ?” Non. Donc c’est bien. Ils me posent pas trop de questions. » Cette adonaissante apprécie d’avoir un « jardin secret ». Cette revendication d’un monde privé, Charline la formule encore plus fortement vis-à-vis de sa sœur et de sa demi-sœur, plus indiscrètes : « Parce que quand je leur ai dit [à sa sœur et sa demi-sœur] que j’avais un petit copain elles ont dit : “Alors tu l’as embrassé, tu l’as embrassé ?” Elles me posent plein de questions. Donc moi parfois, je leur réponds pas. Moi je leur dis : “Je suis pas toujours obligée de vous dire tout quand même, pour moi c’est ma vie privée comme ça.” »

Si Charline insiste surtout sur ses gains de liberté, elle reconnaît aussi les limites auxquelles elle est confrontée et qu’elle n’approuve pas toutes. C’est peut-être par rapport à sa chambre — chez sa mère — qu’elle est le plus déçue. La mère vit dans un grand appartement dans le 6ᵉ arrondissement. Sur l’entrée s’ouvrent, en plus de la cuisine et d’un grand bureau qui donne sur la chambre de la mère, un grand salon, passage obligé pour accéder aux chambres des deux filles. La chambre de Charline se trouve en premier ; celle de sa sœur est attenante. Cette jeune fille a un ordinateur personnel et deux téléphones, la ligne « familiale » et la ligne pour les filles. Elle a aussi un téléphone portable qu’elle partage avec sa sœur. Chez son père, elle a une grande chambre partagée avec sa sœur et sa demi-sœur. Avant l’emménagement, elle avait choisi sa chambre sur le plan parce que la pièce donnait directement sur le palier : « C’est un raccourci et j’aimais bien. Je me disais que si j’étais grande parfois, je pouvais sortir sans que maman me voit (*rire*). » Mais la porte a été condamnée par un grand placard. Cet espoir de la porte donnant sur l’extérieur indique bien dans quel état d’esprit cette adonaissante se trouve : elle se veut libre. La déception est d’autant plus grande que la chambre a un autre défaut important pour quelqu’un qui veut avoir un « chez soi ». En effet, la porte qui sépare sa chambre du salon est vitrée, et elle fournit un point de vue imprenable sur l'espace de Charline. Aussi demande-t-elle régulièrement des rideaux ou même un changement de porte : « Maman, elle a dit qu'elle allait mettre ou des trucs qui pendent sur les fenêtres, ou sinon elle a dit qu'elle mettrait des cadres miroirs pour que les gens ne puissent plus voir depuis le salon. » Cependant rien n'est encore fait pour l'instant.

Danser seule

Malgré tout, ce quasi panoptique n'est pas trop pénible du fait des absences de sa mère : « Dès que je rentre, je reste dans cette pièce, pour faire mes devoirs, pour écouter de la musique. Je fais mon cartable et je fais mes devoirs en écoutant de la musique. » S'y sent-elle bien ? « C'est familier », répond-elle. Chose surprenante néanmoins, elle y dort très rarement ! Sa grande sœur éprouve des difficultés à s'endormir, alors toutes deux dorment le plus souvent dans le lit de Capucine : « Déjà que ma sœur elle n'arrive pas à dormir toute seule encore, moi j'y arrive bien sûr, mais elle, elle arrive pas encore. Elle a un petit peu, enfin je sais pas si elle a peur ou pas, mais elle se sent pas assez protégée. Même si on a les chambres à côté et qu'on laisse la porte ouverte, elle n'arrive pas à dormir. Donc je dors avec elle. » Le fait qu'elle ait moins peur que sa grande sœur la conforte dans sa propre image d'une fille qui n'est pas trop petite ! Dans l'appartement paternel, la même scène est rejouée. Alors que Charline apprécierait d'avoir un espace personnel, elle n'en réclame pas pour faire plaisir à sa sœur et à sa demi-sœur : « Une chambre pour tout le monde. Elle est grande. Au début on devait avoir trois chambres et finalement non, on n'en a pas. J'aimerais bien l'avoir mais comme elles ne veulent pas »… Charline s'en accommode : ce qu'elle perd en indépendance, elle le gagne, au moins à ses yeux, en considération.

Quand Charline est toute seule à la maison, elle ne s'enferme pas. Mais dès qu'il y a du monde, elle ferme la porte, ce d'autant plus qu'elle aime bien danser sans être vue : « Cela me gêne qu'on me regarde (*petit rire*). Je sais pas, donc je la ferme. Et j'essaie de pas trop me mettre de ce côté [de la porte fenêtre]. » D'autres jeunes filles font de même, comme Sandra (père psychiatre, mère enseignante). Elle aime danser seule dans sa chambre, ayant abandonné les cours de danse où elle ressemblait trop à « un robot ». Les mouvements imposés ne lui convenant guère, elle préfère « danser naturellement ». Danser librement et sans public lui donne le sentiment d'être elle-même et de ne plus éprouver ce décalage entre le regard d'autrui et le sien. Ces adonaissantes prenant possession de leur corps ressemblent à l'héroïne de *Sept mers et treize rivières* (Ali, 2004). Cette femme, mariée par son père, veut progressivement prendre possession d'elle-même. Elle découvre son corps en dansant, seule, sur le lit, en face de l'armoire à glace : « Il lui arrivait de songer que ce pouvoir résidait en elle, qu'elle en était la créatrice. » Elle est comme une adonaissante qui veut renaître. Elle l'exprime corporellement. Par exemple elle entend une chanson dans sa cuisine : « Elle agita les bras, renversa la tête et se mit à danser autour de la table. Elle chantait aussi, allant chercher l'air au plus profond de ses poumons, libérant tout ce qu'il y avait en elle, savourant la caresse de ses cheveux sur sa nuque et ses épaules, laissant ses jambes suivre la musique, ses hanches onduler. » L'expression corporelle ne requiert pas nécessairement un public quand elle ne relève pas de la logique de la séduction. Il s'agit plutôt de se connaître par ces gestes, par ces mouvements.

La mère n'abandonne pas toute surveillance. Ainsi pendant l'entretien, elle a traversé plusieurs fois la pièce sans frapper. La chambre de sa fille n'est pas strictement reconnue comme un « espace personnel ». Aussi lorsque sa mère sort le soir, Charline est ravie : « On fait un peu ce qu'on veut. On se sent un peu libérées… J'aime bien parce que je suis toute seule avec ma sœur. On peut regarder des films, on peut s'amuser. » En diminuant la coprésence avec un adulte et les contraintes qui en découlent, l'absence transforme temporairement l'identité : l'adolescent est moins « fils » ou « fille » dans un espace où cette dimension tend à s'imposer. Charline est très sensible à cette possibilité, puisque lorsque l'enquêteur lui demande quel serait son rêve si elle pouvait changer quelque chose dans sa vie, elle évoque le fait de pouvoir habiter avec tous ses amis dans un grand studio qui leur appartiendrait : « On aimerait bien habiter toutes les deux [elle et sa meilleure amie] comme ça. J'aimerais bien vivre avec mes amis là tout de suite, qu'on ait un studio qui soit gratuit, qu'y ait déjà toutes les courses qui soient faites. Et que comme ça, on habiterait avec nos amis. » Cette adonaissante oublierait bien ses parents, mais non les bienfaits associés à la relation de dépendance !

L'art de creuser un fossé, réduit entre les générations

Clarisse, 12 ans et élève de sixième, appartient au même groupe de copines que Charline. Elle est indépendante grâce à trois facteurs : un bon niveau de ressources économiques qui permet d'offrir un environnement favorable à l'émancipation, la séparation de ses parents (depuis qu'elle a 4 ans) qui lui ouvre la possibilité de jouer sur plusieurs tableaux — c'est la seule adonaissante du corpus à avoir à sa disposition deux chambres individuelles —, et enfin une exigence d'indépendance qui conduit Clarisse à négocier assez âprement avec sa mère. Cette pré-adolescente prend un recul critique vis-à-vis de sa mère malgré toute l'affection qu'elle lui porte, appréciant le « petit câlin » que sa mère lui donne de temps en temps avant d'aller au lit. Cette distance, on la perçoit lorsque Clarisse évoque le rangement de sa chambre. Selon ses termes, elle est « très bordélique » alors que sa « mère est maniaque ». Elle revendique son désordre, critiquée par sa mère : « Mais c'est ma chambre d'un côté. Je veux dire, moi c'est ma chambre et si elle est en bordel, moi je m'en fous, voilà. » Or cette pièce n'est pas en désordre le jour de l'entretien, l'enquêteur s'étonne. Clarisse explique : "Oui parce que j'ai rangé parce qu'il "fallait", ou parce qu'il "fallait que ça soit rangé pour que..." (*imitant le ton de sa mère*). Voilà (*petit rire*). » Elle met entre elle et sa mère la distance de l'humour, l'esprit de répartie, et une certaine réserve. Pendant l'entretien, Clarisse baisse assez souvent la voix pour que sa mère ne puisse pas l'entendre depuis la pièce d'à côté, notamment lorsque la jeune fille évoque les tensions ou ses mauvaises notes scolaires.

« C'est moi qui décide »

Cette pré-adolescente veut avoir un pouvoir de décision sur ses affaires. Elle le revendique à propos de la séparation de sa mère — journaliste culturelle — et de son père, artiste. Il lui semble tout à fait normal que ce soit elle qui désigne le parent avec lequel elle préfère vivre le plus : « C'est moi qui décide, c'est la moindre des choses. » Après avoir vécu pendant deux ans en province chez son père pour le CE1 et le CE2, elle demande à revenir vivre à Paris pour le collège : « C'est normal qu'on décide si on veut vivre chez son père ou chez sa mère. Je crois. Ou alors c'est, je sais pas, qui décide ? Non pour moi c'est normal, je trouve[1]. »

Clarisse ne veut pas apparaître dépendante de sa mère. Elle se rend à pied à l'école, en une dizaine de minutes. Elle est souvent accompagnée par un ami. Elle préfère y aller sans sa mère, n'aimant pas être vue en cette compagnie devant son collège : « Et puis de temps en temps ce qui est un peu chiant (*elle baisse le ton*), c'est qu'elle m'accompagne jusqu'au bahut... » Elle n'apprécie pas la visibilité d'un tel lien : « Non, pas devant le collège ! Ah non pas devant le collège ! Non je veux pas. Non, mais elle me laisse un peu avant. » Sa mère la prend quelquefois à la sortie, la fille supporte mieux : « Sinon je veux bien qu'elle vienne me chercher mais en voiture. Comme ça, je rentre, et hop on part. »

Cette jeune fille évoque ses choix qui s'avèrent parfois mauvais. Cette année, elle s'est inscrite à un cours de badminton, ayant oublié de se réinscrire au basket et à la danse moderne jazz. Elle regrette beaucoup car elle trouve cette nouvelle activité « nulle ». L'an prochain, elle veut

1. Aujourd'hui elle passe la majeure partie du temps chez sa mère à Paris. Elle est chez son père pendant les vacances et un week-end de temps en temps en province. Clarisse a deux demi-frères de 25 et 21 ans issus d'un premier mariage du père, et une demi-sœur de 3 ans que son père a eue avec sa troisième femme.

commencer la boxe : « C'est moi qui décide ce que je veux faire. » Clarisse fournit un autre exemple de l'influence qu'elle a sur la gestion de ses propres affaires en commentant la décoration de sa chambre. À la question portant sur ce qu'elle préfère dans sa chambre, après avoir énuméré plusieurs choses (son lit « cool », la chaîne hi-fi, son bureau, ses posters), elle cite un autre élément : « Oui aussi ce que j'adore dans ma chambre c'est les photos de mon chien. » C'est Filou, qu'elle avait acheté avec sa mère. Pour des raisons d'hygiène, entre autres, elle a été obligée de s'en séparer pour le mettre « chez une dame » à la campagne. « C'était une grande déception » euphémise-t-elle avec ironie. Le chien appartient donc à cette dame désormais. Clarisse le revoit de temps en temps : « Enfin je l'ai vu en septembre et puis je dis toujours que c'est mon chien. Moi je l'ai acheté, maintenant c'est mon chien. Et je vais le revoir peut-être bientôt, je sais pas. » Clarisse avoue avoir délaissé son chien quand il était chez elle, sa mère le lui a reproché : « Je regrette, je disais à ma mère : "Oui je m'en occuperai tout ça." Je regrette trop parce que j'avais pas été, je m'en étais pas assez bien occupé. De temps en temps c'était des sanctions : "Oui si tu continues, on donne Filou"… C'était un peu du chantage. » Elle explique que sa mère étant devenue allergique, il a fallu le donner. Elle ajoute encore un troisième argument — « préférant qu'il soit heureux » à la campagne plutôt que de vivre renfermé à Paris — pour ne pas porter toute la responsabilité de cette rupture.

Le son et la couleur « punk »

Dans son monde, Clarisse inclut à l'intérieur la télévision — « Sinon, je regarde la télé, je regarde la télé, je regarde la télé » — et à l'extérieur le fait de « traîner » dans le quartier, le shopping ou le cinéma. Elle est très à l'écoute de la mode : « J'ai toujours fait un peu attention à comment je m'habillais. » Elle trouve important d'avoir « son apparence » personnelle qu'elle varie selon les circonstances. Elle change selon ses deux espaces de vie : « Paris c'est le look skateur et à Nice c'est le look racaille[1]. Avant quand j'habitais à Nice, je voulais un peu faire racaille mais j'y arrivais pas. » Elle est plus à l'aise à Paris pour s'affirmer. Elle a sélectionné son style, qu'elle définit comme penchant du côté « punk ». Elle se maquille un peu. Il lui arrive de colorer ses cheveux[2] : « Un jour je suis arrivée en cours de français et la prof me déteste. J'avais une petite mèche rouge là. Elle me fait : "Oh mais elle s'est fait des reflets et puis en plus elle s'est maquillée." Un petit peu en plus. Donc je l'ai très mal pris, enfin j'ai arrêté un petit peu. Mais de temps en temps je le fais, mais surtout pour les boums. » Elle a demandé récemment à sa mère de l'emmener chez le coiffeur pour se faire faire des reflets dans les cheveux avant d'aller à une boum. Sa mère a accepté. Clarisse développe son look dans les limites du « raisonnable » défini par les autorités auxquelles elle est soumise.

Cette appartenance à la culture jeune s'inscrit par ailleurs dans la musique. À la différence d'autres jeunes, Clarisse ne se contente pas d'affirmer des préférences, elle manie une certaine rhétorique pour les justifier. Elle écoute beaucoup de musique, des groupes tels que B2K, Factory, Avril Lavigne. Entre les deux entretiens, elle a déjà utilisé le « bon cadeau[3] » pour acheter deux *singles* de ses groupes préférés. Elle ira bientôt au concert d'Avril Lavigne avec Charline, ayant eu cette place de concert pour son anniversaire. Tous ses artistes préférés — avec en tête, Avril Lavigne — tapissent les murs de sa chambre. Tout comme elle distingue les « skateurs » des « racailles », elle oppose les « punks » aux « gothiques ». Elle utilise souvent ces catégories qui ne sont pas nécessairement exclusives l'une de l'autre. Elle a choisi son camp, avec sa mèche rouge et Avril Lavigne, artiste représentante de la catégorie punk. Cette appartenance est revendiquée avec modération, elle marque bien la distance avec la génération précédente sans pour autant prendre le

1. Peu de jeunes revendiquent explicitement un look avec un nom.
2. Cela choque davantage qu'en Allemagne.
3. Les adolescents qui acceptaient de participer à l'enquête recevaient des bons d'achat qu'ils pouvaient échanger dans un magasin vendant aussi bien de la musique que des livres.

risque de la rupture. En réalité la culture de la négociation consiste à éviter cette dernière au maximum, en allant le plus loin possible sans provoquer de « clash ».

Une oscillation entre l'extérieur et l'intérieur

Clarisse a une sociabilité amicale très développée : « Les amis et tout ça c'est super cool. » Elle reste manger à la cantine pour cela : « Parce que je préfère être avec tout le monde. Comme ça, on sait au moins ce qui se passe et tout ça. Je préfère rester avec mes amis. » Elle fait partie d'une bande : « C'est tous les trois [Charline, Thomas et elle] et puis après y a plein d'autres amis. Enfin on est tous amis donc ça forme une énorme bande. Mais on sort pas tous, tout le temps en même temps. » Elle va cependant régulièrement à des boums : « Oui tout le temps, y en a au moins dix dans le mois de mars. »

Clarisse est souvent dehors avec ses amis. À plusieurs reprises au cours des entretiens, elle insiste sur le fait qu'elle peut sortir. C'est le signe le plus évident de son indépendance pour elle. Elle doit seulement veiller à « rester dans le quartier ». Mais quelles sont les limites du quartier pour elle ? « Le 6e arrondissement ». Elle en maîtrise bien la géographie. Elle bénéficie d'une réelle liberté dans ses déplacements. Il lui est arrivé de dépasser les limites du quartier puisqu'elle fait du shopping rue de Rivoli[1]. La rue est autorisée à la condition que sa mère sache ce qu'elle fait : « Elle veut savoir quand même où je suis où, à quelle heure, enfin qu'est-ce que je fais. Je fais rien sans demander à ma mère. » Sa liberté est sous contrôle, ce que cette adonaissante accepte.

Au retour du collège, Clarisse fait tout de suite son travail scolaire pour éventuellement « sortir aller voir des copains ». Par exemple, le vendredi, comme elle finit tôt, elle est souvent dehors avec ses amis. Présente à la maison la plupart du temps, l'appartement étant aussi son lieu de travail, sa mère donne son accord : « Elle aime pas trop que je traîne quand il

1. À pied ou en bus, « mais le métro moyennement ».

fait nuit, sinon elle accepte. » Le mercredi, Clarisse se rend souvent au MacDo avec des amis pour déjeuner : « C'est un petit peu une habitude. » Il n'est pas rare non plus que Clarisse organise des sorties cinéma avec ses amis. Écoutons-la raconter une autre sortie au Jardin du Luxembourg, qu'elle a notée sur son carnet de déplacements : « Alors dimanche — ce sera mémorable — c'était trop marrant. Donc je suis allée à pied au Luxembourg avec Thomas, Mathis, puis deux autres copines. On est allés faire des jeux au Luxembourg dans le parc — oh la la — c'est parce que pour nous c'est un peu, maintenant on n'y retourne plus au Luxembourg. Mais là on y est allés, il pleuvait, c'était trop marrant... Enfin maintenant les petits parcs, enfin les petits jeux, les petits toboggans... Donc on est allés pour déconner ; enfin on a joué dans les flaques d'eaux. Non mais c'était à mourir de rire. Enfin on a passé une trop bonne journée. » *A priori*, sa mère n'était pas trop d'accord pour que Clarisse soit « dehors à traîner », elle aurait préféré la savoir « chez quelqu'un » mais elle a finalement accepté : « En fait je lui ai redemandé (*petit rire*) et puis elle avait dit oui. » Jouer en s'en moquant à des « petits » jeux leur a permis de se rassurer sur leur taille.

Clarisse est assez cependant souvent dans sa chambre ou dans celle de sa mère, contiguë à la sienne : « Surtout pour faire mes devoirs oui j'y passe beaucoup de temps, et sinon je suis souvent dans la chambre de ma mère pour regarder la télé ». Même si cette adonaissante a aussi une télévision avec magnétoscope dans sa chambre, elle l'utilise rarement, l'image étant de moins bonne qualité. Elle préfère donc regarder la télévision dans la chambre de sa mère parce qu'elle peut aussi « s'affaler » sur le lit : « Il est super cool [le lit], avec la télé c'est génial. » Pour Clarisse, cet appartement est compatible avec sa dimension « adonaissante », grâce aux séries télévisées et à la musique. Il l'est nettement moins pour la dimension amicale. Clarisse invite assez peu ses copines à dormir chez elle (même si elle tente de le faire). Elle n'a pas le droit non plus de faire venir ses amies après l'école sans une demande préalable : « Je ramène jamais de copines. Ou alors elles attendent en bas et je demande. Elle [sa mère] aime pas trop que je ramène des gens sans prévenir. » Clarisse peut davantage sortir qu'amener des copines à la maison, peut-être pour que la mère préserve son espace de travail, proche de la chambre de Clarisse. Les boums ne sont pas non plus organisées dans l'appartement.

Le clivage entre l'intérieur et l'extérieur est fort. Cette jeune fille revêt dans l'appartement, pour une part, sa dimension de « fille de » et s'autorise, semble-t-il, à redevenir plus petite. Ainsi lorsque sa mère est amenée à sortir le soir pour son travail, Clarisse n'est pas très rassurée, elle dort moins bien. Elle en profite pour faire le plein de télévision. Par exemple le soir du premier entretien, elle devait rester toute seule, sa mère quittant la maison à 21 h 00. Clarisse ne s'en souciait pas, elle avait déjà prévu ce qu'elle regarderait : « C'est un truc pourri mais que j'ai suivi depuis le début, c'est *J'ai décidé de maigrir.* » La plupart du temps quand elle est seule, sa mère lui prépare son repas avant de partir, comme un à « un gros bébé », dit-elle. À part faire réchauffer des surgelés au four à micro-ondes, Clarisse ne sait rien faire. Toujours le soir du premier entretien, elle s'inquiétait parce qu'elle ne savait pas comment elle allait faire cuire les pâtes surgelées qu'elle avait prévues pour son dîner, le micro-ondes étant en panne. Elle avait aussi acheté une grosse tarte aux framboises. Ces soirs-là, sa mère est plus permissive, l'autorisant à se coucher un peu plus tard. Elle lui donne même un peu d'argent parfois : « Et d'habitude — ah oui d'ailleurs ! [Clarisse en prend conscience pour le soir même] — elle me donne un petit peu d'argent parce que la dernière fois, j'avais eu peur (*petit rire*). D'être toute seule, j'arrivais pas à dormir. Comme elle sait que de temps en temps j'ai peur et que je suis toute seule, du coup elle me dit : “Je te donnerai un peu d'argent” comme ça. » Clarisse sait jouer de ses peurs ! Quand sa mère s'absente, Clarisse réintroduit plus aisément sa dimension « amicale », en profitant pour téléphoner davantage à ses amis sur le téléphone familial parce que « si c'est pour appeler sur les portables [Clarisse en a un, permettant à sa mère de rester en contact avec elle lorsqu'elle est chez son père], ma mère veut pas, ça coûte cher ». En son absence, elle joint davantage ses amies : « Je peux parler mieux, enfin plus longtemps. »

Le superflu comme marque de la propriété de soi

Clarisse vit dans des frontières temporelles et spatiales dessinées par sa mère. À l'intérieur, cette pré-adolescente peut agir avec un degré assez grand de liberté. Cela ne signifie pas que sa mère approuve la totalité de ce que fait sa fille. Il faut bien différencier une validation de principe du monde par le parent et une critique par la fille de certaines parties de ce monde élaboré.

Cette distinction apparaît pour une des activités très importantes de Clarisse qui se déclare « folle du shopping… et des fringues ». Elle achète souvent des vêtements toute seule « sauf quand [elle en a] besoin ». C'est une très belle expression ! Clarisse signifie par là qu'elle achète le superflu, sa mère prenant en charge ce qui lui est vraiment nécessaire, ce qui correspond à un « besoin » reconnu. La définition du nécessaire et du superflu engendre des tensions intergénérationnelles, comme tout problème de frontières. Clarisse a ainsi demandé à sa mère un jogging. Ce vêtement a été à l'origine d'une dispute entre elles : « Elle m'avait dit "euh", parce qu'au début elle m'avait dit "oui" et après elle avait changé d'avis. Puis ça m'énervait. Alors c'est parti très vite en fait. » Apparemment « ça part vite » entre elle et sa mère. Ce jour-là, Clarisse avait reconnu qu'elle abusait, à savoir qu'elle n'avait pas fondamentalement besoin de ce vêtement et donc que c'était bien du superflu : « C'est vrai en plus [que j'ai beaucoup de vêtements]. » En fonction du statut du vêtement, le paiement change : « En fait ma mère, elle voulait pas me l'acheter à moi. Elle voulait pas parce que j'en avais pas besoin. Mais je peux l'acheter par petit plaisir avec mon argent. » Cette idée de se l'acheter par « petit plaisir » est une idée de sa mère — « C'est ce qu'elle m'a dit. »

Sa mère exprime son désaccord sur l'utilité du vêtement et son accord sur l'achat devant appartenir à l'ordre du plaisir. Elle reconnaît à sa fille la gestion de ses plaisirs. Il faudra voir comment, un peu plus tard, cette mère acceptera la vie sentimentale de sa fille[1]. Sa mère ne s'interdit pas de donner son avis, tout en tolérant (dans certaines limites, refusant les films pornos) les décisions de sa fille. Par exemple, Clarisse a vu *La Beuze :* « La dernière fois quand je suis allée voir *La Beuze* avec Michaël Young je lui ai dit [à sa mère] et tout ça. Et elle m'avait dit : "Cela a pas l'air terrible." Et puis je lui ai dit : "Oh si ça a l'air marrant." Et en fait c'était très, très nul. » Sa mère peut refuser de lui donner de l'argent pour un film qu'elle trouve nul, c'est arrivé pour *Ah si j'étais riche !* Clarisse y va mais en utilisant son argent personnel.

Cette dichotomie entre les dépenses nécessaires et les dépenses superflues, entre le raisonnable et le plaisir, manifeste une pédagogie du clivage identitaire. La mère finance directement ce qu'elle comprend, et indirectement (par la médiation de l'argent de poche, personnel) ce qu'elle ne comprend pas tout en respectant cette part d'inconnu.

Se mettre d'accord sur la ligne de clivage

Les relations de Clarisse avec sa mère peuvent être assez tendues lorsque la première n'approuve pas les jugements de sa mère et qu'elle considère que celle-ci ne respecte pas sa propre ligne éducative. Pendant leurs conversations houleuses, la mère n'hésite pas à mettre sous conditions certaines sorties de sa fille : « Ce qui est agaçant c'est que quand je me dispute avec ma mère, ou même pas, enfin si quand même, et comme j'ai souvent des boums, j'en ai presque tout le temps et elle me prive de boums ». En gardant toujours cette zone d'incertitude sur le permis et l'autorisé, la mère conserve un certain pouvoir sur Clarisse. Elle l'utilise souvent de façon stratégique afin de pouvoir obtenir telle ou telle chose de sa fille, par exemple le rangement de la chambre. Mais en définitive, les menaces de sanction ou les privations annoncées sont rarement appliquées. Sa mère « est censée [la] priver » mais le plus souvent elle « revient toujours sur ses décisions ». Ce revirement n'exprime pas une faiblesse coupable, elle reflète

1. Clarisse est « sortie avec plein de mecs cette année ». En réalité, avec deux. Elle n'en a pas au moment de l'enquête. Elle préfère conserver Thomas comme un « ami fidèle » plutôt qu'en faire un petit copain.

aussi une prise de conscience que certaines menaces ne sont pas cohérentes avec le principe de la libre détermination à l'intérieur de la zone libre.

« Un petit peu, mais pas trop »

Cette pré-adolescente est satisfaite de l'indépendance dont elle bénéficie. Même pour le domaine scolaire, elle n'est pas soumise à une trop lourde surveillance : « Non de temps en temps, elle me dit : “Tu me montreras tes devoirs”, mais elle les regarde pas. » Sa mère s'assure simplement que les devoirs sont faits sans qu'il y ait contrôle rapproché et systématique : « Elle préfère que j'ai des bonnes notes et que je passe en cinquième. » Seule est fixée la ligne d'horizon que Clarisse tente de suivre. Elle n'est pas mauvaise à l'école, sans être brillante : « Moi j'aimerais pas être intello mais j'aimerais bien être forte en cours, j'aimerais bien au moins en devoir de maths avoir un peu plus que 15 parce que j'ai des 13, des 11, des 12. »

Clarisse ne ressent pas le besoin d'être plus indépendante : « Si j'ai besoin de me sentir indépendante ? J'ai pas besoin. Je le suis déjà un petit peu, enfin pas pour tout le temps. Mais je veux dire comme je suis souvent avec mes amis dehors et tout ça. » Sur quoi est-elle le plus indépendante à son avis ? « Sur quand je sors avec mes amis dehors. Le fait que je sois souvent toute seule le soir, enfin pas souvent mais de temps en temps. Je peux pas dire : “Oui, je suis indépendante.” Enfin si un petit peu, mais pas trop. » Clarisse trouve sa vie assez équilibrée. Elle est souvent « amie » et « jeune ». Elle ne refuse pas d'être « fille », voire même « gros bébé ».

Le « fossé des générations » qu'a creusé Clarisse permet de bien comprendre la forme autorisée qu'il prend dans une société valorisant l'individualisation au moins dans la vie privée. Il doit obéir à trois conditions. La première est bien évidemment de séparer suffisamment les parents et le jeune pour que ce dernier puisse découvrir l'autre rivage. La deuxième est la construction de ponts, permettant la réunion d'un côté ou de l'autre. Cela implique que la séparation ne soit pas trop grande pour autoriser ces passerelles. La mèche rebelle de Clarisse illustre une troisième condition : elle ne traduit pas une volonté de rupture, seulement de distanciation. La négociation permet, par essais et erreurs, de repérer la juste distance qui ne met pas en péril ni le développement, physique, intellectuel, psychologique de l'adolescent, ni la relation. Elle peut engendrer des tensions lorsque les deux parties ne parviennent pas à un accord.

L'art de se rendre absent en cas de non-négociation

Les adonaissants ne ressemblent pas aux écrivains recevant un prix littéraire qui ne supportent pas bien une telle augmentation de taille, estimant qu'il y a un malentendu entre ce qu'ils veulent être et cette reconnaissance officielle (Heinich, 1999). Ils vivent mal cette dualité, ce décalage entre l'identité pour soi et celle pour autrui. L'écart que peuvent éprouver les adonaissants est nettement plus souvent dans l'autre sens : la taille que leur donnent les parents est trop « petite » par rapport à celle que les jeunes revendiquent. Quand elle n'est pas trop importante, cette différence constitue un des supports du processus d'individualisation. Des parents utilisent explicitement cette différence, attendant que leur enfant manifeste une exigence. C'est le cas de la mère de Céline (11 ans) qui dit à l'enquêtrice après les entretiens qu'elle est très attentive aux « signaux » que sa fille émet relativement à son indépendance. Elle n'anticipe pas ce mouvement, attendant l'expression de souhaits de sa part. Ainsi l'an dernier, Céline leur a demandé à n'être plus accompagnée pour aller à l'école. Ses parents l'ont plusieurs fois accompagnée en transport en commun jusqu'à ce qu'ils soient certains que leur fille sache y aller toute seule. Alors elle a bénéficié de cet accroissement de liberté.

Lorsque la différence entre les estimations parentale et adonaisssante est grande et qu'elle n'est pas objet de négociation, le jeune est conduit à opter pour une autre solution, plus discrète. C'est ainsi qu'agit Lola, amie de Charline et

Clarisse, qui oscille sans plaisir entre la taille officielle que ses parents lui donnent et celle qu'elle veut avoir et qu'elle prend ailleurs. Albert Hirschman (1972) distingue deux types de réaction — *voice* et *exit* — au mécontentement. Soit la personne parvient à se faire entendre, soit elle prend la fuite. Guy Bajoit (1988) ajoute une troisième attitude — *apathy* — qui consiste à ne rien dire, à s'évader silencieusement. Lorsque l'adonaissant(e) prend conscience que la négociation est difficile et peu fructueuse avec ses parents, il peut se révolter, il peut tout faire pour être le moins possible chez lui, il peut prendre les apparences de la loyauté, de l'enfant sage, et se créer un espace imaginaire par une forme d'absence peu visible. Les parents de Lola, tous deux hauts universitaires, trop centrés sur la réussite sociale et scolaire, font tout pour réduire la zone d'expression personnelle de leur fille de 11 ans, élève de sixième qui vit avec eux et une demi-sœur de 16 ans (d'un mariage précédent de la mère, son père aussi est remarié et a eu des enfants auparavant) dans un grand logement au centre de Paris. Lola entame peu de négociation avec eux, sachant que le plus souvent ils la considéreront comme trop petite pour l'écouter. Elle choisit donc l'*apathy* et l'*exit*, les deux formes de fuite. Elle peut le faire sous une forme paradoxale en appréciant avant tout d'être « seule » dans l'appartement familial. Lorsque ni ses parents, ni sa sœur ne sont présents, elle sort de sa chambre et élargit son univers. Elle se choisit un second espace « personnel », provisoire : « Y a un autre *petit coin* où il y a la télé et le canapé donc c'est souvent là que je suis moi. Après ma chambre c'est souvent là que je suis parce que quand j'ai fini mes devoirs, que j'ai envie de me reposer un peu, je vais là-bas, je vais regarder la télé et ça va tout de suite mieux après. » C'est un espace-temps au sens strict, au sein duquel Lola « se » récupère pendant « longtemps » et s'autorise à prendre du plaisir en s'écartant de la norme (parentale) : « Là-bas j'en profite un peu, je me défoule, je ramène des choses à manger là-bas, des verres des trucs comme ça. Alors vite faut tout que je range [quand elle entend ses parents arriver], faut tout que je mette dans le lave-vaisselle, y a des boîtes de gâteaux ouvertes, des trucs qui traînent un peu partout, donc je range tout. »

Lola fait disparaître tout ce qui pourrait être pris comme de la révolte contre l'ordre établi, les apparences trompeuses sont sauves. Comme ses parents rentrent tard, l'adonaissante a tout l'après-midi pour elle. C'est le bruit de l'ascenseur qui la rappelle à la soumission : « Dès que je l'entends je retourne dans ma chambre et je me remets à travailler. » La télé qu'elle regarde à ce moment-là est celle qu'elle apprécie le plus : « Je peux regarder la télé tranquillement [en l'absence de sa sœur et de ses parents] et c'est souvent là qu'y a le plus de choses intéressantes » (série comme *Le Caméléon*, dessins animés aussi). La télévision n'a pas le même sens le soir. Ses parents recommandent des émissions sérieuses : « Faut que ce soit des trucs qui peuvent me cultiver, des documentaires surtout, pas souvent les films. » Et en cas de désaccord, son père sélectionne : « À la limite il [son père] est plus grand, c'est lui qui va choisir forcément ce qu'il veut mettre et puis en plus il dit : "Ah non, non, non c'est moi qui regarde ce que je veux, je suis plus grand", c'est un peu ça. » La négociation laisse la place au commandement, en référence à des positions statutaires. Son père remet Lola à sa place de « petite ».

Cette adonaissante a conscience de la taille que ses parents lui attribuent. À un autre moment de l'entretien[1], elle avoue qu'elle « est encore un enfant ». Quand on évoque le baiser que lui donnent ses parents le soir, elle est un peu gênée comme si elle avait honte et comme si elle avait peur de ce que l'enquêteur pourrait penser. Alors elle verbalise ce que ce dernier pourrait penser tout bas : « Je suis restée un petit bébé. » Elle se sert aussi de cet argument pour justifier pourquoi elle aime les peluches.

Une « petite » chambre

La « taille » symbolique se reflète dans sa chambre. Lola trouve sa pièce trop petite, ses parents ayant préféré laisser une grande pièce vacante pour que les demi-frères et sœurs puissent avoir de la place quand ils viennent dormir. Peut-

1. Les deux entretiens ont duré trois heures. Lola a pris le temps de raconter sa « vie ».

être estime-t-elle ne pas avoir assez de place dans la fratrie ? N'osant pas critiquer de front cette décision, elle passe d'un jugement positif à un avis négatif : « Ce qu'est bien c'est qu'au moins, enfin, on a tout, près de nous parce que c'est une petite pièce, tout est à portée de mains. Mais le problème c'est que quand on a beaucoup de choses, et moi je pense que j'ai quand même beaucoup de choses alors c'est un peu petit des fois, on a du mal à ranger des fois. » Quand elle émet le point positif, elle utilise le « nous » et le « on », quand elle critique, elle commence par « moi, je pense que ». Elle aimerait pouvoir pousser un peu les murs parfois, mais juste un peu. Quand on lui demande à un autre moment de l'entretien à Lola ce qu'elle voudrait changer dans sa vie, elle évoque sa chambre. Elle l'évoque timidement et sans se prendre vraiment au sérieux : « Ma chambre (*rire*), enfin... je sais pas. Non je crois que c'est, je suis bien là, y a pas grand-chose à changer. » L'enquêteur la relance pour comprendre ce qu'elle voudrait changer dans sa chambre : « Non mais ça me fait rigoler... Oh comme ça, parce que des fois je m'imagine avec une belle chambre, hyper bien et tout. »

Lola ferme sa porte quand ses parents sont revenus — sinon ce n'est pas la peine puisque, sa sœur s'étant enfermée dans sa chambre, elle « a la maison [pour elle], voilà » — surtout quand ils ont de la visite : « Quand y a du monde, je ferme ma porte, parce que comme ça au moins vu que toutes les autres pièces de la maison sont prises, moi je reste dans ma chambre. Enfin, je vais pas déranger les autres, enfin pas les déranger mais je vais pas les voir parce que je vois pas ce que je pourrais faire parce que c'est des grands et on n'a pas les mêmes sujets de conversation donc. Moi je reste ici. » Elle indique une distance vis-à-vis de ces « grandes » personnes qui la fascinent et l'irritent tout en même temps. Son usage des termes « petit » et « grand » montre bien l'ambiguïté attachée à ces deux mots : chacun pouvant être perçu positivement et négativement.

En vacances d'elle-même

Le statut de « fille de » lui pèse, même si Lola ne l'exprime qu'avec retenue, notamment à propos des vacances. Elle critique ce temps passé avec ses parents dans leur maison de campagne : « Faut tout le temps bouger, "faut en profiter" ils disent mes parents, mais on s'ennuie. » Lola souligne, c'est un comble, qu'elle préfère d'une certaine manière les périodes scolaires : « Non je crois que j'ai plus de liberté pendant l'année scolaire… Alors que pendant les vacances je suis avec mes parents et ils essaient de profiter de moi parce qu'ils ne me voient pas beaucoup pendant l'année scolaire. On est obligé d'aller faire ci, d'aller faire ça. » Lola ne peut pas voir ses amies, si importantes pour elle. Elle ne maîtrise plus grand-chose, n'étant que « petite ». Pour cette adonaissante, être « fille de » et être « petite » sont des équivalents. Elle souhaite prendre de la distance vis-à-vis de cette dimension identitaire pour avoir accès à une autre taille et le droit d'avoir son propre monde. À la question portant sur l'éventuelle discussion de la définition du programme des activités pendant les vacances familiales, Lola répond nettement : « Non, parce que, non, non (*petit silence*). C'est eux qui choisissent, ils ont envie en même temps parce que, eux, ils travaillent tous les jours et ils rentrent tard, ils commencent tôt et ils rentrent tard. Donc eux, ils veulent en profiter au maximum, des visites. » Elle n'ose pas critiquer — « Pour eux c'est normal » — même si c'est pas « les visites qu'elle aimerait faire » : « C'est un peu les vacances de mes parents, alors j'essaie de leur faire profiter un peu aussi, enfin faut aussi qu'ils respirent un peu. »

Elle indique nettement la hiérarchisation au sein des dimensions identitaires qu'elle préfère, ce n'est pas la dimension « fille de » qu'elle veut voir l'emporter sur les autres. Elle accepte gentiment les vacances mais avec un sentiment de dépossession de soi. Sa zone libre est aussi empiétée par le fait que ses parents lui ont imposé, au nom de la nécessité de la culture, de faire de la musique. Ils n'ont pas voulu que leur fille choisisse l'instrument. Lola voulait le piano, les parents le violon. En plus du solfège, elle apprend donc le violon au conservatoire. Au début elle était « un peu d'accord » en se disant que « ce serait marrant ». Mais elle est de moins en moins intéressée par cette activité qu'elle pratique depuis trois ans. Elle a dit à ses parents que si elle devait encore redoubler son année, elle aimerait pouvoir arrêter : « Ils ne m'ont pas donné de réponse. Ils m'ont dit : “On verra”, et souvent “on verra” c'est un peu… bof. » Bref, Lola a des doutes sur le fait de pouvoir imposer l'arrêt, cela ne contribuera pas à lui faire apprécier davantage le fait d'être « fille de ».

Lola fait tout pour avoir silencieusement une zone personnelle. Elle parle peu à ses parents, elle ne leur dit « pas grand-chose ». Elle donne ses résultats scolaires, mais sa vie avec ses amis, « elle la garde pour elle ». Vis-à-vis de ses parents Lola garde donc des réserves d'information : « Moi je pense qu'il faut garder des choses pour soi comme ça, faut pas dire tout. Comme ça, on est, enfin on a quelque chose. On est quelque chose au moins si on garde des choses en nous, enfin on a notre personnalité à nous. Donc, faut pas tout dire. Il faut en dire des fois mais pas tout, faut garder pour soi aussi des fois. » Cette adonaissante mélange l'être et l'avoir dans son discours, l'un semblant être la garantie de l'autre. Du fait à la fois de son désaccord sur sa définition et de l'aveu d'une certaine impuissance à imposer son point de vue, Lola se protège : « C'est ce qui fait notre personnalité, on est, on est, avec nos choses qu'on a gardé, avec nos secrets et on peut en parler à nos amis les plus proches. On a des secrets entre nous. On a quelque chose. » Son monde privé domestique et son monde privé personnel communiquent peu (Schwartz, 1990). Lola met en valeur peu de choses privées dans sa chambre — « Enfin mon univers c'est mon univers mais enfin mes parents ils savent ce que j'ai. Donc y a pas de choses qu'il faut que je garde secrètes, enfin tout le monde peut savoir ce qui y a. » C'est dans ses relations avec ses amies que cette adonaissante dit trouver sa personnalité : « Mes parents c'est mes parents, c'est pas mes amis. Donc ma sœur aussi c'est ma sœur, ce n'est pas mon amie donc. Avec les amis on parle de choses plus personnelles. » Les autruis significatifs sont bien davantage les pairs, même si la conversation, chère à Peter Berger (2006), ne prend pas nécessairement une forme sérieuse, il s'agit surtout de « choses marrantes qui restent entre nous » et des « petites bêtises ». Lola ne peut pas souhaiter conserver ses parents comme les personnes qui la valident puisqu'ils font, selon elle, une mauvaise estimation de sa taille, notamment en refusant de la prendre comme partenaire de négociation.

Le monde personnel de Lola, ce sont avant tout ses amis. Il a encore plus d'importance que pour d'autres adonaissants du fait du déficit de reconnaissance de ses parents. Lola signale l'importance de cet *exit* chez elle en installant sur sa table de nuit trois photos : Charline, Manuel et Alexis, ses meilleurs amis (qui sont dans sa classe) à côté de la sienne. Elle aime être avec eux, sans apprécier les déplacements dans la ville, ces derniers étant rendus difficiles par la surveillance permanente dont elle est l'objet[1]. Elle est plutôt sédentaire. Elle réclame le droit de sortir davantage, au sens de pouvoir plus facilement aller chez les uns et chez les autres, et non pas au sens de circuler, flâner. On a vu que Lola s'appropriait tout l'appartement en l'absence de ses parents le soir avant leur arrivée, elle a ainsi un « grand » espace. Elle fait aussi venir ses copines sans demander la permission à sa mère : « Je préviens jamais, je préviens jamais. Ah jamais ! Parce que j'ai pas de portable, je peux pas la prévenir et en plus, elle est pas là. Je ne pense pas que ça la dérange parce que le soir je lui dirai les personnes qui sont venues, s'il y a des dégâts. » Sinon elle ne dit rien, conservant pour elle le détournement du logement familial en logement personnel. C'est une de ses manières de vivre à sa taille, sans avoir à négocier.

Lola y parvient grâce à l'aide d'une amie, sa meilleure amie : « Charline. Oui je la vois souvent. C'est un peu ma grande sœur en miniature. Enfin en miniature, comment dire ? Ma grande sœur a 16 ans donc on partage pas les mêmes choses, alors qu'elle, elle a le même âge et elle est grande donc on partage, on peut discuter des mêmes choses, surtout qu'elle est dans ma classe et en plus on rigole bien ensemble, enfin on aime bien

1. Lola doit demander la permission, même pour des sorties de cinq minutes.

toutes les deux rigoler et on aime les mêmes choses donc forcément on est tout le temps ensemble. On discute énormément parce que moi j'aime bien discuter. Alors on discute de plein de choses. »

La fin d'une paire de chaussures

Lola n'a pas choisi le mode de la provocation, même légère, pour exister. Certaines parties de sa vie rassurent ses parents. Ainsi est-elle loyale en étant bonne élève. Son père et sa mère, accordant une grande attention à la réussite scolaire, ont établi un système de gratifications en plus de l'argent de poche. À la fin de chaque trimestre, Lola a 5 euros par matière si sa moyenne est au-dessus de 14, et 10 euros si c'est au-dessus de 16. Ils font pression sans exercer une lourde surveillance directe, ne regardant jamais le cahier de textes. À ce niveau, Lola ne résiste pas même en silence ; être bonne élève n'est pas équivalent à petit pour elle. Elle sait combiner le réalisme social, fortement exigé par ses parents, et l'expression personnelle. Ainsi a-t-elle décidé de devenir « avocate pénale[1] », suite à une visite d'un tribunal avec sa classe. Elle affirme que ce choix lui appartient : « Je leur ai parlé de ce que je voulais faire et pourquoi je voulais le faire. Je pense que cela leur convient pour eux parce que c'est un métier qui (*petit silence*), enfin je ne sais pas comment dire. C'est un bon métier. Mais en même temps si j'avais dit clown ou peintre, ça aurait pas changé grand-chose. » Cette adonaissante sent bien qu'elle a librement choisi dans une palette restreinte. Lola peut revendiquer sa liberté surtout lorsqu'elle n'entre pas en contradiction avec les exigences culturelles : « C'est vraiment moi qui choisis ce que je veux écouter ou ce que je veux lire », affirme-t-elle. Ses parents tolèrent quelques temps libres comme la soirée du samedi pendant laquelle Lola regarde, avec sa sœur, *La Trilogie du samedi* : « On est fans toutes les deux et on regarde que ça. » C'est leur rituel.

1. Avoir un projet professionnel est assez rare à l'adonaissance.

Lola trouve une image pour désigner l'opposition entre la dépendance et l'indépendance : « Alors… être indépendant ?… Faut déjà chercher le contraire, c'est être dépendant de quelqu'un donc, faire ce que quelqu'un demande. Enfin en gros quand on est dépendant de quelqu'un, on ne peut pas faire quelque chose sans que l'autre soit là. C'est comme une paire de chaussures quoi en fait. » Lola pense qu'elle ne forme plus vraiment une telle paire avec ses parents. Elle connaît la liberté dont elle dispose et la nature de cette liberté : « Ils me laissent, je pense, faire ce que je veux, des choses raisonnables. Je pense qu'ils savent que ce que je leur demande des fois c'est raisonnable. D'aller dormir chez une copine, des choses comme ça. » Dès qu'elle prend un exemple, Lola cite quelque chose en relation avec ses amis. Elle ne se sent pas limitée à sa définition de « fille de » : « Non parce que je pense que je le suis déjà, enfin mes parents me laissent pas emprisonnée. » Ce terme trahit la force de la revendication derrière la gentillesse du ton. Au moment de l'adonaissance, la famille peut être vécue comme une prison lorsque, dans les milieux dits supérieurs, les parents oublient trop le modèle du clivage et voudraient que leur enfant pense surtout à la reproduction scolaire, sociale. Lola cumule la loyauté — qui n'est pas seulement une apparence, acceptant d'être bonne élève par exemple — et l'évasion. Elle s'évade de sa prison à certains moments, quand les surveillants sont absents, et retourne sagement dormir dans sa cellule, si petite, le soir. En creux, on comprend que la négociation est un processus qui aide l'adonaissant à vivre de manière moins éclatée le clivage identitaire. En engageant la négociation, les parents ne suppriment pas les deux zones, mais reconnaissent que l'adonaissant n'existe en tant qu'individu que par la réunion de ces deux territoires.

Troisième partie

Apprendre à être propriétaire de soi en milieu populaire

7

Une identité cumulative

Le processus d'individualisation, propre aux milieux populaires ne se confond pas avec celui mis en œuvre dans les milieux dits supérieurs. Ce qui a été observé dans la première partie n'est qu'une interprétation parmi d'autres de l'injonction sociale de devenir soi-même. Du fait de la hiérarchie sociale, de la proximité plus grande entre les milieux supérieurs et les propositions médiatiques de la bonne forme éducative, cette interprétation peut être prise comme la référence, voire même comme la seule forme possible. Pour rompre avec ce que l'on peut considérer comme l'idéologie dominante, il convient de comprendre le noyau dur de l'individualisation.

En Europe, l'élection aussi bien amoureuse que politique a traduit la force du modèle de l'individualisation. L'individu peut vivre avec quelqu'un sans que sa famille d'origine choisisse à sa place. Il peut tenir compte des avis que lui donnent éventuellement ses parents, il peut suivre la pente de sa culture héritée qui le conduit à élire plutôt une personne qui soit proche culturellement. L'affirmation d'une « identité personnelle » n'abolit pas les « identités statutaires », les appartenances ; elle ouvre seulement un droit à l'expression personnelle. Elle autorise la possibilité de la rupture, de la confirmation partielle ou quasi totale des héritages au nom de l'existence d'un moi antérieur. C'est ce dernier qui légitime le pouvoir qu'il veut prendre sur lui-même. Si l'individu était défini exclusivement par sa socialisation primaire, par l'intériorisation du social, au nom de quoi pourrait-il désobéir, éventuellement, aux injonctions contenues dans ses héritages[1] ? Tout processus d'individualisation repose sur deux éléments : la croyance en une identité qui ne se confonde

1. La lutte devient paradoxale quand l'individu lutte contre ce qu'il a reçu de sa famille au nom d'une identité « naturelle » (« c'est dans mes gênes »).

pas avec la manière dont son entourage la définit ; et la légitimité de cette identité personnelle qui donne le choix entre le « oui » et le « non », et donc le pouvoir de dire « je ». La résistance au mariage arrangé, forcé (Kelek, 2005) prend racine sur ces deux principes : « Je peux (au sens de pouvoir) choisir, et je choisis en fonction de ce que je veux. »

Dans les familles de cadres, l'adonaissance est construite, on s'en souvient, selon le modèle suivant : le fils ou la fille doit le rester pour une part de son existence, notamment dans le domaine de ses études, et il peut dans d'autres territoires, comme celui des loisirs, faire preuve d'existence personnelle. L'adonaissant a donc une identité clivée. Ce modèle ne règle pas tous les problèmes, en particulier celui de la place des activités communes en famille. Le jeune est « fils de » ou « fille de », dès qu'il y a des enjeux de la transmission — sociale, culturelle, morale. Il l'est aussi pendant les temps passés avec ses parents. La dimension de filiation en cas de surveillance des devoirs ne recoupe pas celle en jeu pendant les pratiques communes. La seconde relève plus du registre de « membre de la famille », ce qui implique moins la verticalité. Pour résumer, l'identité de l'adonaissant dans les familles de cadres a trois dimensions : celle de la filiation, celle de l'appartenance familiale et son identité personnelle (qui se décline à son tour, par exemple avec la dimension amicale…).

Être toujours sous appartenance familiale

À la lecture des monographies des familles populaires, on s'aperçoit que le modèle diffère fortement. La pédagogie explicite des parents qui imposerait ce clivage existe en effet très peu. Le processus semble être nettement plus continu que discontinu. La séparation en deux (ou trois) zones n'est pas mise en œuvre. Première grande différence : les « fils » et les « filles » restent beaucoup plus « membres de la famille » que ceux et celles des milieux supérieurs. La prise de distance avec cette identité statutaire n'est pas le critère servant à savoir si l'adonaissant devient lui-même. Prenons un exemple pour comprendre une des différences entre les deux modèles. Dans les familles de cadres, les parents peuvent exiger que leur enfant prenne en charge son monde, en rangeant sa chambre, voire en la nettoyant. En revanche, cet adonaissant interviendra peu dans le reste de la maison. Dans les familles populaires, cette distinction existe peu. Il est tout autant légitime à une mère de demander un coup de main pour passer le balai dans le couloir, pour aller faire quelques courses que de réclamer le rangement de la chambre. L'appartenance à ce « nous » familial ne se discute pas tant que l'adonaissant vit sous le même toit que ses parents.

Seconde grande différence : les adonaissants ont un âge qui a ses propres exigences. C'est un âge où les garçons et les filles apprécient tel ou tel chanteur, tel ou tel type de musique. Que cela plaise ou non, c'est « normal » en référence à une définition des caractéristiques propres à la classe des adolescents. Cette identité statutaire — « c'est de son âge » — ne prend pas sens pour les parents dans une conception explicite de l'individualisation. Alors que dans les familles de cadres, le fait d'apprécier la musique jeune est supporté par les parents parce qu'ils l'interprètent comme un signe de l'expression personnelle, le même investissement change de sens dans les familles populaires : c'est avant tout une expression propre aux adonaissants. La culture jeune peut être identique sans que sa signification soit univoque. Cette variation n'est pas neutre. Les parents de milieux supérieurs tolèrent cet engagement dans la culture jeune comme un mal nécessaire, dangereux par les risques de contamination sur la culture légitime, sur les choses sérieuses. Les parents de milieux populaires s'inquiètent moins ; ils sont même plus encourageants, on le verra, car il leur semble normal que leurs fils et leurs filles possèdent les attributs de leur classe d'âge. L'appartenance à la culture jeune ne sert pas d'appui pour s'éloigner de la dimension de filiation ; elle est plus compatible avec l'appartenance familiale. Le modèle en jeu n'est pas celui du clivage, mais celui de la conciliation.

C'est ainsi que l'on peut comprendre une des différences observées entre les deux milieux : la possession d'une télévision dans sa chambre est nettement plus fréquente pour les adonaissants de familles populaires que pour ceux de familles cadres. L'individualisation de cet équipement est moins bien perçue dans le cas des milieux supérieurs, ce qui peut sembler une contradiction avec les attendus de leur éducation. Mais la télévision est perçue comme menaçant l'équilibre du clivage entre les temps sérieux et les temps libres par sa trop forte attraction. Elle doit donc rester sous contrôle. Dans les familles populaires, les parents ne voient pas la télévision comme un danger de cet ordre. Il y a des programmes qui intéressent tout le monde et des émissions ciblées pour tel ou tel public. Les programmes pour les jeunes font partie de leur culture. La démultiplication des postes de télévision peut engendrer non pas tant une individualisation stricte que des regroupements sur une base statutaire, les jeunes *versus* les parents ; le masculin *versus* le féminin. C'est ainsi qu'une adonaissante reçoit sa mère dans sa chambre pour regarder des séries sentimentales alors que les « hommes » — son père et son frère — regardent le sport sur le poste familial.

L'individualisation propre aux familles populaires emprunte plusieurs traits au processus observé surtout dans les sociétés holistes. En effet même dans celles-ci, l'identité de l'individu ne se résume pas à celle de « membre » du groupe familial, le régime de la communauté n'étant en rien celui de la confusion des rôles et des identités. Outre son appartenance principale au groupe familial, l'individu a des caractéristiques propres qui le distinguent des autres membres, notamment son genre, sa position dans la fratrie et aussi des traits personnels (tel ou tel type de compétence, telle ou telle caractéristique physique). Le processus à l'œuvre pour produire cette spécificité peut être nommé individuation. Dans les sociétés individualistes, l'individu doit en plus avoir une identité personnelle qui n'est pas définie de l'extérieur par les autres membres du groupe, mais qui reflète, idéalement, sa « vraie » nature. Si les traits statutaires ne sont pas effacés, ils ne définissent pas d'abord la personne. L'individu doit s'individualiser en réalisant le sens « profond » de sa personnalité.

Or pour un certain nombre de jeunes de familles populaires, l'individualisation emprunte bon nombre de traits à l'individuation. Leur identité n'a pas pour principe structurant la prise de distance par rapport à la famille. Elle doit suivre son développement normal. Ainsi l'impératif est « grandir » plus que « devenir soi-même ». L'identité personnelle est conçue comme une combinaison d'appartenances (la famille, le genre, la classe d'âge...) non exclusives, voire même non hiérarchisables.

Si l'adonaissance diffère dans les deux milieux selon qu'elle est plus individualiste ou plus individuationniste[1], elle n'est pas qu'un mot recouvrant des réalités totalement opposées. En effet, même dans les familles de cadres, les adonaissants cherchent avant tout à se démarquer de leur appartenance familiale, de la culture des parents, en prenant appui sur une identité « personnelle » dont le contenu emprunte à la culture jeune et amicale. Ils insistent sur cette double appartenance pour se désaffilier en partie de leur identité statutaire de « fils de » ou de « fille de ». Les deux adonaissances sont caractérisées par les mêmes relations, les mêmes pratiques, le même environnement culturel. Elles se distinguent surtout l'une de l'autre premièrement par la manière dont la dimension de filiation est associée aux autres dimensions identitaires, et donc par l'adoption ou non d'une identité clivée, et deuxièmement par le degré de croyance en une identité intime.

Être libre en tant que « cousin »

La différence entre les genres est très forte. Dans certaines familles populaires[2], originaires de pays étrangers et pratiquant la religion musulmane, les filles ont nettement plus la charge de la maison. En conséquence, le modèle d'une identité cumulative change de sens qu'il s'agit de garçons ou de filles : le fait d'avoir en permanence la dimension familiale dans leur identité est moins contraignant pour les premiers que pour les secondes. C'est pour cette raison que nous présentons une

1. En m'autorisant ce néologisme, formé sur le terme individuation.
2. Si dans le plan de l'enquête, cet élément n'était pas intégré, le terrain s'est chargé de modifier la structure du corpus. Plus de la moitié des jeunes de milieux populaires ont des parents d'origine immigrée.

monographie de garçon comme exemple de l'idéal type de ce type d'identité. Âgé de 13 ans, Walid parvient à être moins « fils de » en prenant une identité approuvée par ses parents, celle de « cousin » ou de « frère ». L'émancipation incontestable vis-à-vis des parents est limitée par cette translation, un peu à la façon dont dans certaines familles bourgeoises, l'été, dans les maisons de campagne, les cousins forment un groupe, échappant au regard des parents. Walid est dans ce cas, son monde conserve toujours une coloration familiale, avec malgré tout un changement important, le passage de la relation verticale à la relation horizontale des pairs. Il lui faut respecter cet impératif familial pour avoir le droit de se déplacer. Les parents de Walid tolèrent sa circulation tant que celle-ci respecte les règles d'un jeu qui doit avoir lieu entre les membres du même groupe familial (et de même origine). Les contraintes ne sont pas visibles comme celles qui dérivent de l'interdiction d'un horaire ou d'un déplacement.

Précisons d'abord les contours de sa famille, nombreuse. Ils sont sept enfants : trois filles : 20 ans, 16 ans, 9 ans et quatre fils : 21 ans, 19 ans, 14 ans, 13 ans. L'aîné ne vit plus à la maison. L'un des frères de Walid passe le baccalauréat et l'autre poursuit des études informatiques ; une de ses sœurs est étudiante en pharmacie. Si son frère de 14 ans, Saïd, est au *Gymnasium*, c'est-à-dire en haut de la hiérarchie scolaire, Walid a été obligé de le quitter du fait de son niveau insuffisant et d'entrer dans une école de niveau inférieur. Les huit membres de la famille vivent dans un appartement de quatre pièces dans un des arrondissements de Berlin comprenant le plus d'habitants d'origine étrangère. La mère est femme au foyer, le père est au chômage, après avoir été mécanicien et vendeur dans un supermarché.

Ce garçon est né en Allemagne. Il se définit comme étant d'origine palestinienne. Ses parents sont en Allemagne depuis vingt ou trente ans, il ne sait pas. Il n'a jamais été en Palestine mais s'est déjà rendu au Liban. Son origine a du sens pour lui. Lorsque l'enquêtrice lui demande ce qu'il souhaiterait si une fée lui proposait d'exaucer un de ses vœux, il répond sans hésitation : « Que nous retournions dans notre pays la Palestine, pas que ce soit les juifs qui la prennent. » Il vit dans une double culture et, en tout cas, dans une famille à double langage. Il parle arabe avec sa mère et son père. Ses parents comprennent l'allemand sans bien le parler, surtout sa mère. Ils regardent plutôt la télévision arabe tandis que Walid et ses frères préfèrent la télévision allemande. Cet adonaissant comprend l'arabe, sans en maîtriser l'écriture. Il suit des cours dans une école arabe, mais ne veut plus y aller, « c'est trop ennuyeux ». Il a prévenu ses parents. Le plus grand frère qui a achevé le cursus de l'école arabe et qui habite encore chez eux leur lit de temps à autre des passages du Coran comme pour signifier que le fait de vouloir quitter cette école ne doit pas être interprété comme un éloignement, voire une rupture, avec leur religion. Si ses sœurs ne fréquentent pas non plus l'école arabe, les deux aînées portent le foulard.

Le monde dans lequel vit Walid est familial, au sens de « famille élargie ». Son réseau de sociabilité comprend presque exclusivement, outre son frère, Saïd, des cousins de son âge (il en a sept ou huit). Comme les membres de sa famille habitent deux arrondissements de la capitale, l'espace dans lequel circule Walid est assez large, sans compter les autres arrondissements qu'il fréquente aussi. Depuis déjà quelques années, il prend les transports en commun sans ses parents. Il ne sort jamais accompagné de ses sœurs. Dans la famille, il y a les femmes d'un côté, les hommes de l'autre. Ses sœurs ne prennent jamais les transports en commun ; c'est la grande sœur de 20 ans (qui a le permis ainsi que ses frères de 21 ans et 19 ans) qui emmène les autres sœurs et la mère pour aller faire du shopping ou aller rendre visite à de la famille. Ses parents lui font confiance puisqu'il est un garçon. Lorsque le temps le permet, Walid se rend à la piscine, toujours avec les mêmes pairs. Il prend deux lignes de métro pour y accéder. Il arrive en tout début d'après-midi et reste jusqu'à la fermeture. La bande de garçons joue au football, nage, joue aux cartes. Ses sœurs, voilées, n'ont pas le droit d'aller à la piscine, en dehors de certains horaires, réservés aux femmes. Berlin n'a pas de limites pour lui, il se rend « partout où il se passe quelque chose ». Pendant les vacances, toute la famille — ses frères et sœurs, les cousins, cousines, etc., mais pas les parents — se rend souvent dans un grand parc situé dans l'arrondissement où ils habitaient auparavant. Ils peuvent être une trentaine. Ils pique-niquent et s'amusent. Encore un autre exemple, dans quelques semaines, lorsqu'il sera en vacances, Walid partira pendant deux semaines avec ses frères (sans ses parents) à la mer du Nord où ils ont des cousins. Ils loueront sur place une caravane.

Les relations privilégiées de cet adonaissant sont ses cousins qu'il considère comme des copains. Kalim est le cousin avec lequel il a le plus d'affinités, c'est à lui qu'il se confie en dehors de son frère Saïd à qui il dit « presque tout ». Même s'il déclare ne pas aimer être avec des filles — il trouve ça « ennuyeux », en tout cas d'être avec ses sœurs et ses cousines — il rencontre des adonaissantes lors de ses escapades dans les grands centres commerciaux : « On va les voir, et puis on leur parle ». Ils se donnent des rendez-vous amicaux (à la piscine, au cinéma, etc.). Ils sympathisent, mais pour l'instant Walid n'a pas d'amoureuse. Ces jeunes filles ne sont pas invitées par exemple aux promenades dominicales. Lorsque l'enquêtrice lui demande s'il propose à ses copines de les rejoindre là-bas, il répond : « Non, nous voulons rester entre nous. » La communauté familiale tolère certaines escapades masculines sans pour autant s'ouvrir.

Une liberté conventionnelle

Presque toute la journée, Walid doit conserver sa dimension familiale, étant en présence d'un cousin ou d'un frère. La règle du jeu est simple pour lui comme pour bon nombre de garçons : la liberté ne peut être exercée qu'à la condition que ne soit pas oublié le fait d'être un garçon de la famille. Walid peut aller assez souvent au cinéma. Ses parents donnent la permission d'autant plus aisément que souvent c'est son grand frère, qui a le permis, qui l'emmène avec Saïd et des cousins. Il a déjà été en discothèque pour les jeunes, ouverte le samedi et le dimanche, de 14 heures ou 16 heures à 22 heures. Il s'y rend une fois par mois. Sa mère est au courant. Walid n'est pourtant pas un grand danseur, il « regarde surtout ». Là encore, il est avec ses cousins. Comme il connaît les gens (de sa famille) qui tiennent cette discothèque, il rend quelques services (rangement par exemple) et en contrepartie il ne paie pas l'entrée et bénéficie de boissons gratuites. Il ne boit jamais d'alcool. L'accès à cet espace — sans doute le plus représentatif de l'indépendance de la jeunesse — lui est accessible, mais en tant que membre de la communauté familiale. C'est en ce sens que l'individuation dans un contexte à forte composante « communautaire » n'est pas comparable à l'individualisation au sein de laquelle le déplacement autorise des transformations de l'identité, des changements dans la hiérarchie identitaire. Walid est un frère et un cousin « libre » plus qu'un individu individualisé.

Walid ne peut pas déposer dans une chambre individuelle son identité familiale. Il a une chambre d'une quinzaine de mètres carrés, qu'il partage avec ses frères de 14 ans et 19 ans. En réalité, le plus grand frère dort le plus souvent dans le salon, la chambre ne comprenant que deux lits. Il ne vient dans cette pièce que pour chercher des vêtements dans son armoire et se changer. Walid et ses frères ne rangent ni ne nettoient jamais leur chambre : « C'est mes sœurs qui le font. » Les deux plus grandes s'occupent du ménage et du rangement de la chambre de leurs frères et la mère fait les lits. Il n'y a pas de bureau dans la chambre des garçons. Walid fait ses devoirs par terre dans sa chambre ou sur le bureau de la chambre de ses sœurs. Globalement, il est peu dans sa chambre. Il passe la plus grande partie de son temps dehors, et lorsqu'il est à la maison, il fréquente la chambre des parents où se trouvent une télévision et la console de jeux Nintendo. Là il joue avec son frère, et parfois avec sa petite sœur. Ses parents ont placé la console à cet endroit pour éviter que leurs fils y jouent trop longtemps. Walid regarde la télévision environ trois heures par jour. Les enfants louent des vidéos deux à trois fois par semaine avec une carte spéciale que les parents paient, et ils les visionnent le soir. Les parents se couchent très tard. Ils vivent plutôt au salon pour regarder la télévision câblée et arabe alors que les jeunes la regardent dans la chambre des parents où la télé, non câblée, ne reçoit que des chaînes allemandes et est connectée au magnétoscope. Même ses vêtements, Walid les achète avec son identité de « frère ». Ses parents ne l'accompagnent pas. Il est avec son frère de 14 ans.

Walid fait plus ou moins ce qu'il veut à deux conditions. Sa liberté est celle d'un garçon, « membre de la famille ». Il se déplace sans ses parents, mais non sans ses frères ou ses cousins. Son individualisation s'opère vis-à-vis de son père et de sa mère. Il n'a pas, pour le moment, accès au monde des copains, des amis. Son autonomie est ensuite un peu limitée par le niveau de ses résultats scolaires, regardés de près par ses parents. Ses frères et sœurs plus âgés sont mieux engagés puisque deux sont étudiants, l'un va passer son bac et son autre frère est au *Gymnasium*. Walid ne se fait réprimander par ses parents qu'en cas de mauvaise note (ou de dispute fraternelle). Récemment il a eu un très bon résultat scolaire — après un essai malheureux au lycée, il est dans une *Haupt-realschule* (niveau le plus faible) en 7. *Klasse* — et s'est retrouvé le meilleur élève des quatre 7. *Klasse* de son établissement. À la lecture du dernier bulletin, excellent, il a reçu cinquante euros de ses parents très fiers de lui. Comme pour l'instant, il ne sait pas quoi acheter, il a demandé à ses parents de mettre l'argent de côté. Ce bon résultat ne signale pas un fort investissement scolaire. Walid est sérieux ; il fait son travail sans plus. Quand il a besoin d'aide, il demande de l'aide à sa grande sœur de 20 ans, qui lui fait réciter ses leçons. Ses parents ne contrôlent pas les devoirs mais lui demandent tous les jours s'il les a faits. Sa grande sœur lui dit qu'il devrait lire, il lui répond : « Cela sert à quoi ? ». Elle lui amène des livres de la bibliothèque sans grand effet. Il ne lit que des bandes dessinées (comme *Dragonball*), ou des ouvrages pour l'école qu'il trouve « ennuyeux ».

Sans être dans une relation pédagogique comparable à celle d'un garçon de famille cadre, Walid arrive à opérer dans sa vie un clivage assez équivalent à ceux observés plus haut. Il apprécie sa vie avec des jeunes de son âge — en l'occurrence des cousins — et il valorise peu l'école et ce qui prépare son avenir. Il profite par exemple de sa liberté de garçon pour ressortir après le dîner jouer dehors ou aller chez des cousins. Il doit seulement prévenir s'il rentre après 22 h 30. Cet adonaissant ne juge pas ses parents trop sévères, il semble même regretter un peu le contraire : « Je sais pas, avec tout le temps libre et tout, je devrais rester un peu plus souvent à la maison, être avec ma famille et parler». Il se reproche d'être toujours dehors, mais comme ses parents le laissent libre, il sort. Il a le sentiment que ses parents le considèrent comme un grand, voire comme un adulte, étant donné les autorisations de sortie jusqu'à 22 heures, parfois 23 heures dont il bénéficie. Il trouve que dans un sens, cela n'est pas tellement bien, sans expliciter la raison d'une telle pensée. Peut-être pense-t-il qu'il n'en a pas encore les capacités? Peut-être estime-t-il que si ses parents avaient été un peu moins tolérants sur les sorties, il aurait pu continuer une filière scolaire supérieure à celle qu'il a été obligé de prendre? Peut-être voudrait-il que ses parents lui rappellent davantage les exigences d'un avenir dont lui-même ne se soucie pas? L'idéal d'une identité reposant sur le principe du cumul n'est donc pas atteint, la liberté de circulation et de pratiques, possible au moins pour les garçons, rendant peu attractifs les investissements scolaires.

Une pédagogie de la conciliation

Dans les milieux populaires, l'importance de la famille se manifeste de plusieurs manières. Avec Walid, l'appartenance à la famille se traduit par l'accompagnement permanent de frères ou de cousins. L'adonaissant vit ainsi toujours entouré d'une partie de son groupe d'appartenance, de telle sorte qu'il ne peut pas avoir un monde personnel. Il est presque dans une institution totale, ayant toujours cette identité dominante de membre de la famille. Dans d'autres cas, le jeune n'a pas pour objectif de se libérer à tout prix de ses parents. Il peut apprécier d'être avec eux, tout en ayant aussi des pratiques séparées. Alors que le modèle du clivage rend difficile l'articulation entre les deux parties identitaires, le modèle du cumul peut réussir, semble-t-il, à une double condition : à la différence des milieux cadres, l'appartenance à la famille doit être moins cantonnée à la zone scolaire, affectant d'autres activités; à la différence de certaines fractions de milieux populaires, cette appartenance ne doit pas pour autant envahir la totalité de l'existence.

Une fan qui n'est pas que fan

Ces deux conditions sont réunies pour Cindy, âgée de 12 ans. Cette adonaissante est une des fans, nombreuses en Allemagne, de No Angels. L'an passé, elle est allé écouter ces quatre chanteuses en concert. Elle se souvient exactement de la date, le 25 novembre. Elle était avec sa copine[1] et ses parents. Ces derniers les avaient emmenées suffisamment tôt sur les lieux pour que les adonaissantes puissent être tout devant, et eux étaient restés à l'arrière de la salle, devant un grand écran qui retransmettait le spectacle. C'est un signe public qui indique que l'adonaissante cumule au même moment le fait d'être « fille de » et celui d'appartenir au groupe de la culture jeune. Cindy revendique cette dernière appartenance par l'affichage, dans sa chambre personnelle de quelques posters de No Angels et par l'écoute quasi exclusive des trois CD du groupe. L'année précédente, elle avait absolument voulu avoir les cheveux en rouge comme l'une des chanteuses du groupe. Sa mère l'y avait autorisé, et l'avait aidée à se teindre (au moment de l'entretien, la jeune fille avait une légère teinte orangée, après avoir eu à un autre moment, les cheveux bleu foncé).

Les deux parents de Cindy sont ouvriers spécialisés. La mère emballe des médicaments à mi-temps l'après-midi ; le père travaille aux deux huit, une semaine de 6 heures à 14 heures, une autre de 13 heures à 22 heures. Ils habitent à Fribourg dans un appartement de quatre pièces, au huitième étage d'un immeuble qui en compte douze, avec leurs deux enfants, Cindy, et un fils de 14 ans. Satisfaite de sa vie de famille, cette jeune fille n'a aucune difficulté à dessiner son projet personnel. Elle sait déjà qu'elle veut deux enfants, un garçon et une fille, et si possible dans cet ordre : « C'est comme ça dans notre famille, mon frère est plus âgé et moi plus jeune », et c'est bien comme ça. Son vœu est que sa famille et elle soient immortelles : elle se souvient de son chagrin à la mort de son grand-père. Sa grand-mère (maternelle), qui habite dans le même immeuble au deuxième étage, leur rend visite tous les jours.

1. Et non son petit copain qui apprécie davantage Eminem.

Cindy a une certaine ambition, scolaire et sociale, même si elle fréquente une école, une *Hauptschule*, qui occupe la place la moins valorisée dans la hiérarchie allemande de la scolarisation. Elle est en 6. *Klasse*, son frère est en 9. *Klasse* dans le même collège. L'adonaissante se débrouille assez bien à l'école mais, car il y a un « mais » : « L'année dernière j'étais meilleure. Cette année je dois vraiment faire des efforts et plus travailler pour aller plus haut. » Son niveau ne lui a pas permis pour le moment de changer de cursus ni de type d'école. Elle a encore une chance à la condition d'améliorer ses résultats. Cindy se met donc la pression pour réussir. Elle considère cet objectif comme personnel. Elle est influencée par la réussite de sa meilleure amie, Nadine, qui a été orientée dans le cursus le plus élevé, le *Gymnasium*, alors qu'elle se trouve elle-même à la place la plus basse : « Je veux aller à la *Realschule* [école de niveau intermédiaire] parce que je veux un bon travail. Je sais pas encore quoi mais je veux un bon travail où je gagnerai beaucoup d'argent. » Elle veut s'acheter une maison, avoir de l'argent pour bien élever ses enfants, ajoutant : « Si j'ai de l'argent, si mon frère a besoin d'argent plus tard, je pourrai lui en prêter. » Son frère voulait lui aussi changer pour être dans une *Realschule*, mais n'ayant pas suffisamment travaillé, il est resté au niveau inférieur.

Le clivage observé dans les familles de cadres disparaît. Pour Cindy, ses études lui appartiennent. Mais comme elle se sent aussi « fille de », elle replace ses investissements scolaires le long d'une trajectoire sociale et familiale. Elle va jusqu'à s'imaginer aider son frère. Ses études relèvent de sa décision, tout en s'inscrivant dans une identité familiale.

Cindy met environ une heure, une heure et demie pour faire ses devoirs. Elle s'y met sans regarder la télévision avant. Quand elle ne comprend pas son devoir, elle demande à sa mère si celle-ci est à la maison. Sinon elle met son devoir de côté et lui demande le soir. Lorsque sa mère ne comprend pas l'exercice, « elle m'écrit un mot d'excuse en disant qu'elle-même n'a pas compris l'exercice ». Ses parents ne contrôlent pas ses devoirs, « ils me demandent juste : "Est-ce que tu as fait tes devoirs ?" » Cindy avoue que « c'est déjà arrivé que je dise oui et que le soir dans mon lit je les terminais car je les avais pas faits». Le professeur de mathématiques a vivement conseillé aux parents de vérifier les devoirs des enfants car à plusieurs reprises aucun élève de la classe ne les avait faits «parce qu'on n'avait pas envie, on n'aime pas trop les maths». Du coup, Cindy montre désormais ses devoirs de mathématiques à sa mère.

Une bonne note ne donne pas lieu à récompense. Si c'est une mauvaise, sa mère lui dit qu'elle doit travailler davantage et obtenir une meilleure note dans la matière concernée la prochaine fois, sinon elle sera privée d'activités extrascolaires (breakdance, gymnastique, hip-hop) afin d'étendre le temps scolaire. Jusqu'à présent, cela n'est arrivé qu'une seule fois. Cindy avait eu une très mauvaise note, ayant préféré sortir jouer plutôt que travailler, et sa mère l'avait privée de sortie. Ses parents ont une conception assez stricte de l'éducation. Ils la punissent lorsqu'elle désobéit ce qui arrive de temps à autre, notamment avec les horaires. Par exemple, une fois, l'adonaissante est rentrée après 18h30; sa mère n'avait pas pu la joindre sur son portable. Il est déjà arrivé qu'elle se fasse taper par son père et qu'elle soit assignée à sa chambre sans prendre de repas du soir, si elle s'est montrée effrontée. Elle ne pleure pas, regagne sa chambre, et déclare à l'enquêtrice réfléchir aux raisons de la réprimande pour éviter de refaire la même bêtise.

Cindy a de nombreuses occupations «extrascolaires». Le lundi et le vendredi, l'adolescente prend un cours de gymnastique près de chez elle, de 17 heures à 19h30. C'est sa cinquième année. Elle a commencé, car son amie Nadine l'a incitée à l'accompagner. Elle prend également un cours de breakdance (proposé par le collège) le mardi, de 14h45 à 16h15. Après ce cours, l'adonaissante se rend dans un club, situé à un quart d'heure de trottinette ou de vélo, pour un cours de hip-hop, où elle retrouve également Nadine. Le jeudi tous les quinze jours, Cindy a une réunion des «enfants de chœur» de la paroisse catholique.

Cindy est aussi membre d'une association qui s'occupe de la préparation des défilés de carnaval. Sa mère en fait également partie, mais dans un autre groupe. Cette activité prend un sens particulier dans la famille, c'est là que ses parents se sont rencontrés. Son frère et sa grand-mère appartiennent aussi à l'association. Tous ont un costume, et aussi un masque, qui diffèrent selon le groupe d'appartenance. Surtout à l'approche des défilés qui se déroulent dans plusieurs villes, l'investissement temporel est lourd. Pendant plus de deux mois, les samedis et les dimanches sont occupés par les défilés. C'est une activité familiale — aucune de ses camarades de classe ou copine de l'école n'y est — que Cindy apprécie vivement, elle consacre dix minutes de l'entretien à la commenter.

La dimension « familiale » de l'identité de Cindy est très importante. C'est ainsi qu'elle reprend le flambeau générationnel pour le carnaval et ses préparatifs. Elle ne se plaint pas non plus de la caravane familiale située dans un camping, près d'un lac, à une demi-heure en voiture de chez eux. Ils s'y rendent quelquefois en fin de semaine et surtout pour les vacances d'été. Et par chance, les parents d'une autre de ses grandes copines, Romina, ont également une caravane dans ce camping.

L'absence de clivage identitaire est également perceptible à travers les histoires d'amour. Cindy a un petit copain. La famille est au courant : « Je l'avais dit à mon frère et il l'a ensuite dit très fort, et donc ma mère l'a entendu et ensuite elle m'a demandé. J'ai dit que c'était vrai que j'avais un petit copain. » Ils se fréquentent depuis un an et ils se sont déjà embrassés. Hans est déjà venu chez elle, sa mère l'a rencontré et le trouve « très mignon ». Cindy est heureuse de cette approbation. Au collège, tout le monde sait qu'ils sont ensemble. Très amoureuse de Hans, l'adonaissante regrette qu'il ne lui consacre pas plus de temps, préférant en passer beaucoup avec ses copains. Ce jeune homme habite à une bonne vingtaine de minutes en bus de Cindy, ce qui ne favorise pas leurs rencontres. En dehors de la classe, ils se voient au cours de breakdance. Lorsqu'ils vont au cinéma c'est avec d'autres copains et copines, notamment avec les deux autres couples de la classe. Le week-end, Cindy ne voit jamais son amoureux, restant en famille.

L'adonaissante a de nombreuses peluches sur son lit et sur une étagère. Sa préférée est celle que son copain lui a offerte il y a un an environ : un petit ours en peluche. Elle y tient beaucoup, l'emmenant avec elle en camping : « Il est toujours avec moi quand je dors. » Le « doudou » qui la reliait à ses parents est remplacé par un objet comparable qui devient transitionnel entre la famille et son amoureux. Peut-être faut-il rattacher cela à la crainte de toute séparation que Cindy manifeste ? Lorsqu'elle est seule, la porte n'est jamais complètement fermée. C'est sa mère qui lui demande de la fermer car, fatiguée en rentrant du travail, elle veut être un peu tranquille. La jeune fille justifie ainsi son souhait de laisser la porte ouverte : « Parce que j'ai peur, les autres racontent toujours des histoires qui font peur et donc j'ai peur que quelqu'un vienne. » Là encore le fait d'être « fille de », avec sa porte ouverte, ne la gêne pas. Cela lui semble compatible avec sa propre vie, qu'elle constitue de couches identitaires non contradictoires. Cindy a ainsi affiché depuis un an des posters de No Angels et d'autres stars, sans pour autant enlever des images plus anciennes d'animaux. L'ours de son amoureux rejoint les peluches familiales. Son imaginaire n'est pas celui de la rupture ou de la crise.

La logique de la conciliation n'exclut pas des seuils, des étapes. Il semble que dans la famille de Cindy, avoir 13 ans soit significatif. C'est ainsi qu'à la question portant sur ce qu'elle voudrait changer de sa chambre (toute petite), Cindy dit souhaiter la suppression du placard : « Il prend beaucoup trop de place. J'ai encore une petite armoire qui est vide et je pourrai mettre les affaires dedans. » Elle en a déjà parlé à ses parents qui lui ont dit que lorsqu'elle aura 13 ans, tous les vieux meubles seront remplacés par des nouveaux. Son frère de 14 ans a déjà eu des nouveaux meubles. Ce sera bientôt son tour. Elle ne sait pas encore quel type de meubles elle choisira avec ses parents sauf un grand lit. Son frère en a un. Un « grand » lit comme symbole d'être « grande ». Comme nous sommes en Allemagne, avec les lits jumeaux pour les parents, ce type de lit n'a pas de connotation conjugale, il est vécu comme plus confortable. C'est le statut de « grande » qu'estime devoir atteindre cette adonaissante. Sous-jacente, la pédagogie parentale repose plus sur une conception des besoins définis par des âges que sur celle de besoins individualisés.

Les étapes franchies par Cindy pour la reconnaissance de son indépendance démontrent cette progression dans l'âge. Ainsi elle a les clefs de chez elle depuis qu'elle a 9 ans. L'après-midi, elle peut sortir après son travail scolaire pour jouer avec des copines dans le quartier (elle en « a plein ») ; elle doit rentrer à 18 heures pour le retour de sa mère et le début de sa série. Elle a le droit d'aller dans le centre ville, accompagnée d'une copine, à une vingtaine de minutes en bus. Ce n'est que depuis cette année qu'elle se rend au centre sans ses parents. Par ailleurs, elle a un compte en banque sur lequel sa mère lui vire son argent de poche. La manière dont Cindy participe à ses dépenses n'est pas équivalente à celle de certaines adonaissantes dans les familles cadres. Ici, la mère estime normal qu'une dépense qui concerne sa fille soit aussi payée, pour une part, par cette dernière. Ainsi lorsque Cindy évoque ses vacances en colonies de vacances, elle précise : « Si j'y vais, j'en payerais une partie. » Une scène d'achat de chaussures révèle comment cette adonaissante est reconnue dans les goûts de son âge tout en restant membre de sa famille. Elle a acheté une paire de chaussures à hauts talons qu'elle aime beaucoup et que sa mère lui emprunte parfois. Toute la famille était avec elle au moment de la décision. Son père n'était pas trop favorable, trouvant le talon beaucoup trop haut. Il lui a dit qu'elle n'arriverait pas à marcher avec de telles chaussures. Cindy lui a répondu « Ce sera mon problème. » Du coup, comme sa mère ne s'y est pas opposée, elle a eu les chaussures qu'elle souhaitait. La jeune fille justifie l'achat par le fait qu'elle n'avait que des baskets, ce qui ne va pas avec des pantalons pattes d'éléphant, qu'elle aime porter. Le fait de rester membre de la famille n'exclut pas l'appartenance à la génération. Les parents acceptent cette demande, même si le père la trouve étrange, il ne maîtrise pas le code des jeunes ni, qui plus est, celui des jeunes filles et il accepte ce décalage.

Ce respect est aussi perceptible avec la cachette de Cindy dans sa chambre. Ses parents savent qu'elle en a une : « J'ai juste une petite boîte dans laquelle je mets des affaires et personne n'a le droit de l'ouvrir, et ça tout le monde le sait que ce sont mes affaires personnelles. Oui, tout le monde sait que c'est secret, et mon frère a déjà regardé une fois [à son retour Cindy avait constaté que sa boîte, mal refermée était en désordre] et je lui ai fait des ennuis. Je suis allée dans sa chambre et j'ai regardé aussi dans ses affaires personnelles. Il n'était pas content non plus, alors je lui ai dit : "Maintenant tu sais comment ça fait quand on regarde dans des affaires personnelles." Et maintenant il ne le fait plus. » Cindy sait se défendre, sa mère l'approuve, estimant que chacun a sa propre chambre et donc n'a rien à faire dans une autre en l'absence du propriétaire. Cette adonaissante écrit une sorte de journal intime — activité validée par la mère qui lui a offert le premier cahier à cadenas, lui donnant comme consigne : « C'est pour écrire des choses qu'on ne dit à personne. Mais que c'est pas fait pour écrire n'importe quoi, pas des blagues ou des choses comme ça. » Elle n'écrit pas tout, par exemple les secrets confiés par ses copines. Sur son petit copain, elle a pris une option : sur lui, « je n'écris que des choses bien, par exemple des fois quand il a eu une très bonne ou une bonne note je l'écris. Mais quand il a des mauvaises notes, je l'écris pas du tout dans mon cahier ». On s'attend à l'expression d'un sentiment amoureux et l'on retrouve les soucis scolaires ! La zone de libre expression est validée par sa mère, elle fait partie du paysage familial au même titre que les zones communes (comme le carnaval). Ce type de communauté ne fonctionne pas selon un mode holiste et hiérarchique. Cindy ne participe pas aux activités familiales sur injonction du père ou de la mère. Elle a une place reconnue, avec ses devoirs et ses droits, notamment celui d'avoir des marqueurs de son âge. Elle les prend : avec son goût pour la couleur dans les cheveux, pour des chanteuses de son âge, pour la Gameboy[1], pour des pantalons en patte d'éléphant, pour le hip-hop, etc. Aussi importants soient-ils, ces indicateurs d'appartenance ne dominent pas son identité ; ils côtoient pacifiquement les attributs d'une fille sage, déléguée de classe, qui cherche à s'appliquer le plus possible, qui se propose pour rendre service à sa mère, etc. Au final, qu'est-ce qui différencie Cindy d'une adonais-

1. Qui concurrence la lecture le soir.

sante d'une famille de cadres ? Ce n'est pas le recours à la culture jeune. C'est la dimension familiale qui, au lieu de se jouer *d'abord* sur le terrain scolaire, irradie beaucoup plus la totalité des activités. Une telle pédagogie populaire ne repose pas sur la séparation d'un terrain, nécessaire pour que l'expression personnelle puisse naître. Elle estime qu'à chaque âge correspondent des besoins spécifiques qui doivent être satisfaits pour que la personne se sente bien. L'adonaissance a ses exigences, qui doivent être reconnues. Dans ce raisonnement, l'identité statutaire « membre de la famille » s'accorde avec l'identité statutaire « adolescent(e) », laissant peu de place à une identité « intime ». L'identité personnelle ne disparaît pas, elle prend la forme d'une pondération entre les différentes dimensions statutaires à la disposition du jeune. La « profondeur » de soi est remplacée par le pouvoir sur soi, par cette compétence reconnue d'arbitrer entre les facettes identitaires.

Un autre cas de cumul

Dans des conditions familiales différentes, Nadine, une copine de Cindy, vit, elle aussi, davantage dans la continuité que dans la discontinuité identitaire. En réponse aux questions sur l'avenir, elle avoue qu'elle n'a aucune idée sur son métier, sur son éventuel mariage. En revanche, elle sait où elle veut habiter : « Alors je veux vraiment rester ici. Comme ça s'il m'arrive quoi que ce soit, je pourrai revenir ici [chez mes parents]. Ici dans le coin, ça me plaît bien. » Nadine habite depuis sa naissance dans un petit appartement de Fribourg. Même adulte, elle ne se voit pas découvrir d'autres horizons sauf pendant les vacances, précise-t-elle. Elle veut rester « fille de » puisque cette appartenance est compatible avec de nouvelles appartenances.

Pour le moment, à 12 ans, elle vit avec sa mère, femme de ménage à temps partiel, son père ouvrier qui fait les trois huit, son frère (16 ans) et sa sœur (7 ans), avec qui elle partage une chambre. La cohabitation est pacifique. Sa sœur ne la gêne pas pendant que Nadine fait ses devoirs, elle sait s'occuper silencieusement lorsqu'elle reste dans la chambre. Lorsque la sœur aînée écoute de la musique, si sa sœur souhaite écouter des cassettes avec des histoires, elle met des écouteurs, laissant Nadine utiliser la mini-chaîne hi-fi qui leur est commune — elles en ont chacune payé la moitié. Il y a aussi un ordinateur que les deux sœurs se partagent. Elles parviennent à s'arranger assez bien entre elles. Un autre ordinateur se situe dans le salon, avec une connexion Internet. Selon Nadine, ses parents l'ont mis là pour surveiller les connexions de leurs enfants. Elle regarde son père ou sa mère dans leurs recherches sans avoir le droit de s'en servir seule. C'est un équipement réservé aux très grands.

Ses parents exigent qu'on leur obéisse. Il est déjà arrivé que Nadine soit punie ; elle doit alors rester dans sa chambre mais ajoute-t-elle, « c'est pas vraiment une punition, parce que j'aime bien être dans ma chambre ». Il est plutôt rare qu'elle soit privée de sortie, mais c'est déjà arrivé notamment lorsqu'elle a essayé de fumer avec une copine dans les bois et que son frère les a surprises ; ses parents l'ont privée de sortie pendant une semaine et ont ajouté à cette punition une interdiction de jouer à l'ordinateur et de regarder la télévision. Son frère a commencé à fumer peu après, et Nadine ne l'a pas dénoncé. Il en a eu officiellement le droit à partir de 15 ans dans le salon (pas dans la chambre). Les âges servent à définir les pratiques autorisées ou non. La famille fait aussi attention aux films. Le samedi soir, le film est choisi « grand public » pour que la petite sœur ne soit pas exclue. S'aligner sur la plus jeune est le prix pour que le groupe puisse être ensemble (ce qui est rare dans la semaine). Mais les horaires de coucher sont décalés, jusqu'à 22 heures[1]. Les activités ou les propriétés peuvent être partagées. Outre les équipements communs avec la sœur, Nadine emprunte le maquillage à sa mère, et elle regarde chaque jour la série *GZSZ*, qui dure une demi-heure avec sa sœur et sa mère.

Le cercle de famille est élargi aux grands-parents. Nadine s'entend bien avec ses deux grands-mères, surtout avec la grand-mère maternelle qui habite dans les environs de

1. En semaine, l'horaire officiel est 21 h 30, mais Nadine se couche vers 20 h 45 [sa sœur se couche à 20 h 15], car elle aime bien être en forme le lendemain au réveil.

Fribourg et qui leur rend visite tous les mercredis. C'est le moment où les trois générations de femmes vont en centre ville. La grand-mère achète généralement les habits dont Nadine a besoin ou qu'elle souhaite : « Quand je suis en ville avec ma grand-mère et ma mère, ma grand-mère trouve toujours quelque chose à m'acheter. Elle m'achète beaucoup de fringues. Pour Noël, pour Pâques, toujours des fringues. » En tram, elle se rend aussi en ville avec une copine pour le shopping, le cinéma, le MacDo. Dans le centre, elle a ses magasins fétiches (Kaufhof, Allerlei, Forever 18, et quelques autres). Sans être dépendante des marques, l'adonaissante en apprécie quelques-unes, elle rêve d'une paire de Buffalo, mais ne voulant pas abuser de sa famille, elle réalise des économies pour se les payer. Son argent de poche vient surtout de sa grand-mère qui lui donne chaque semaine 10 euros (les parents, 5 par mois). Nadine met tout sur son compte, et retire de l'argent avec une carte. Elle l'a depuis qu'elle a 12 ans. C'est aussi à ce moment-là qu'elle a ouvert un compte. Elle en voulait absolument un : « Ça faisait un moment que je demandais à mes parents d'ouvrir un compte. Mes parents avaient de toute façon l'intention de m'en ouvrir un pour mes 12 ans. Et maintenant j'en ai un. » Chaque âge est ponctué par l'accès à des biens, à des droits. La principale dépense mensuelle est consacrée à son téléphone portable. Elle a eu son premier portable à 10 ans, c'était un cadeau de son père. Les portables s'échangent. Elle a ensuite hérité d'un appareil de son frère, puis d'un de son père. Sa petite sœur n'en a pas encore, mais elle en souhaite un. Ses parents ne veulent pas lui en acheter un, car elle ne prend pas encore suffisamment soin de ses affaires, mais elle en aura un plus tard. Parfois Nadine lui prête le sien pour qu'elle s'amuse avec les jeux proposés dessus.

Contrairement à Cindy, on le sait, après avoir suivi le primaire dans le quartier, Nadine a été orientée vers le *Gymnasium*, étant bonne élève. Elle souhaitait faire ce cursus : « Mes parents, ça leur était égal où j'allais. C'est moi qui voulais y arriver. Et si j'y était pas arrivée, ça n'aurait pas été grave. » Dans une telle éducation, comme l'identité de chacun est globalement familiale, il y a moins de territoires explicitement marqués par cette exigence. En conséquence, comparativement aux familles de cadres, les études relèvent plus de la responsabilité du jeune lui-même. Ses parents ne lui mettent pas la pression pour les notes, elle n'a jamais été punie en raison d'une mauvaise note. Mais ils ne se désintéressent pas de sa scolarité. Ils lui demandent presque tous les jours si elle a fait ses devoirs : « Ils peuvent me faire confiance, je les fais toujours sauf quand je ne comprends pas [pour les mathématiques] mais dans ce cas c'est moi qui leur demande de m'expliquer ». En revanche, ils contrôlent sa sœur à qui c'est arrivé de ne pas les faire. Nadine insiste sur la confiance qu'elle mérite à la différence de sa « petite » sœur ; elle souligne que son statut change en grandissant.

Pour Nadine, réussir est important. Ses études (elle est en 6. *Klasse*) l'ont amenée à se fâcher avec sa meilleure copine, Sarah, plus âgée (14 ans) qui est dans un cursus scolaire plus faible. Or depuis qu'elle est au *Gymnasium*, Nadine met plus de temps à faire ses devoirs et à apprendre ses leçons. Sarah lui reproche de ne pas lui consacrer assez de temps. Nadine a mal pris cette réprimande, devant mettre les bouchées doubles pour rattraper quelques mauvaises notes. Sa mère n'a rien dit mais elle l'avait avertie auparavant : « Ne traîne pas trop avec elle, ce n'est pas bien pour toi. » Le *Gymnasium* a aussi conduit Nadine à relâcher ses liens avec Cindy. Elles ne se voient plus qu'à la gymnastique et aux réunions d'enfants de chœur. Le changement de trajectoire scolaire a des effets sur les relations amicales.

Nadine consacre une part importante de son énergie à deux activités sportives. Elle fait de la gymnastique depuis qu'elle a 4 ans. Elle participe à des compétitions, une vingtaine de diplômes attestent de son très bon niveau. Sa petite sœur suit la même voie ; elle a déjà trois diplômes. L'entraînement a lieu deux fois par semaine, les lundis et vendredis. Cette adolescente fait aussi de la danse, et surtout du hip-hop[1]. Il lui arrive parfois de répéter dans sa chambre ; sa sœur, qui aimerait bien s'inscrire plus tard, est sa première spectatrice.

---

1. Elle aime aussi beaucoup les No Angels, sans être fan. Elle n'achète aucun journal spécialisé.

Les cours se déroulent dans une école de danse spécialisée et réputée. Ces activités sont importantes pour Nadine. Elle a décroché les posters de chanteurs et de chanteuses pour ne laisser que les brevets sportifs, et deux posters d'animaux. Dès qu'elle en a l'occasion, Nadine va aussi à la piscine, fait du roller ou du vélo. Elle retrouve des copines, tout en soulignant : « J'ai pas encore le droit d'y aller avec ma sœur, parce que ma mère trouve ça trop risqué pour le moment. Mais lorsque mes parents viennent, ma sœur a le droit de venir aussi. » La présence de sa petite sœur ne lui est pas désagréable, c'est un des indices par lesquels on voit que son appartenance familiale ne lui pèse pas. L'an dernier pour son anniversaire, elle et Cindy se sont jointes à une petite boum de quartier organisée dans une structure associative. Ces sorties ont lieu le samedi de 17 heures à 20 heures et assez régulièrement. L'entrée est payante, 2 euros, et l'activité principale est la danse, mais des jeux sont également organisés. Nadine raconte qu'elle ne fête plus son anniversaire parce qu'elle a passé l'âge mais qu'en revanche sa sœur le fête parce qu'elle est plus jeune. Les risques d'être considérée comme « petit(e) » sont moins grands, du fait d'une gestion des âges officiels qui attribue par construction la « bonne hauteur » à chacun, et qui augmente les chances d'une coexistence pacifique à l'intérieur de la fratrie.

Être « enfant » et « grand »

Cette manière de définir les âges permet aussi d'éviter une confusion entre être « petit » et rester « membre de la famille ». Un des problèmes de la pédagogie observée dans les familles cadres est de conduire certains jeunes à penser que le fait d'être proche de ses parents manifeste une taille trop petite. Au contraire, s'éloigner d'eux marque l'accès à la jeunesse. On se rappelle l'adonaissante qui ne veut pas être vue accompagnée par sa mère au collège. Dans l'autre pédagogie, plus « continuiste », être avec ses parents (avec ses frères et sœurs) est une chose normale qui ne signifie pas qu'on est petit, trop petit. Dans la langue française, le mot « enfant » a deux sens : être « fils de » ou « fille de », ou être plus petit que « jeune ». Dans les familles de cadres, les jeunes refusent d'être « enfant » en confondant les deux significations. Dans les familles populaires, bon nombre d'adonaissants acceptent d'être « enfant », rassurés d'avoir la taille correspondante à leur âge, leurs parents se servant d'une référence explicite aux étapes de la jeunesse. Quand l'observateur — originaire du premier milieu — rend compte de la vie des jeunes du second milieu, il peut se tromper de code : en nommant le « petit », ce qui peut être interprété comme marqueur d'enfant, de fille de ou de fils de.

Grandir

Pour grandir, l'adonaissant a besoin de repères, fournis par les parents, par les institutions, par les copains. Tim, 11 ans, sait en faire usage pour avoir la taille qui lui convient. Une de ses premières revendications est d'avoir une chambre à soi. Cohabiter avec sa sœur (de 7 ans) le gênait pour être bien dans son monde ; ne pas cohabiter était un défi dans le trois-pièces, situé dans un quartier populaire de Berlin, dans lequel il vit avec sa mère, séparée[1], et sa sœur. Malgré tout il a tout fait pour avoir une chambre à lui, et il l'a obtenu depuis un an, sa mère dormant désormais dans le salon. Il aime avoir la paix, sa paix : « Ma sœur dormait ici avant, ça me dérangeait, et donc on a mis son lit dans l'autre chambre. » Celle-ci était auparavant une pièce de jeu, mais sa sœur passait trop de temps, au goût de Tim, dans leur chambre à coucher commune, et cela l'ennuyait. Il a demandé l'an dernier pour son anniversaire que le lit de sa sœur « sorte » de sa chambre. Ce fut son cadeau d'anniversaire de la part de sa mère : un beau geste pour bien marquer qu'à son âge, il pouvait avoir un espace personnel.

1. Sa mère est à la recherche d'un emploi ou d'une formation. Avant le divorce, elle était femme au foyer. Son père est électricien. Malgré le divorce, les parents ne veulent pas que leur séparation fasse souffrir leurs enfants. Lorsque sa mère accompagne les deux enfants chez leur père à chaque fin de semaine, elle reste parfois pour discuter. Le père habite tout près dans un deux-pièces.

C'était important pour lui car Tim a de nombreuses activités dans sa chambre. En dessous de son lit surélevé, se trouve un coin Lego ; au moment de l'entretien, un sous-marin était en construction depuis cinq jours. Sur les murs, des dessins faits par lui lorsqu'il était petit, des posters, notamment de *DragonBall*, même s'il ne les aime plus trop maintenant. Tim a deux calendriers identiques de *Harry Potter*, l'un offert par son père, l'autre par sa mère, il n'a pas choisi. Il a lu et bien aimé tous les *Harry Potter*. Il les a vus également au cinéma et son père vient de les acheter en DVD. Sur sa fenêtre, Tim a mis des autocollants des *Simpsons*. Il a encore quelques peluches mais il ne joue plus avec, ni ne les prend pour se blottir contre elles : « J'ai arrêté à 10 ans, je trouvais ça trop gamin. »

Sur son bureau est posé le magazine *Roboter* (qui propose dans chaque numéro une nouvelle pièce pour construire un robot en quelques mois) qu'il s'achète régulièrement, et qui coûte exactement 7,60 euros. Comme Tim ne reçoit que 5 euros tous les quinze jours, il retire de l'argent de son livret d'épargne pour compléter la somme. Avec les pièces contenues dans la revue, il monte un robot avec son père[1] « qui pourra faire plein de choses ». Il a un petit établi sur lequel il bricole. C'est là qu'il peint ses petites figurines de *Star Wars*. Il aime également bien lire — surtout des bandes dessinées — allongé sur son tapis. La porte de sa chambre est parfois ouverte, parfois fermée, mais ni sa sœur ni sa mère ne le dérangent toutes les cinq minutes car il a réussi à imposer cette règle.

Tim n'est pas un adonaissant solitaire. Il se rend chez ses copains, notamment chez son ami Lenni (13 ans, 7. *Klasse*). Quand il fait beau, il passe beaucoup de temps à l'extérieur de chez lui, dans les jardins voisins où ils font des batailles d'eau en été. Il n'a pas besoin de se déplacer très loin : son école, ses copains, son père, les magasins, les parcs où il joue sont situés à quelques minutes à pied de chez lui. Il prend de temps à autre le métro, notamment lorsqu'il va au cinéma, avec Lenni, au Cimemax situé Postdamer Platz. Sinon il

1. Tim fait avec son père du Lego ou des robots. Sinon il parle peu avec lui : « J'ai pas tellement de choses que je pourrais lui raconter. »

se déplace à vélo ou à trottinette. Il joue dans un club de basket-ball. Il avait des copains qui y jouaient, mais ils ont arrêté entre temps, et lui n'y va plus qu'irrégulièrement. Il joue aussi au foot mais pas dans un club, sulement quand il en a envie. Il fréquente régulièrement la *Schülerladen* après l'école. La traduction littérale de *Schülerladen* est « la boutique des écoliers ». Dans cet espace, les élèves peuvent faire leurs devoirs et se faire aider, et après les avoir faits, ils jouent.

Tim se sent respecté dans ce qu'il aime. Même si sa mère lui impose des limites importantes, comme pour la télévision (il doit demander à chaque fois la permission pour regarder), il estime qu'elle n'est pas trop sévère. Il n'y a pas vraiment de choses qu'il souhaiterait faire et qu'il n'a pas le droit de faire. Sa mère ne contrôle pas ses devoirs, elle lui demande seulement s'ils sont faits. Lorsqu'il ne comprend pas ce qu'il a à faire, il lui demande. Il investit sans plus dans les devoirs, qu'il parvient à faire en moins d'une demi-heure. C'est tout et cela suffit apparemment pour des résultats convenables. Sa mère ne met pas trop de pression sur l'école. Cependant quand il a une mauvaise note, elle lui demande de travailler davantage. Habituellement il n'a ni punition, ni récompense pour les notes. Sauf pour le dernier bulletin qui était excellent, il avait fait de grands progrès, alors « elle m'a invité au restaurant chez Hertie ». Sa sœur n'était pas avec eux, ils étaient tous les deux.

Sa mère connaît ses goûts vestimentaires et ne les contrecarre pas. Il ne porte quasiment que des chaussures de sport, sauf en été où il met des sandales. Il apprécie les marques sans être excessif selon lui, contrairement à sa sœur qui est folle des griffes : « Si c'est possible, [elle porte] toutes les marques en même temps. Un pull Adidas, un pantalon Nike et des chaussures Adidas. » Tim aime bien porter une casquette. Son monde personnel est en relation avec l'univers de la culture jeune. Dans sa chambre, il écoute la radio, surtout du rap, sur Kiss FM (98.8) avec des plages consacrées aux appels de jeunes racontant leurs déboires, ou à des jeux. Tim n'est jamais parvenu à jouer car la ligne était toujours occupée.

On sent que Tim est préoccupé par un seuil qu'il veut franchir pour atteindre une nouvelle étape de son développement. Cela se joue sur le rapport à la boutique des écoliers. Désormais il y passe de temps à autre après l'école (qui finit en début d'après-midi) alors qu'il y allait auparavant régulièrement. Il précise que c'est lui qui décide : « Quand j'ai pas envie d'y aller, j'y vais pas. » Cela fait cinq ans qu'il fréquente ce *Schülerladen*. C'est sa dernière année car il dépassera l'âge limite. Sa sœur se rend dans cette association tous les jours. Tim va aussi parfois au K3 — partie intégrante de ce *Schülerladen* — maison de jeunes ouverte aux plus de 10 ans. Dans cet espace, les jeunes ont accès à un ordinateur, jouent au football, etc. Tim préfère ce second lieu qui correspond mieux aux exigences de son âge. Cet été, il partira encore en colonies avec le *Schülerladen*. Il n'a plus très envie de partir avec cette association, il le fait depuis des années : « Ça commence à devenir ennuyeux. » Heureusement son ami Bert sera lui aussi de la partie. C'est leur dernier séjour avec le *Schülerladen*. Ils sont trop grands, ils cesseront de le fréquenter à la rentrée prochaine. Plus âgé, son ami Lenni ne va plus au *Schülerladen* depuis déjà deux ans. Bien que Tim n'ait pas très envie d'y retourner, il se sent presque obligé d'y aller pour trois raisons : c'est aussi une fête de fin d'année ; sa mère a déjà payé le séjour ; et c'est « la dernière semaine de ma vie que je passe au *Schülerladen* ». Tim le vit presque comme un rituel de passage. Il se sent ainsi plus grand. C'est cela qui lui importe : ne pas être trop grand, mais pas pour autant trop petit, comme sa sœur, qui lui sert de repère « négatif ».

Tim s'entend très bien avec ses parents. Il les appelle par leurs prénoms respectifs : Helena pour sa mère et Frank pour son père : « Je crois que ça vient parce qu'avant je jouais toujours dehors dans la cour, et il y avait toujours un enfant qui appelait "Maman", toutes les mamans vont voir, alors je me suis dit que c'était mieux de l'appeler par son prénom, comme ça elle sait qui est appelé. » Comme il vit pour une large part dans le monde du « jeu », il ne formule pas des demandes qui surprennent ses parents, des besoins qui seraient décalés par rapport à son âge. Il a un royaume dont les dimensions restreintes lui conviennent. Il peint des figurines de *Star Wars*, il monte un sous-marin, il joue sur le terrain à côté de son immeuble. Il vit en partie dans l'imaginaire du jeu qui constitue aussi un des supports de la construction d'un monde et qui n'entre pas en conflit avec les exigences parentales. Cet adonaissant ne demande guère plus pour le moment. Il sait que grandir peut être associé à des devoirs. Il s'est rendu compte que plus il grandit, plus sa mère lui demande de participer aux tâches domestiques : ranger sa chambre ou la vaisselle, parfois faire les courses. Or il n'a envie ni d'être responsable, ni de se projeter dans l'avenir. Il ne rêve pas de brûler les étapes, mais ce qu'il ne veut pas, c'est être en retard. Rester dans la course lui suffit puisqu'il peut, sans problème, être aussi bien en famille qu'à l'extérieur.

Le risque de confusion entre « enfant » et « enfant »

Cette pédagogie repose sur une distinction entre les deux définitions du terme « enfant » pour que l'adonaissant apprécie d'être membre de la famille sans vivre cela comme une réduction de taille. Or certains parents populaires pratiquent une certaine confusion entre les deux niveaux. Ils masquent leur volonté de maintenir leur enfant à une taille modeste sous le prétexte des bonnes relations familiales. Le jeune peut se laisser prendre à une telle proposition. C'est le cas de Pierre, 12 ans et élève de cinquième ; son père et sa mère ont une définition « basse » des âges. Cette proximité affective est inscrite dans l'espace (et en dépend peut-être). En effet, fils unique, il dort dans la même chambre que ses parents. L'appartement parisien est un deux pièces d'environ 40 mètres carrés, avec une cuisine, un salon et, en enfilade, une chambre (séparée du salon par une légère porte à double battant). Son père[1], chef cuisinier dans un restaurant, et sa mère, née

1. Cet homme a été marié une première fois. Pierre a un demi-frère qui vit en banlieue avec sa mère. Avec son père, il se rend chaque dimanche là-bas pour le voir et ils déjeunent ensemble au MacDo.

en Guadeloupe, employée chez une fleuriste, travaillent dans le commerce, avec de lourds horaires. L'un et l'autre compensent leurs absences par une protection affectueuse et par un attachement aux temps de réunion familiale. Pour ces raisons, cet adonaissant vit assez bien sa situation.

Proche de son père

Pierre a notamment un rapport privilégié avec son père. Dans la chambre commune est disposée sa collection d'avions miniatures sur des étagères murales : « Je les adore surtout ceux de la première et de la seconde guerre mondiale. » Une bonne quinzaine sont alignés les uns derrières les autres. Cette série s'étend du côté réservé à Pierre jusque sur le mur de ses parents, comme un trait d'union, spatial et symbolique, le père s'investissant aussi dans cette activité. Lorsque l'adonaissant évoque l'achat des avions, il utilise toujours le « on ». À l'enquêteur il explique que c'est avec son père qu'il fait cette collection : « En fait dès qu'on les voit papa et moi on va les acheter. Parce que papa aussi il est passionné par les avions. »

Avec son père, Pierre est en train de monter un robot, progressivement, avec des pièces qui sont proposées dans un bimensuel. C'est un peu compliqué pour lui, il préfère le faire à deux. Il essaie de sensibiliser son père à d'autres occupations qu'il affectionne : « Mon père maintenant j'essaie de l'intégrer un peu aux jeux vidéos ou à l'ordinateur, mais maman c'est pas facile ». Pour convaincre son père, il prend appui sur leur passion commune et propose des jeux vidéo avec des avions : « Papa encore il a du mal. Il y arrive quand même dans les vieux jeux d'avions. Mais dans les nouveaux, soit il va trop haut, soit il va trop bas. » Pierre apprécie d'autant plus qu'il peut prouver une compétence plutôt supérieure. Être plus petit sans que cela lui interdise d'être plus grand est un moment idéal. Il aime vraiment partager des activités avec son père. Cela s'entend avec les commentaires sur son goût cinématographique. Pierre « adore les films marrants », comme *Les Tontons flingueurs* ou *Le Dictateur*. Mais pourquoi par exemple ce vieux film ? « C'est mon père qui l'avait enregistré quand il est passé en noir et blanc. » Le père n'est ni dans un rapport autoritaire, ni dans une relation distante. Il ne s'interdit pas de donner à son fils des indications sur ce qui peut être intéressant à la télévision : « Si des fois on est pas d'accord [sur le choix du programme], par exemple mes parents ils veulent regarder ça et moi je veux regarder autre chose et je vais là-bas [dans la chambre où il y a un second poste]. Mais si des fois je veux regarder ça et papa il me dit : “Non, c'est pas très bien, c'est pas marrant, etc., tu vas pas aimer”, je dis : “Bon d'accord on va regarder ça.” » Pierre s'en accommode, ne considérant pas les conseils paternels comme une contrainte. L'enquêteur lui demande alors s'il « adore » *Les Tontons flingueurs* parce que son père a affirmé que c'était bien ou est-ce qu'il aurait aimé de lui-même aussi ? : « Un peu des deux », avoue-t-il. Généralement Pierre écoute l'avis de son père : « Je préfère, moi je fais confiance à mon père, j'aime bien aussi ce qu'aime mon père, on est un peu pareils. » L'argument n'est pas celui de l'autorité, mais de la proximité des goûts, ce qui rend plus aisé le maintien en bonne place de la dimension de filiation. C'est aussi pour cela que cet adonaissant commence à s'intéresser à la cuisine, qui est le métier paternel. À ce niveau, la logique de la continuité fonctionne bien.

Les deux programmes de Pierre

Dans cette famille, l'idéal est celui d'une communauté non holiste, plutôt affective et autorisant chacun à avoir sa vie par ailleurs. Pierre apprécie tout autant les temps communs et les moments où, seul, il fait ce qui l'intéresse à titre personnel. Il ne hiérarchise pas entre les deux identités : lorsqu'il est à dominante fils et lorsqu'il ne l'est plus. C'est une des expressions de l'idéal de la cumulativité. Cette distinction sans préférence, on la comprend avec la télévision : « Y a des émissions que j'aime bien et puis y a des émissions qu'on regarde en famille ». Il évoque les séances en famille, le soir. Tous les trois sont devant *Les Guignols, Un gars une fille,* le *Big Dill,* des émissions comme ça, ou des jeux ». Ensuite ils dînent devant la télé, chacun à leur place. Si son père intervient sur le choix des émissions, comme on vient de le voir, c'est plus pour favoriser la réunion que pour réprimer des besoins peu conformes. En effet, son fils a le droit d'avoir son monde à lui, ses goûts personnels, y compris pour la télévision, à certains moments, et il est encouragé à redevenir « membre » de la famille à d'autres. Quand il est seul, Pierre sait jongler entre les chaînes pour composer son programme : « Dès que je rentre il est 3 heures et demie, je goûte et à 4 heures y a un film qui vient de se terminer, c'est toujours le même. Après c'est sur la six, y a *Publissimo*, y a *90 à l'heure*, y a *Stargate*. Et là il est déjà 6 heures. » Sa mère rentre alors et lui parle de son travail scolaire.

Ses parents ne refusent pas que leur fils ait ses propres activités même en leur présence. On le découvre dans une scène étonnante. Quand il ne veut pas regarder la même chose que ses parents, « c'est pas trop un problème » dans la mesure où il y a deux postes à la maison. Ses parents sont toujours devant la télé du salon, après avoir dîné devant, parce qu'elle est « plus grosse » que celle de la chambre. Lorsque Pierre affirme ses propres choix, le dispositif du dîner prend une configuration particulière qui ménage l'être ensemble — tout le monde autour de la même table — et la liberté de chacun : « Si des fois y avait *Nestor Burma* sur la 2 et *Pop Star* sur la 6 et que moi je voulais regarder *Pop Star*, au moment de manger je mettais le casque et j'entendais *Pop Star*. Et puis après dès que j'ai fini de manger je débarrassais et j'allais regarder directement *Pop Star* ». Pierre est donc à table avec ses parents tout en ayant dans les oreilles — « parce que c'est un casque sans fil » — le programme de la télévision de la pièce d'à côté, en l'occurrence *Pop Star*. Ses parents ne voient aucun inconvénient à cela, au contraire : « Justement ils me disent : “Prends un casque et regarde, écoute *Pop Star* et après [avoir mangé], regarde-le de l'autre côté.” ».

Ce récit met en scène une façon originale d'être « libres ensemble ». L'autonomie partielle peut exister sans un niveau élevé d'indépendance. Pierre n'a pas de téléviseur personnel, il vit dans un espace restreint mais il peut avoir ses programmes. C'est le cas contraire d'une jeune fille berlinoise, Sylvia, qui a un poste de télévision dans sa chambre, mais qui ne peut pas regarder ce qu'elle veut, étant surveillée par sa mère. Cette adonaissante en vient à regarder l'image sans le son pour tromper sa mère[1].

L'insistance sur la continuité[2] est telle que ses parents ne veulent pas que ces séparations soient interprétées comme de l'indifférence. Ils veulent être tenus au courant des allers et venues de leur fils : « À chaque fois que je rentre, j'appelle pour dire que je suis rentré. Enfin maintenant c'est devenu une habitude. Ils n'ont plus besoin de me le dire. » À l'entendre, cet adonaissant est heureux d'avoir ce contrôle téléphonique. Il arrive aussi qu'il soit seul pour déjeuner. Là encore ses parents se rendent présents en maintenant le contact par téléphone. Pierre n'est jamais tout à fait livré à lui-même : « Ils m'appellent, d'abord maman ensuite papa. Puis après ils me disent : “Qu'est-ce que tu vas manger ?” Je dis : “Je sais pas.” Ils me disent : “T'as qu'à prendre un MacDo ou un grec.” Je dis “d'accord”. Et ils me disent : “T'as des sous sur ton bureau.” » Sinon ses parents auront pris soin de lui préparer quelque chose qu'il pourra faire réchauffer aisément : « Il [mon père] m'a préparé un truc et j'ai plus qu'à le réchauffer et c'est bon. » Les jours où il commence plus tard au collège, il est seul pour le petit-déjeuner, mais ses parents lui ont tout laissé sur la table. Il trouve des petits gâteaux au chocolat, confectionnés par son père, qu'il apprécie beaucoup. La dépendance sait prendre une coloration nettement affective.

Assez souvent seul, Pierre n'est pas tenu de rester dans le petit appartement. Souvent il se déplace en rollers, ce qui lui donne un plus grand rayon d'action — approximativement la valeur de deux ou trois stations de métro autour de chez lui — et une vitesse de déplacement plus rapide. Il roule avec ses copains : « Cette année on a découvert un petit parc, avec un tremplin de skateboard. Donc des fois on va en faire là-bas. On apprend à faire des nouvelles figures. Mais là on a arrêté d'y aller parce qu'on en a marre d'y aller tout le temps. Parce qu'avant dès qu'on sortait de l'école, on mettait nos rollers et

1. *Cf.* chapitre 5.
2. Sa mère prend le mercredi après-midi pour être avec lui.

on allait là-bas. » Maintenant ils préfèrent circuler dans la rue. Pierre bénéficie de cette indépendance spatiale à la condition de toujours prévenir ses parents. C'est systématique, il n'est pas question de sortir autrement : « Je leur demande, je préviens : "Je vais sortir pour aller chez un copain." » Sa mère lui demande « avec qui » il sort, et s'il veut acheter quelque chose, elle se renseigne sur la nature du produit. Si la sortie est plus lointaine, elle doit être anticipée d'une semaine. Une seconde condition s'ajoute à celle du temps. Pierre s'éloigne de chez lui si le trajet a été appris antérieurement avec ses parents. Il ne peut pas aller à la découverte de la ville en bus ou en métro. Les espaces qu'il fréquente avec ses copains sont des espaces qu'il a connus avec ses parents. Son indépendance est conditionnelle.

Même s'il aime bien être membre de sa famille, Pierre tient fortement à ses copains. C'est un axe structurant de sa vie. Il avait arrêté le basket[1] et c'est sous l'influence de ses copains qu'il décide de reprendre cette activité : « J'en ai discuté [avec mes parents], mais enfin j'en ai plus discuté avec mes amis. Ils me disent : "Viens rejouer au basket, t'étais fort avant." Et j'ai dit "d'accord". » Cet attachement aux amis pose un dilemme à Pierre. En effet, même s'il affirme que « ça se passe plutôt bien » dans la chambre partagée, il rêve d'un autre logement : « J'en ai marre, j'ai envie d'avoir ma chambre à moi. » L'idée d'un déménagement est dans l'air. Le père avait lancé l'idée pour l'entrée de Pierre au collège sans qu'elle se réalise. Son fils espère toujours. Aussi séduisant soit-il, ce déménagement risque d'avoir un prix élevé pour Pierre : « Mais en même temps comme j'habite ici depuis très longtemps, j'ai déjà, enfin mes amis je les connais depuis le CP. J'ai envie de déménager pour avoir ma chambre plus grande, plus d'espace mais j'ai pas envie parce que j'ai pas envie de quitter mes amis. » Si la famille part en banlieue, le gain spatial sera payé par la perte de son réseau amical qui

1. Pour avoir la taille de l'adonaissant, Pierre utilise ce qui est en son pouvoir. Il a arrêté toutes les activités organisées, le basket, le judo, le football, les échecs. Ses parents ne sont pour rien ni sur le choix, ni sur l'arrêt de ses activités. L'adonaissant explique que pour eux l'essentiel est que ça l'intéresse.

lui permet de vivre en tant qu'adonaissant : « De toute façon ça, changer d'école si on déménage c'est sûr. Mais changer d'amis, ça non. »

Une certaine duplicité

Cet adonaissant aime tout autant être « fils » et être « copain ». La coexistence de ces deux logiques est visible avec ce qu'il dit sur les vêtements qu'il achète toujours avec sa mère. Dans l'entretien, il commence à donner la première version : « Les marques, moi, c'est pas vraiment mon truc ». Il donne le commentaire pour un adulte. Ensuite il énumère la liste des marques qu'il aime bien, pour finir par avouer qu'il avait un surnom à l'école primaire, renvoyant à son goût pour une marque : « J'aime bien Adidas, j'aime bien Nike aussi, mais ma marque préférée c'est Camps. Je me rappelle en primaire je portais toujours des Camps, des joggings Camps, les chaussures, enfin tout. Et on m'appelait monsieur Camps. » Mais aime-t-il bien les marques finalement ? « Oui » avoue-t-il alors. Quand l'enquêteur lui demande si ses parents ne sont pas agacés de ne le voir porter que des vêtements de la même marque, il répond qu'il a « aussi un T-shirt Nike, un pull Nike, et un T-shirt Adidas ». Pierre est donc loin d'être indifférent aux marques. Il partage ce code, ces références avec ses copains, même si ses parents le freinent un peu. Au cours de l'entretien, il passe donc de son rôle de « fils », joué pour un adulte, à son identité de « jeune », construite sur les références du groupe de pairs. Il tient à ces deux dimensions qu'il n'oppose pas, alors que de nombreux adonaissants commencent par fournir la version des jeunes avant d'avouer respecter aussi la version parentale. Pierre vit une certaine tension puisque ses propos initiaux sont démentis par la vision que ses copains ont de lui. Cependant, si cela est possible, c'est aussi parce que ses parents acceptent de reconnaître en leur fils quelqu'un de sa génération. Ils ne refusent pas la double appartenance à Pierre, comme nous l'avons également observé avec la télévision. Leurs craintes portent sur sa sécurité — d'où les contrôles permanents de ses déplacements.

Pierre adhère aux valeurs de ses parents lorsqu'il est avec eux, par loyauté, tout en affirmant ses principes en tant que jeune. Il veut donner à ses parents l'image d'un enfant « raisonnable », d'un enfant ayant les conduites attendues pour l'âge qu'il a à leurs yeux. Par exemple, il reprend les justifications que ses parents donnent pour qu'il ne regarde pas la télévision ou qu'il ne joue pas aux jeux vidéo trop longtemps : « Ils aiment pas que je joue tout le temps 24 heures sur 24. Ils gardent un œil un peu sur ça. Déjà jouer c'est pas mal, mais faudrait quand même pas, en fait un peu comme le vin, faut pas trop en abuser. » Avec un tel argument, on croit entendre ses parents : « à consommer avec modération ». À d'autres moments, et c'est d'autant plus remarquable que cette alternance est perceptible pendant les entretiens, Pierre regarde sa vie autrement. Il n'aime pas que sa mère contrôle assez fortement ses copains pour éviter qu'il ne fréquente des garçons plus âgés — « J'en connais plusieurs — [qui sont en quatrième ou en troisième] — J'en connais pas beaucoup mais j'en connais, mais je les fais pas rentrer à la maison parce que maman elle veut pas. » La mère ne veut pas que son fils grandisse trop avec des copains plus âgés. Elle agit en fonction d'une conception des étapes dont il faut respecter le rythme.

Pierre est un bon observateur de ce qu'il doit faire pour que les deux dimensions puissent coexister. Il explique que ses amis et lui se tiennent bien devant les parents : « Moi par exemple, quand je vois les parents d'Hakim [son meilleur ami], je reste toujours normal, enfin toujours poli un peu. Et c'est pareil pour mes copains avec mes parents. » Les jeunes ne se comportent pas tout à fait de la même façon entre eux ou devant des adultes : « Nous, on est de l'époque maintenant, et par exemple vous et nos parents ils sont de l'époque un peu avant. » Pierre énonce une théorie de variation de la langue selon les situations[1] : « Donc le langage. Nous, c'est plutôt langage familier ; vous langage courant ou des fois soutenu. » Il différencie « plusieurs catégories » dans le langage propre aux jeunes : « Par exemple Hakim

1. C'est en linguistique la position que défend William Labov (1976).

et moi c'est langage familier mais pas beaucoup. Il y en a par contre c'est tout le temps. Même devant leurs parents». On devine que tout se joue dans ce «même», ses parents ne souhaitant pas qu'il fréquente des jeunes qui ne savent pas séparer les deux mondes[1]. Lui connaît bien l'univers des adultes du fait des liens forts entretenus avec ses parents. Il a également de bonnes relations avec la patronne de sa mère, appelant souvent sa mère au magasin. Pour de bons bulletins scolaires ou pour son anniversaire, cette femme lui donne un peu d'argent : «Comme ça fait depuis la primaire que j'appelle toujours maman, tous les employés, enfin je connais la patronne de maman. Elle m'aime bien et des fois à mon anniversaire elle me donne des sous. Et tous les employés je les connais et ils me connaissent.» Cette reconnaissance comme «fils», Pierre l'apprécie. Il cherche le cumul, sans être dans la confusion des espaces, des places, des identités, comme le démontre sa maîtrise du langage.

«Si des fois»

Pierre sait se soumettre à la surveillance de ses parents (qui contrôlent par exemple les motifs de dépense) et se protéger, au moins théoriquement : «J'en ai pas vraiment de spéciale [de cachette]. Mais si des fois je veux que mes parents ne trouvent pas quelque chose, je le mets dans un livre, comme ça entre deux pages. C'est là où ils iront pas chercher. C'est clair.» Quels secrets a-t-il à cacher? «J'ai pas beaucoup de secret, mais si des fois j'en ai, je le mettrai dedans». Le «si des fois» montre que cela reste encore une hypothèse et que Pierre est assez transparent. À la question «Racontes-tu tout à tes parents?», la réponse semble étonnante : «Non, non. De toute façon tout mon emploi du temps il est marqué là.» Il est effectivement accroché au-dessus de son bureau. Pierre l'avait laissé à traîner dans la chambre. Sa maman l'a ramassé

1. Cette différence n'est que relative, temporaire puisque Pierre sait que le temps brouille les cartes : «Oui il y a une différence mais pas trop en fait. C'est comme vous (rire), enfin vous avez été aussi jeune comme nous. Et nous quand on sera plus grand, on sera plus vieux comme vous. Donc il y a une différence oui, mais sinon après, pas trop non». L'âge n'exprime pas une identité intime, il marque une appartenance générationnelle.

et collé au-dessus du bureau. Ce garçon fait comme si cet emploi du temps comprenait toute sa vie, avec les horaires de sortie de classe, et donc de contrôle, téléphonique pour savoir s'il est bien rentré, scolaire pour savoir si le travail est bien fait. Pierre qui se définit comme « moyen plus » (« Je suis au-dessus de la moyenne mais c'est moyen, c'est treize, quatorze ») est suivi par ses parents. Il n'en souffre pas : « Moi je préfère en plus que les parents sachent ce que je fais à l'école. Ils me disent : "T'as fait tes devoirs ?" et je dis oui. » Ils regardent le cahier de texte, ils contrôlent les révisions, les devoirs.

« Petit à petit »

Les parents de Pierre n'appliquent pas complètement le modèle de l'identité cumulative. Ils confondent trop « enfant » et « enfant » en sous-estimant les exigences propres à l'adolescence. Ils maintiennent leur fils trop petit. Pierre trahit cette situation par de l'embarras lorsqu'il est invité à établir un bilan réflexif à la fin des entretiens. Il apprécie d'être entouré par tant d'affection, d'attention et de protection. Cependant sans se plaindre, il estime que ses parents ne le laissent « pas beaucoup » faire ce qu'il veut, juste « un peu ». Il n'est pas très indépendant et il aspire à le devenir davantage (peut-être est-ce pour cela qu'il aime bien, malgré sa mère, être avec des plus grands) : « Oui, ça c'est sûr que je dois prendre de l'indépendance, mais là pas trop non à cet âge-là. Plus tard, petit à petit. Indépendant pour moi ça veut dire qu'on n'a pas vraiment besoin, si on a quand même besoin des personnes, mais moins. » « Petit à petit » : Pierre a compris le rythme que ses parents lui imposent et qu'il accepte, étant sensible à ce qu'il nomme le « besoin des personnes ». L'éducation des milieux populaires, en n'adoptant pas le clivage identitaire, prend le risque d'une trop forte intervention des parents, et par voie de conséquence d'une certaine dépossession de soi de l'adonaissant.

8

La dépossession de soi

Deux types de réduction identitaire

Au-delà de leurs différences, les modèles cadres et populaires ont un point commun. Dans le cadre d'une identité clivée, l'adonaissant peut s'exprimer dans la zone de libre expression. Le dysfonctionnement survient si les parents étendent leur contrôle au-delà de la zone dite commune et empiètent sur les territoires personnels, ou pour le dire simplement, si le clivage est annulé au profit des parents. Dans le cadre d'une identité cumulative, le processus d'individualisation diffère. L'adonaissant est plus continûment membre de sa famille sans que cette composante suffise à le définir. Il dispose aussi de ressources qui lui sont reconnues du fait de son âge. Il a le droit de faire telle ou telle chose, d'écouter sa musique par exemple. Le dysfonctionnement d'un tel modèle prend alors la forme de la réduction identitaire, limitée seulement à l'appartenance familiale. Le cumul de cette dimension avec la composante «jeune» doit être possible pour que la subjectivité de l'adonaissant puisse se développer. L'adonaissant construit son identité en pondérant (dans la mesure des possibilités laissées par les parents) ses différentes appartenances, celle de la famille, celle du genre, celle de grand, etc. Si son père ou sa mère le contraignent à une définition quasi unique de lui-même, alors l'adolescent peut éprouver un sentiment de mal-être.

Deux modalités principales de réduction identitaire existent. Avec la première, l'adonaissant est tellement sous appartenance familiale qu'il ne peut pas tellement avoir d'autres appartenances. Cela affecte surtout des filles de familles assez holistes, qui sont cantonnées à la maison, espace considéré comme plus féminin. Le genre, qui est une ressource identitaire, peut se retourner contre soi lorsque les parents voient de manière dominante leur adonaissante comme une « fille » et qu'en conséquence, ils estiment qu'elle doit se conduire comme une « fille » ou une « femme ». Presque exclusivement définie par ce critère, l'adonaissante peut connaître une forme d'enfermement statutaire, dénoncée par la littérature féministe dans les années 1970. La critique de « la femme au foyer » relevait du même principe. La femme perdait tout autre attribut, étant regardée exclusivement sous ses rôles d'épouse, de mère et de maîtresse de maison. L'héroïne de la nouvelle de Doris Lessing — *Chambre 19* — connaît une telle réduction et éprouve le sentiment de ne plus exister. Elle a perdu tout pouvoir, étant réduite à se conformer à l'image que les autres ont d'elles. Elle ne parvient pas à redevenir maîtresse d'elle-même. Elle a été effacée. Il ne lui reste plus que le pouvoir — ironie du sort — de s'effacer elle-même.

La seconde réduction identitaire repose sur la même légitimité que la première, l'adonaissant devant se soumettre à l'autorité de ses parents, étant en permanence « fils de » ou « fille de ». Elle s'en distingue en revanche par le contenu. Les adonaissants sont tenus de réussir leurs études et de concentrer toute leur énergie sur cet objectif. La réussite scolaire symbolise la réussite familiale, le jeune devient représentant de l'intérêt général. Il est en conséquence privé de ses intérêts particuliers. L'identité statutaire — par l'appartenance familiale — écrase toutes les autres dimensions de l'adonaissant, condamné à rêver d'évasion.

La réduction de l'identité à celle de « fille de », de « fils de »

Un paradoxal « ennui »

Nadia est une Berlinoise de 12 ans. Sa famille a quitté le Liban peu après sa naissance, ses plus jeunes frères et sœurs sont donc nés en Allemagne. La mère est au foyer, le père au chômage est un ancien ouvrier du bâtiment qui veut « devenir directeur ». Ils habitent dans un cinq-pièces sur deux étages, à Berlin. Les trois plus jeunes enfants (ses deux sœurs de 6 ans et 10 ans, son petit frère de 8 ans) partagent une chambre, Nadia est avec sa sœur de 14 ans ; ses deux grands frères (19 ans et 15 ans) ont une autre pièce, et les parents la dernière chambre ; reste un salon. Sa famille étant musulmane, Nadia l'est donc aussi, elle prie régulièrement. Sa mère ne porte le voile que depuis son mariage, ses sœurs de 14 ans et 10 ans le portent également. Nadia le porte aussi depuis cette année, justifiant ainsi le moment choisi : « J'étais encore à l'école primaire[1] et j'étais trop jeune. Parce que personne ne porte le foulard, parce qu'ils sont trop petits, alors ma mère m'a dit : "Tu n'es pas obligée de le porter si tu ne veux pas." Maintenant dans ma nouvelle école, ils ne me connaissent pas sans foulard, donc c'est mieux. » Elle précise : « Parce qu'ici il y en a plein qui portent le foulard, et celles de ma classe, mes copines, portent aussi toutes le foulard, alors je le porte moi aussi. » À la question du sens du voile, Nadia répond qu'elle ne « sait pas... parce qu'il y en a plein qui portent le foulard ». Elle a donc profité du changement d'école pour modifier son apparence et pour renforcer un sentiment d'appartenance. Par ailleurs, elle se rend à la mosquée en métro deux fois par semaine pour l'école arabe et ses huit heures d'enseignement. Elle apprend à écrire en arabe. Elle aimerait bien arrêter mais sa mère souhaite qu'elle termine le cursus (ses frères plus âgés sont dans leur dernière année), c'est-à-dire encore trois années. Elle et sa sœur de 14 ans (qui se plaint de ne pas avoir assez de temps pour travailler à l'école allemande) tentent de persuader leur mère de ne plus les y envoyer. Apparemment l'argument porte, sa mère réfléchissant à l'éventualité de l'arrêt. Son père n'intervient pas, il ne dit rien : « C'est juste avec ma mère qu'on parle de ça. Il ne sait même pas qu'on veut quitter. »

La pièce dans laquelle Nadia se tient le plus est le salon : « Lorsque j'ai du temps libre, je ne sors jamais, je regarde que

1. À Berlin, le primaire *Grundschule* dure plus longtemps, et finit à la *6. Klasse*.

la télévision. Je ne sais pas quoi faire et alors je regarde la télévision car je ne sais pas quoi faire… Je dis toujours : “Je m’ennuie” car à la télévision la plupart du temps il n’y a rien, alors je suis sur le canapé et je regarde ce qui passe. Et c’est toujours très ennuyeux. » Comme il n’y a qu’une télévision, elle doit composer avec le reste de la famille. Au moment de l’enquête, ses frères regardent le championnat de football et la grondent, comme elle le raconte : « “Tu regardes toujours la télé. Vas donc faire tes devoirs.” Je leur dis que je les ai déjà faits et que je veux regarder la télé. “Allez donc jouer à l’ordinateur”, je leur dis. Ils me disent : “Non ! Nous avons déjà joué.” Alors je suis obligée de ne pas regarder ce que je veux et je dois aussi regarder le football et c’est ennuyeux. Alors je sors dehors et j’écoute de la musique [la radio en fait] avec mon walkman. » Elle ne connaît pas le nom de la fréquence qu’elle écoute sur laquelle passent de la musique et des infos. Elle l’emmène toujours avec elle, notamment à l’école où elle l’écoute lorsqu’elle s’ennuie à la récré.

Pendant qu’elle regarde la télévision, ses frères jouent souvent à l’extérieur ou sont chez des voisins. Quant à sa sœur, « elle sort vraiment beaucoup les derniers temps et je dois beaucoup aider ma mère et ranger. Et elle, elle ne fait plus rien. Ma mère lui crie après et lui dit qu’elle doit rester à la maison et m’aider parce qu’elle est plus grande que moi. Mais ma sœur ne l’écoute pas, elle sort toujours avec ses copines ». Comme Nadia est à la maison, sa mère fait appel à elle, même pendant un film. Cette jeune fille est furieuse de l’absence de sa sœur et d’être celle qui doit rester à la maison. Elle fait office de fille aînée, souffrant de ce qu’elle pense être une injustice. Contrairement à d’autres familles populaires, les parents ne proposent pas des activités correspondantes aux âges de leurs enfants. Ils les laissent libres d’agir. Si ses frères et sœurs ont compris le système et ajoutent à l’appartenance familiale d’autres dimensions, Nadia éprouve des difficultés à faire de même. Elle se laisse faire, et comme elle est là, elle doit s’occuper du linge de toute la famille. Elle n’aime pas ça du tout car c’est long : « Il faut d’abord tout plier puis ranger. » Elle repasse aussi, mais juste ses affaires : « Ça fait longtemps que c’est comme ça, je ne repasse pas pour mes frères et sœurs. Ils n’ont qu’à le faire eux-mêmes. » Ils lui disent souvent : « Tiens, fais ça », elle leur répond : « Non, fais-le toi-même. Ils n'ont qu'à faire quelque chose de temps en temps. Ils jouent toujours et je dois toujours tout faire », se plaint-elle.

Les exigences de sa mère ne s'étendent pas à la totalité de sa vie. Nadia a une certaine liberté de mouvement dont elle use insuffisamment, sinon comment expliquer que cette jeune fille, lorsqu'elle s'ennuie le soir, puisse descendre jusque vers 21 heures au terrain de jeux en bas de chez elle ? Elle s'assoit quelque part pour écouter de la musique avec son walkman. Elle se rend également seule à l'école allemande — une *Hauptrealschule*[1] — en bus, en une demi-heure. Elle se rend par ailleurs à son école arabe en métro, avec ses sœurs. Elle pourrait aller à la piscine, appréciant la nage, mais c'est devenu difficile : « Je porte maintenant le foulard et donc je ne peux plus y aller. » Le seul moment réservé exclusivement aux femmes est le lundi à 17 heures, à un horaire où elle est encore prise à l'école. Elle sort également avec ses parents pour rendre visite à des amis. Ils connaissent beaucoup de monde à Berlin ; presque chaque jour, ils vont voir des amis et surtout de la famille : « Nous sommes beaucoup. Je ne sais pas combien. Il y a mes tantes, mes oncles et ils ont tout plein d'enfants, six ou sept comme nous. Nous allons souvent chez eux. » L'appartenance familiale a un sens étendu.

Ce primat du groupe n'exige pas un complet renoncement personnel à une vie. À l'intérieur de ce système, l'individu peut avoir une certaine maîtrise de soi et de ses pratiques. Ainsi Nadia organise elle-même ses journées en semaine. C'est elle-même qui se réveille le matin, souvent vers 6 heures : « Je suis celle qui se lève le plus tôt car ma mère ne travaille pas, et mes frères et sœurs, ils vont à l'école juste derrière chez nous, ils n'ont pas besoin de se lever tôt. Donc quand j'ai terminé de m'habiller le matin, je réveille tout le monde [également sa sœur de 14 ans] ». Nadia rentre du collège vers 13 h-14 h, au plus tard à 16 heures : « Alors

1. Cursus inférieur au *Gymnasium*, et qui ne mène pas au baccalauréat. Les entretiens ont eu lieu au collège.

quand j'arrive chez moi, j'enlève mon foulard. Ensuite j'aide ma mère à ranger ; ensuite je regarde la télévision, ma mère est toujours assise à côté de moi et mes sœurs sont toujours dehors. Souvent il n'y a rien à la télévision, c'est ennuyeux, alors je l'éteins et je m'allonge sur le canapé. Lorsque c'est encore très ennuyeux, je m'endors sur le canapé ensuite. Quand je m'ennuie en fait la plupart du temps, j'ai mal au ventre. Je ne sais pas pourquoi. Toujours quand je m'ennuie. Alors ma mère me fait toujours un thé. » Au retour du collège, l'adonaissante reprend ses habits de fille vouée aux tâches ménagères, elle s'autorise la télévision, réservant le temps des études à des moments où elle se sent seule. Il n'y a pas de dîner, Nadia grignote quelque chose dans sa chambre en écoutant la radio. Et elle commence ses devoirs, comme si c'était l'activité la plus personnelle (avec son walkman). L'ordre dans lequel elle doit agir n'est pas imposé par la mère puisque sa sœur ne procède pas comme elle en rentrant. Toutes deux sont très différentes dans la gestion de leur temps et donc de leur identité. Nadia se couche plus tard et se lève plus tôt, travaillant à ce moment-là une petite demi-heure : « Je fais la moitié le soir, l'autre moitié le matin. » Ses parents ne disent rien à propos de son coucher tardif, sinon que c'est son « affaire ». Là encore, pas de borne définie selon l'âge. Dans cette éducation, alternent des exigences statutaires fortes, associées au genre et à la religion, et une grande liberté pour moduler les deux autres statuts : ceux de membres de la famille et de la jeunesse. Nadia décide de rester avec ses parents dans le salon jusque vers 22 heures ou 23 heures à regarder les chaînes arabes. Même si elle ne comprend pas tout, elle regarde quand même tout en parlant avec les autres et en mangeant des fruits. Tardivement Nadia rejoint la chambre où sa sœur aînée dort déjà. Elle écoute encore la radio avant de s'endormir.

Au collège, les élèves sont « tous des Turcs ». Nadia ne les comprend pas et n'aime pas ne pas comprendre, mais ceux-ci ne parlent pas allemand entre eux. Dans sa classe, il n'y a « pas d'Allemands » et il y a quatre autres personnes originaires de pays arabes. Nadia ne se lie pas avec eux, elle est le plus souvent seule pendant la récréation, aussi écoute-t-elle sa musique ou rejoint-elle sa sœur. Elle est bonne élève, sans toutefois être excellente ni véritablement apprécier les cours. Si l'école n'était pas obligatoire, elle n'irait que de temps en temps. Elle fait ses devoirs dans le salon ou chez sa voisine, qui l'aide. Elle ne subit aucune pression parentale. Ses parents savent qu'elle se débrouille plutôt bien à l'école et qu'elle travaille : « Comme je m'ennuie toujours, alors je fais mes devoirs. » Ils sont plus vigilants avec ses petits frères et sœurs : « Lorsqu'ils ont un 1 [soit 10/10] mes parents leur donnent deux euros ». Elle, elle ne reçoit pas de récompense, « car ils savent que je suis bonne. La dernière fois, ils m'ont embrassée et c'est tout ». Nadia ressent là encore une certaine injustice.

Son relatif engagement scolaire ne s'étend pas à la lecture de livres : « J'ai lu un livre il y a pas longtemps et maintenant je ne lis plus. » Elle lit en revanche des magazines, comme *Popcorn*, *Bravo*, *Jam* et d'autres. Elle s'achète presque quotidiennement ce type de magazines qui relatent la vie des chanteurs et des chanteuses et l'actualité de la chanson, et qui offre aussi des posters. Une fois lus, elle les conserve. Elle n'affiche aucun des posters publiés dans ces journaux. Les stars « ne sont pas vraiment habillées, et ça ne va pas, mon père ne l'autorise pas ». Elle ne comprend pas très bien d'ailleurs pourquoi les jeunes femmes sont dénudées sur ces affiches, elle les trouve jolies quand même. Elle les range dans un classeur et les regarde de temps à autre. Nadia suit la vie des chanteuses, notamment Shakira et Britney Spears. Elle ne peut pas prendre des apparences qui signaleraient la proximité à la culture jeune. Elle ne peut pas suivre la mode. Elle ne se maquille pas. Elle s'habille en conformité avec les exigences du voile : en pantalon et longue tunique.

« Je ne veux pas grandir »

Nadia se confie à sa mère qui l'écoute[1] : « Parfois je n'ose pas, parfois si, et puis je me dis que c'est important alors je lui

1. « À la maison, on ne parle presque pas l'arabe ». Maîtrisant peu l'allemand, la mère parle à ses enfants en arabe et ils lui répondent en allemand. Son père parle le plus souvent l'allemand « parce qu'il va dans une école allemande maintenant, il veut apprendre pour qu'il puisse devenir directeur et il nous dit : "Parlez-moi en allemand pour que j'apprenne." Alors

parle. » Elle n'a jamais été amoureuse et n'a donc jamais parlé de ça avec sa mère. Si cela devait arriver, elle ne lui dirait pas. Elle en parlerait à sa sœur qui lui raconte plein de choses. Sa sœur a souvent été amoureuse, mais n'est jamais sortie avec un garçon et n'a même pas échangé « un petit bisou ». Elle est pourtant souvent avec des garçons, quelquefois leur mère le sait mais ne dit rien. Nadia n'ayant encore rien à cacher, elle s'est créée néanmoins de petites cachettes dans sa chambre, plus précisément dans son armoire personnelle qui est près de son lit. Elle met des lettres de copains qui ne sont pas des lettres d'amour, et des petits cadeaux qu'on lui a faits.

La bonne entente avec sa mère ne résume pas toute sa relation. Nadia ne veut pas d'un horizon matrimonial semblable à celui de sa mère (enceinte d'un huitième enfant) : un mariage arrangé et de nombreux enfants. Lorsque l'enquêtrice lui demande si elle pense déjà à son mariage, Nadia répond nettement : « Mon mariage ? Non. Je ne suis pas folle. » Elle veut rester célibataire et vivre avec sa mère. Elle n'a aucune envie de se marier. Sa sœur non plus. Mais leur mère leur dit : « Plus tard, vous voudrez certainement », en se citant en exemple : « Moi aussi je disais toujours que je voulais pas, mais après je me suis mariée. » Si jamais Nadia se marie, son conjoint devra obligatoirement être un musulman. Et si elle a des enfants un jour, elle n'en veut pas beaucoup : « Peut-être que deux. Je n'aime pas trop d'enfants. C'est trop fatigant. »

Comme cette jeune fille ne se révolte pas, elle choisit une solution imaginaire, celle d'un temps présent qui ne s'arrêterait pas. Elle déclare ne pas vouloir être indépendante. « J'ai besoin de ma mère. Sans elle, je ne peux pas vivre. Elle m'aide, enfin je sais pas. Elle fait toujours beaucoup de choses pour moi, et toute seule je ne peux pas les faire. » Elle n'est pas pressée d'arriver à la majorité : « J'aimerais bien rester comme maintenant. Je ne veux pas grandir ». Ce temps présent n'enchante pourtant pas Nadia. Comment résoudre cette contradiction ?

Et si Nadia devait changer quelque chose dans sa vie ? La réponse ne vient qu'après une longue hésitation : « Qu'ils [sa

---

nous lui parlons allemand. »

famille] soient plus sympas, pas mes parents, mais mes frères et sœurs, que nous soyons moins d'enfants. Ça m'énerve parfois. Ils crient partout et ça je n'aime pas. » Nadia reporte sur la fratrie l'injustice de ce qu'elle ressent. Elle a de plus l'impression qu'on la commande (surtout son frère, ce qui l'insupporte). À un autre moment de l'entretien, elle livre davantage sa pensée en donnant le récit des dernières vacances d'été, pendant que ses parents étaient partis au Liban avec les plus jeunes. Elle était restée avec les plus grands sous la garde d'un oncle et d'une tante, venus habiter chez eux avec leurs six enfants. Cet oncle et cette tante les aiment beaucoup. Tout le monde jouait ensemble : « La maison était pleine, mais pas ennuyeuse. » Ces trois ou quatre semaines ont été heureuses : « C'était bien en leur absence, plus de rangement, plus de cris… » Nadia ne reproche pas la sévérité à ses parents : « Mon père n'est presque jamais à la maison, il est toujours chez des amis (notamment pour jouer aux cartes) ou à la mosquée. Ma mère est toujours dans la cuisine et fait à manger. Elle va aussi beaucoup chez son amie, donc je suis presque toujours toute seule à la maison. Et alors je sais tout sur tous, où ils vont, où ils sont. Et alors je dois toujours répondre au téléphone et prendre les messages. » Ce que Nadia ne veut pas c'est jouer à l'adulte, avec trop de responsabilités familiales. Elle voudrait une autre ambiance familiale, plus égalitaire, plus joyeuse. Quel roman familial s'imagine-t-elle pour oser prononcer ce « c'était bien en leur absence » ?

S'il est difficile de faire la part, dans les propos de Nadia, entre ce qui revient aux exigences parentales et ce qui relève des traits de sa personnalité, il est certain que cette jeune fille éprouve un certain malaise. Elle s'ennuie, ce terme revient plus d'une dizaine de fois dans les entretiens. Il a davantage le sens de « être ennuyé par » que de « ne pas savoir quoi faire ». Une grande part des activités que Nadia effectue ne lui plaisent guère : l'école allemande, l'école arabe, le travail ménager. Contrairement à sa grande sœur, elle se soumet, et comme elle reste à la maison, sa mère la surcharge. Sa passivité se transforme en un double sentiment d'ennui et d'injustice. C'est uniquement lorsqu'elle est plongée dans ses magazines de stars qu'elle semble heureuse, mais cela ne lui prend pas beaucoup de temps. Nadia n'a pas beaucoup d'amis et elle étouffe dans le monde familial, notamment avec cette grande fratrie. Paradoxalement, sa vie lui semble pourtant trop « pleine » du fait de la triple journée de travail (les deux écoles et le ménage). Elle estime ne pas avoir « vraiment de loisirs ».

Sa désapprobation, elle la retourne principalement contre elle-même plutôt que de choisir l'*exit* comme sa sœur. Pour manifester son mécontentement, elle choisit le « retrait symbolique » (Bajoit, 1988). Nadia est là tout en étant ailleurs, dans le monde des stars dont elle achète presque chaque jour les photographies et dont elle découvre les existences à travers des récits enchantés. Sous son voile, elle rêve de Lolitas peu conformes à sa religion. La mère accepte ce dédoublement puisqu'elle paye les revues, sa fille ayant le droit à ces marqueurs de la jeunesse (d'autres étant interdits). Cette culture d'une autre appartenance permet à Nadia de « tenir ». Elle semble jouer la fonction des romans sentimentaux, pour des féministes, en proposant un « ailleurs » qui aide à supporter le réel. Dès qu'elle ne va pas bien, Nadia se branche sur sa petite radio dans la cour de récréation, qu'elle vit comme un univers hostile, ou se repose dehors le soir après une journée lourde à supporter. Elle s'en sort aussi en dérobant du temps pour soi en se couchant tard, même après sa sœur et en se levant avant tout le monde.

Son malaise ne fait pas de bruit, il est invisible à l'extérieur. Les voisins, les gens qui la croisent voient une jeune fille sage, portant le voile. Nadia ne parvient pas non plus à s'échapper en se projetant dans l'avenir. Elle a beau être bonne élève (dans un cursus qui ne mène toutefois pas au baccalauréat), elle ne sait pas ce qu'elle fera. Peut-être se demande-t-elle si elle aura une activité professionnelle ? Le destin de la femme prend à ses yeux la figure de sa mère, qui était contre le mariage et est pourtant une femme au foyer, mère d'une famille très nombreuse. Ce destin lui semble proche puisqu'elle a le sentiment d'y participer en tant que « sœur » disponible. À la question lui demandant si elle a le sentiment que plus elle grandit, plus elle peut faire de choses, Nadia répond : « C'est à peu près toujours pareil. Que je sois plus âgée ou pas, je dois toujours ranger et ma petite sœur de 10 ans, elle, elle n'a besoin de rien faire et moi je n'aime pas ça. Lorsque j'avais son âge, je devais déjà tout faire et elle, elle est toujours dehors et elle ne fait rien. Pourtant ma mère lui dit de faire des choses mais elle n'écoute pas et ne fait rien. Elle se comporte encore comme si elle était une petite. » Pour Nadia, l'âge ne protège pas, sur elle retombe le travail domestique que la mère ne peut pas assumer. Comme ni l'avenir ni le présent ne lui semblent radieux, cette adonaissante ne sait plus quoi faire, elle ne sait pas quoi faire. Elle n'a aucune activité de « loisir » à l'extérieur. Aussi en revient-elle toujours à ce petit monde, plus ou moins secret, et en même temps public, celui des chansons et des stars qui lui présentent un autre univers, si différent, où ni la religion, ni surtout les corvées domestiques ne règnent.

Prise entre deux mondes. D'un côté, le mariage arrangé du grand frère perçu comme normal ; de l'autre, l'amour des chansons. D'un côté, le voile ; de l'autre, des jeunes femmes, le nombril à l'air. D'un côté, l'école religieuse ; de l'autre, l'école allemande. Aucun des modèles proposés ne lui convient : ni celui de sa mère entrée dans les contraintes de son rôle, ni celui de la star inaccessible. Plus Nadia se sent engluée dans le destin probable d'une femme au foyer et plus elle rêve d'un impossible voyage au pays des chansons où l'amour coule à flot. La passivité dont elle fait preuve, sa soumission à la dépendance familiale, conduisent Nadia à vivre son adonaissance sous le mode de l'ennui et de la dépossession.

Charmes et charges de la sœur aînée

Aïssatou, 12 ans et élève de cinquième, assume aussi beaucoup de charges domestiques, mais elle n'en tire pas les mêmes conclusions, étant donné qu'elle a aussi des avantages en tant que sœur aînée. Le fonctionnement de sa famille ne ressemble pas à celui de Nadia, même si les principes qui la régissent sont peu individualistes. La question posée systématiquement dans l'entretien pour savoir si l'adonaissant a le droit de s'enfermer dans sa chambre semble inconcevable. La porte n'est jamais fermée : « Je peux pas parce qu'il y a tout le monde qui a le droit de rentrer, vu que c'est leur chambre à eux aussi... Je peux pas leur interdire ça, tu vois. » Il lui paraît encore plus incongru que ses parents aient à frapper dans la chambre avant d'entrer. Les espaces ne sont pas individualisés à l'exception de certains lits et de la chambre conjugale. C'est ainsi que le père (dont Aïssatou ne sait pas très bien définir la profession — voyant, croit-elle savoir) vient travailler sur le bureau de la pièce des enfants. C'était le sien auparavant, mais il ne peut plus le mettre dans sa chambre, vu qu'il y a aussi le lit de la petite dernière. Ce bureau que se partagent les sept plus grands frères et sœurs pour y travailler, le père se l'approprie aussi : « Mon père, il rentre pour lire son journal. Dans la nôtre parce qu'il y a pas de bureau là-bas. Il a besoin du bureau donc il vient dans la chambre. Il a besoin d'écrire pour jouer aux chevaux [il lit *Tiercé Magazine*]. » La présence du père transforme le sens de la chambre : « De toute façon, je suis pas là quand il fait son journal. Il fait ça quand on est tous dans le salon. Comme ça, il peut se concentrer. » Les enfants quittent la chambre : « On n'aime pas trop quand il est là parce qu'on peut pas faire tout ce qu'on veut comme on veut. Si on veut jouer, on joue pas pareil quand il est là. Je sais pas pourquoi, mais c'est différent. » Un autre indice souligne la faible ambiance individualisante. Les parents ne souhaitent pas l'anniversaire, qui est une date personnelle. Aïssatou n'a jamais fêté son anniversaire, ses parents n'offrant ni repas spécial, ni cadeaux. Elle ne les critique pas : « Moi je n'aime pas qu'on fête mon anniversaire », même si elle sait qu'ailleurs ce n'est pas ainsi : ses cousines le fêtent et elle est déjà allée à l'anniversaire de copines.

Les différences entre les membres de la famille existent, elles sont justifiées par les places occupées. Le père et la mère laissent le groupe des enfants, nombreux, se gérer eux-mêmes à la condition de respecter une règle du jeu : le frère et la sœur aînés dirigent les autres. Ils sont comme les délégués des parents qui, ainsi, peuvent vaquer à leurs occupations. Les deux aînés ont plus de responsabilités et de privilèges.

La sœur aînée

Dans le trois-pièces du 20e arrondissement de Paris où habite Aïssatou, vivent ses parents, ses sept frères et sœurs et un oncle. Le père[1], la mère et la petite dernière (d'un mois et demi) occupent une des pièces. L'oncle dort dans le salon. Les autres enfants dorment dans la chambre restante : les garçons (de 14 ans, 13 ans et 9 ans) sont installés dans trois lits superposés ; les quatre filles (de 12 ans, 10 ans, 7 ans et 4 ans) dans deux autres lits superposés. Du côté des filles, Aïssatou a le lit du haut, ses trois autres sœurs dorment dans celui du bas. Elle est satisfaite de cet arrangement : « C'était mon père qui a tout choisi. » Et ce dernier assure le suivi de la décision. Ainsi la sœur cadette de Aïssatou réclame régulièrement de dormir en haut : « Mais elle vient pas. Elle reste en bas. En fait mon père dit : "Elle reste en bas." »

Le père fait respecter la loi des places[2], avec deux principes de structuration, les garçons et les filles ; les aînés et les autres. Un peu à la manière dont, dans les organisations bureaucratiques, sont distribués les espaces de telle sorte que les chefs disposent de plus grands bureaux au dernier étage, Aïssatou et son frère aîné, Alassan, occupent les deux lits les plus élevés. Le hasard faisant bien les choses — du fait que du côté des garçons il y a trois lits —, le lit du frère aîné est plus haut que celui de la sœur aînée. Quand on lui demande ce qu'elle préfère dans sa chambre, Aïssatou répond que c'est les lits et en particulier le sien. Cependant, ajoute-t-elle, elle aurait préféré avoir celui, plus haut, de son frère aîné : « Mais lui, il voudra pas de toute façon. Lui, le sien, il est plus haut que le mien. Lui, il peut toucher le plafond quand il est allongé. » La grandeur s'inscrivant dans l'espace, les uns et les autres sont sensibles à cette dimension. Au salon où la famille passe beaucoup de temps à regarder la télévision

---

1. Le père a un autre foyer à Paris. Aïssatou a donc en plus un demi-frère (de 9 ans) et deux demi-sœurs (de 11 et 10 ans) qu'elle voit deux fois par mois. Elle a aussi une sœur et un frère qui vivent en Afrique et qu'elle a vus lors de son voyage.

2. Il arrive que le père tape ses enfants : « Des fois avec une ceinture et des fois avec la main », Aïssatou moins que les autres : « Cela fait longtemps que j'en ai pas eu. »

et à manger, la lutte pour l'espace se poursuit : « Des fois je m'assois pas là-bas parce qu'il y a quelqu'un assis. Des fois à cause des places, on se dispute. En fait, c'est celui-là qui était assis là-bas et il est parti. On lui prend la place et après il veut reprendre sa place. »

Le primat des aînés est perceptible dans la possession des clés, décidée par le père. Trois personnes en ont, le père et les deux aînés. Quand la mère — anciennement caissière puis femme de ménage — en a besoin, elle les leur emprunte. Aïssatou possède la sienne depuis le CM2 mais elle s'en sert peu : « Y a toujours quelqu'un à la maison quand je rentre. Chez moi, c'est jamais vide. » Le frère aîné est responsable des garçons, Aïssatou des filles. Ainsi dans la chambre : « Chez nous, il y a une armoire pour les garçons, une armoire pour les filles. Les garçons, c'est Alassan qui fait et les filles, c'est moi. » Le rangement suit la même règle. Cette symétrie entre les genres est trompeuse. En effet, les filles ont plus de travail, étant par exemple chargée de la vaisselle de toute la famille. Aïssatou s'est arrangée avec Mariama pour cette organisation, sans maîtriser toutefois le principe de distribution : « C'est nous tous seuls, c'est pas nos parents. Nous, on fait comme on veut. On fait tous comme ça et il y a pas de disputes. Avant il y avait Alassan et tous qui faisaient aussi. Après mon père, il a dit : "Les garçons, ils arrêtent." Alors il n'y a que moi et Mariama. Moi, ça fait longtemps que je fais la vaisselle, depuis le CE2. » Le père a donc donné un principe qu'il justifie par la référence indiscutable au genre, les garçons devant participer le moins possible au travail domestique. Aïssatou porte aussi le linge à la laverie, sa mère le fait également de temps en temps, son père jamais : « Cela me dérange pas qu'il fasse rien, je sais pas. »

Aïssatou sait que ce type de travail fait partie de sa vie. Elle s'étonne encore une fois des questions posées par l'enquêtrice qui lui demande si elle n'aimerait pas avoir plus de responsabilités, elle répond : « Cela suffit. C'est Alassan qu'a le plus de responsabilités parce que c'est le plus grand. C'est tout. Moi, j'ai pas besoin d'autant que lui, c'est pas moi la plus grande et tout. » Elle ne comprend pas une telle interrogation, elle qui depuis l'entrée au collège a plus de travail à assurer : « Cela me soûle un peu. Maintenant je fais plus les courses, c'est plus souvent et c'est aussi les grosses courses. » Devant assumer beaucoup de choses en tant que fille et fille aînée, l'adonaissante préfère insister sur les avantages tirés de sa position qui rendent le travail supportable. Avec plaisir elle raconte son voyage d'il y a deux ans au Mali et en Guinée : « C'était quand je suis partie en Afrique. C'était pour partir en Afrique et moi, je savais pas que j'allais partir. C'était ça, mon voyage, c'était mon cadeau. » Elle a pris l'avion seule, sa mère étant déjà là-bas. Aïssatou est d'autant plus fière d'avoir eu un cadeau que normalement il n'y en a pas dans la famille[1]. Ce voyage a renforcé sa reconnaissance au sein de la fratrie : « Ils m'ont sauté dessus pour savoir l'avion et tout. Et le soir du jour où je suis rentrée, j'ai raconté à tout le monde, enfin à tous mes frères et sœurs. » Par sa mère, elle a été chargée d'offrir un souvenir à chacune de ses sœurs : « J'ai ramené des trucs. Les filles, j'ai ramené des bracelets ; et les garçons, ma mère, elle a ramené des tee-shirts. » Responsable de la fratrie, quand les parents ne sont pas là le samedi après-midi, elle doit assurer l'ordre : « Des fois ils font n'importe quoi dans la chambre et après je dis, ils vont dans le salon, ils rentrent plus dans la chambre. »

Un membre de la fratrie

À d'autres moments, en présence des parents, Aïssatou n'est plus l'aînée, elle est avant tout membre de la fratrie. C'est par exemple pour les achats de vêtements ; deux fois par an, la mère emmène ses enfants faire les courses dans une grande surface : « On va avec ma mère, d'abord, c'est avec les filles ; et après c'est avec les garçons. Chacun choisit cinq ensembles [un haut et un bas] et après elle achète. » En décembre [la seconde fois], on n'achète que des pulls. Chacun peut prendre ce qu'il veut, question goût, la mère ne regardant que le prix. Aïssatou choisit en priorité ses pantalons préférés : « Pattes d'éléphant, toujours ! Et en haut, je mets un pull. J'ai un pull Nike, j'aime bien celui-là ». Elle ne se souvient

1. Elle ne peut citer que la montre offerte par son père pour l'entrée en sixième.

pas comment elle a eu ce pull parce que généralement elle ne porte pas de marques : « C'est trop cher ». De temps en temps elle le peut, grâce à des gestes de son père, réservés à la fille aînée. En témoignent les baskets *Air Max* qu'elle porte actuellement : « Mais les baskets des fois, on va avec mon père, celles-là, elles ont coûté 60 euros mais c'est pas ma mère qui a payé, c'est mon père. On a été avec Alassan et lui, c'était 80 euros et il a payé quand même. Il était d'accord. » La mère se charge du groupe, le père insistant sur le pouvoir des aînés.

Seconde scène de genre, le repas du soir qui se déroule entre 17 heures et 18 heures. La mère prépare le repas. Toute la famille mange en même temps dans le salon : « Dans le plat. On attend que le dernier arrive et on mange. Des fois tu vois, on fait un plat pour les filles et un plat pour les garçons parce que les garçons, ils mangent trop. Quand on sépare c'est mieux parce qu'il y a moins de dispute. Sinon c'est la guerre si on mange avec les garçons. » Les parents dînent à côté d'eux, « mais ils mangent pas dans le plat avec nous, enfin des fois si. Mais sinon ils mangent dans le plat à eux. Ils nous disent de nous débrouiller. Quand ça se passe mal, ils crient parce qu'ils veulent pas qu'on fasse trop de bruit quand on mange ». À la fin du repas, Aïssatou passe le balai. La famille est nettement structurée, avec les parents, les garçons et les filles, et avec trois plats.

Pendant l'entretien, Aïssatou se plaint doucement du poids du groupe. Elle l'exprime une première fois lorsqu'elle observe que rien n'est affiché sur les murs de la chambre : « J'ai pas envie parce que j'ai peur qu'ils déchirent, mes sœurs, parce qu'après ils font exprès de déchirer, mes sœurs et mes cousines. J'ai un classeur avec tous mes posters. » Elle conserve les images de ses idoles pour elle sans les exposer. Ses frères et sœurs n'ont rien mis non plus : « Y a rien sur les murs. On n'aime pas. C'est tout. » Cette jeune fille estime que peu de choses sont respectées. Par exemple, elle a eu une console de jeu, et ignore ce qu'elle est devenue : « C'était mon cousin qui me l'avait donnée alors peut-être c'est lui qui l'a reprise, je sais pas. » L'adonaissante avait quelques CD, ils ont disparu, eux aussi : « Ils [ses frères et sœurs] ont tout perdu, c'est eux, ils ont tout perdu. Je sais même pas où. Quand je suis pas là, ils perdent tout, de toutes manières. Ils ont pris les disques et quand je suis revenue, il y en avait plus». Aïssatou parvient à imposer le respect sur un seul point : sa «cachette» dans le bureau collectif. Chacun a une case dans ce meuble : «Dans la case de mon bureau, personne sait où elle est, personne fouille. Sinon, après il se fait taper. Je mets des cahiers et mes affaires d'école et dans mon sac que je cache, il y a des bonbons et des chips.» Ce sont ces quelques biens qui marquent le petit territoire revendiqué.

La deuxième fois, Aïssatou avoue parvenir difficilement à être tranquille pour lire ou pour travailler. Dans le salon, la télévision est toujours allumée, avec la présence des membres de la famille élargie. Il reste la chambre : «C'est un peu plus calme, pas beaucoup mais un peu. Il y a mes sœurs, les petites qui font du bruit et il y a mes cousines aussi qui font du bruit quand elles viennent, elles courent dans toutes les pièces, elles font n'importe quoi.» La troisième fois où Aïssatou exprime un certain mécontentement de ses conditions d'existence, c'est à propos de ses relations avec ses copines. Elles viennent la chercher chez elle, sans rester : «Je préfère aller chez elles, j'aime pas trop quand elles sont chez moi, je sais pas pourquoi, parce que des fois, y'a trop de monde chez moi. Des fois y'a mes cousins et mes cousines». Elle joue chez ses amies : «Il y a plein de jeux. C'est grand en plus chez elles». Aïssatou n'est restée dormir chez une copine qu'une seule fois [en primaire] et cela ne lui manque pas. Peut-être veut-elle rentrer le soir afin de préserver son lit d'aînée, il lui serait sans doute difficile d'exiger de le conserver alors que ses trois sœurs sont dans le lit du bas.

Aïssatou reconnaît certains inconvénients à son mode de vie sans pour autant le remettre en cause. Elle évoque un possible déménagement en banlieue. L'enquêtrice lui demande si elle souhaite une chambre personnelle, elle répond que non : «J'aurais peur de m'embêter. Je préfère avoir la chambre des filles et la chambre des garçons. J'aimerais pas être toute seule.» Sans doute sait-elle aussi que les chances d'avoir une chambre à soi sont proches de zéro. C'est comme rester seule chez elle, elle affirme qu'elle n'apprécie pas cette situation tout en remarquant que cela n'arrive jamais.

L'autonomie néanmoins

La capacité d'avoir un monde à soi n'est pas réservée aux jeunes élevés dans une famille centrée sur le processus de l'individualisation. En effet Aïssatou bénéficie d'une autonomie certaine : moins à l'intérieur de l'appartement où les dimensions «sœur» et «sœur aînée» dominent qu'à l'extérieur. Si ces appartenances ne disparaissent pas, elles perdent de leur prégnance. À la condition qu'Aïssatou assure son travail domestique, elle est libre, notamment dans ses déplacements. Quand l'enquêtrice lui demande ce qu'elle fait quand elle a envie d'être tranquille, la jeune fille répond : «Je sors dehors. Je vais dans le quartier me promener, c'est tout. Mais il y a que dehors où c'est le calme et le silence; sinon à la maison, il y a toujours quelque chose.» Ce souhait peut être assouvi sans problème : «J'ai pas besoin de demander mille fois.» Ses parents lui donnent rarement une heure pour rentrer. Si Aïssatou leur en parle, c'est plus pour prévenir que pour demander. Il est exceptionnel qu'ils refusent : «parce que des fois, il pleut et des fois ma mère, elle dit : "Tu sors pas", après je fais la gueule.»

La surveillance est peu pesante, elle est même impossible puisque ses parents ne sont pas au courant de ses horaires scolaires : «Je l'ai montré [l'emploi du temps] mais je l'ai pas donné.» Après les cours, elle ne rentre pas directement au domicile, restant à discuter avec ses copains. Elle met trois quarts d'heure pour rentrer alors que le collège est à quinze minutes. Outre les déplacements à pied dans son quartier pour les courses ou pour retrouver des amis, Aïssatou prend les transports en commun. Elle maîtrise bien les plans de Paris et du métro. Elle ne rend pas de compte sur ses trajets. Ainsi elle teste plusieurs trajets pour aller chez son dentiste dans le 19e arrondissement : «Avant j'y allais, je prenais le 26 jusqu'à Gambetta et après je prenais le 60 jusqu'à Crimée. C'est trop long. Après j'ai trouvé un autre chemin. Je vais jusqu'à Stalingrad, en métro et après je prends le 54. Je fais cinq stations et je suis arrivée. » Avec ses cousines, elle va à la piscine du 13e arrondissement : « On a la carte Paris Famille et c'est gratuit avec. » C'est la condition qu'exigent les parents. Une partie de son monde, l'adonaissante l'a trouvée grâce à une association qui propose une aide aux devoirs et d'autres activités. Aïssatou s'y rend très régulièrement depuis le CM2 : « Je fais pas que la danse là-bas ; le mardi, je fais mes devoirs là-bas ; le jeudi je fais mes devoirs là-bas ; le mercredi, je vais faire Internet là-bas. Et le vendredi, je fais de la danse. C'est bien. Les animateurs, ils sont sympas. » Elle y fait également de l'anglais le mercredi et elle y prend son goûter. Aïssatou est au courant du mode de paiement : « C'est un ticket et tu fais des activités. Tu payes pas avec l'argent liquide, c'est la CAF qui paye. » Ses parents ont accepté qu'elle y aille, « ils trouvent ça bien ». Grâce à cette association, cette adolescente est également partie deux fois en vacances : « En Normandie et après, j'étais à, je m'en rappelle plus mais je me souviens que là-bas, c'était bien. Il y avait une fête. » Aïssatou en conserve de bons souvenirs, là-bas, elle a pu se défaire provisoirement de ses attributs de sœur et de sœur aînée.

Le fait de grandir n'est pas associé à un accroissement sensible de l'autonomie. Alors que plus petite, elle partait avec le centre de loisirs ou en colonie avec la mairie de Paris, elle y va moins désormais : « Des fois je reste chez moi et je vais pas au centre et il y a ma cousine qui vient. Voilà parce qu'il faut que j'aide ma mère. Je fais le ménage, la vaisselle. Et parce que c'est des petits qu'il y a là-bas. Maintenant je préfère rester chez moi. » Contrairement à des adonaissants de familles cadres qui abandonnent les activités organisées pour des temps plus libres, Aïssatou est contrainte de rentrer à la maison pour prendre le travail domestique qui lui revient en tant que fille. Le temps libre le devient moins.

Son monde, elle le construit aussi à travers ses études au collège. Aïssatou s'oppose encore aux jeunes de milieu cadre puisque pour elle le travail scolaire lui permet d'avoir un autre statut que celui de « fille de ». Aïssatou fait l'essentiel de ses devoirs dans le cadre de l'aide aux devoirs, les animateurs regardent le cahier de textes et la soutiennent quand elle ne comprend pas. En revanche, elle n'a aucun compte à rendre à ses parents vis-à-vis de l'école. Elle ne leur dit que les bonnes notes : « Mais pas les mauvaises. Des fois je dis et des fois je dis pas à mes parents. De toute façon, ils vont savoir quand ils vont recevoir la feuille, il y a écrit toutes les notes. » Il n'y a pas trop de disputes. Ses parents n'ont jamais rencontré ses professeurs. Ils ne se rendent jamais aux réunions professeurs-parents. Les enseignants demandent à Aïssatou les raisons d'une telle absence : « Ils me disent : "Pourquoi tes parents sont pas venus ?" Moi j'invente quelque chose, qu'ils sont partis à l'hôpital. À chaque fois je dis quelque chose de différent. » Elle sent bien que cela serait mieux qu'ils y aillent, estimant qu'elle n'est pas assez suivie par ses parents.

Communauté et monde personnel

L'autonomie de Aïssatou est possible grâce à ce qui peut sembler une certaine indifférence parentale. Quand on lui demande si elle parle des histoires de garçons à sa mère, elle répond : « J'ai pas envie de lui dire ça, et elle s'en fout en plus. » Cette attitude parentale, et surtout maternelle, est visible dans le récit du départ le matin. Aïssatou est réveillée par son oncle qui part travailler entre 5 heures et 6 heures. À la suite de quoi, elle se rendort. Elle est souvent réveillée ensuite par un de ses frères. Elle se lève, se brosse les dents et regarde la télé. Elle ne prend jamais de petit-déjeuner : « Je mange jamais, j'ai pas l'habitude. Quand j'étais petite, je mangeais un peu ; ma mère me donnait du lait avec du pain et du beurre mais là, j'aime pas. En fait, j'aime bien mais j'ai pas envie de manger le matin. » Comme ni son père ni sa mère ne sont levés et que personne ne lui prépare son petit-déjeuner, elle n'en prend pas. Elle part généralement à 7 h 45. « A-t-elle préparé ses vêtements la veille ? » demande l'enquêtrice (suivant la grille des questions). « Oui » répond l'adonaissante, faisant remarquer que sa mère ne prête pas attention à ces préparatifs : « Elle regarde pas, elle s'en fiche, elle, tant qu'on est habillé. C'est pour ça, je te dis qu'elle s'en fiche, elle se lève pas pour voir comment on est habillé.

Elle sait qu'on s'habille. On va pas partir tout nu, alors elle sait et elle reste au lit. » Aïssatou n'est pas enchantée d'avoir à se débrouiller seule.

La télévision est toujours allumée à l'exception du temps du dîner. Aïssatou regarde le *Morning Live*, puis au retour de l'école *Sunset Beach*, *Melrose Place*, *Stargate*. Pour choisir le programme, les frères et sœurs discutent entre eux. Aucune référence, même implicite, à la position dans la fratrie. Ce principe n'est donc pas permanent. Si la décision ne parvient pas à être prise, « c'est mon père qui choisit. Par exemple si moi, je veux regarder la une et que l'autre, il veut regarder la deux. Lui, il va regarder et puis il va mettre la chaîne ». Les jeunes s'en tiennent à la décision de leur père ou à ce qu'il veut voir : « Il veut toujours regarder les chevaux et *Questions pour un champion*. Nous, on peut rien dire. On doit attendre que ça se finisse, surtout pour les chevaux. Faut qu'on attende. Moi, je regarde avec lui, j'aime bien, même si je ne comprends pas trop tout au jeu. » Aïssatou reste avec son père, appréciant ces temps communs.

Le régime de la communauté interdit à Aïssatou de prendre appui sur la musique pour avoir un environnement personnalisé. Les CD disparaissent, le lecteur familial ne fonctionne plus. La musique, « c'est pas trop à la maison » : « Moi, j'aimerais bien mais c'est à cause du bruit et mes parents, ils dorment. » À défaut, Aïssatou se tient au courant. Elle aime bien Jennifer Lopez, Mariah Carrey, Billy Crawford. Dès qu'elle peut, elle surfe sur les ordinateurs de ses copines pour regarder « les photos de stars » : « C'est bien Internet. C'est trop bien. » Aïssatou se réfugie dans la lecture[1]. Le soir, son père vient éteindre la lumière : « Mais j'ai un truc, une lampe. On l'a fait en techno, la lumière. Du coup, je peux lire avec. Je lis sous ma couette. » Sans le savoir, cette jeune fille renoue avec la tradition observée dans les récits de lecteurs et de lectrices jusque dans les années 1960-1970, lorsque certaines lectures étaient interdites. L'adolescente aime lire, elle en discute avec ses frères et sœurs : « Ils me disent si c'est bien ou pas, et des fois après je les lis moi aussi. Par

1. Elle fabrique aussi des grilles de mots croisés et dessine des rosaces qu'elle colorie.

exemple, il y a le livre de *Max et Lili*, on l'a presque tous lu. » La lecture peut inverser le rapport de l'aînée et de la cadette. Pour Aïssatou, cette activité requiert des conditions qui ne sont pas toutes remplies. C'est ainsi qu'elle ne peut plus emprunter à la bibliothèque : « Avant j'allais à O. et après j'ai perdu ma carte. Après, Mariama était inscrite et elle a perdu des livres. Alors ils veulent plus. Après je suis partie à B. et ils ont dit que moi, j'avais emprunté un livre et que j'avais pas rendu, alors que je l'avais rendu. Je dois le repayer. Je peux plus emprunter des livres. » Les contraintes de l'emprunt sont peu compatibles avec le régime de la communauté familiale. Il reste la lecture sur place, « des BD et des livres comme *Tom-Tom et Nana* ».

La communauté étend son emprise sur les fréquentations. Aïssatou est souvent chez ses parents avec ses frères et sœurs, ses cousines. Elle est amie avec deux sœurs qu'elle a connues à l'école maternelle et qui vont désormais au collège privé. Aïssatou s'entend aussi très bien avec Koudjédjé. Elles se voient presque une fois par semaine. Elles commentent leur vie dans leur collège respectif. Cette amie est validée par le réseau d'interconnaissance des parents : « Ils ont déjà vu ses parents parce que sa mère, elle vend des habits et ma mère, elle en achète ; et après elles se voient. Elles s'entendent quand même bien toutes les deux, nos mamans. »

Pour le moment, Aïssatou joue au mieux ses trois rôles de sœur aînée, de sœur, de membre de la famille. L'appartenance familiale est nettement dominante, les autres statuts ne contrebalancent pas ce poids. Seules les institutions et les associations — comme le centre de loisirs, l'association d'aide aux devoirs — lui ouvrent d'autres portes. Par ce contraste avec les adonaissants des familles de cadres, on comprend comment les politiques en direction de l'enfance et de l'adolescence pourraient commettre une erreur en pensant que les adonaissants ont moins besoin de tels supports à l'adonaissance. Cela est vrai pour des jeunes de milieux cadres, cela est faux pour des jeunes de milieux populaires. L'individualisation, et encore plus lorsqu'elle s'exerce dans un contexte d'individuation, ne peut exister que si et seulement si l'individu a à sa disposition une série d'espaces qui lui permettent de jouer une diversité de rôles. Elle n'est donc en rien opposée aux offres associatives ou institutionnelles.

La réduction de l'identité à celle d'« élève »

Dans les cas précédents, la scolarité n'était pas considérée par les parents comme une des marques de l'appartenance familiale. Les études pouvaient être détournées en territoire personnel, le statut d'élève ajoutant de la complexité à l'identité. Pour Sandrine et Magali, âgées de 11 ans, cela n'est pas possible, comme elles le racontent dans des récits séparés. La mère établit une équivalence très forte entre le statut de « fille de » et celui d'« élève ». Par cette confusion, elle impose à ses deux filles une conception très réductionniste de leur vie. Cette équivalence n'est pas comparable au modèle des familles de cadre car elle tend à être exclusive, sans zone libre à côté.

Une mère « chef » de famille

Née en Guadeloupe, la mère a eu ses deux filles d'un homme dont elle ne leur dit presque rien. Magali sait peu de choses sur son père, sauf son prénom et la couleur noire de sa peau. Elle n'a pas de photo. Elle met en place une défense sous la forme d'un dicton à propos de cette absence de souvenirs : « Si j'en ai, j'en ai, et si j'en ai pas, j'en ai pas. » Si les deux sœurs sont coupées de leur père, elles conservent en revanche de fortes relations avec la Guadeloupe et la famille maternelle. Elles y retournent tous les étés et retrouvent leur grand-mère, des oncles et des tantes. Avec un autre homme, tout aussi mystérieux, leur mère a eu un petit garçon qui a maintenant 4 ans. Sandrine qui a tenté de soutirer à sa mère des renseignements sur l'absence d'homme à la maison n'apprécie pas un tel silence : « J'ai déjà posé des questions dessus, mais elle a pas répondu, elle veut pas répondre en fait». Les pères ne comptent pas. La filiation est maternelle et la mère est nettement chef de famille.

Agent technique dans une mutuelle, cette femme vit avec ses enfants dans un appartement du 20e arrondissement de Paris comprenant un assez grand salon, une chambre pour la mère, une chambre pour le fils et une chambre pour les jumelles. Elle veut que ses enfants suivent le droit chemin de la bonne scolarité et de la réussite. Le reste compte assez peu. Même à la maison, ses filles sont principalement «élèves». Elle serre la vis (au moins officiellement) pour le bonheur de la génération suivante. Malheureusement on ne connaît pas la trajectoire sociale de cette femme pour savoir, éventuellement, sur quoi s'enracine une telle exigence de réussite, confiée à ses filles.

Quoi qu'il en soit, aucune des jumelles n'a accès à la culture jeune. Une si forte, et si rare, exclusion intrigue. Écoutons les jumelles sur leur absence de CD. Tous les CD de la maison appartiennent à la mère qui ne veut pas que ses filles en aient : «Parce que maman, elle dit : "C'est trop cher et puis que moi, je pourrai pas écouter les miens." Et voilà.» Magali n'aime que Garou dans la collection de sa mère. Sandrine remarque que sa mère argumente mal pour justifier sa décision : «Elle dit que ça sert à rien et qu'on s'en lasserait. Elle, elle a bien des CD, et on les écoute plusieurs fois, alors c'est pareil quand même. Et puis ça fait longtemps que j'aime Céline Dion et les L5, c'est vraiment très bien, alors j'écouterais beaucoup le CD si j'en avais. Mais ça, elle ne comprend pas.» Il n'y a pas non plus de possibilité d'écouter les radios destinées aux jeunes. La mère impose RTL dans toute la maison en quasi-permanence. Magali déteste cette radio et ses jeux «débiles». Sa mère refuse de changer de fréquence : «Maman est scotchée dessus, et c'est tout.» L'enquêtrice demande à Magali pourquoi elle n'écoute pas dans sa chambre ce qu'elle veut, l'adonaissante répond de façon surprenante : «J'ai la radio, oui j'en ai une. Mais moi je ne vais pas monter pour la brancher, et si jamais je fais mes devoirs, je peux pas changer de lampe parce qu'il n'y a pas assez de prises. De toute façon je n'écoute pas la radio dans ma chambre. C'est comme ça. En fait il y a la radio dans le salon ou dans la cuisine, et je l'entends dans ma chambre. » Cette pré-adolescente tente de sortir des contradictions dans lesquelles sa mère l'enferme. Lorsqu'on lui demande comment elle vit cette situation, Magali répond : « Vu que j'ai pas de CD et ce que je sais de ma mère, elle m'en achètera pas, je vais pas m'accrocher à ça, ça sert à rien. Alors je passe à autre chose, voilà c'est tout. » Sa sœur se prend aussi les pieds dans le tapis des explications confuses puisqu'au début, elle explique qu'elle écoute de la musique dans sa chambre et qu'elle a des CD. Au fur et à mesure des entretiens, elle réajuste ses positions. Elle aussi déclare qu'un poste de radio est en haut de l'armoire, ne servant pas. On peut se demander pourquoi rendre un tel équipement inutile alors qu'une prise multiple permettant de brancher la lampe du bureau et la radio est un achat peu onéreux. Il y a des enjeux que les filles ignorent mais dont elles subissent les conséquences. Est-ce parce que pour la mère, la radio empêche la concentration intellectuelle ? Est-ce pour prouver que la famille doit se réunir sous un programme unique ? On se croirait dans le roman de Catherine Cusset, *La Haine de la famille* (2001), dans lequel la narratrice raconte comment sa mère impose les programmes de France Culture en permanence à tous les siens, comment elle les enveloppe par le son culturel. Ayant beau déclarer « haïr » la famille, cette femme fait tout pour créer un sentiment d'unité par une culture commune dont elle décide, seule, le contenu.

Quand Sandrine le peut, elle enjolive les faits. Ainsi pour la chambre, elle raconte comment elle a choisi avec sa mère et sa sœur le papier peint tandis que selon Magali, c'est la mère seule qui a fait le choix ! La première a besoin de colorier le monde que lui impose sa mère dans des teintes qui lui semblent plus conformes à son goût personnel, qui trouve si peu à s'exprimer. Dans le domaine scolaire, la mère exerce son pouvoir avec force. Elle a voulu que malgré le prix, ses filles aillent dans le privé, l'école publique étant perçue comme dangereuse. Les jumelles ont ainsi perdu bon nombre de leurs relations. La mère ne les a prévenues qu'une fois les inscriptions faites. Après coup, Sandrine allume un contre-feu en contestant la différence proclamée entre les deux collèges, espérant revenir au « public » et donc retrouver ses copines. Aussi montre-t-elle qu'actuellement la situation à l'école privée n'est pas excellente : « La classe est très turbulente, enfin pas très très turbulente, mais un peu quand même. Comme ça, je pourrai dire qu'au SC [collège privé] c'est pareil qu'à HM [collège public]. » Magali est plus prudente, moins confiante dans la possibilité du changement : « Je préférerais être à HM parce qu'il y a mes amis et une plus grande cour, et je préfère être à SG parce qu'il y a moins d'énergumènes. » Pour justifier le maintien dans l'école privée, elle reprend les termes mêmes de sa mère.

Chacune dans leur sixième, ces jumelles sont de bonnes élèves, Magali étant même dans les quatre premiers de la classe. Comme les résultats sont bons, la mère oscille entre la surveillance et la responsabilisation (facilitée par le contrôle serré du collège privé). Elle ne prend jamais l'initiative de regarder le carnet de liaison ou le cahier de textes : « Quand il y a un mot dedans, c'est moi qui vais lui dire. Par exemple, je vais lui dire à haute voix, et puis après je vais le laisser sur la table du salon, et puis elle le signe. Elle me le rend et puis je le remets dans mon sac. Sinon, elle me le réclame mais elle vient pas fouiller dans mon cartable, enfin peut-être qu'elle le faisait en CE2, mais alors en sixième quand même ! » Elle ne surveille pas tout : « Elle nous demande si on a fait nos devoirs mais elle vérifie pas parce qu'elle sait très bien qu'on est bien obligées de les faire, parce que les profs, ils passent toujours dans les rangs. » Magali n'a jamais été collée, mais elle ne le souhaite pas : « ça serait ma fin. Ma mère, elle va me tuer ». Sandrine se sert d'une expression comparable : « J'ai plutôt pas intérêt à avoir une heure de colle, sinon ma mère, elle me tue. » La mère est sévère : en cas de mauvaise note, elle « n'est pas contente, elle me crie dessus, et vu qu'elle crie très fort, c'est pas agréable du tout ». Cependant cette sévérité leur semble moins arbitraire que dans d'autres domaines, en effet les jumelles croient, elles aussi, en l'école.

Un si petit monde

La mère ne suit pas les préceptes psychologiques de la différenciation (Darmon, 2001). Si les jumelles ne sont pas dans la même classe, ce n'est pas suite à une demande maternelle. Pour les vêtements, la mère achète souvent en double en faisant seulement varier les coloris. Une partie de leurs affaires sont mélangées : « Dans la commode, c'est commun, il y a les chaussettes et les culottes, et les maillots de corps. » La mère de Magali participe activement à la manière dont leurs filles s'habilleront le lendemain : « Elle m'impose pas spécialement des linges mais si je veux mettre un linge en particulier que j'ai pas mis depuis longtemps et je le pose là si maman est occupée, je le dépose sur mon bureau pour que maman après, elle voit et que si ça lui convient pas, elle remet dans l'armoire et elle en prend un autre. » Rarement un tel contrôle sur les vêtements est exercé[1] ; le plus souvent la gestion du stock étant contrôlée, la liberté de l'adonaissant s'inscrit dans les limites des vêtements disponibles. La mère de Magali et de Sandrine surveille tout. Dans les magasins, les filles tentent timidement de faire reconnaître leurs goûts : « On voit ce qui nous plaît, et puis maman elle aime pas trop, on prend pas » (Sandrine).

Les cheveux n'échappent pas à ce fort contrôle. Sandrine raconte qu'en semaine, un coup de peigne suffit : « Sinon pour me natter, c'est le dimanche, on se fait coiffer et c'est maman qui choisit la coupe. » Cette adonaissante n'aime pas forcément ce que décide sa mère : « Cela dépend de son humeur. Si elle est de bonne humeur et que je lui demande de me faire une coupe que j'aime bien, elle la fait. Sinon, elle fait celle qu'elle veut. » Sandrine voudrait retourner chez le coiffeur — elle y a été une fois — pour se faire défriser les cheveux. Il lui faut encore attendre : « Dans deux ans, quand ils seront assez longs parce que pour elle, là ils sont pas assez longs. Moi, je trouve que c'est pas vrai. Je pourrais très bien me faire défriser maintenant. Si elle a dit deux ans, c'est deux

1. Il se situe à l'extrême opposé du comportement de la mère d'Aïssatou.

ans. Et je pourrai pas la faire baisser là-dessus. » Magali n'est guère plus satisfaite d'un tel impératif : « C'est maman qui nous coiffe. Et c'est moi qui choisis ma coupe quand elle a pas d'idées », ajoutant que sa mère en a souvent ! De plus les jumelles sont coiffées de la même manière. Magali en prend son parti : « Je m'en moque, si elle devait me coiffer autrement, elle me coifferait autrement. C'est tout. Si elle voulait pas, elle me le ferait pas. »

Pour ces jumelles, la ville ne peut être explorée qu'à pied, c'est indiscutable : « On sait qu'il faut pas prendre le métro toutes seules, c'est tout. » Magali accompagne quelquefois sa mère pour les achats communs : « Je suis en train de faire autre chose, elle vient nous demander si on veut faire les courses ; des fois c'est pas vraiment qu'on veut, c'est plutôt qu'on n'a pas trop le choix, elle dit : "Les filles, venez faire les courses." On y va et c'est tout. » Heureusement que l'expression « c'est tout » permet de terminer la réponse sans plus de justification.

Entre toutes ces contraintes, poussent deux ou trois herbes folles, deux ou trois temps et espaces « libres ». Les jumelles sont heureuses de leur lit. Elles ont décidé du choix de leurs couettes. Sandrine aime cet équipement : « Parce que je peux tout faire dessus, je peux faire mes devoirs et tout, je peux lire » — tout comme sa sœur qui se sent bien « parce que si je suis Aïssatouguée, je peux m'allonger, je peux lire en même temps, je peux jouer en même temps, je peux dessiner, je peux faire mes devoirs sur mon lit. » Les lits superposés sont un des objets les plus personnels qui autorisent autre chose que de la bonne tenue.

Comme il n'est pas possible d'oublier complètement le rôle d'« élève », les filles le tordent pour qu'il soit compatible avec un certain plaisir. La musique leur étant interdite, reste la lecture, encouragée par la mère comme pratique complémentaire à l'école. Alors Magali et Sandrine lisent et aiment lire. Et elles peuvent ainsi se différencier. Sandrine aime particulièrement les romans policiers. Elle n'écoute pas les conseils de sa sœur : « Quand elle me dit : "C'est bien", je le commence et après quand j'aime pas, je le finis pas. J'arrête là. » Magali, elle aussi, suit rarement les conseils de sa jumelle. Malgré tout la lecture n'est jamais déconnectée de la pratique scolaire. Magali justifie ainsi leur inscription à la bibliothèque du quartier : « C'est parce que déjà on avait assez de livres. Et vu qu'on est en sixième, ils nous demanderont de faire des exposés, un herbier, faut que tu cherches des noms alors vaut mieux être abonnée à une bibliothèque. » C'est le même argument qui est invoqué pour l'achat de l'ordinateur : « Elle a dit que, comme on était en sixième, on allait devoir faire des exposés, alors elle a dit que ce sera plus pratique. Et nous, on n'a pas dit non. » Les filles ont accepté, espérant sans doute pouvoir détourner au moins un peu cet appareil. La télévision sert déjà aussi à cet objectif pédagogique. Magali « regarde des documentaires que maman nous impose : *Thalassa*, *Envoyé spécial*. Des fois, c'est bien mais alors des fois, tu dors, tu dors ! Parce qu'elle nous dit : "Cela va vous instruire" et le pire [*sic*] c'est qu'elle a raison. » Magali a pu le vérifier en pouvant répondre plus facilement à des questions de ses professeurs. Cela ne suffit pas à la convaincre, et elle ose une comparaison entre le sommeil et la culture.

Le mercredi après-midi, les jumelles font de la gymnastique rythmique dans le cadre du collège. Leur choix a été très limité : « Notre mère, elle nous a dit : "GRS ou basket", et on a dit "GRS". » Les jumelles font un duo. Elles sont donc une fois de plus « pareilles ».

Hormis le lit et la lecture, ce qui est personnel (relativement) pour l'une et l'autre, ce sont les amies. Sandrine a une meilleure amie qui n'est pas dans le même collège et qu'elle ne voit qu'une fois par semaine. Par chance, sa mère approuve ce choix : « Elle l'aime bien. Heureusement car vu que c'est ma meilleure amie, vaut mieux que ma maman, elle l'aime bien. Pareil, je connais ses parents. Elle connaît ma mère, moi je connais ses parents ; elle est venue chez moi, moi pareil. Donc c'est aussi pour ça que c'est ma meilleure copine. » Sandrine tente de faire pour le mieux dans les faibles marges de jeu dont elle dispose. Elle aimerait être plus souvent avec ses copines, sortir de son statut de « fille de ». Son vœu porte sur ce point précis : « Que je puisse inviter mes copines plus souvent. » Pour leur anniversaire, il y aura un goûter avec un gâteau, et cinq ou six copines. La mère se mêle des invitations. « Ma mère, elle dit : “Faut que ça soit des enfants qui travaillent bien à l’école et qui sont sages” » (Magali).

Signalons qu’au collège, Magali joue avec ses copines : « On est entre filles, après il y a des garçons qui viennent nous embêter. On les chasse. C’est eux les souris et nous les chats. » Enfin le monde à l’envers ! Cette inversion procure quelques satisfactions, à défaut de pouvoir transformer les rapports intergénérationnels, modifier pour un temps les rapports entre les genres…

« Maman quand même »

Le rapport à la mère et à son ordre éducatif diffère selon les deux sœurs. Sandrine a une relation privilégiée avec sa sœur jumelle : « Je les [les secrets] garde pas pour moi, je les dis à Magali. Il y a des trucs que je dis qu’à Magali, comme enfin, là je sais pas trop, je trouve pas mais y’a des trucs que je dis qu’à elle. » Elle la considère comme sa confidente. À sa mère, elle parle surtout de sa vie à l’école. Au contraire Sandrine n’a rien à cacher à sa mère : « Je peux tout dire à ma mère, c’est pareil que moi. » Magali n’a pas le même point de vue, elle ne cite pas sa mère dans ses réponses sur les confidences. Elle maintient sa mère à distance, certaines choses n’ont pas à lui être dites : « Comme par exemple, si tes amis travaillent bien à l’école, parce que c’est vrai, c’est tes amis à toi, tes parents, ils ont pas à s’en mêler. » Elle ajoute à propos de sa mère : « Elle me demande si mes copines, elles travaillent bien. Souvent elle m’en parle de mes copines. Mais maintenant je suis habituée alors je m’en moque. » L’expérience lui a fait comprendre les empiétements de sa mère, perçus comme abusifs.

Les deux jumelles développent quelques points de résistance, plus souvent mentale que comportementale. Ainsi Magali se moque du rituel du soir. Elle embrasse chacun avant d’aller à se coucher à l’heure fixée, 9 h 30. Cela l’ennuie « parce que “Bonne nuit, maman, bisous”, “Bonne nuit, Matthieu [son frère]” — lui, il est pas soûlant — mais maman quand même ». Cette adonaissante mêle rêve et réalité quand elle énumère ce qui a changé depuis l’entrée au collège : « Oh choisir mes linges toute seule. Dire à maman ce qu'on voudrait bien manger. Lui dire à quelle heure on ira se coucher. Et lui dire si on doit aller à la bibliothèque. » En effet, elle n'a pas encore le droit de « dire » tout cela, et encore moins de « faire ». Cependant en répondant ainsi elle montre que sa résignation n'est qu'apparente. Elle voudrait avoir une certaine individualisation et elle sait combien ce sera difficile. On pourrait prendre une image du travail qu'elle doit encore accomplir afin que sa vie soit un peu plus conforme à son rêve. Quelquefois Magali joue chez elle. Un de ses jeux favoris est le *Méga Quizz*, un jeu avec des questions et une réponse à sélectionner (un jeu « parascolaire ») : « Si t'as bon, c'est bien et si t'as pas bon… Je joue aussi à deux, mais le plus souvent, je joue toute seule. Comme ça, j'ai pas besoin d'attendre personne et quand je veux arrêter, j'ai pas besoin de demander, j'arrête. » Détourner un jeu collectif en jeu personnel afin de ne plus avoir besoin de demander, d'attendre le bon vouloir d'autres personnes. L'individualisation apparaît bien en creux dans la manière de jouer de Magali et aussi dans sa définition de l'indépendance : « Être indépendant, ça veut dire que t'as pas besoin de ta maman, t'as pas besoin de lui dire : "Oui maman, je vais faire ça." Maman ne m'appelle pas. T'as pas besoin de lui dire : "Bon, je vais à la bibliothèque." T'y vas sans rien lui dire. Tu sors quand ça te semble bon ». Magali se laisse emporter par son rêve d'émancipation qu'elle doit rendre compatible avec une mère qui ne raisonne qu'en termes de réussite, scolaire et sociale, et qui exclut de concéder du pouvoir à ses filles.

Sandrine et Magali résistent timidement. Leurs territoires personnels sont tellement réduits que Sandrine ne peut prendre du recul que dans sa tête, dans un « quant-à-soi » (Dubet, 1994) qui est sans doute une des armes des gens les plus dominés. Magali, elle, détourne un jeu où elle peut enfin être certaine, en étant seule, de pouvoir définir les règles. La manière dont ces jumelles parviendront à ne plus se laisser déposséder n'est pas contenue dans leurs récits. Est-ce par une passion culturelle, qui recevra alors l'assentiment maternel ? Est-ce par d'autres modalités moins légitimes ? Est-ce par « la crise » d'adolescence, utilisée comme ressource ?

9

Les modes d'affirmation de soi

Le maintien d'une forte appartenance à la famille et l'absence de clivage entre cette appartenance et une identité intime caractérisent l'adonaissance dans les familles populaires. Ce modèle peut entraîner des dérives (comme tout modèle). Le chapitre précédent en a décrit quelques-unes qui reposent toutes sur le même principe : l'appartenance familiale devient trop exclusive, interdisant à l'adonaissant de développer suffisamment d'autres appartenances pour se construire une identité feuilletée. Bien maîtrisé au contraire, ce modèle le permet. L'affirmation de soi consiste alors dans la manière originale dont la fille ou le garçon ordonne les diverses composantes de son identité. Pour prolonger l'analogie pâtissière, les variantes du mille-feuille forment autant d'affirmations de soi. La première que l'on considère maintenant est essentiellement mise en œuvre par des filles : elles s'affirment en investissant dans leurs études. Elles le font au-delà de la demande parentale. Elles détournent cette dernière à leur profit. Loyales envers le groupe familial, elles visent aussi leur propre trajectoire. Ni opposition, ni soumission, grâce au bon usage de l'identité statutaire d'élève.

La seconde affirmation de soi insiste sur une autre identité statutaire, celle du genre. Pour comprendre cette forme, il est nécessaire de distinguer deux définitions du genre : celle que certains parents veulent imposer, notamment pour les filles, avec l'attribution des travaux domestiques ; celle qui domine dans la nouvelle génération avec la coloration sexuée de la culture jeune. Même si cela semble caricatural, les filles rêvent aux stars de la chanson, les garçons se prennent pour des stars du stade. La première définition du genre renvoie à la domination masculine, la seconde repose plus sur l'exigence, souvent sous-estimée dans les sciences sociales au nom de la lutte contre les préjugés et les stéréotypes, d'une identité construite également par des ressources tirées d'une appartenance à son genre. Cette revendication ne heurte pas nécessairement de front les parents si elle est cumulée avec l'attachement familial.

En revanche, la troisième affirmation de soi suscite plus de troubles familiaux puisqu'elle conteste la force de l'appartenance à la famille. Les adonaissants concernés mettent en avant une logique de l'égalité de traitement qui n'est pas celle d'une famille communautaire. Dans leur milieu, ils inventent en quelque sorte un clivage identitaire, à la différence près (par rapport aux familles cadres) que la partie personnelle est inconnue des parents. Ce dédoublement ne résulte pas d'une pédagogie parentale explicite, il est engendré par la volonté de certains individus d'expérimenter une part de leur existence non seulement à côté des règles domestiques, mais aussi contre elles. Dans la pédagogie « continuiste », propre aux familles populaires, ces contestataires introduisent des ruptures.

S'affirmer par l'investissement dans les études

Zorah et Saïda, deux copines de Strasbourg, deviennent autonomes en acceptant une part importante de ce que leurs parents leur proposent. Elles comprennent que l'intérêt général (du groupe) n'est pas systématiquement opposé à leur intérêt personnel. Pour obtenir cette coïncidence, elles choisissent des formes d'affirmation de soi qui respectent les impératifs de la vie familiale. Elles respectent les règles du jeu parental et jouent en même temps avec leurs compétences propres. Elles réagissent différemment de Nadia[1] qui se laissait faire. Pour Nadia, l'horizon d'attente qui donne sens au présent est l'enfermement dans une fonction mater-

1. *Cf.* chapitre 8.

nelle et conjugale qu'elle voudrait ne pas subir comme sa mère, enfermement dont elle ne parvient pas à comprendre comment on peut s'en sortir. Elle est prise par de multiples travaux domestiques. Zorah et Saïda refusent un tel destin, dessinent des projets, à court ou moyen terme, plus ou moins réalistes mais qui démontrent qu'elles veulent «réussir», c'est-à-dire ne pas exister seulement en tant qu'épouse et mère. D'une part, le capital scolaire et professionnel les attirent, leur assurant, espèrent-elles une future indépendance. Alors que Nadia investit peu dans l'école, la rupture avec la loi du genre lui semblant trop difficile, Zorah mise sur ses études sans négliger pour autant les satisfactions immédiates données par les séries télévisées, la musique et les liens amicaux. D'autre part, leurs temps libres ne sont pas dédiés à la famille, ils renforcent leur identité générationnelle. Ces adonaissantes évitent une certaine famille, tout en affirmant tirer ressources de la leur. Ainsi Zorah apprécie ce qu'elle considère comme sa culture d'origine. Troisièmement, et sans doute dans le cadre d'une causalité circulaire, Saïda et Zorah font preuve d'énergie alors que Nadia est toujours fatiguée, peinant à soulever un monde trop lourd pour elle.

Par ambition scolaire

Née en France, Saïda, 12 ans, élève de cinquième est d'origine algérienne. Son père, ouvrier à la retraite, et sa mère, au foyer, ont deux enfants en plus d'elle : un fils aîné de 16 ans et une fille de 10 ans. À Strasbourg, ils habitent dans un petit immeuble depuis une dizaine d'années. Pour le premier entretien, Saïda est toute de noir vêtue, avec un pantalon collant, un petit tee-shirt et un petit blazer. Elle porte des chaussures noires avec un talon d'une dizaine de centimètres, achetées avec sa mère à la condition qu'elle ne les mette pas trop souvent, pour protéger son dos[1]. Ses cheveux sont attachés. Au second entretien, Saïda est en survêtement et baskets.

1. Sa mère a acheté les mêmes pour la sœur en CM2 ! Cela déplaît à Saïda qui perd son originalité, avec une sœur qui la copie : «Tu t'habilles bien, moi aussi je veux m'habiller comme ça.» L'écart d'âge se trouve atténué.

La couleur rose

Saïda a une chambre qu'elle partage avec sa plus jeune sœur. Elle y passe beaucoup de temps, pour ses devoirs, pour la télévision, et ajoute en souriant : « Je dors dans ma chambre. » L'accès aux programmes télévisés est libre, ses parents ne contrôlent pas. La surveillance porte sur les horaires : « À 8 h 30, 8 h 45 », la télévision doit être éteinte. Cette règle renvoie aux études : « Mais quand j'ai pas école le lendemain, je peux la regarder quand je veux jusqu'à quand je veux. » Saïda regarde la télévision tous les jours, surtout après le dîner, de 7 h 30 à 8 h 30, surtout Canal J, des séries comme *Sister Sister*, et des dessins animés.

Ce que Saïda apprécie particulièrement dans sa chambre, c'est la couleur, rose saumon. Elle l'a choisie il y a deux ans avec les meubles, beiges et noirs : « On n'est pas partis en vacances parce qu'on a tout refait. Le salon, on a acheté les meubles ; et ma chambre, on a acheté une armoire, un bureau, une commode et le lit superposé. » Saïda désigne la chambre partagée comme « sa » chambre, impression renforcée par le fait que c'est elle qui a tout choisi. Elle a réussi — privilège de l'âge — à détourner la cohabitation à son profit. Lorsque l'enquêtrice lui demande si sa sœur a participé aux décisions, Saïda répond : « Enfin on se mettait d'accord. Quand moi je proposais ce bureau, elle me disait "non". Mais quand on était d'accord toutes les deux, on prenait. » Ce qui arrange Saïda c'est que sa sœur est souvent dans le salon ou dans la chambre de son frère. Cependant sa sœur fouille partout sans rien prendre, mais cela suffit à rappeler à Saïda le partage de l'espace privé.

Dans la chambre, Saïda lit aussi beaucoup. Elle est inscrite (son frère et sa sœur également) à la bibliothèque, et emprunte régulièrement des livres lorsque le Bibliobus s'arrête près de chez elle le jeudi. Elle prend deux ou trois livres à chaque fois, des *Titeuf* ou bien des *J'aime lire*. Elle emprunte aussi des livres au CDI de son collège (qui propose aussi des *Titeuf*). Elle s'achète de temps à autre des livres de la collection « Chair de poule », des livres de la série « Sabrina », des livres qu'on peut lire à partir de 9 ans, précise-t-elle. Elle les achète à Auchan avec son père : « Je vais du côté des livres et je prends. Comme par hasard, ma sœur en prend aussi (*sourire*). » Elle en achète un par mois. Elle se rend aussi à la bibliothèque municipale centrale lorsqu'elle a des exposés à faire. Comment réussit-elle à trouver ce qu'elle cherche ? Saïda se renseigne : « Par exemple, si j'ai une recherche à faire sur un peintre, je demande et ils m'emmènent. Ils me disent : "C'est ce livre-là." Je recopie ou bien je fais des photocopies. » À 12 ans, Saïda a un bon usage de l'offre publique de livres et de documentation.

Les félicitations

Au collège, cette adonaissante ambitionne les « félicitations » : « Parce que je les ai eues deux fois en sixième, premier trimestre et deuxième trimestre, et je les ai accrochées dans ma chambre parce que je pensais que j'allais les avoir au troisième trimestre. Après j'ai eu "encouragements", et "encouragements" au premier trimestre de cette année. » Elle insiste : « J'ai envie d'avoir "félicitations" pour les deux prochains trimestres. » Elle est motivée par ce que cela signifie et aussi par la récompense : « Pour partir en vacances, ma mère elle m'a dit : "Tu pars" parce que, c'est quand même cher pour partir en Algérie. Elle m'a dit : "Tu travailles, tu le mérites comme ça." » À l'enquêtrice qui lui demande ce qui se passera si elle n'a pas les félicitations, Saïda répond qu'elle partira quand même, mais que cela serait mieux avec de bonnes notes. Sa mère agit ainsi : « Pour que je travaille mais elle me dit : "C'est bien encouragements." Moi je préférerais avoir "félicitations". » Saïda en veut plus que ses parents. Elle fixe autant elle-même que ses parents les objectifs à atteindre. Elle redit pour la troisième ou quatrième fois à l'enquêtrice : « J'ai déjà "encouragements", je préférerais, j'ai envie d'avoir "félicitations" ». Elle sait ce que cela implique : « L'année dernière j'avais une bonne moyenne en anglais et cette année j'ai un onze. Alors c'est pas bien. Toutes les matières j'ai quinze, quinze, quinze, quinze. » Elle n'aura les félicitations que si elle obtient quatorze de moyenne en anglais. Elle fait tout pour y parvenir.

Ce sérieux que Saïda manifeste est bien vu de ses parents : « Ma mère elle m'achète plus à moi qu'à ma sœur, qu'à mon frère, qu'à mon père et qu'à elle. » Lorsqu'elle avoue cette préférence, elle ne l'explique pas tout de suite. L'enquêtrice insistant, Saïda précise « Parce que je travaille mieux. Dans toute la famille c'est moi qui travaille le mieux… Alors elle [sa mère] me dit : "Je te récompense. Si tu travailles bien, je te récompense." » Et comme elle sait que sa fille est coquette, elle lui achète plus de vêtements. Ses parents sont satisfaits, suivant de près la scolarité de leurs trois enfants. Ils se rendent à toutes les rencontres organisées au collège et à l'école primaire : « C'est mon père et ma mère qui y vont, chacun. » Si Saïda est autonome dans le sens où elle se fixe elle-même la plupart des « contraintes », en réalité elle se cale sur celles esquissées par son père et sa mère et les prolonge, les amplifie afin de parvenir au seul objectif qu'elle se fixe : réussir à l'école, passer son bac et avoir un métier qui l'intéresse, même si elle ne sait pas encore lequel. Nous sommes à l'opposé de la pédagogie des familles de cadres. Le clivage identitaire produit, on s'en souvient, un paradoxe : l'adolescent éprouve des difficultés à s'approprier à titre personnel « ses » études. Dans certaines conditions, l'éducation dans les familles populaires rend possible un cumul : le fait de devoir investir en tant que membre du groupe domestique n'interdit pas au jeune de le faire aussi en son nom propre. C'est ainsi que Saïda agit.

Mobiliser le groupe familial

Dans le rôle d'élève se nouent l'identité statutaire de « fille de » et l'identité personnelle. Cela ouvre des espaces de libertés. Par exemple, Saïda a le droit d'aller en centre ville pour la bibliothèque, ses parents lui donnent l'autorisation car c'est pour le travail. Si au contraire Saïda demande d'aller en ville pour se promener, elle n'a pas la permission. Elle joue le jeu. Lorsque l'enquêtrice lui demande si la dernière fois qu'elle a été à la bibliothèque (en tramway), elle n'en a pas profité pour se promener, Saïda répond : « Quand je le dis pas à ma mère, non ». La franchise est valorisée et récompensée, comme on le découvre avec les dépenses de l'adonaissante. Bien que n'ayant pas d'argent de poche, elle achète tous les mois *Stars* : « Ma mère elle me dit : "Tu me dis tout, moi je t'achète." » L'important c'est le maintien de la confiance qui prouve l'appartenance au groupe familial et évite le comportement infamant, le vol : « Ma mère elle me dit : "Quand t'as besoin de quelque chose, tu me le dis." » Cette crainte donne des ressources à Saïda qui, en contrepartie, respecte les règles : « Moi j'aime pas faire des trucs en cachette. Je le dis toujours à mes parents. »

Sa mère ne veut pas que sa fille circule sans elle, elle craint qu'elle circule avec des copines qui volent dans les magasins (des bagues, des colliers par exemple). Connaissant des jeunes filles qui agissent ainsi, elle veut éviter que sa fille se trouve confrontée à une telle situation : « Et si y a une copine qui vole, moi je suis avec. Alors, elle aime pas trop. » Saïda a la permission de se déplacer avec Zorah : « Parce que ma mère elle connaît sa mère, et elles parlent ensemble et tout. Ma mère, elle sait qu'elle, elle vole pas mais quand je lui propose avec d'autres copines, elle me dit non. » Une des conditions de la confiance est la connaissance réciproque des parents entre eux. Preuve *a contrario*, sa meilleure copine, Dounia, elle ne peut la voir qu'au collège. La mère de Saïda n'a rencontré l'autre mère qu'aux rencontres avec les professeurs, cela n'est pas suffisant pour que les liens amicaux entre les filles s'approfondissent. Ce préalable — associé au fait que Saïda rentre le midi pour déjeuner en famille par exemple — limite le temps consacré aux pairs. En dehors du collège, elle ne voit des copines que par la médiation de l'aide aux devoirs, de la bibliothèque centrale, du cours sur l'islam suivi à sa demande. L'investissement dans les études soutient aussi la sociabilité.

Comme Saïda a compris que sa liberté doit être conciliée avec le fait d'être « fille de », elle sait mobiliser la famille si elle désire sortir. Par exemple, pour le film *Astérix et Obélix* qu'elle voulait voir, elle a organisé la sortie : « J'ai téléphoné à ma cousine, et elle m'a fait : "D'accord, on y va." J'ai demandé à ma tante [38 ans] si elle voulait venir parce qu'elle aussi, elle aime le cinéma. Et ma cousine, la petite. »

Sa mère ne va pas au cinéma. Pour avoir l'autorisation de sortie de ses parents, Saïda prend appui sur sa cousine, 15 ans, qui est aussi une amie et qui lui présente ses propres copines.

Un corps «familial»

Saïda parvient davantage à confirmer les attentes de ses parents concernant la scolarité que celles s'inscrivant dans son corps et dans un avenir qui n'est pas professionnel. La séance de coiffeur à la maison le démontre. Lorsque sa mère coupe les pointes des cheveux de Saïda, son père veille à ce que cela ne soit pas trop : «Parce qu'une fois, j'avais fait exprès de pencher la tête (*sourire*) et ma mère elle a coupé comme ça. Après quand elle a recoupé tout droit, ça faisait court. Et mon père aimait pas trop, il m'a engueulé, il m'a fait : "Non, j'aime pas ça." Mais moi je lui ai… Il préfère, il me dit : "T'es pas belle avec les cheveux courts, je te préfère avec les cheveux longs, je préfère." Et mon père veut que je laisse pousser mes cheveux, vraiment alors. Si je pars en Algérie, je lui fais : "Papa, il fait chaud et tout." Il me fait : "Non, tu les laisses pousser, ou alors on va pas en Algérie." Il veut à tout prix que je les laisse pousser.» Le père justifie cette exigence : «Je veux qu'à ton mariage t'auras des cheveux longs, comme ça on prend des photos en souvenir et tout.» Saïda préférerait les avoir plus courts, mais elle se soumet, ayant trouvé un argument en faveur des cheveux longs, argument différent de celui de son père : c'est bien pour faire des coiffures, «des queues de cheval hautes, sinon je fais des chignons». Le mariage constitue un événement qui est, lui aussi, sous fort contrôle parental. Si Saïda n'y songe pas — elle ne le voit pas avant 23 ans, 25 ans, elle a déjà des rappels à l'ordre conjugal par son père, rares dans la mesure où elle n'est pas «intéressée» par les garçons et qu'elle n'est pas amoureuse.

Saïda ne peut pas, mais aimerait bien se maquiller car «on est plus belle quand on se maquille». Elle met juste du Labello, un soin de lèvres qui brille un peu. Elle accepte cette règle parce qu'elle établit une correspondance entre maquillage et mauvaise conduite (ce qui revient à affirmer que le maquillage est une « mauvaise tenue ») ; pour elle, ce sont les copines maquillées qui dérobent dans les magasins : « C'est elles que j'ai peur qu'elles volent et que ma mère… Alors elles se maquillent en cachette de leurs parents. Moi j'aime pas faire des trucs en cachette. Je le dis toujours à mes parents. » Cette adonaissante refuse le double jeu, au moins tant que son objectif de réussite n'est pas contrecarré.

Les restrictions au nom de la morale ne doivent pas la priver des symboles de son âge. L'identité statutaire associée à l'âge est une composante identitaire que les parents se doivent de reconnaître. À l'avance Saïda se réjouit parce qu'en quatrième sa mère lui a promis qu'elle pourrait davantage se « promener en ville », toujours avec une copine « fréquentable » : « L'année prochaine, je te laisserai plus. » C'est la prochaine étape. La suivante, elle l'espère à 16 ans, avec un scooter. Elle en a parlé à son père qui lui a répondu : « Pour avoir un scooter, là tu rêves. » Cela ne suffit pas à supprimer ce rêve. Ayant peur des accidents en scooter, il est moins réticent pour la voiture. Il pense même qu'elle sera bien obligée d'en avoir une pour se déplacer quand elle sera plus grande. On passe à l'étape suivante, à ses 18 ans. L'adonaissante se voit encore habiter chez ses parents à moins que, comme une cousine, elle doive quitter Strasbourg : « Peut-être que j'aurais… je sais pas, il faudrait que je parte quelque part pour continuer mes études. » À 12 ans, Saïda programme sa sortie. Elle affirme qu'elle sera indépendante, « libre quoi » à sa majorité, ajoutant avec réalisme : « Encore un petit peu sous la responsabilité de mes parents mais… [plus libre]. » Concrètement, elle précise : « Je pourrais sortir, rentrer tard le soir, pas très tard. Vers 9 heures comme ça. J'aime pas rester la nuit. Peut-être quand je serai grande, j'aimerai plus rester la nuit. » Saïda a cette jolie formule pour signifier que ses désirs d'aujourd'hui se modifieront sans doute puisqu'elle a la sagesse de les ajuster au possible. Son secret réside dans cet ajustement entre ce qu'elle peut et ce qu'elle veut, sauf sur le point de la scolarité. Là, elle dépasse les bornes fixées par ses parents, et tente le tout pour le tout : les permanentes félicitations dont elle espère pouvoir tirer des bénéfices pour sa vie, des études lointaines, un métier qui ne la rende pas trop dépendante. La raison dont fait preuve Saïda — en ce sens qu'elle est une adolescente « raisonnable » — sera peut-être ainsi compatible avec la raison comme support d'une existence autonome. Alors que pour bien des jeunes, c'est la dimension amicale de leur existence qui forme le support de leur monde, pour Saïda c'est la dimension d'élève. Ce choix est doublement judicieux puisque ses parents ne s'y opposent pas, et que cela peut aussi lui être utile à terme.

Avec énergie

Zorah veut réussir comme sa copine, Saïda. Elle y met toute son énergie. Elle aime courir sans s'arrêter, par exemple de chez elle au local de l'aide aux devoirs. Elle souhaiterait faire de la course[1]. C'est le seul regret qu'elle exprime à la fin de l'entretien : ne pas avoir le temps de courir (dans le cadre d'une activité organisée) du fait de son emploi du temps chargé. Son énergie a une fonction qui dépasse le plaisir de se dépenser, elle doit permettre d'arriver, de réussir.

Le latin et l'arabe

Son amour de la télévision et de la musique ne lui fait pas oublier le travail scolaire. Zorah aime beaucoup les langues. Elle apprend l'allemand ; elle parle l'arabe et sait aussi l'écrire. En quatrième, elle devra choisir entre l'arabe et le latin. Elle a envie de prendre la seconde langue : « Je fais latin, c'est mieux. Comme ça, je connais quatre langues. » Zorah se rend le soir à l'aide aux devoirs[2]. Elle vient surtout faire son travail, ayant peu besoin de « soutien » et elle s'y conduit bien.

Sa volonté de réussir a aussi une source parentale. Là encore la dimension « élève » opère une synthèse entre l'identité statutaire de membre de la famille et l'identité person-

1. Le jour du premier entretien, elle portait des chaussures-plateaux avec un talon d'une dizaine de centimètres, les mêmes que ceux de Saïda. Pas vraiment des chaussures de course !
2. Les entretiens, comme ceux de Saïda, se sont déroulés dans ce lieu.

nelle. C'est son père qui la motive et la pousse : « à cause du travail, faut travailler ». Pour ses études, il a quitté la Tunisie et est venu en Corse. Zorah complète l'histoire de son père : « Après il est venu à Strasbourg, pour chercher du travail, étudiant. Mais il a raté ses examens alors il est…, il a pas de travail, il voulait devenir prof de maths mais il a pas réussi alors il a fait ça comme travail. » Il est actuellement agent de surveillance, son épouse, elle aussi née près de Tunis, est femme au foyer[1]. Il semble reporter sur ses enfants ses espoirs scolaires déçus. Alors lorsqu'elle a une bonne note, Zorah l'annonce tout de suite à ses parents qui la félicitent et qui lui disent de continuer comme ça. Elle ajoute dans la foulée : « Mais quand j'ai une mauvaise note je leur dis, quelquefois je leur dis pas mais ils vont le savoir à force de trouver. » Elle explique qu'en cas de mauvaise note, elle ne l'annonce pas, attendant d'avoir une bonne note pour leur dire aussi la mauvaise. Elle avoue avoir déjà caché une mauvaise note grâce au calcul des moyennes : « Parce que dans les moyennes, et j'ai des bonnes moyennes, ils savent pas mes notes, et, si j'ai une bonne moyenne, j'ai une bonne moyenne : ça va et… ils disent rien. » Les parents peuvent punir, mais ils ne le font pas pour le collège. En cas de mauvaise note, ils préfèrent l'encouragement, disant à Zorah : « Cela ne fait rien, il faut que tu travailles, il faut que tu augmentes ta note pour avoir des bons résultats. » Ils sont plus sévères pour la conduite, notamment si elle se fâche contre son frère ou sa sœur. Ils la privent alors de quelque chose à laquelle elle tient : « Par exemple si je vais chez ma copine, ils me disent "non". La bibliothèque je peux aller pour étudier. Mais par exemple si j'ai envie d'argent, ils me disent "non", ils me punissent. »

Zorah a un projet professionnel précis, être pharmacienne : « Parce que c'est un beau métier, c'est bien et comme ça, je construis une pharmacie, c'est moi la propriétaire, et je ferai gérante. » Elle y pense depuis le CM2. En réalité elle hésite entre pharmacienne et maîtresse d'école. Ce qui compte

1. Ils ont cinq enfants, un fils aîné de 16 ans au lycée, une sœur aînée de 14 ans, en troisième, Zorah, 12 ans, en cinquième, une fille de 6 ans et un petit dernier de 4 ans.

pour elle c'est d'avoir un travail, aussi n'envisage-t-elle pas, malgré son affection pour la Tunisie, d'y retourner vivre, le chômage étant trop important. Si elle gagne beaucoup d'argent avec sa pharmacie, peut-être pourra-t-elle alors envisager un changement de pays : « Ça se peut mais… je vais réfléchir plus tard. »

L'énergie de Zorah se canalise dans un planning serré : « Le mardi et le jeudi : je fais soutien. Le mercredi, à la bibliothèque — le matin je reste chez moi et je fais un peu le ménage. Le samedi matin : j'ai cours ; le samedi après-midi : j'ai des cours aussi, le dimanche matin : j'ai des cours. » Le samedi après-midi est consacré aux cours sur l'islam. Zorah est la seule de la famille à suivre ce cours, c'est elle qui a voulu. Et le septième jour, elle a encore deux heures de cours d'arabe. Il ne lui reste plus que le dimanche après-midi : « Je fais rien, je me repose. Je regarde la télé ou sinon je sors, je joue. »

Un lit à tout faire

Toutes ses activités ne la privent pas des plaisirs du temps présent. Zorah consacre beaucoup de temps à la télévision qu'elle regarde sur le poste de la chambre qu'elle partage avec sa plus grande sœur : le *Bigdil*, les dessins animés sur Canal J, *Les Jumelles s'en mêlent*, *Sister Sister*, ou encore une autre série, le *Morning Live*. La télévision, Zorah la voit d'en haut, car elle occupe la position élevée du lit superposé. Cela contribue à rendre son lit très appréciable : « Je sais pas pourquoi, je reste tout le temps là-bas. Je regarde la télé, quelquefois même je fais mes devoirs dans mon lit. » Elle grignote et elle exécute des mouvements de gymnastique : « Je fais des exercices devant la télé parce que je m'allonge sur mon lit, je fais des exercices. »

Elle aime aussi beaucoup les affiches qu'elle a installées de son côté : « J'ai mis des posters de stars. J'ai mis un poster de Britney Spears, de Iam, et d'autres », Brad Pitt par exemple. Elle trouve ces affiches dans *Stars Club* qu'elle achète tous les quinze jours. Comme elle n'a pas d'argent de poche, elle les achète avec ce que ses parents lui donnent exprès. Les posters correspondent à la musique qu'elle écoute, à la musique « "à la mode" comme on dit » souligne-t-elle en souriant à l'enquêtrice, se demandant (à juste titre) si cette dernière apprécie Britney Spears ou Mariah Carey.

Une culture d'origine

Zorah se définit plus que Saïda comme membre de sa famille. Cette appartenance compte davantage. Elle vante les sorties du dimanche en famille : « On va au jardin l'après-midi, on fait des pique-niques » et celles de l'été, à la piscine ou près d'un lac. Elle cherche aussi à conserver ses racines. Sa demande de suivre le cours sur l'islam a cette signification, même si cet enseignement offre aussi des satisfactions plus immédiates. Ainsi le soir du premier entretien, la jeune fille était un peu énervée car après le dîner elle allait au cinéma, pour une sortie organisée par « le cours islamique ». Les personnes qui leur enseignent l'histoire du Coran les emmenaient voir *Ocean's eleven*. D'autres sorties, « la patinoire, le musée » sont prévues. Ce cours traduit aussi un net attachement de cette jeune fille à ce qu'elle considère être son pays d'origine et à sa culture. Elle se réjouit de partir visiter « [s]on pays d'origine, en Tunisie ». Elle n'en est pas certaine, sa mère freinant ce projet. Pour Zorah, la Tunisie, c'est le paradis : « Là-bas c'est la vie, j'aime bien en été surtout parce qu'il fait chaud. On reste, on discute dehors, avec des amis et tout, et tout. » Elle évoque avec beaucoup de plaisir ce pays et les souvenirs qui y sont attachés. Elle a toute sa famille là-bas. Elle assume bien la dimension familiale de son identité, et aussi, ce qui n'est pas strictement identique, sa culture d'origine (Ramos, 2006). Pour autant ce n'est pas un amour aveugle. L'adonaissante critique notamment la manière dont son grand frère se conduit vis-à-vis d'elle : « Le grand, c'est moi qui dois le respecter. S'il me fait : "Vas chercher de l'eau", je dois lui obéir, je peux pas lui dire "non". » Si jamais elle refuse, il s'énerve. Il joue son rôle de grand frère qui accepte volontiers de l'aider pour son travail scolaire. Cependant Zorah ne veut pas être dépendante de lui : « Une fois par mois parce que, si je vais tout le temps, il m'aide tout le temps. » Elle préfère le soutien scolaire à cette aide personnalisée dont elle a peur de payer le prix par encore plus de soumission.

Zorah parvient à tout cumuler avec un certain bonheur : l'attachement à ses origines arabes et l'appréciation de la culture jeune occidentale, la lecture et la télévision, le plaisir d'être en famille et celui d'être avec ses copines. La continuité est un principe, l'interconnaissance des parents étant requise. Outre Myriam, Seïfi et Hackima, aussi vives qu'elle, Zorah s'entend très bien avec une jeune fille du même collège qui habite une commune périphérique. Elles se rendent visite et peuvent parfois dormir chez l'une ou l'autre. Le fait que les parents se connaissent constitue un préalable à la poursuite d'une relation approfondie. Le monde à soi doit être validé.

Rien ne prouve que les parents de Zorah y parviennent totalement. Saïda était, semble-t-il, plus raisonnable que Zorah dont l'énergie est difficile à canaliser. Elle a une identité plus éclatée : avec un fort hommage à sa culture d'origine, et avec la tentation de ne pas suivre toutes les règles parentales. Cette tension, on la devine à un indice. Zorah veut bien confier à ses copines les « petits secrets » mais pas les autres. Ce qu'elle ne dit pas, c'est « voler quelque chose, être amoureux ». En plus du tabou autour des garçons que Zorah déclare peu apprécier, apparaît une zone d'ombre, le vol qui se pratique lors des déplacements en centre ville[1]. Zorah ne s'en défend pas, elle ne s'en vante pas non plus. On n'en saura pas plus. Un autre indice est le bonheur avec lequel elle parle des « boums » concluant les classes vertes auxquelles elle a été. Ce type de soirées lui est d'ordinaire interdit. À défaut, avec des copines, elle organise des simili-boums : « On rigole, on met de la musique, on danse mais y a pas des boums. » L'adonaissante apprécie peu les formes de restriction. Il n'est pas certain que le mélange « fille de-bonne élève » suffise à la satisfaire longtemps dès lors qu'elle entrera dans l'adolescence.

1. Est-ce pour cela que la mère de Saïda demande à sa fille d'éviter les rencontres pendant les vacances ?

S'affirmer par le genre

Avoir son genre demande un engagement de l'individu dans des activités socialement « masculines » ou « féminines ». Ce travail permanent de l'individu (Butler, 2004, 2005) n'exige pas la présence de l'autre sexe, ce qui est le cas à l'adonaissance. Pour l'essentiel, les garçons restent entre eux, les filles entre elles, même si l'un et l'autre camp observent ceux et celles d'en face dans la cour du collège par exemple. Dans les familles cadres, le travail du genre se marque notamment dans deux usages de la rue : chez les uns avec la liberté de mouvement du skate ou du roller, chez les autres avec le rêve devant les vitrines des boutiques de mode. Dans les familles populaires, ce travail s'effectue avec des supports assez souvent comparables. Ainsi la Playstation fait idéalement partie de la panoplie masculine (les filles qui y jouent ont souvent un frère, médiateur). Les murs des chambres reflètent bien la différenciation des goûts selon le genre. Les filles affichent des chanteuses, les garçons des footballeurs. Ciel féminin et ciel masculin n'ont pas la même carte des stars[1]. Parmi les adonaissants qui ont mis sur les murs des chanteurs ou des acteurs, et pas de sportifs, 74 % de filles ; parmi ceux qui ont mis des sportifs et pas de chanteurs, 91 % de garçons. D'autres activités opposent ces deux groupes qui affichent un goût à dominante « féminine » ou « masculine ». Sans surprise, 73 % des supporters et 40 % des fans ne font jamais la cuisine, 73 % des premiers et 58 % des secondes ne font jamais la poussière. En revanche faire la vaisselle, mettre la table, passer l'aspirateur, faire les courses clivent nettement moins les deux groupes. Comparativement aux fans, les supporters passent moins de temps dans la chambre, mais lorsqu'ils y sont, ils jouent nettement plus aux jeux vidéo[2].

Le genre se réfracte dans les pratiques. Plus spécifiquement dans les milieux populaires, certains jeunes se définissent dans

1. Il s'agit d'un traitement de l'enquête quantitative sur les pré-adolescents.
2. Les fans ne lisent pas plus.

une mono-activité. Lorsqu'on oppose, par une technique particulière, les adonaissants des deux milieux par sexe, une des variables qui clive le plus est le nombre d'activités organisées. Les filles et les garçons des familles populaires ont nettement moins d'activités encadrées que leurs homologues des familles de cadres. Cette centration éventuelle sur une activité traduit une inégalité des possibilités qui leur sont offertes, et elle crée les conditions d'une passion par défaut. Les passionnés de skate du 4e arrondissement faisaient également de la musique, étaient inscrits à un club sportif. Les jeunes des familles populaires bénéficiant, pour beaucoup, d'une moindre offre, ont de ce fait une identité moins pluridimensionnelle. Ils ont plus de chances d'avoir une passion unique, symbole d'une certaine réduction identitaire.

À l'intérieur des familles populaires, et selon le critère des activités organisées, les fans sont plus démunis que les supporters. 31 % de celles qui affichent des chanteurs et 18 % de ceux qui affichent des sportifs n'appartiennent à aucune association, ne font aucune activité extrascolaire, et inversement 22 % des fans et 42 % des supporters sont engagés dans au moins deux activités de ce type. Le goût affiché pour les stars de la chanson est nettement moins associé à des pratiques collectives. Les pratiques associées à cet amour sont moins riches que celles associées au spectacle sportif (au moins à cet âge-là). C'est plus facile de jouer au foot pour un supporter que de chanter ou de jouer de la musique pour une fan.

La piste aux étoiles pour une fille

Paula, 12 ans, correspond bien à ce profil du fan. Elle vit à Berlin avec sa mère et un frère de 19 ans (en apprentissage). Elle était toute petite lorsque ses parents ont divorcé. Son père vit dans la même ville mais elle ne sait pas trop où. Il a déménagé, et il habite trop loin pour qu'elle y aille seule. Auparavant il venait une fois par semaine la chercher ; désormais il vient rarement (c'est un sujet délicat pendant l'entretien). Paula ne l'oublie pas, elle a mis dans sa chambre une photo où elle est avec son père. Ancien boulanger, ce dernier est à présent coursier. Sa mère est aide à domicile pour quatre personnes handicapées habitant en communauté, à dix minutes du domicile familial. Elle travaille à plein temps, y compris le week-end. Leur appartement de trois pièces se trouve dans un immeuble HLM situé dans un quartier assez défavorisé. Le garçon et la fille ont chacun leur chambre, la mère dormant dans le salon.

Quarante-huit posters !

Sa mère laisse à Paula une grande latitude pour agir et sortir mais elle en use peu. Alors qu'elle obtient un faible score de dépendance, elle ne sait pas très bien opérer le passage de l'indépendance à l'autonomie. L'absence de contraintes ne suffit pas à rendre possible le processus d'individualisation, elle doit être accompagnée de projets, d'activités diversifiées. Le monde de Paula comprend la musique et la télévision. Cet environnement de sons et d'images meuble un univers personnel qui est loin d'être aussi riche que sa chambre, avec son lit en hauteur, son canapé, sa télévision, son magnétoscope, son ordinateur, sa mini-chaîne.

Paula bat le record de l'adoration puisqu'elle a affiché dans sa chambre quarante-huit posters de quatre femmes allemandes qui chantent en anglais (et encore elle ne les a pas tous mis). Sa mère lui a fait remarquer qu'elle pourrait enlever quelques-uns des posters, vu le nombre. Paula a refusé. Un des grands moments de ces dernières années a été le concert du groupe No Angels auquel a assisté Paula avec son amie Amélia, où sa mère les avait accompagnées. Cette adonaissante possède les huit albums que le groupe a enregistrés. Paula écoute beaucoup de musique et, ce qui n'est pas surprenant, elle passe en boucle son groupe préféré. Elle s'achète souvent des magazines, *Bravo*, *Jam*, *Popcorn* pour avoir les posters de ses idoles. Elle se les achète avec son argent de poche, pour un montant de trois euros par semaine. Il n'est pas question de s'échanger les magazines car toutes ses copines veulent aussi les posters. Elle tente de garder un peu d'argent pour acheter des CD. Elle regarde les émissions du genre *Star Academy* et rêve d'avoir une telle destinée. Dans sa chambre, elle s'enferme à clef pour faire des répétitions, seule ou avec des copines, de danse et de chant pour un jour éventuellement accompagner les idoles. Paula voudrait trouver un cours où l'on apprend à danser comme ses idoles, elle n'a pas encore réussi à le faire, et elle est triste lorsqu'elle le confie à l'enquêtrice.

Si dans l'appartement, elle s'habille comme les jeunes chanteuses, elle met des vêtements plus classiques pour sortir. Les tee-shirts courts qui lui arrivent au-dessus du nombril, elle s'abstient de les mettre à l'école : « C'est embarrassant parce que les garçons te regardent toujours bizarre. » Ce n'est pas sa mère qui lui interdit, mais Paula n'apprécie pas d'être l'objet de tels regards. Paula est si prise par l'univers de la musique et de la danse qu'elle aimerait travailler dans les concerts pour vendre les accessoires (briquet, CD, tee-shirt, etc.) afin de pouvoir assister gratuitement à tous les concerts. Elle connaît une vendeuse chez un fleuriste qui lui a raconté qu'elle faisait ça avant et qui lui a fourni l'idée. Elle en a parlé à sa mère qui lui a dit : « Attendons de voir quand tu seras plus grande ce que tu voudras faire à ce moment-là. » Son affiliation à cette culture jeune est telle que sa grand-mère ne lui offre que des bons d'achat depuis qu'elle a 10 ans. Avec sa mère, c'est le principe de la liste qui est retenu. Pour le prochain anniversaire, Paula veut avoir un sac d'école EastPak bleu ciel, avec un porte-monnaie et une trousse de la même marque et de la même couleur. Elle a déjà un sac d'école EastPak d'un Noël précédent, mais trop grand. Ses désirs ont de fortes chances de se réaliser, sa mère s'alignant le plus souvent sur ce que sa fille demande. Ainsi sa fille veut, pour cette année, que son anniversaire (jumelé avec un autre) se déroule dans un bowling (l'an passé, c'était à la piscine), sa mère a donné son accord. Celle-ci lui a proposé pour l'année suivante de louer une salle pour une boum. Le seuil des années mérite d'être souligné par une grande fête.

Les copains, les copines comptent dans sa vie bien que l'éloignement de son collège perturbe les relations amicales. Paula et ses deux meilleures amies, Karla et Amélia, sont dans la même classe (sept filles, quatorze garçons), elles forment un petit « clan », n'appréciant pas les autres filles. Pendant la semaine, Karla dort parfois chez elle. Elles ne font rien d'exceptionnel si ce n'est terminer les devoirs, écouter de la musique, regarder la télé et discuter. Pendant le week-end, comme sa mère travaille, Paula dort assez souvent chez Amélia, les mères se connaissent très bien, car elles travaillent ensemble. Les trois filles fréquentent des garçons. Certains sont venus chez Paula et ils ont organisé une après-midi « football ». Paula n'est pas amoureuse en ce moment mais elle sait que deux garçons sont amoureux d'elle. Elle n'en veut pas car ils s'habillent mal, avec leurs jeans serrés alors que la mode est au pantalon large. Et ils sont mal coiffés, avec trop de gel sur les cheveux. Quelquefois à neuf ou dix de sa classe, ils vont au cinéma dans le centre de Berlin, aux séances de l'après-midi. Ce n'est pas toujours Paula qui paye sa place, parfois c'est sa mère, avec la justification suivante (selon sa fille) : « Car en fait, je veux toujours y aller avec elle, et elle ne veut pas, et alors elle me donne de l'argent, et parce que si nous y allions pas toutes les deux, elle devrait payer aussi pour elle, et donc là moi je peux y aller plus souvent, parce qu'elle ne vient pas avec moi. » Paula souligne ainsi qu'elle veut bien y aller en tant que « fille de ».

Paula s'entend bien avec sa mère, sans la prendre pour autant comme confidente[1]. Elle dit plus de choses à ses deux amies. Si elle se dispute avec elles, elle n'en parle pas non plus avec sa mère : « Je préfère régler ça moi-même, ou bien avec [d'autres] copines, généralement présentes lors des disputes. Je préfère en parler à des enfants qu'à des adultes. » Paula veut maintenir d'autant plus une séparation que les parents se réunissent entre eux (environ quatre fois par an), ce que leurs filles n'apprécient guère. La mère de Paula est assez « cool », elle ne punit jamais sa fille. Il arrive toutefois que sa mère la gronde quand même, « pour des bricoles » précise Paula, par exemple lorsqu'elle n'a pas descendu la poubelle alors que sa mère lui a demandé plusieurs fois, voire depuis plusieurs jours de le faire.

Sa mère est attentive à ce que souhaite sa fille. Depuis peu, Paula a découvert les « Window Colour », dessins en couleurs

1. La mère reconnaît cette distanciation. Elle lui a offert un journal intime à cadenas, il y a trois ans. Paula aimerait écrire tous les jours mais finalement elle reporte toujours.

que l'on colle ensuite sur une fenêtre, alors sa mère lui offre de nouvelles couleurs. Pour les vêtements, Paula repère avec ses copines ce qui lui plaît, et elle achète avec sa mère. Si cette dernière n'aime pas du tout ce que sa fille veut acheter, alors Paula doit le payer. Les vêtements désapprouvés ne sont pas interdits. L'adonaissante apprend à assumer les conséquences de ses choix. Malgré le peu de temps dont elle dispose, sa mère se donne du mal à préparer les petits sandwichs pour les pauses de la longue matinée. Pourquoi Paula ne prépare-t-elle pas elle-même ce qu'elle emporte ? : « Parce que quand c'est ma mère qui les fait, quelque part ils sont meilleurs, parce que je sais qu'elle sait les faire, et quand c'est moi qui les fais, alors y'a pas assez de beurre ou bien beaucoup trop, et c'est pas vraiment bon. » Le lien entre elles deux se manifeste aussi lorsque la fille rentre du collège, Paula téléphone à sa mère pour lui dire qu'elle est arrivée à la maison. Elle ne le prend ni comme une corvée, ni comme un contrôle. Si elle veut sortir, elle la prévient, cela arrive rarement, sauf pour aller chez le buraliste pour acheter les magazines de stars.

En regardant Paula, on constate que l'identité de « jeune » (fan) se conjugue mieux avec son identité familiale qu'avec son identité scolaire. En effet, cette adonaissante est une élève très moyenne. Elle est en *6. Klasse*. L'an prochain, elle sera encore dans cette école avant de se diriger vers une *Realschule* — le niveau le plus faible de la hiérarchie allemande — qui aboutit à un BEPC. Elle a intégré cette trajectoire scolaire et ne cherche pas à la modifier. Sa mère l'a changée d'école il y a deux ans, tous les « bons » élèves étaient partis pour une école meilleure et du coup Paula se retrouvait seulement avec les élèves les moins brillants. Malgré la résistance de Paula, un transfert a eu lieu vers une école d'un autre quartier. Paula l'a finalement accepté, étant accompagnée par une amie. La mère de Paula maintient une certaine pression, ni trop faible, ni trop forte — cela ne serait pas cohérent avec l'attention qu'elle porte aux souhaits de sa fille. Tous les soirs, elle demande à sa fille si les devoirs sont bien faits, sans contrôler davantage. Lorsqu'elle a un devoir sur table en classe, sa mère révise avec elle et l'interroge. Mais il n'y a pas vraiment de pression dans la mesure où tant la mère que la fille se sont faites à l'idée que cette dernière n'irait pas au *Gymnasium*. C'est donc plus de l'accompagnement maternel que de l'émulation. Quand son bulletin est bon, sa mère la récompense. Quand il y a une mauvaise note, sa mère lui demande de travailler plus la prochaine fois, sans la punir ni même la gronder. L'adonaissante ne fait pas toujours ses devoirs. Elle a conscience de ne pas se donner trop de mal, elle le dit explicitement pendant l'entretien. L'école c'est d'abord pour les copines.

Si l'ordre chronologique dans lequel les jeunes mettent la télévision et le travail scolaire au retour à la maison est un indice du poids respectif donné à chacune des activités, alors pour cette adonaissante, les choses sont claires : l'après-midi Paula ne commence jamais par ses devoirs. Elle regarde un talk-show à la télévision — pas en entier, juste une demi-heure avant de se mettre au travail scolaire. Après ses devoirs, Paula regarde à nouveau la télévision, écoute de la musique, ou donne rendez-vous à une copine. Quand sa mère rentre du travail et que le dîner est prêt, soit elles mangent ensemble, soit chacune se met devant sa télé. L'adolescente se couche à 21 heures, regardant encore un peu la télévision. Sa mère vient ensuite éteindre le récepteur quand Paula s'est endormie autour de 21 h 30. Elle justifie cela en expliquant qu'elle n'arrive pas s'endormir sans la télévision.

À la question du vœu, pas de surprise : l'adonaissante répond qu'elle aimerait passer un jour avec les No Angels. Elle a déjà participé à plusieurs jeux pour gagner une journée avec le groupe, elle n'a jamais gagné. Le monde de Paula est surtout plein de la musique de ce groupe et des images que ces filles diffusent. Sa mère a une pédagogie de la liberté qui semble lui interdire de proposer à sa fille les manières de meubler son monde. Il reste presque uniquement les ressources fournies par le marché spécialisé dans la jeunesse. Jusqu'où ces produits ciblés proposent-ils aux jeunes, presque exclusivement consommateurs, un contenu suffisant pour la construction d'une identité personnelle ? Paula a la possibilité de « vivre sa vie » — elle est libre sans être abandonnée, sa mère restant à son écoute — et elle ne sait pas toujours très bien quoi faire d'autre que de se plonger dans de la musique tournant en boucle ou des émissions de télévision, en attendant le sommeil. Aucune activité sportive ou culturelle ne ponctue régulièrement son temps. Paula a le droit de se déplacer pendant son temps libre — « On se sent plus grand quand on a le droit de se déplacer seule, et quand on a le droit d'aller au ciné seule » — mais ce sont les occasions qui manquent (la mère attendant que ce soit sa fille qui formule des souhaits). Paula retourne alors à l'écoute de No Angels.

Le terrain de sport pour un garçon

Pour la version masculine d'une affirmation de soi inscrite dans une pratique considérée comme masculine, suivons Aïd, 12 ans, élève de cinquième. Né à Strasbourg, de père algérien et de mère tunisienne, il possède la nationalité algérienne. Il a trois sœurs (22 ans, à la recherche d'un emploi ; 20 ans, bachelière ; 16 ans, en seconde) et un petit frère (8 ans). Son père est ouvrier spécialisé (il fait les trois huit), sa mère n'a pas d'activité professionnelle. Aïd partage sa chambre avec son petit frère.

Commenter sa vie, commenter le foot

Aïd a une vraie passion, le foot. Elle soutient sa pratique de la lecture. Ce collégien apprécie que son père lui rapporte le journal *L'Équipe* donné par un collègue. Il aimerait être abonné à *France-Football.* Les murs de la chambre — le petit frère a la même passion — rendent hommage à ce sport, avec des posters de Barthez qui lui ont été offerts par un copain de quartier, de David Trézéguet, de l'équipe de France, et une photo de l'équipe dans laquelle jouait Aïd quand il avait 10 ans. Aïd suit le sport à la télévision, les émissions consacrées, souligne-t-il, à « tous les sports » comme *Auto-Moto*, *Téléfoot.* Il apprécie aussi les grandes compétitions internationales de football (Coupe du monde, Championnat d'Europe des nations, Coupe d'Europe des clubs), les courses de voiture ou de moto, le Tour de France (en particulier les étapes de montagne). « À part le sport, je regarde pas grand-chose… Je préfère regarder le foot. »

Sur l'ordinateur qui se trouve dans la chambre de l'une de ses sœurs, Aïd joue à *Tomb Raider* ou encore à *FIFA 2000*, un jeu de foot. Il se met dans la peau d'un entraîneur ou d'un sélectionneur. Il compose lui-même des équipes avec les joueurs qu'il estime être les meilleurs à chaque poste à l'écran. À la radio, il apprécie une émission diffusée le lundi soir sur Europe 1 (*Multiplex*) qui traite de l'actualité du football national, des Ligues 1 et 2. Grâce à toutes ces sources, il dit très bien connaître les équipes et les grands joueurs.

Il a une réelle compétence, pratique également acquise par son appartenance à un club de foot depuis l'âge de 7 ans[1]. Il est gardien de but. L'entraînement a lieu le jeudi et les matches, le samedi. Bien qu'il ne soit pas mauvais et que le football soit sa première passion, Aïd n'exclut pas de s'arrêter de jouer au foot, notamment à cause d'une mésentente avec son entraîneur « parce que je me suis pas bien entendu avec l'entraîneur. Sinon il m'a dit que “t'étais pas mauvais”. Mais cette année ça ne s'est pas très bien passé avec l'entraîneur, peut-être que j'aurais bien aimé arrêter le foot. Non, mais je veux quand même continuer parce que j'aime bien. C'est quand même mon activité préférée ». L'adonaissant assiste aussi à des matches de football joués par des frères, plus âgés, de ses copains. Parfois même s'il ne connaît personne, il regarde quand même un match.

L'intérêt du football se décline dans une série d'activités, audition d'émission radio, visionnage de matches à la télé ou sur le terrain, lecture, jeux. *On refait le match*, le titre de cette émission de radio et de télévision désigne bien ce qui entoure une activité « prenante ». Certains commentent l'actualité politique, artistique, d'autres se focalisent sur un sport. Ces commentaires, directs entre copains, ou indirects, constituent une des formes de ce que Berger désigne sous le titre de la « conversation » (2006). Celle-ci a pour fonction

---

1. Dans le clivage adonaissants cadres/populaires, le fait de faire du sport dans une association ou un club caractérise nettement plus les premiers. À ce niveau, Aïd a une passion déjà plus encadrée que d'autres jeunes de son milieu.

de valider le monde dans lequel l'individu vit. On s'imagine presque toujours que les conversations pour la construction identitaire devraient porter sur les individus eux-mêmes, sur ce qu'ils éprouvent. Or la conversation au moment de l'adonaissance ne renvoie pas au modèle de la relation thérapeutique. Elle prend bien plus souvent la modalité du commentaire, et pour les garçons notamment sur le sport. Cela doit mener à une nouvelle définition de la « réflexivité » qui ne constitue pas seulement un retour sur soi, sur ses activités. Le fait de commenter le monde, celui que l'on subit, ou que l'on choisit, fait aussi partie de la même démarche. Plus indirect, il témoigne des valeurs que défend le commentateur — quelque chose qui indiffère laisse sans voix — et aussi de sa compétence.

Aïd fait plus. Alors qu'il avoue ne pas avoir de cachettes particulières ou de jardin secret — ouvrant ses tiroirs devant l'enquêtrice, « Non, non, là c'est mes affaires, il y a pas de petit truc secret dans ma chambre » — il déclare rédiger des notes sur le football : « Ça sur le sport, j'écris. J'écris ce que je pense des joueurs et tout ça, et aussi des équipes. » Il le fait surtout au moment de matches importants. Il en est heureux car cela lui permet d'avoir encore une meilleure compétence sur ce sport : « Je connais par cœur les joueurs. »

Parallèlement au foot, Aïd a joué au tennis pendant un an. Ses parents avaient pris cette décision sans que leur fils explicite les raisons d'un tel choix : est-ce un indicateur d'un sport mieux situé socialement, nécessitant un investissement financier assez important ? Si Aïd aimait bien pratiquer ce sport, il avoue ne pas être très bon. Il a arrêté pour des raisons liées à son propre niveau et au coût de l'inscription. Ses parents, voyant que leur fils ne se débrouillait pas très bien et ne s'entendait pas avec la professeur, lui ont demandé d'arrêter. Ils avaient décidé de prendre en charge une partie du « temps libre » et ensuite ils ont arrêté l'expérience. Il n'est pas certain que leur fils approuve cette décision car il voudrait qu'au collège il y ait plus de sports : « J'aimerais bien, genre tennis et tout ça, des sports quand même qu'on peut faire. » Il semble donc prêt à recommencer, à titre personnel.

Cet adonaissant ne dépose pas ses habits de sport au vestiaire. C'est sa manière de s'habiller dans la vie quotidienne. Il porte un tee-shirt, un «short long», ou un jogging, même pour aller en classe. Il le justifie au nom d'un certain confort : «Depuis que j'étais petit comme ça, j'avais des joggings là. Je préfère les joggings parce que moi je me sens quand même mieux dans un jogging que dans un jean.»

Une seconde passion, la liberté

Sur un tout autre plan, Aïd revendique une seconde passion, celle de la liberté. Il se défend ainsi de suivre la mode ou ses copains. Il doit reconnaître toutefois qu'il est difficile d'échapper à la conformité du groupe : «Tout le monde avait des chaussures de ville, tout le monde en avait, alors moi je me suis dit : "Je les prends."» Cette décision ne lui semble pas remettre trop en question son sentiment de liberté ; à ses yeux, il s'agit seulement d'une petite entorse. Il donne un exemple de ce qu'il considère comme une atteinte personnelle. Il sait qu'il doit se faire couper les cheveux si ses parents les trouvent trop longs. Quand il va chez le coiffeur, son père l'accompagne. Cela ne l'enchante guère : «J'ai pas le choix.» Il n'est pas libre non plus d'avoir la tête qu'il veut : «Non, j'ai pas trop le choix. De toute façon, soit je fais comme ça ; ou rasé mais ils aiment pas trop normalement. Et j'ai pas le choix.» Cette absence est nettement négative pour lui.

Pour éprouver sa liberté précieuse, Aïd ne peut pas compter sur l'isolement dans l'appartement : «Une fois dans le mois, ça m'arrive d'être tout seul.» Alors il définit autrement sa façon d'être lui-même : par le respect de ses parents pour ce qu'il aime, et donc pour ce qu'il est. Il est satisfait de ce qu'il peut regarder à la télévision : «Je rate quasiment jamais rien… quand je regarde du foot je regarde du foot, ils ont rien à dire mes parents, enfin ils disent rien du tout.» Mais à un autre moment de l'entretien, il donne une version différente. Il reconnaît qu'il ne peut pas toujours regarder ce qui lui plaît sur le poste qui se trouve au salon — un autre est réservé aux filles dans leur chambre — car ses parents souhaitent un autre programme : «Je n'ai pas le droit de les couper quand ils regardent autre chose.» Il est trop «petit» symboliquement pour participer au choix du programme. Aïd oscille donc entre le sentiment d'être respecté dans ses goûts et les observations qui lui rappellent qu'il doit se soumettre aux plus grands. Il voudrait également regarder plus longtemps la télévision, mais ses parents limitent la durée le soir, sauf pendant les vacances.

Celles-ci lui semblent un temps merveilleux, étant donné qu'il est un peu plus libre de son temps. Aïd raisonne comme bon nombre de garçons de familles cadres, avec un rapport distant au collège, source de contraintes qui tendent à s'accroître avec l'âge. L'adonaissance devient un âge idéal, les pesanteurs scolaires n'étant pas encore devenues trop lourdes les responsabilités trop grandes. La liberté est certes limitée, mais n'a pas trop de contreparties. Aïd a envie de rester jeune, pensant que plus tard le couvercle des responsabilités risque de lui tomber dessus. Il veut « s'amuser un petit peu plus parce qu'en fait quand on rentre à la maison, on regarde dix minutes comme ça de télé et après on est obligé de travailler. Mais quand on a fini le travail, après on s'ennuie à fond. J'aimerais peut-être sortir, faire quelque chose ». « Quoi ? » lui demande l'enquêtrice : « Soit je sortirais s'il fait beau, soit je jouerais parfois à l'ordinateur parce qu'en fait j'ai pas le temps de jouer à l'ordinateur parce qu'en fait on m'impose une heure. » Ses rêves sont simples : « Peut-être sortir un peu plus souvent, sortir un peu plus souvent pendant les vacances, ça veut dire jouer plus souvent parce que pendant l'école on fait pas forcément ce qu'on veut. C'est ça : jouer plus, sortir plus. » Le « plus » de sa vie renvoie nettement à une définition d'un « je » qui se confond avec le « jeu ». Il veut bien de cette indépendance si elle n'est pas associée à plus de responsabilités. Il ne se sent pas vraiment prêt : « En fait on n'est pas encore tout à fait grand, on fait encore des bêtises. À mon avis c'est plus tard vers 15 ans qu'on aura plutôt des responsabilités, c'est pas plutôt maintenant parce que maintenant on n'est pas grand, peut-être qu'on est en quatrième, mais on n'a pas toutes les responsabilités. »

Il ne sait pas ce qu'il fera plus tard. Il n'a aucune idée d'un métier possible : « J'ai encore le temps, enfin j'y pense pas. » Il a un rapport au temps très caractéristique de certains adonaissants : « Je préfère voir le temps s'écouler, je préfère comme ça. » Il ne plaide pas pour autant « non responsable ». Il est assez ordonné pour ses affaires personnelles, ses parents n'ont pas à lui demander de ranger ou de nettoyer sa chambre, il le fait « toujours » quand cela lui semble nécessaire. Il estime maîtriser son temps : « J'arrive un petit peu à gérer tout ce qu'y a, parce que quand j'ai entraînement de foot le soir, le lundi et le jeudi, en fait c'est pas facile. Mais je prépare déjà, par exemple pour le jeudi je fais tout mercredi et pour le lundi je fais tout le dimanche. » Il apprend à anticiper.

Personne — ni ses sœurs ni ses parents — ne contrôle s'il a fait ses devoirs. « Ils [lui] font toujours confiance ». En revanche ses parents lui demandent s'il les a faits : « Quand je regarde la télé jusqu'au soir, ils me demandent : “T'as des devoirs ?” » Ils regardent avec attention le bulletin. Ils l'encouragent en le rappelant parfois à l'ordre pour qu'Aïd retourne au travail : « Ils me disent, par exemple quand je regarde la télé et que j'ai pas trop de devoirs : “Qu'est-ce que tu fais ? Monte en haut et regarde dans tes livres.” » Sa mère veille à ce que son fils ait fini ses devoirs avant de sortir : « Souvent, en arts plastiques, on a des choses à faire et quand elle voit que je l'ai pas fini, elle dit : “Non non, tu sors pas et tu t'y mets.” »

Cet adonaissant ne trouve pas pour autant que ses parents sont trop après lui, ces interrogations lui conviennent. Être « fils de » ne lui pèse pas, il y voit même bien des avantages. Il sait sinon que la tentation de faire tout autre chose est grande. Il apprécie que ses parents assistent aux réunions parents-professeurs organisées par son établissement : « Ils vont voir tous les profs donc ils savent tout. » Aïd les accompagne à ce moment-là. Assurément, ils souhaitent que leur fils réussisse. De ce fait, son niveau d'aspiration est assez élevé. Il se définit comme un élève « moyen » — il ne se considère comme pas “assez intelligent pour être délégué” — avec une moyenne de 13. Il fait allemand première langue, sans latin. Il ne sait pas jusqu'où il ira, mais il ne refuse ni la scolarité, ni le travail scolaire, même s'il apprécie surtout les vacances où « l'on peut faire un petit peu ce qu'on veut ».

Ces temps « libres » qu'il aime avant tout, il les consacre pour une part à la lecture : « J'aime lire. De tout », surtout des ouvrages de Stephen King, des romans d'Agatha Christie, d'autres romans (*Un bon petit diable*, *Le Petit Nicolas*), des histoires de fantômes, des livres d'humour. Il les emprunte à la bibliothèque, à l'une de ses sœurs, à l'un de ses copains (en cours d'anglais avec lui). Pour ses cours de physique ou à d'autres fins, Aïd lit aussi parfois des articles de l'encyclopédie *Tout l'univers*. Il aime les bandes dessinées, comme *Le Petit Spirou*. Il trouve sa chambre trop vide, il la rêve remplie de livres. Il souffre d'« avoir quasiment pas de livres ». Il choisit ses lectures, ses parents n'interviennent pas : « Je vois pas pourquoi ils devraient faire attention à ce que je lis. Je lis ce que je veux la plupart du temps. » Aïd se sent libre dans ses lectures, et c'est pour lui un intérêt supplémentaire de cette activité. L'affirmation de soi par le foot ne lui fait pas refuser une activité qu'il aurait pu coder féminine, la lecture[1]. Il préfère la considérer comme une pratique « libre » où il n'est ni élève, ni fils, ce qui n'exclut pas une certaine discipline dans l'activité (un match demande le respect de certaines règles, comme la lecture d'un livre). La liberté qu'Aïd chérit le conduit à ne pas se laisser prendre aux pièges de la mode — il en prend un peu et en laisse beaucoup — ni à se laisser enfermer dans le genre. Sa passion du football n'est pas exclusive. L'adonaissant conserve de la place pour d'autres dimensions identitaires, échappant de ce fait à la dictature du genre[2].

S'affirmer par la revendication de droits

Sassoon, 12 ans, vit dans un appartement du 20e arrondissement de Paris, avec ses parents d'origine tunisienne et de religion musulmane — le père est salarié dans une épicerie et la mère nourrice —, une sœur de 13 ans et deux de ses frères (10 ans et 7 ans). Il dort dans la « chambre des

1. En réalité, à l'intérieur des milieux populaires, les supporters ne lisent pas moins que les fans.
2. On désigne ainsi l'individu qui ne pratiquerait que des activités hautement « genrées » ou sexuées.

garçons». L'absence de chambre personnelle, d'argent de poche, d'autorisation de se déplacer en transport en commun sans adulte, de coucher chez un copain ne suffisent pas à le définir. Peut-être même à cause de ce qu'il considère comme une pression (sans aller jusqu'à une oppression), Sassoon s'exprime par le biais de la transgression. Dans le cadre des entretiens, il n'a pas eu peur d'énoncer quelques-unes des limites qu'il franchit :

> – il signale une première infraction, se rendre dans les chambres des parents ou de sa sœur. Dans la pièce de sa sœur, il a le droit d'aller écouter de la musique en demandant la permission, et le poste est aussi à lui. Mais quelquefois il entre en cachette : «Je fouille et je fous le bordel.» Il cherche les CD que sa sœur cache et il se fait punir par sa mère. Il pénètre aussi dans la chambre des parents, normalement fermée à clé en leur absence. S'il s'aperçoit qu'ils ont oublié de la fermer, il s'y rend pour prendre les jeux de la Playstation car ces derniers ne sont accessibles qu'en fin de semaine. Sassoon en profite aussi pour prendre des gâteaux et des bonbons cachés : «Une fois j'ai pris un paquet. Je me suis fait griller parce que j'avais laissé les papiers»;
> – la seconde infraction est l'usage du couloir en l'absence de ses parents. Il joue au ballon : «Parce qu'il est tellement grand, on peut jouer au foot. On enlève les trucs qui sont en haut et après on joue. Quand il y a pas mes parents, on prend le droit.»

Contourner les règles ou imposer les siennes

«Prendre le droit» est un des objectifs de Sassoon. L'expression de ses prises de droit crée des problèmes de discipline au collège, même si par ailleurs, il aime y aller, conscient de la chance de pouvoir poursuivre des études («Il y en a, ils peuvent pas y aller à l'école, alors moi je veux bien aller à l'école»). Il se rend aussi volontiers au soutien scolaire qui se donne le soir en dehors du collège : «Moi, je voulais parce qu'on travaille au moins là-bas. Donc c'est bien.» Mais la discipline pèse à cet adonaissant. Au collège, Sassoon court dans les couloirs sans pouvoir s'en empêcher : «J'attends de me faire attraper pour arrêter. » Il pense que les appréciations sur le prochain carnet seront : « Très agité, insolent. »

Il cherche en permanence à dépasser les limites et à les contourner. Sa mère avait un jour confisqué la télécommande, alors avec son frère, il avait acheté une télécommande universelle pour contourner l'interdit. Ils l'ont avoué ensuite. Les relations à l'intérieur de la fratrie sont explicitement concurrentielles : l'avantage est à celui ou celle qui parle le premier. Ce n'est pas la logique statutaire qui prime. Sassoon ne met pas en avant le fait qu'il soit l'aîné des garçons. Il insiste sur la rapidité de ses réflexes de défense et d'attaque. Il prend l'exemple des jeux de société : « C'est moi qui a décidé parce que je leur ai dit, parce que nous, on a une règle, c'est le premier qui dit, et on le fait… Il y en a un qui dit "Prem's" pour jouer à la Playstation et c'est lui le prim's. Quand tu inventes une nouvelle règle à *La Bonne Paye*, on l'accepte, enfin le premier qui le dit. » Pour le choix des programmes à la télévision, le principe est identique : « C'est le premier qui a la télécommande qui choisit. » Sassoon triche : « Alors c'est moi qui l'ai le plus souvent parce que quand je l'ai, je la cache et quand je reviens, je la prends. » Il apprécie avant tout les dessins animés du câble, Canal J, Disney Channel, et aussi *Charmed*, *Bigdil*. Tricher avec les règles ou imposer les siennes constitue une des manières de s'affirmer pour Sassoon.

Cela lui semble un moyen normal d'affirmation de soi. Le faire chez lui ne le gêne pas, la logique de la continuité se retourne, le monde privé n'est pas préservé des rapports de force. Il donne l'exemple du livret scolaire. À ses parents, il ne donne que ses bonnes notes et cache « les notes pas bonnes comme 3, ou 7, ou 8, 6. C'est sur 20 ». Il ne veut pas être sermonné : « Après, elle [sa mère] va me faire : "T'as pas fait les leçons", et j'aime pas. » Il trie dans le récit de sa journée à l'école lorsque sa mère l'interroge. « Je lui dis pas : "Oui, j'ai une heure de colle." Je ne lui dis pas ça. » Comme l'enquêtrice objecte que c'est écrit dans le carnet de correspondance, il vend la mèche : « Ils l'envoient dans la boîte aux lettres, et vu que c'est moi qui prends le courrier, quand je vois collège, une heure de colle, je déchire et elle ne peut jamais la trouver. » Une autre de ses techniques est de proposer le carnet ouvert à une page en oubliant de montrer les autres endroits plus compromettants : « Ils tournent pas les pages. » C'est d'autant plus facile que sa mère ne sait pas lire le français. Méfiante, celle-ci se doute du jeu de son fils et appelle sa fille qui « dit la vérité ».

Pour le coucher, Sassoon parvient à tromper la vigilance maternelle. Les veilles des jours de classe, il ne peut regarder la télé que jusqu'à 21 heures. Avant de s'endormir, il joue à la Gameboy. Il ne sait pas à quelle heure il s'arrête : « Je joue et je m'endors après. Si ma mère, elle voit de la lumière, elle l'éteint. » Cela ne lui plaît guère, aussi a-t-il trouvé un subterfuge : « Mais comme il y a de la lumière du salon et que mon lit, il est comme ça et que la porte est un peu ouverte, je peux continuer à jouer de la Gameboy. Je vois quelque chose et ma mère, elle ne sait même pas que je suis réveillé. » Il surveille la personne qui le surveille afin de tromper sa vigilance. Il ne pousse pas jusqu'au bout le bouchon de l'infraction avec sa mère qui joue un rôle central dans la famille, le père étant pris par de longues heures de travail. Il sait s'arrêter au moins sur un point. Il lui arrive de changer le programme de télévision lorsqu'il est avec elle : « C'est les trucs de sexe qu'on peut pas regarder parce qu'il y a ma mère aussi et il faut respecter. Quand il y a des trucs dégueulasses, je change parce qu'il y a ma mère. C'est elle qui veut pas regarder ça. » Même si Sassoon ne dit pas si par ailleurs il regarde ces « trucs », il semble bien que oui. Cette règle n'est pas faite pour lui, garçon.

Pendant l'entretien Sassoon prend du plaisir à narrer ces infractions permanentes. Une fois, il a volé de l'argent à son frère [plus petit], caché sous l'oreiller. Il en profite pour se vanter que ses cachettes, à lui, d'argent et de bonbons ne sont pas connues. Il lui a finalement rendu en jouant la comédie : « Moi, j'ai fait : "C'est pas ceux-là ?", et après il m'a fait : "Où les as-tu trouvés ?" Je lui ai dit : "Je les ai trouvés par terre." Et voilà. »

Seul à seul

Sassoon refuse donc une famille où les membres ont chacun une place définie. Il justifie ses activités limites par ce qu'il considère être de la compétence et des qualités personnelles (ruse, rapidité). Il prend appui sur une logique individualiste au sein de laquelle les individus n'ont pas à être définis d'abord par une position, un statut. Un second indice de cet emprunt à l'individualisme est la grande sensibilité dont il fait preuve face à ce qu'il considère comme des injustices. Cet adonaissant supporte assez mal que les adultes aient des droits différents des jeunes, niant là encore la définition statutaire. Il exprime une certaine irritation devant le pouvoir de sa mère. Non seulement elle a distribué les chambres, se réservant la meilleure : « Elle a tout choisi. Elle a pris la plus grande chambre pour elle parce qu'elle a de grands meubles, alors elle l'a pris pour elle. » Mais elle a sélectionné le papier peint pour la chambre des garçons, avec un motif Walt Disney, ce qui n'enchante pas Sassoon d'autant plus qu'elle interdit l'affichage de posters pour ne pas abîmer ce papier. Aussi décore-t-il son bureau avec des affiches de foot et de chanteurs, de chanteuses (Lorie, Craig David).

De manière générale il trouve injuste que les adultes énoncent des principes qu'eux-mêmes ne respectent pas : « C'est que dans notre collège, nous, les adultes ils ont le droit de dire des gros mots et tout, et nous, ils nous disent de ne pas dire. Et ils disent des gros mots devant nous, et sinon ils fument. » Sassoon transforme les « droits » des adultes en l'expression d'un rapport de forces, en un abus des « grands » sur les « petits ». Alors que certains groupes réduisent les droits de l'enfant à la seule protection du plus faible, Sassoon opère à l'inverse en estimant que ces droits posent une stricte équivalence entre les enfants et les adultes. Les chambres ne devraient pas être distribuées selon le statut parent *versus* enfant par exemple, toute règle devrait s'appliquer aussi bien aux grands qu'aux petits. L'adonaissant ne va pas jusqu'au bout d'une telle logique, qui supposerait de partager avec les adultes par exemple la responsabilité ou la prise en charge des affaires de la maison, ou encore qui revendiquerait l'égalité entre les garçons et les filles.

Quoi qu'il en soit, le fait est que Sassoon apprécie peu les règles fondées sur le statut. Il aime bien faire de l'ordinateur, or il y en a un dans sa chambre déposé par un grand cousin (qu'il considère par ailleurs comme un demi-frère ou un grand frère) qui revient en faire chez eux. Or l'adonaissant n'a pas le droit de l'utiliser : « On a déjà essayé de dire : “Si je te laisse jouer [à la console], après tu me donnes le code de l'ordinateur, mais il veut pas. Alors maintenant on a un ordinateur mais on peut pas y toucher.” » Il voudrait parvenir à une négociation, sans y arriver : « Sauf des fois il nous laisse un peu l'utiliser. Il nous laisse mais c'est limité parce que parfois il nous dit “10 minutes” et après il revient au bout de 10 minutes, et il éteint direct. » L'ordinateur présent dans sa chambre, et interdit, lui rappelle en permanence que cet espace n'est pas régi selon ce qu'il souhaite. Il n'est pas maître de « son » espace, sauf de son lit où il déclare se sentir bien.

Le refus du statut inclut le rejet de l'identité de « fils de » et de « fils aîné ». Il ne comprend pas pourquoi au nom de cette identité, il a des choses à faire. Il est ainsi déçu d'avoir à sortir de chez lui pour faire les courses : « Mes parents me demandent d'aller chercher le pain, et tout. Des trucs comme çà ou d'aller chercher une carte de téléphone, ou sinon d'aller à Franprix, d'aller faire les courses, enfin les petites. C'est presque tout le temps. Et ils demandent qu'à moi » (ses frères sont encore trop petits, et la sœur aînée assure des tâches ménagères comme la vaisselle). Il ne parvient pas à détourner en plaisir ce « devoir ». Il veut avoir le « droit » de sortir, ce qui est très différent. Ne jamais tenir compte de l'identité statutaire est difficile à respecter, Sassoon le sait par expérience. Quand le cousin mentionné plus haut vivait chez eux, il était dans la chambre des garçons, alors les deux frères dormaient chacun leur tour par terre : « Parce que ça se fait pas de laisser un invité dormir par terre. En plus c'est pas un enfant et il doit avoir un lit. » C'est plus la règle de l'hospitalité que celle des tailles qu'il valide par sa conduite.

Sassoon semble tourner en cage à l'école ainsi que dans le quartier où il déclare qu'il « traîne ». Il a le droit de jouer dehors, en bas de l'immeuble. Il doit être rentré à 19 heures, il respecte l'horaire en empruntant la montre d'un copain et en la regardant souvent. Sassoon tente de ne pas avoir d'autres contraintes dans ses temps dit libres. Aussi ne suit-il aucune activité organisée alors qu'il aurait la possibilité d'en faire au collège : « Il y en a, mais moi je fais pas. Il y a du rugby, du ping-pong. Moi, je fais pas parce que j'aime pas. » Il ne veut pas non plus faire du foot dans un club. Ce refus des choses qui enferment, Sassoon le ressent sur lui-même. Il n'aime pas les jeans, trop serrés, ne vivant qu'en jogging[1]. Le métier qu'il voudrait faire plus tard est significatif de sa revendication de liberté : être chauffeur de taxi, « c'est chanmé ». Il voudrait être maître de ses déplacements alors que son père est enfermé dans un petit commerce.

La contestation de l'autorité argumentée selon le principe du droit n'est pas partie intégrante d'une éducation « holiste ». À son âge, Sassoon pourrait rester à sa place, quitte à prendre quelque liberté en cachette. Il dépasse ce type de transgression, s'appuyant sur des justifications individualistes pour rendre compte de ce qu'il fait. Il aimerait avoir un portable, car le téléphone familial est trop contraignant : « Parce qu'au moins je peux parler seul à seul. Voilà personne m'entend. Chez moi, c'est pas possible, sauf quand je suis tout seul », ce qui est très rare. « Seul à seul », pour ne pas être seulement un membre de la famille, pour nouer des relations d'individu à individu. Cette revendication ne diffère en rien de celle que l'on entend dans les familles cadres, sauf que les conditions dans lesquelles vit cet adonaissant diffèrent. Les difficultés qu'éprouve Sassoon — et sans doute en retour son entourage — naissent d'une double confrontation : d'une part entre deux types de principe, le statut et l'individu individualisé ; et d'autre part, entre un cadre de vie fonctionnant selon le premier principe, et l'adhésion, même partielle au second principe. Sassoon est en quelque sorte pris par deux injonctions sous tension[2]. Il s'en sort par une forme d'explosion de soi, caractérisée par le fait de courir dans les couloirs sans pouvoir s'arrêter. Il attend paradoxalement la sanction pour s'arrêter, ne pouvant le faire par lui-même.

---

1. Le succès des joggings, des vêtements de sport, dérive à la fois du refus des habits bourgeois et de celui des propriétés prêtées aux vêtements traditionnels (incluant le jean !) de ville.
2. Est-ce, au sens strict, une « injonction paradoxale » ?

Quatrième partie

Le pouvoir adonaissant sous contrôle parental

10

L'inspection des habits d'élève et de jeune

En entrant dans l'adonaissance, les jeunes gagnent du pouvoir sur eux-mêmes. Ils veulent l'obtenir pour se prouver et prouver aux autres qu'ils sont plus grands. Cette augmentation de la taille symbolique se démontre par de nouveaux comportements autorisés, par de nouveaux horaires, par de nouveaux équipements. Benny (parents niveau cadre, divorcés) était ainsi heureux d'avoir un téléphone portable à 12 ans pour cette raison. Il se trouve pris dans une situation complexe qu'il raconte pendant l'entretien : « Je peux pas dire que j'en ai pas un, mais je peux pas dire non plus que j'en ai un parce que ma mère ne m'autorise pas à en avoir un. J'en ai un chez mon père. » Il rappelle l'origine du cadeau : « Alors une fois j'étais au cinéma avec mon père. Il y avait deux personnes qui faisaient une promotion, zéro euro le portable, mais on doit téléphoner pour dix euros. C'est pas tellement difficile, et Papa m'a demandé : “Veux-tu un portable ?”, et j'ai tout de suite dit : “Oui”. Ensuite je suis retourné avec mon père chez ma mère, et elle a dit : “Tant que tu n'auras pas 14 ans, il n'y aura pas de portable dans cette maison.” J'ai pas arrêté de lui demander pour qu'elle change d'avis mais elle n'a pas cédé. » Malgré l'appui de son père, Benny n'a pas réussi à ce que sa mère abandonne son « non ». En attendant, son père a repris le téléphone. Autant Benny trouve ridicule que des petits qui vont à l'école à côté de chez eux aient un téléphone portable, autant pense-t-il que pour lui ce serait justifié : « J'ai quand même un long trajet, et ma mère se fait parfois quand même du souci quand je rentre avec une heure de retard. Si je joue encore un peu au ping-pong au collège après les cours, je pourrai l'appeler et lui dire. » Cet argumentaire n'a pas séduit sa mère. L'adonaissant trouve sa mère bien sévère, il n'arrive que rarement à la faire changer d'avis : « Parfois, ça fonctionne, mais c'est seulement pour des bricoles. » Il ressent comme une atteinte personnelle de ne pas obtenir suffisamment de preuves d'un pouvoir qu'il réclame sur la gestion de ses affaires.

Les deux formes de contrôle parental

L'adonaissant n'a pas la totalité du pouvoir sur lui-même, sa nature étant socialement ambiguë : « petit » en tant que mineur, et « grand » du fait de son appartenance à la classe d'âge de la pré-adolescence.

Ce « mi-grand, mi-petit » se traduit dans les familles cadres par une conception clivée de l'identité. L'adonaissant a une part de lui-même qui est aussi « familiale », et une part sur laquelle il a plus de pouvoir. Cet arrangement ménage la reproduction sociale, les études relevant de la première zone. Les parents conservent un droit de regard et d'intervention nettement plus important pour les choses sérieuses et sont plus tolérants sur les affaires secondaires. La reproduction de la valeur sociale de la famille dans chacun des membres à la génération suivante engage une conception de l'avenir, et présuppose un rapport au temps que les adonaissants n'ont pas nécessairement. Ces derniers sont plus préoccupés par le présent, par l'expérimentation de soi. Dans notre terminologie théorique, c'est pour cette raison que les parents cadres considèrent leur adolescent plus comme « fils de », « fille de » pour la scolarité et plus « soi » dans d'autres territoires. L'identité du jeune de famille cadre comprend deux dimensions principales — sans compter le genre — : l'identité statutaire de « fils de » ou de « fille de », et l'identité personnelle, plus incertaine. Le défi auquel doivent répondre à la fois le jeune et ses parents est de parvenir à trouver un certain équilibre entre les exigences propres à ces deux dimensions. Exigences qui ne sont pas *a priori* si facilement conciliables : jusqu'à quel point étendre les heures consacrées au travail scolaire afin qu'elles n'interdisent pas les heures consacrées à un autre travail, celui de la construction de son identité personnelle ?

Dans les familles populaires, ce « mi-grand, mi-petit » n'est pas interprété de la même façon. L'adonaissant est conçu comme plus « grand » qu'un enfant plus jeune tout en restant « petit » au sens d'enfant par rapport à ses parents. Son identité est moins clivée. Elle est définie tout entière par le fait d'être « fille de » ou de « fils de ». À ce niveau, le jeune doit rester plus soumis à ses parents. Mais sa taille ayant changé, il est normal qu'il accède à des activités, à des horaires, à des goûts qui correspondent à son âge. De ce fait, il dispose de droits propres. L'identité du jeune de famille populaire est *a priori* plus homogène du fait du poids plus grand de son identité statutaire de « fils de » ou de « fille de ». Toutefois, et surtout dans le contexte d'une société individualiste qui reconnaît le droit à l'expression personnelle sans attendre la majorité, et qui offre, par la médiation du marché, des produits pour jeunes, cet adonaissant, cette adonaissante doit disposer de marqueurs qui le/la rassurent sur son développement, de signes qui indiquent à tous, y compris à l'intérieur de la fratrie, qu'il a une spécificité : il grandit, avec des droits dérivés.

Malgré les divergences des conceptions éducatives selon le milieu, le contrôle parental présente, dans les deux cas, de nombreux points communs. Pour deux raisons. Premièrement l'univers des études relève également d'une intervention familiale dans les familles populaires puisqu'il y a continuum identitaire. Deuxièmement, les façons dont les adonaissants s'expriment à titre personnel empruntent fortement aux produits ayant l'étiquette « jeune » sur le marché. Pour dire « je », ils agissent en ayant recours à de telles pratiques de telle sorte qu'ils sont « jeunes », même si cette qualification signifie tout autant l'action d'un travail de construction identitaire que la revendication à une classe d'âge. Le pouvoir de l'adonaissant sur lui-même est soumis à contrôle parental. Cette confrontation est décrite en deux temps, dans ce chapitre, à partir des apparences corporelles et des études ; et dans le chapitre suivant, à partir du temps dit « libre ». Aucun territoire, aucune activité, aucun temps ne peut représenter l'ensemble puisque la spécificité de l'état d'adonaissant est d'être sous tension. Son degré de maîtrise de sa vie n'est pas uniforme.

La maîtrise des apparences corporelles

À suivre les descriptions des adolescents en termes de « tribus », il peut sembler évident que dans le domaine des apparences corporelles, les jeunes obéissent avant tout aux prescriptions de leur classe d'âge. Ce lien entre les vêtements, les apparences des adonaissants et leur désir d'être affilié à la jeunesse est fort : les marques qui leur sont spécialement destinées leur permettent de se faire remarquer en tant qu'adonaissants, et non en tant que « fils de » ou « fille de ». Nous allons regarder de plus près, pas seulement en observant dans la rue, les différences incontestables entre les générations (même si elles sont brouillées par les échanges fréquents entre les filles et leurs mères) afin de voir si les parents ont totalement abdiqué tout pouvoir dans ce domaine, en dehors même de celui qu'ils conservent incontestablement, à savoir celui associé à l'argent.

L'affirmation de soi par des marqueurs de jeunesse n'exclut pas un certain contrôle, la plupart des adonaissants en sont conscients, ce qui, au moment où l'on aborde les questions sur les vêtements et les apparences dans les entretiens, crée sinon un certain malaise, du moins un certain embarras. Les jeunes voudraient affirmer qu'ils ont le pouvoir de décision sur leurs apparences — si importantes, paradoxalement, dans une culture individualiste de l'intériorité (de Singly, 2005c) — tout en sachant que ce pouvoir est limité. Le rapprochement entre deux questions d'un questionnaire passé auprès d'adonaissants[1] montre cet écart entre le rêve d'un pouvoir « libre » et la réalité d'un pouvoir partagé. Si près de la moitié des filles déclarent que leurs parents les laissent entièrement choisir leur façon de s'habiller, elles ne vont acheter leurs

1. Cette enquête (présentée dans l'introduction) a été passée auprès de 980 jeunes de 12 et 13 ans de la région parisienne. Voici comment a été fixée l'origine sociale des jeunes à partir des positions des parents. Sont de milieu « supérieur » ou « cadre », les adonaissants dont les deux parents sont « sup », ou dont un parent l'est et l'autre est « moyen ». Pour les adonaissants de milieu intermédiaire, soit deux parents « moyens », soit un parent « moyen » et un parent « sup ». Enfin, pour les jeunes de milieu populaire, deux parents « pop » ou un parent « pop » et un parent « moyen ».

vêtements sans leurs parents que dans un sixième des cas. Leurs parents les accompagnent dans plus de 40 % des cas. Il est vrai que le choix parental autoritaire sans concertation est rare, tournant autour de 6 %.

Le plus souvent l'achat de vêtements donne lieu à une scène où les deux générations jouent leur partition, la mère (ou plus rarement le père) donne la fourchette des prix, le jeune sélectionne ce qui lui plaît le plus (tenant compte des résistances déjà connues). Dans un troisième temps, le parent donne son avis et s'ouvre la négociation. L'adonaissant, surtout l'adonaissante, peut, pour être sûre de ne pas se tromper dans les goûts de « jeune », avoir fait précéder cela par un tour dans les magasins, sans parent et éventuellement en compagnie des copines. C'est ainsi qu'agit une jeune fille (de milieu cadre) qui fait du repérage avant de solliciter ensuite sa mère : « Je lui dis : "Maman, maman j'ai trouvé des trucs biens. Alors elle dit : "Attends, je vais aller voir." Donc on y va ensemble et si ça lui plaît, si elle est d'accord, elle me les achète et voilà. » La mère approuve le plus souvent.

Tableau 3. Le choix des vêtements

« De manière générale, tes parents, pour les vêtements, te laissent choisir entièrement ta façon de t'habiller, te laissent choisir avec quelques restrictions, t'imposent leur choix ? »				
Pour les garçons (pourcentages horizontaux)	**Milieu**	**Choix libre**	**Choix restreint**	**Imposition**
	Cadre	50,4	**47,4**	2,2
	Populaire	**61,8**	35,4	2,8
Pour les filles (pourcentages horizontaux)	**Milieu**	**Choix libre**	**Choix restreint**	**Imposition**
	Cadre	47,1	51,4	1,4
	Populaire	49,4	50,0	0,6

Source : enquête Prendre son autonomie, 2001, université Paris-5 — Cerlis. Lecture : 50,4 % des garçons dont les parents sont cadres déclarent que ces derniers les laissent entièrement libres dans la façon de s'habiller.

« Pour le "bas" (jupe, pantalon) que tu portes aujourd'hui, qui l'a acheté ? Toi tout seul, toi avec un de tes parents, toi avec un ou des copains, c'est un cadeau, tes parents sans toi mais après t'avoir demandé, tes parents sans t'en avoir parlé ».						
	Milieu	**Seul, ou avec des copains**	**Avec ses parents**	**Parents après avis**	**Parents sans avis préalable**	**Cadeau**
Pour les garçons (pourcentages horizontaux)	Cadre	7,4	**57,0**	7,4	14,8	8,9
	Populaire	13,2	45,8	11,8	11,1	14,6
	Milieu	**Seul ou avec des copains**	**Avec ses parents**	**Parents après avis**	**Parents sans avis préalable**	**Cadeau**
Pour les filles (pourcentages horizontaux)	Cadre	15,0	**60,0**	6,4	3,6	10,0
	Populaire	12,9	51,9	9,0	6,4	13,5

Source : enquête Prendre son autonomie, 2001, université Paris-5 — Cerlis. Lecture : 14,8 % des garçons de parents cadres portent le jour de l'enquête un pantalon que leurs parents ont acheté sans concertation.

En prenant appui sur une procédure technique[1] qui calcule les réponses les plus associées à telle modalité d'une question précise, on regarde ce qui est associé aux jeunes qui ne sont pas entièrement libres de choisir leurs vêtements, en contraste avec les adonaissants entièrement libres (tableau 4).

1. Cette technique calcule les proximités entre chacune des modalités de réponses à toutes les questions et une modalité de réponse à une question précise (*x*), comparativement aux proximités entre ces modalités de réponses à toutes les questions et les autres modalités de cette question (*x*). L'ensemble des réponses les plus associées à la modalité étudiée dessine un profil. Un adolescent qui vivrait selon toutes les modalités associées serait en quelque sorte un « type idéal ». Sur cette méthode, voir Cibois, 1993 et 2002.

Tableau 4. Le profil des adolescents qui ne choisissent pas totalement leurs vêtements

Situations plus fréquemment vécues par les filles qui ne choisissent pas totalement librement leurs vêtements que par les filles qui choisissent librement.
• Les parents ont fait des remarques sur l'affichage de sa chambre. • Le dernier film vu l'a été sur les conseils de ses parents (et elle voulait le voir). • Le haut qu'elle porte, ses parents l'ont acheté sans la consulter. • Elle est bonne élève. • Elle n'a pas de portable. • Elle ne connaît pas le diplôme de sa mère. • Elle ne connaît pas la profession de son père.
Situations plus fréquemment vécues par les garçons qui ne choisissent pas totalement librement leurs vêtements que par les garçons qui choisissent librement.
• Le dernier film vu l'a été sur les conseils de ses parents (et il voulait le voir). • La dernière émission de télé, il l'a regardée après avoir demandé l'autorisation. • Il fume en dehors de la maison et ses parents ne le savent pas. • Il est très bon élève. • Il préfère lire lorsqu'il est dans sa chambre. • Ses parents ont acheté le haut sans lui en avoir parlé. • Ses parents lui ont acheté le bas sans lui en avoir parlé. • Il n'a pas le droit de sortir du collège lorsqu'il n'y a pas de cours. • Il a mis sur les murs de sa chambre des photos de sa famille, ou de ses amis, ou de lui. • La dernière fois qu'il était au cinéma, il était en famille. • Le jour de la dernière sortie, il a respecté à peu près l'heure de retour. • Il n'a pas le droit de s'enfermer dans sa chambre. • Son père est cadre supérieur ou membre d'une profession libérale. • Il appelle plus ses parents que ses copains sur son portable. • Il a souvent débarrassé la table la semaine précédente.

Source : enquête Prendre son autonomie, 2001, université Paris-5— Cerlis

Les adonaissantes qui ont moins de pouvoir de décision vestimentaire, puisqu'elles n'ont pas été consultées, ont plus souvent des parents qui leur font des remarques sur l'affichage de leur chambre, qui leur donnent plus de conseils pour le cinéma. Un tel profil ressemble à celui d'adonaissantes considérées par leurs parents comme assez « petites », ce qui est conciliable avec le fait d'être bonnes élèves.

Les garçons qui ne choisissent pas totalement leurs vêtements sont plus reliés que les autres garçons à leur famille et à leurs parents : par le portable, par les sorties au cinéma ensemble, par le fait d'avoir mis des photos familiales dans leur chambre. Plus souvent, ils sont d'origine sociale élevée, ils réussissent très bien au collège. Que les parents les dessaisissent de ce pouvoir vestimentaire n'est pas nécessairement vécu négativement, peut-être n'est-ce pas une chose importante pour eux. En tout cas, les « bons élèves » sont considérés par les autres adonaissants comme étant moins sensibles à la mode (Courtois, 2006). En termes de pondération identitaire, la dimension « jeune » pèse moins que celle d'« élèves » et de « membre de la famille ».

L'expression personnelle autorisée dans les familles cadres

Malgré les compromis avec les parents, la très grande majorité des jeunes a l'impression de pouvoir s'habiller comme un « jeune » tout en parvenant à se créer, sinon un style personnel, tout au moins une allure qui ne se confonde pas avec celle de leurs copains ou de leurs copines. C'est le regard éloigné (du fait de l'âge par exemple) qui ne voit plus ces variations. Si s'imposent quelques attributs (que même les jeunes qui sont contre les marques souhaitent posséder ou possèdent), pour le reste, le marché offre suffisamment de modèles « jeunes » pour que les uns et les autres puissent avoir à la fois les bénéfices de l'appartenance et ceux de la distinction. Martin a un style qui correspond à sa pratique favorite, le skate. Il veut avoir l'allure d'un strateur, ce qui se traduit surtout dans le choix de ses chaussures. Il ne possède aucune paire de chaussures de ville, il ne porte que des chaussures de sport. C'est une source de fierté : « Je suis déjà allé comme ça, à un mariage. On est allés dans une église et tout. J'étais avec, j'étais habillé, j'étais devant la mariée en plus. Des chaussures Nike. J'étais habillé un peu rappeur (*sourire*). » Son souci de la distinction se traduit par l'évitement du jogging car « ça fait racaille » ; par une distance relative aux marques (il a néanmoins une collection d'autocollants de marques de vêtements collés dans sa chambre) : « Non pas moi, non je ne suis pas trop comme ça. Là [pendant l'entretien], j'ai pas un habit de marque. J'aime bien, comme un peu tout le monde. Mais je suis pas, non ; je suis pas accro de ça ».

Nicolas, fils de deux parents professeurs, revendique, lui, un goût prononcé pour les marques. Il met presque toujours des Nike. Il porte aussi du Sergio Tacchini, ou du Lacoste. Ses parents le laissent acheter seul ce dont il a besoin. Il profite des soldes tout en reconnaissant dépenser beaucoup. Il est fier car, selon lui, il constitue une sorte de standard pour ses copains qui cherchent à s'aligner sur lui : « Parce qu'ils ont l'habitude de me voir avec des marques alors… Si d'un coup je me ramène avec des trucs qui sont sans preuve de marque, après ils vont me dire quelque chose. Ils vont dire (*rire*) : "C'est quoi ce truc ?" ou je sais pas. » Lorsque Nicolas porte une paire de baskets sans marque, ses copains se moquent de lui. Lui fait de même quand un copain a un vêtement non griffé. Ses copines de collège sont aussi affectées par le virus des marques. « Elles ont plutôt des chaussures de marque, des *Air Max* ». Elles ne portent pas de jupe. « Elles sont sportives alors ? » demande naïvement l'enquêtrice, l'adonaissant lui répond : « C'est pas vraiment sportif, c'est un style. » Ses parents laissent faire, sans approuver. Après plusieurs relances, il répond à propos d'un éventuel fossé entre les générations : « Si par exemple au niveau des marques, ils disent : "C'est stupide d'acheter des marques." Mais si on se pointe au collège avec que des trucs… On n'est pas très à l'aise. » Le jugement des pairs compte davantage que celui des parents sur cette question : parce que le vêtement doit marquer une appartenance à cette classe d'âge, et parce que les parents acceptent assez souvent de jouer le jeu de l'âge.

Jessica (12 ans, élève de cinquième) s'est réfugiée dans un monde au sein duquel Marilyn Manson occupe une grande place. Elle sait que ce chanteur déclenche des réactions d'incompréhension, même si, selon sa jolie expression, « c'est un homme comme les autres, à part qu'il est un peu bizarre ». Elle ne recherche ni les marques, ni les vêtements que portent les autres jeunes. Elle a une double distance, par rapport à de nombreux jeunes et aussi à ses parents. Sa mère n'apprécie pas du tout le style gothique : « Je préfère que tu sois une petite fille comme les autres plutôt que d'avoir ton style. » Sa fille lui répond : « Mais moi j'aime pas le style "fille" dans les magasins, c'est trop "oh, la la, la" à part dans les magasins de mon style. Par exemple Zara, j'aime pas son rayon "fille", c'est trop (*elle prend un air niais et en extase*) "aaaah !". Cela m'énerve, moi dans les magasins comme ça, je vais au rayon mec, et ma mère me dit : "Pourquoi tu vas au rayon mec, t'es une fille, t'es pas un mec, nanana." Je lui dis : "C'est bon. De toutes manières j'aime pas les trucs de fille, c'est trop des trucs de gamines." » Jessica veut être grande — assimilant « fille » et « petite fille ». Or elle observe à son grand étonnement qu'elle « se rapproche de sa mère », ce qui, en réalité, désigne bien autant le mouvement inverse : « Il y a des trucs qu'elle veut bien que je porte, des trucs non. La dernière fois je voulais aller à Pandora [le nom d'un magasin gothique]. Je lui ai demandé d'y aller. Il y a des trucs qu'elle a aimés, et moi cela m'étonnait parce que je m'imaginais que dès qu'elle allait voir la tronche du magasin, elle dise : "Non je ne rentre pas là-dedans." En fait il y avait des robes qu'elle aimait bien. Je lui ai dit : "Maman, ça m'étonne que t'aimes bien", parce que c'est pas du tout son style, elle c'est le style normal alors que ce magasin c'est plutôt dark. » La mère accepte que sa fille puisse ne pas avoir les mêmes goûts et cherche sans doute ce qui lui déplaît le moins pour trouver un terrain d'entente, comprenant que sa « petite fille » a disparu. Elle préfère ne pas céder sur ce qu'elle considère comme le plus important, les études. La conception d'une identité clivée impose à cette femme, comme à d'autres parents de milieu cadre, une certaine tolérance.

Les deux types de vêtements

Dans les familles cadres ayant des filles sensibles à la mode, des parents ont mis au point un type de contrôle particulier qui prend explicitement en compte une identité clivée. Pour ces adultes, l'adonaissante a deux corps ou, tout au moins, deux expressions corporelles : la première est celle d'une collégienne qui veut s'affirmer ; la seconde, celle de quelqu'un qui est membre d'une famille ayant telle ou telle position sociale. C'est ce qui arrive à Karla, âgée de 12 ans, fille unique de deux parents médecins. Lorsque cette adonaissante a besoin de vêtements, sa mère lui en achète sauf exception. En effet si c'est un habit non approuvé, Karla peut l'acheter à la condition de le payer. Dans son armoire, il y a ceux qui sont « de famille », payés par les parents, et ceux qui ne le sont pas, financés par elle. Cela ressemble à la dichotomie des dépenses, observée chez les étudiants (Cicchelli, 2001) entre les dépenses pour les études ou pour la vie quotidienne qui doivent être prises en charge par les parents (si c'est possible), et les autres dépenses, plus « personnelles », qui peuvent être prises en charge par le jeune adulte lui-même, par exemple grâce au revenu d'un petit boulot. Cependant à l'adolescence, ce clivage est imposé par les parents. Ces derniers veulent bien admettre que leur fille agisse à sa guise, sans pour autant approuver ce qu'elle fait ni lui interdire l'achat. Pour le téléphone, la pédagogie est de même nature. Une fois Karla avait longuement parlé par téléphone à son parrain (proche d'elle) qui est à l'étranger, et elle avait dû contribuer, avec son argent de poche, au paiement de la facture. Cette jeune fille a le droit de faire des choses qui ne sont pas approuvées par ses parents à la condition d'en assumer le prix. Dans le cas du téléphone, c'est comme si en tant que membre de la famille, elle avait une certaine somme allouée pour un usage « normal » de l'appareil. Au-delà, elle devient elle-même, et c'est alors avec son argent qu'elle doit payer la communication. Dans cette famille, l'argent est un vecteur du processus d'autonomisation. Karla paie un droit d'entrée lorsqu'elle est dans son monde à elle. Cette dichotomie entre deux types de vêtements se traduit aussi dans les marques. Karla achète surtout chez H&M et Pimkie, magasins plutôt bon marché alors que, si c'est sa mère qui lui amène un vêtement, elle le prend dans des magasins plus hauts de gamme comme Esprit. Karla voit ainsi se confirmer une double identité : celle de « jeune » qui s'habille selon les standards de sa classe d'âge, et celle de « fille » d'une famille assez aisée qui donc doit, à certains moments, être « mieux » habillée. Cette dualité vestimentaire n'engendre pas de tensions. Le plus souvent, Karla apprécie beaucoup ce que sa mère choisit car elles ont les mêmes goûts. Si — et c'est rare — cela ne lui plaît pas trop, elle ne le dit pas pour ne pas faire de peine à sa mère ; elle s'arrange alors pour porter rarement le vêtement offert.

Dans le cadre d'une pédagogie tolérant une identité clivée, le vêtement occupe une position peu claire, à la fois du côté de la zone de la libre expression, et de l'autre côté, les habits exprimant aussi la valeur familiale. Jaclyn, 11 ans, achète toujours ses vêtements avec sa mère, après avoir effectué le repérage avec une copine. Il arrive que sa mère n'aime pas les vêtements ainsi sélectionnés, trouvant toujours, selon sa fille, une bonne raison : le vêtement est mal taillé, il est de mauvaise qualité. Elle ne critique pas directement le goût de Jaclyn. Le plus souvent toutes deux finissent par trouver quelque chose qui plaît aux deux. Si l'adonaissante insiste sur son premier choix et que la mère maintient son refus, cette dernière l'autorise à se le payer sur son argent.

Cette dualité reflète aussi une tension interne à certains jeunes qui peuvent accepter les critères de jugement de leurs parents sans vouloir rompre avec les « apparences normales » de l'adonaissance. Ils oscillent entre deux logiques, et opèrent donc un dosage. Ainsi Maëlle (12 ans, en cinquième) a une mère (kiné, compagne d'un artiste) qui ne supporte pas que certains produits soient fabriqués par des enfants dans des pays lointains : « Les trucs de marque par exemple elle aime pas trop. Par exemple — moi non plus j'aime pas trop — mais les Nike par exemple elles sont faites par des enfants et elle aime pas trop quoi. Et moi non plus j'aime pas trop et quand je rentre dans un magasin de chaussures pour acheter une paire de chaussure je dis : “Je sors pas avec des *Nike*” et évidemment je sors avec des Nike. » L'adonaissante arbitre, et sa mère ne se fâche pas parce qu'à d'autres moments sa fille accepte d'entendre les valeurs auxquelles elle croit. La fille aime que sa mère l'accompagne, c'est un des moyens de faire valider une partie de son monde : « Ma mère vient toujours avec moi. On y va ensemble en fait et donc elle les choisit avec moi. Après, c'est pas de problème pour que je les mette. » Cette adonaissante accepte des jugements de sa mère et parvient en même temps à lui faire accepter une partie des bonnes raisons de s'habiller autrement.

L'allure « jeune » acceptée dans les familles populaires

L'attitude des parents populaires vis-à-vis des apparences de leurs fils ou de leurs filles n'est pas jugée plus sévère que celle exercée dans les familles cadres, les adolescents se sentant assez libres (*cf.* tableau 3). La surveillance diffère pour les raisons déjà indiquées — l'identité statutaire familiale devant se combiner avec l'identité statutaire jeune — et pour deux autres motifs, le niveau de revenu qui peut être peu élevé, notamment dans certaines familles nombreuses, et la culture religieuse imposant des impératifs de tenue corporelle.

À partir d'une scène d'achat de chaussures[1], on comprend comment une adolescente de famille populaire peut concilier ses deux appartenances, « familiale » et « jeune ». Cindy a acheté une paire de chaussures à hauts talons qu'elle aime beaucoup et que sa mère lui emprunte parfois. Toute la famille était avec elle au moment de la décision. Son père n'était pas trop favorable, trouvant le talon beaucoup trop haut. Il lui avait dit qu'elle n'arriverait pas à marcher avec de telles chaussures. Cindy lui a répondu que c'était son « problème ». Et comme sa mère ne s'y est pas opposée, elle a eu les chaussures qu'elle souhaitait.

1. Déjà observée.

Le corps du «fils», le corps de la «fille»

Le modèle «continuiste» mis en œuvre dans les familles populaires, le jeune restant toujours «fils de» ou «fille de», pose problème à certains jeunes si ces derniers ont le sentiment que cette dimension familiale étouffe l'autre dimension, celle de l'appartenance à la génération. Le contrôle parental sur le corps est alors mal vécu. L'adonaissant se sent dépossédé de ce qui constitue sans doute un des éléments les plus représentatifs de la propriété de soi dans les cultures individualistes, son corps. Tel est le cas de Mourad qui vit dans une famille dont les propriétés individuelles sont peu valorisées (même les lits changent d'occupant assez régulièrement, ce qui n'a été observé dans aucun autre appartement). Il maîtrise peu le choix de ses vêtements qui ne peuvent donc qu'imparfaitement être désignés comme des affaires personnelles. Déjà pour leur achat, sa mère (femme de ménage) l'accompagne et intervient de manière très directive, selon son fils, déçu d'avoir si peu son mot à dire : «Parce que moi, j'ai la manie que dans les magasins d'homme je demande toujours. Je vais lui dire : "Vas-y, vas-y, nananana." Et elle va me faire "Non". Je vais lui faire : "Pourquoi ?" Et après ça va partir en sucette.» Sa mère discute ses choix, les prix, et aussi la couleur : «Elle dit le plus souvent : "Essayez de prendre le plus souvent sombre." Mais si on prend beige, alors elle a rien contre.» Mourad n'aime pas, en tant que garçon et adonaissant, être empêché d'exprimer des goûts que sa mère ne connaît, ni ne maîtrise. Ce n'est pas le plus grave pour lui. En effet, sa mère achète systématiquement tout en double, Mourad ayant un frère proche en âge : «Cela veut dire que moi et lui [son frère], on a les mêmes habits.» Cette décision maternelle contraint les deux frères à faire attention : «Le soir, on regarde parce que nous, on prépare nos affaires le soir même. Après, on regarde les affaires qu'il a mises le soir, le premier qui l'a fait, et après on choisit qu'est-ce qu'on veut porter. Et si l'un ou l'autre n'est pas d'accord, il va voir l'autre et il lui dit : "Allez, s'il te plaît, tu peux changer." Et s'il est gentil, ou s'il est énervé contre toi, ça dépend de son humeur, il dit oui ou non. » Chaque jour, Mourad se voit rappeler qu'il est avant tout « frère », peu différencié en tant qu'individu. Il est donc objectivement et subjectivement nié dans sa composante personnelle, il l'accepte, ne pouvant guère faire autrement. Il cherche ailleurs, par exemple dans de nombreux déplacements dans tout Paris pendant lesquels il joue avec ses copains à faire peur aux passants, d'autres moyens d'expression personnelle.

Quel que soit le milieu, certaines modalités de la surveillance parentale paraissent abusives à l'adonaissant qui se sent privé de ce qu'il estime lui appartenir. La pertinence d'un contrôle parental n'est légitime que si et seulement si le jeune peut disposer d'un peu de jeu dans les contraintes fixées. La propriété corporelle de soi ne peut pas être totalement annulée. L'adonaissant doit avoir au moins quelques manières personnelles de prendre possession de son corps. Le « reste » dépend des critères que les parents et le jeune lui-même mettent en œuvre. On l'observe avec le maquillage. Peu de filles se maquillent avant de partir au collège (tableau 5). Elles acceptent qu'à leur âge, le maquillage soit quelque chose d'un peu exceptionnel.

Tableau 5. Le maquillage

Pourcentage de filles qui se maquillent pour aller au collège.

Milieu	Avant de quitter la maison	Après avoir quitté la maison	Ne se maquille pas
Cadre	25,4	4,3	70,3
Populaire	27,5	4,6	68,0

Source : enquête Prendre son autonomie, 2001, université Paris-5 — Cerlis

Flore, 12 ans, élève de cinquième (père ingénieur, mère secrétaire) se maquille parfois, avec un peu d'ombre à paupières, du bleu très clair, et du crayon noir en dessous. Elle ne met jamais de rouge à lèvres. Son maquillage se fait dans sa salle de bain. Sa mère ne dit rien parce que sa fille est très raisonnable et ne s'autorise que rarement le maquillage au collège. Flore reconnaît en avoir mis le samedi précédant l'entretien, « parce que j'étais contente que ce soit bientôt les vacances », précise-t-elle en riant. Le maquillage est un signe de « grand », qui reste peu conciliable au regard de nombreux parents et collèges, avec le fait d'être élève. La fin provisoire de l'école autorise le maquillage. Une très bonne amie de Flore estime que ce sont surtout les troisièmes qui se maquillent. Elle a tenté de le faire, mais elle s'est heurtée à la résistance maternelle : « Moi normalement ma mère je crois elle voudrait pas que je me maquille, non elle veut pas que je me maquille pour aller à l'école. » L'adonaissante accepte le verdict lié à l'âge, sans le comprendre. Pour elle, se maquiller « c'est marrant ». Cette pratique est associée à la fête, comme celle du Nouvel An, où elle oublie de demander la permission à sa mère, et c'est sa cousine qui la maquille.

L'interdit total est ressenti comme une fermeture de l'accès à une des expressions normales de « jeunes filles », de « femmes ». La mère de Sandra (13 ans et élève de cinquième) est opposée à cette pratique même pour se rendre à un anniversaire ou en ville. L'adonaissante ne respecte pas l'interdit pour les rencontres avec les copines, en dehors du collège. Elle met « discrètement [sa] trousse de maquillage » dans son sac et se maquille sur place. Avant de repartir, elle se démaquille. Un peu de rouge à lèvres, du fard à paupière, jamais de fond de teint. Elle critique les jeunes filles qui en mettent trop, « des paquets », et les préfère « au naturel ». En même temps, elle aime se maquiller pour « cacher les boutons, les défauts » bien qu'elle ne sache pas si c'est très efficace. Il n'est pas question de rester « petite » à ce niveau.

Les études surveillées

L'intérêt que les parents manifestent pour les études de leurs enfants n'est pas contesté par ces derniers. Il est évident pour tous ou presque que la scolarisation est aussi une affaire de famille. Très peu de parents ne posent jamais aucune question sur l'école, sur les études, sur le travail à faire (tableau 6).

Tableau 6. La question sur le travail scolaire

	Question	Tous les jours ou presque	De temps en temps	Jamais
Milieu cadre (pourcentages horizontaux)	Garçon	**51,9**	43,0	5,2
	Fille	39,3	**51,4**	9,3
Milieu populaire (pourcentages horizontaux)	Garçon	40,3	47,2	12,5
	Fille	42,3	47,4	10,3

Source : enquête Prendre son autonomie, 2001, université Paris-5 — Cerlis.

Le terme « surveillance » n'est pas justifié, même si la question est posée tous les jours ou presque, car la mère ou le père peut ne pas faire suivre cette question d'un contrôle plus précis, voire même d'une vérification de ce qu'il y a à faire, de ce qui est fait, de ce qui reste à faire. L'analyse des profils correspondant aux adonaissants auxquels les parents posent « tous les soirs ou presque des questions sur le travail scolaire », comparativement aux parents qui interviennent moins, montre que les variables associées pour les filles et pour les garçons ne sont pas toutes identiques (tableau 7).

Tableau 7. Le profil des adolescents à qui les parents posent chaque soir des questions sur leur travail scolaire

Situations plus fréquemment vécues par les filles à qui les parents posent tous les soirs ou presque des questions sur leur travail scolaire que par les filles dont les parents interviennent moins.
• Elle a respecté à peu près l'heure de retour de la sortie donnée par les parents.
• Le soir, elle raconte volontiers ce qu'elle a fait avec ses copains.
• Le soir, elle raconte volontiers ce qu'elle a fait en classe.
• Elle regarde la télévision une seule fois la semaine.
• Elle a demandé la permission pour regarder l'émission de télévision.
• Elle est privée de télé si elle a de mauvais résultats.

Situations plus fréquemment vécues par les garçons à qui les parents posent tous les soirs ou presque des questions sur leur travail scolaire que par les garçons dont les parents interviennent moins.
• Ses parents connaissent tous ses copains proches.
• Il poursuit ses études dans une école privée.
• Le soir, il raconte sans grand plaisir ce qu'il a fait en classe.
• Il préfère lire dans sa chambre (par rapport aux jeux vidéo, ou autres activités).
• Il se voit poursuivre ses études après 25 ans.

Source : enquête Prendre son autonomie, 2001, université Paris-5 — Cerlis.

La question quotidienne sur le travail scolaire trahit plus un contrôle lorsqu'elle est posée à un garçon. En effet, ce dernier raconte alors « sans grand plaisir » ce qu'il a fait. Il est par ailleurs soumis à une plus grande surveillance, il est plus souvent en école privée, perçue comme plus contraignante. Il a plus de chances que ses parents connaissent tous ses copains. On croit déceler dans ces situations un manque de confiance, ou en tout cas une confiance très mesurée. L'adonaissante à qui on pose la question se distingue autrement des autres filles moins soumises à ce questionnement. Elle raconte plus « volontiers » non seulement sa journée au collège, mais aussi ses relations avec les copines. Les autres modalités de réponse associées — notamment sur la télévision — révèlent une ambiance familiale au sein de laquelle il n'y a pas (trop) de temps à consacrer aux choses non sérieuses. La famille de ces adonaissantes « interrogées » crée plus souvent (comparativement aux filles moins interrogées par leurs parents) un certain environnement, sérieux, peut-être studieux, sans que les parents se sentent obligés de regarder chaque soir le carnet de textes, les devoirs, ou de faire réciter les leçons.

Ce qui complique les études c'est la coexistence de plusieurs dimensions. Il y a la dimension « familiale » de l'école liée au fait qu'en France, l'obtention du diplôme est perçue comme l'anticipation de la valeur sociale de l'enfant et donc de la famille à la génération suivante. Cette dimension rend légitime l'intervention éventuelle des parents. Il y a aussi la confiance, élément structurant de la relation entre les parents et les enfants. Là la manière de la conserver, de l'entretenir, n'est pas simple. Un excès de contrôle peut engendrer chez le jeune le sentiment que sa parole compte peu et que le pouvoir familial se doit de vérifier les dires des enfants. Ainsi Achille (parents séparés, père et mère cadre supérieurs très diplômés) ne comprend pas la conduite de son père. Les deux sont des contrôleurs assidus de son travail scolaire, mais le père ajoute à ce contrôle autre chose : « Il fouille dans mon sac. Oui je le vois faire, il fait ça devant tout le monde, il étend le sac sur la table. Il enlève tout ce qui y a dedans et puis il regarde. » Ces fouilles engendrent réprimandes et conversations houleuses : « Pas plus tard qu'hier, il m'a fait une réflexion parce qu'il y avait plus rien dans mon cahier de textes et que les derniers devoirs marqués ça datait de trop longtemps. Il m'a fait toute une réflexion pendant une demie heure sur ça ».

Saïd (12 ans, en cinquième, père homme de ménage, mère femme de ménage, famille nombreuse) est soumis, lui aussi, à une telle vérification des devoirs à faire et des devoirs faits. Les parents poussent leur fils cadet à bien travailler au collège : « Le deuxième trimestre, là c'était pas bon ils m'ont pas laissé sortir après. » Ses parents se font aider par les deux grandes sœurs, bonnes élèves, parce qu'elles maîtrisent mieux la langue française, pays d'accueil, et en particulier par celle de 18 ans : « C'est la meilleure et c'est elle qui m'aide. » Elle regarde systématiquement si son frère a des devoirs à faire. Il n'a pas intérêt à lui cacher la vérité : « Rêve toujours ! (*rire*). Si je lui dis que j'ai rien à faire, elle regarde. Si je lui ai menti et là... » La sanction tombe en cas de mensonge ou de mauvaise note. Sa sœur lui « paralyse le bras ». Saïd reconnaît que si elle agit de la sorte, c'est pour son bien : « Elle veut que je réussisse, elle veut pas que je sois un clochard comme ça qui traîne dans la rue. C'est quand même bien. » Cette reconnaissance du bien-fondé de la surveillance n'interdit pas quelques tensions : « Mais on se prend la tête des fois (*silence*). » Si les parents réagissent surtout de façon verbale — « Je reçois des engueulades » — la sœur sanctionne plutôt physiquement : « Elle me tape. » Le caractère familial des études est également perceptible dans la famille de Mourad. Les parents qui maîtrisent mal la langue française ont délégué la mission de contrôle, notamment à leur fille. Cette dernière réalise ce que Mourad appelle des « visites surprises ». Elle fouille dans son cartable, vérifie ses cahiers, ses devoirs et son carnet de correspondance. L'adonaissant accepte sans aucun enthousiasme, mais il sait que c'est son destin tant qu'il est « petit » : « Jusqu'à ce que t'aies 18 piges, c'est mort ! Mes parents, ils ont tous les droits sur toi, pas le droit de vivre ta vie. Cela, c'est mes grands frères qui me l'ont dit. Parce que si, eux, ils n'ont pas réussi à ouvrir la bouche avant 18 ans, pourquoi nous on le ferait. On n'est pas plus intelligents qu'eux. » Pour Mourad, l'argument de l'âge est indiscutable, il ne lui reste donc qu'à prendre son mal en patience. Seul le fait d'être « grand » lui permettra d'avoir plus de pouvoir sur lui-même.

La question du soir : attention ou surveillance ?

Des jeunes expriment leur agacement sur le rituel de « la question du jour » selon l'expression d'Élise (11 ans et demi, cinquième, parents ingénieurs) : « On parle de la journée, on répond à la question du jour, comme on dit. » Comme ses sœurs, elle doit raconter ce qu'elle a fait au collège. Léna (12 ans, élève de cinquième, père cadre moyen et mère secrétaire) est aussi soumise à ce questionnement. Ainsi lorsque la veille de l'entretien, sa mère est rentrée vers 18 h 00, elle a demandé à sa fille ce qu'elle avait mangé à la cantine et si elle avait terminé son travail. À son retour, son père lui a demandé aussi : « Si j'ai fait mes devoirs, si j'étais sage, enfin plein de trucs comme ça. » Les discussions tournent le plus souvent autour des devoirs : « C'est toujours les mêmes questions, t'as bien fait ci, t'as bien fait ça… » Léna passe peu de temps avec son père, et ces rares moments passés sont gâchés, selon elle, par la scolarité, le père voulant alors l'aider : « Il le fait pas souvent, mais quand il le fait, c'est énervant. Il veut me montrer qu'il sait. Mais je n'aime pas qu'il se mêle de mes devoirs. J'aime bien les faire toute seule. » La ligne de démarcation entre l'attention et la surveillance est fluctuante.

Un indicateur des modalités du contrôle parental est approché par les réponses à la question : « Le soir, racontes-tu ce que tu as fait en classe : oui, volontiers ; oui, mais sans grand plaisir ; non, rarement ou jamais » (tableau 8). La même question est formulée à propos de sa journée avec ses copains, ses copines. Une constante apparaît pour les deux sexes et les deux milieux sociaux : le silence est nettement plus fréquent pour le récit des relations amicales que pour l'histoire scolaire. C'est un des signes que la vie privée, au sens de territoire strictement personnel, de l'adonaissant intègre nettement plus les copains que les études.

Tableau 8. Parler avec ses parents

8.1. Les conversations du soir avec les parents

Pour les garçons (pourcentages horizontaux)

Cadre	**Raconte volontiers**	**Sans grand plaisir**	**Rarement ou jamais**
Question classe	**26,7**	**41,5**	31,9
Question copain	20,7	17,8	**61,5**
Populaire			
Question classe	23,6	**19,4**	56,9
Question copain	18,1	12,5	**69,4**

Pour les filles (pourcentages horizontaux)

Cadre	**Raconte volontiers**	**Sans grand plaisir**	**Rarement ou jamais**
Question classe	**37,1**	**28,6**	34,3
Question copain	31,1	16,1	**51,4**
Populaire			
Question classe	**42,9**	**18,6**	38,5
Question copain	31,4	10,9	**57,7**

Source : enquête Prendre son autonomie, 2001, université Paris-5 — Cerlis. Lecture : 37,1 % des filles de milieu cadre racontent volontiers à leurs parents leur journée au collège.

8.2. Les interlocuteurs en cas de problème

Milieu cadre — Pourcentages horizontaux des jeunes qui déclarent prendre leur mère, leur père, leurs parents comme interlocuteur.

	Problème scolaire	Problème amoureux
Fille	50,7	12,2
Garçon	55,5	8,9

Milieu populaire.

Fille	39,8	7,1
Garçon	**47,9**	7,7

Source : enquête Prendre son autonomie, 2001, université Paris-5 — Cerlis. Champ : le sous-ensemble des jeunes qui déclarent avoir un problème scolaire, un problème amoureux. Lecture : 50,7 % des jeunes filles de milieu cadre déclarent avoir un problème scolaire et 12,2 un problème amoureux.

La question sur les interlocuteurs en cas de problème (tableau 8.2) confirme ce clivage. Les parents ne sont guère pris comme « confidents » en cas de vague à l'âme amoureux, alors qu'ils le sont en cas de difficultés scolaires (dans les milieux populaires, d'autres membres de la famille peuvent se substituer aux parents : 17 % pour les filles et 11 % pour les garçons, pour les problèmes scolaires).

Il existe une différence selon le genre (tableau 8.1) : les filles parlent plus « volontiers » de ces deux domaines à leurs parents que les garçons. On note également une différence selon le milieu social : les jeunes de familles cadres retiennent plus que les autres la modalité : « oui, mais sans grand plaisir », et notamment pour l'école, sachant que c'est aussi dans ces familles que la question est posée chaque jour ou presque, surtout aux garçons. Dans les familles cadres, le garçon attend l'interrogation. Ces questions régulières traduisent non seulement un intérêt pour les études des jeunes, mais aussi un doute sur le fait que cet intérêt soit partagé par le jeune lui-même. Comme les filles ont de meilleurs résultats que les garçons (dans les familles cadres, 66 % des filles contre 52 % des garçons sont de bons ou de très bons élèves), elles sont moins contrôlées.

Si les parents posent moins de questions aux filles, c'est aussi pour une seconde raison, c'est parce que celles-ci parlent plus volontiers à la fois de la classe et de leurs relations à leurs copines. Ces différences entre le « volontiers » plutôt féminin et le « sans grand plaisir » plutôt masculin révèlent une grande ambiguïté de ces moments centrés sur les études, en famille. Ils trahissent un contrôle, et/ou un signe d'attention de la part des parents. Plusieurs types de reconnaissance se mêlent. Entre en jeu une reconnaissance associée à la compétition scolaire. Élise, bonne élève, en a bien conscience lorsqu'elle parle de la pression de ses parents et de leur aide : « Cela me plaît parce que je pense qu'il y a des enfants, leurs parents ne peuvent pas les aider parce que parfois ils n'ont pas fait d'études ou alors ils n'ont pas envie, ils s'en occupent pas. Ça me rassure d'un côté... Ça me gênerait un petit peu qu'ils ne m'aident pas, qu'ils ne fassent pas attention à moi. Je préfère qu'ils m'aident, même si des fois c'est un peu saoulant. » Elle souligne que plus que la note, c'est son classement dans la classe qui compte : « La plupart du temps ils me demandent la note des autres. En fait, eux, c'est pas... Si j'ai 16 de moyenne et que je suis la dernière, ils ne seront pas contents, même si 16 c'est bien. Tu vois alors que par contre si j'ai 2 de moyenne et que je suis la première, là, ils sont contents. » Elle aussi. Dans ces moments-là, se joue une double reconnaissance, personnelle et familiale.

En famille cadre, la peur de la réduction identitaire

La frontière entre la dimension familiale et la dimension personnelle n'est pas tracée de la même façon pour tous. Notamment pour certaines filles, l'investissement dans les études peut traduire un engagement personnel. Alors les questions posées par les parents sur les études sont perçues comme une manifestation d'intérêt. Pour les garçons, souvent plus distants par rapport à la scolarité, le collège ne se confond pas avec leur identité personnelle, et les questions parentales sont interprétées bien davantage selon le registre du contrôle.

Toutes les filles ne considèrent pas les études sous le mode de l'engagement personnel. Celles qui ont d'autres centres d'intérêt dans leur vie, qui ont des difficultés, trouvent réducteur le questionnement parental sur les études. C'est ce dont se plaint Jessica qui se définit comme « gothique ». Ayant des difficultés en cinquième, elle a besoin de sa mère pour se maintenir à niveau (elle le reconnaît à un autre moment de l'entretien) tout en redoutant ces moments communs : « Quand je ne comprends pas, ma mère vient m'expliquer. Là elle vient tout de suite parce que j'ai l'impression que pour elle (*elle prend un ton moqueur*) l'école, j'ai l'impression que c'est toute sa vie. Elle me gonfle avec ça. Je dirais même qu'elle me soûle. Ma mère, j'ai l'impression que moi, quand elle me parle c'est que pour l'école, c'est qu'en rapport avec ça. J'ai l'impression qu'elle est obsédée par ça. Je voudrais qu'elle arrête de toujours penser à ça. Parce qu'il y a que ça. Quand elle me parle c'est pour l'école, quand je me fais engueuler c'est pour l'école, et ça me gonfle. » Jessica n'aime pas que sa mère souhaite la reconnaître surtout en tant qu'élève.

Le questionnement en famille n'a d'autre sens que celui que lui donnent les personnes impliquées. En famille cadre, le fait que les études soient explicitement familiales est interprété par certains jeunes comme si les études étaient faites avant tout pour les parents. Aussi attendent-ils la question et fournissent-ils les réponses « sans grand plaisir ». Apparaît là une des tensions du modèle de l'éducation propre à ce milieu. L'intérêt d'une conception clivée comme elle est prônée dans ces familles est de laisser des activités « libres » grâce auxquelles le jeune peut s'exprimer, tout en permettant de justifier l'intervention parentale dans l'autre zone. Quand des jeunes filles troublent les frontières en incluant dans leurs territoires personnels la scolarité, elles ne cassent pas le jeu éducatif. Au contraire, les parents rassurés relâchent la surveillance, ne marquant que de l'attention bienveillante. Mais lorsque des garçons surtout (mais aussi des adonaissantes comme Jessica) considèrent que la zone personnelle est la seule importante, ils déstabilisent le système : plus leurs parents s'inquiètent d'une telle hiérarchisation, plus ils interviennent, et plus leurs enfants risquent de leur reprocher de ne les voir que sous cette seule dimension. En schématisant, pour que les jeunes investissent suffisamment dans leurs études, ils doivent transformer cette zone commune en zone personnelle, et donc, eux aussi, remettre en question l'idéal du clivage identitaire.

En famille populaire, la construction de soi par les études

Le modèle « continuiste » des familles populaires fonctionne mieux, au moins pour les filles. D'une part les études sont par définition zone commune — l'adonaissant étant toujours sous appartenance familiale —, ce qui a pour effet de rendre légitimes les interventions des parents ou de leurs délégués. La résistance que des jeunes de milieu cadre font au nom de leur liberté d'expression a nettement moins d'assise ici. D'autre part, les jeunes des familles populaires doivent trouver eux-mêmes la nature de leur terrain personnel, aucune indication n'étant fournie dans le descriptif de ce modèle éducatif. Le plus souvent, ils détournent les attributs propres à leur âge — comme la culture jeune, les stars des stades, de la chanson, de la télévision — pour dessiner les contours de leur monde. Mais rien n'interdit non plus qu'ils décident de faire leur le domaine des études. C'est même plus aisé pour eux (pour elles, plus précisément) que pour les jeunes de familles cadres : leurs parents étant moins scolarisés, moins diplômés, ils ou elles peuvent créer ainsi une distance intergénérationnelle. Cette distance engendre, sur le même principe que celui de la culture jeune, le sentiment d'avoir ainsi un monde propre. À condition d'en profiter, les études peuvent perdre leur dominante familiale pour devenir assez strictement personnelles. Est-ce pour cette raison que plus d'adonaissantes s'investissent à titre personnel dans leur scolarité ? Le résultat est sans appel : la part des « bons élèves » chez les filles de milieu populaire est, dans cette enquête, identique à celle des « bons élèves » chez les garçons de milieu cadre. C'est dire que la logique de l'héritage n'est pas la seule en jeu et que le capital scolaire qui est aussi « personnel » peut être accumulé par des individus plus dépourvus mais croyants. La moindre liberté — notamment de circulation dans l'espace public — dont disposent les filles de milieu populaire ne leur fait pas perdre l'aspiration à l'expression personnelle. Certaines détournent en quelque sorte les études — dimension officiellement « familiale » — à leur profit, avec l'approbation de leurs parents. Ces investissements pourront être rentables plus tard pour résister à d'éventuelles pressions pour rester « filles de » ou devenir surtout « femmes de ».

Les risques de réduction identitaire, provoqués par les parents, existent. Dans les familles cadres, le père ou la mère ne prend en considération que la zone « familiale », soit en oubliant trop la zone d'expression personnelle, soit en la rabattant, comme on le découvre au chapitre suivant, sur les territoires familiaux. Dans les deux cas, il s'agit en fin de compte de ne considérer son fils ou sa fille que comme membre de la famille (devant réussir, au nom du maintien de la valeur sociale du groupe). Dans les familles populaires, le clivage n'étant pas revendiqué, le sentiment d'empiétement naît plus difficilement. Il est perceptible surtout lorsque le jeune estime être privé des preuves de son autre appartenance, celle au monde des jeunes, avec les vêtements, les consoles de jeux, l'adhésion aux stars. La couverture générale par la dimension familiale n'exclut pas le port d'habits « jeunes ». D'où l'erreur que font certains observateurs ne voyant que ces costumes, ne sachant pas qu'ils sont validés pour l'essentiel par les parents, non pas par crainte de se faire dépasser, mais par respect de la double appartenance, légitime. Au nom de quoi faudrait-il qu'un adonaissant n'ait pas le droit d'avoir ces produits « jeunes » ? Pourquoi les individus ou les groupes qui dénoncent le fait que les enfants et les jeunes soient privés de leur enfance, de leur jeunesse, dénoncent à d'autres moments le fait que ces enfants, ces jeunes se soumettent aux seuls impératifs de la « culture jeune » ? La différence entre les générations est validée par les parents à la condition que les jeunes se considèrent toujours aussi comme membres de la famille. Que ce soit dans les familles cadres ou populaires, les parents valident, ou tentent de valider l'autonomie naissante des adonaissants. La validation, si elle est reconnue par celui ou celle qui la reçoit, est une preuve du lien existant entre les deux parties — aussi bien dans la relation conjugale (Berger, Kellner, 2006) — que dans la relation entre les parents et les enfants. Dans aucun des entretiens, les jeunes ne réclament l'indifférence de la part de leur mère, de leur père. Le contrôle exercé peut donc jouer une double fonction, celle de surveiller et celle de manifester de l'attention.

11

Libres ensemble ?

Les murs ont la parole

Dans la famille, la prise de pouvoir par les adonaissants est visible par la liberté de l'affichage. « Les murs ont la parole », même si ce que les jeunes mettent sur les leurs n'a guère de signification politique, même si ce ne sont que les murs de la chambre qui sont appropriés. 81 % des parents cadres et 70 % des parents populaires ont laissé faire l'affichage dans la chambre de leur fils « sans rien dire de négatif ». Ils peuvent faire comme s'ils ne voyaient rien. Éléonore, qui fait du piano au conservatoire (père cadre dans la restauration), a mis sur les murs de sa chambre une série de posters des comédiennes de la série *Charmed* (qui côtoient des images de *Star Academy*). Lorsque l'enquêtrice remarque que les comédiennes sont fort peu vêtues, l'adolescente réplique que c'est juste pour les photos mais que dans la série, elles sont plutôt en jean. Elle semble perturbée par la question, découvrant un étonnement chez autrui que ses parents ont sans doute tu : « Quand on en parle comme ça, ça fait un peu bizarre. Mais moi j'aime bien. » Dans certaines familles de religion musulmane, de telles images ne sont pas acceptées sur les murs. L'interdit se limite à l'affichage, car les adonaissantes peuvent acheter ces journaux contenant de tels posters, grâce à de l'argent donné par leurs parents à cet usage ; elles peuvent les collectionner dans des albums mais non les punaiser sur les murs.

Préférant mettre au mur des sportifs, leurs frères se heurtent moins à cette censure. Un poster de foot, c'est le seul élément personnel que Mourad (père ouvrier à la retraite, ne lisant ni n'écrivant le français, comme son épouse, femme de ménage) a mis dans la chambre qu'il partage avec deux grands frères. Devant obtenir l'accord préalable de ses parents — « parce que personnellement si on ramène quelque chose à accrocher, on doit demander à mes parents et si mes parents disent oui, personne ne pourra dire non » — il refuse désormais d'utiliser les murs. Curieusement il inverse la proposition du pouvoir de ses parents transformant leur « non » en « oui ».

Dans beaucoup de familles, les filles mettent au mur des chanteuses, des chanteurs tandis que les adonaissants garçons affichent des sportifs (tableau 9). Le décor a souvent un genre, les filles associant aux stars de la chanson, les animaux, leurs amis et leur famille. Cette prégnance des goûts selon le sexe n'exclut pas une mise en scène personnelle. Luca explique son installation à l'enquêtrice qui lui demande ce qu'il y a sur les murs de sa pièce. L'ayant questionné sur ses posters, il commence par montrer quelque chose tout près du lit qui est surélevé : « Regardez ici, venez voir une seconde. C'est le coin qu'a mon père » [avec un dessin de ce dernier, une carte qu'il lui a envoyée, une photo de son père « petit » et une photo actuelle]. Les parents de Luca sont divorcés et son père est parti vivre en Italie. Le garçon continue la visite : « Bon ici [sur la porte qui donne sur la chambre de ses parents] c'est ma mère qui a voulu, c'est de l'anglais... [conjugaison de verbes] pour que je puisse toujours apprendre. » Et il désigne le reste de la décoration : « C'est *DragonBall* vous voyez. Là-bas, c'est un acteur italien, très connu, il s'appelle Totore. C'est un comique. Puis un joueur de foot italien, avec un autographe. C'est la copine de mon père qui lui a demandé. Et ça, c'est les *Pokémon*, mais j'aime plus. Je les ai mis avant. » Il y a aussi des étoiles scintillantes partout. La photographie du footballeur est associée aussi bien à des marqueurs de sa relation avec son père qu'à des symboles de l'âge précédent. Les uns décrochent vite ce qu'ils interprètent comme appartenant au temps où ils étaient « petits », et les autres conservent des traces de ces moments d'avant.

Tableau 9. La décoration de la chambre

Milieu cadre *(pourcentages verticaux.)*

	Garçons	Filles
Chanteurs, musiciens	17,9	**28,9**
Acteurs	13,2	18,4
Sportifs	**41,5**	2,6
Famille, amis, soi	6,6	**19,3**
Arts, dessins	5,7	7,0
Nature et animaux	5,6	**15,0**
Publicité et humour	6,6	6,2

Milieu populaire *(pourcentages verticaux.)*

	Garçons	Filles
Chanteurs, musiciens	13,4	**47,7**
Acteurs	8,9	**18,9**
Sportifs	**32,1**	0,8
Famille, amis, soi	5,4	9,1
Arts, dessins	8,0	3,8
Nature et animaux	7,2	**15,1**
Publicité et humour	**11,6**	3,0

Source : enquête Prendre son autonomie, 2001, université Paris-5 — Cerlis. Lecture : 47,7 % des filles de milieu populaire indiquent en premier comme photo dans leur chambre un chanteur, un musicien.

Certains chanteurs, certaines chanteuses sont écoutés — quelquefois en boucle — sans que les parents aient leur mot à dire. Ces stars représentent plus qu'eux-mêmes, ils témoignent d'une étape de la vie. Peu de parents, quel que soit le milieu, mettent de tels posters dans leur chambre. Au mieux, ils écoutent la musique de leur adolescence. Dans les familles cadres, cette culture « jeune » est admise comme un des supports dont les adonaissants disposent pour s'exprimer librement. La plupart des adonaissants savent que leurs parents les laissent faire : « C'est ma musique et voilà. » Dans les familles populaires, les parents l'acceptent aussi, tout en insistant plus sur le fait que c'est un droit propre à cette classe d'âge. Dans les deux cas, les jeunes prennent de la distance avec le goût des adultes afin de témoigner de leur existence personnelle et de leur appartenance éventuelle à d'autres mondes que celui de la famille.

La musique n'adoucit pas toujours les mœurs lorsque se joue un enjeu identitaire important. C'est ainsi qu'au centre de l'univers de Jessica (12 ans, élève de cinquième), il y a le chanteur Marilyn Manson. Son père le découvre sur l'ordinateur de sa fille : « Il m'a dit : "Mon dieu, quelle tâche, celui-là." Alors j'aurais voulu lui dire : "Papa, arrête parce qu'avec ton Robbie Williams[1] ou je ne sais pas trop qui", mais bon je ne lui ai pas dit. Ah oui ! Il écoute Barry White. » Jessica n'ose pas dire le fond de sa pensée comme son père qui, lui, se l'autorise. Preuve que la revendication forte de son autonomie ne se confond pas avec la suppression des positions inégales dans la relation avec le père. La mère de Jessica n'est pas non plus enthousiaste de cette musique. Sa fille le sait, elle semble avoir fait ce choix aussi pour cela : « Je sais qu'elle n'aime pas, donc je ne lui en parle pas. Cela ne sert à rien. Des fois elle me dit : "Comment tu fais pour dormir avec ça ?" » Ses parents ne comprennent pas : « "Comment tu fais pour écouter ça ? C'est un brailleur de première. Il chante pas, il gueule." Mais ils m'ont laissé. Déjà avant j'écoutais Eminem, donc ils étaient habitués, même s'ils préféreraient aujourd'hui que je réécoute Eminem aujourd'hui », souligne-t-elle avec humour. Cette adonaissante prend acte de la distance intergénérationnelle. À la question : « Vous n'avez pas de goûts en commun ? », elle réplique : « Non pas du tout, ni en film, ni en musique, surtout pas en musique. En fait je n'ai jamais regardé les films que mes parents regardaient et j'ai jamais écouté la musique qu'ils écoutaient non plus. » « Et tes sœurs ? » « Pas trop non plus. Elles ont leurs goûts mais elles acceptent plus les miens que mes parents. » Ce qui peine le plus Jessica, c'est que sa mère ne semble pas comprendre que c'est un goût strictement personnel : « Ma mère, elle est vraiment bizarre parce qu'elle me dit : "Non,

1. On s'attendrait à un chanteur d'une autre génération, ce qui n'est pas le cas avec Robbie Williams qui suscite, lui aussi de la passion. Un exemple, «une superfan» de 14 ans : « Coucou, moi j'adore Robbie !! J'ai presque tous ses CD, je les écoute tout le temps. En plus je le trouve trop canon !!! Il est généreux malgré que sa vie ne fût pas facile à un moment. J'aurais bien voulu le réconforter !!! »

mais de toutes manières, j'aime pas ton style de racaille." Je lui dis : "Maman tu sais ce que c'est une racaille ?" Elle ne m'a pas répondu. Je lui ai dit (*ton posé*) : "Une racaille, c'est une bande de cons. Moi je n'aime pas personnellement. C'est une bande de cons qui cherchent à faire chier les gens et qui s'habillent avec les pantalons montés jusqu'aux genoux, la casquette sur le côté. Arrête de dire que je suis une racaille alors que je déteste ça." » Jessica est vexée d'être rangée dans une catégorie, et qui plus est dans une catégorie qu'elle n'apprécie pas. Même si le classement était juste[1], cette adonaissante protesterait puisque pour elle, son choix traduit une orientation personnelle. C'est sa sœur, jeune adulte vivant encore au domicile familial, qui, en s'apercevant que Jessica écoutait Avril Lavigne (version nettement plus soft), lui a dit qu'elle devrait songer à Marilyn Manson. L'adonaissante se rend sur Google, tape son nom : « Quand j'ai vu les photos, j'ai eu le flash. » Elle a trouvé un des supports de son expression personnelle et un des moyens de mettre à l'épreuve ses parents par l'affirmation d'un tel goût.

Un temps « libre » inégalement contraint

L'expression personnelle qui figure au programme de l'éducation des familles cadres, ou le plaisir normal d'être de son âge au programme des familles populaires, n'a pas pour fonction de rapprocher les générations. C'est un monde à part, souvent connu, mais qui n'a pas à être validé. Ce n'est pas ce qui pose le plus de problèmes aux parents. Ce qui est plus problématique, c'est un trop fort engagement dans des activités de loisirs qui aurait pour conséquence d'une part de menacer les investissements scolaires et d'autre part de négliger des activités jugées par les parents comme compléments éducatifs.

1. Sur les pages consacrées à Marilyn Manson, les uns le classent dans le style gothique, et les autres refusent de le classer puisqu'il est unique.

Expression personnelle ou familiale ?

Les parents cadres sont davantage pris que les parents populaires dans une contradiction ; ils ont la tentation de définir et le temps et le contenu de la zone « libre ». Cela peut se rejouer chaque jour, chaque soir, comme chez Philippe. Sa mère souhaite qu'il fasse ses devoirs avant de jouer. Il parvient quelquefois à renverser l'ordre : « Parfois j'arrive à la convaincre et donc je joue d'abord un peu. » C'est pour lui une petite victoire. Les tensions naissent aussi lorsque les parents rêvent que les contraintes du capital scolaire se transforment en attraction des pratiques culturelles et poussent à ce que leur fils ou leur fille succombe aux charmes supposés de ces activités. Ils voudraient idéalement que leur enfant ne perde jamais son temps, qu'il lise, qu'il fasse du sport pour se développer, qu'il s'occupe « intelligemment ». Or les adonaissants aiment passer des heures devant la télévision, lécher les vitrines, ne rien faire, rester allongés sur leur lit — endroit le plus apprécié de toute la maison[1] —, jouer sur leur console, écouter à la radio d'autres jeunes de leur âge. Les parents peuvent intervenir, comme le père (médecin, comme la mère) de Karla, qui est assez strict sur l'usage du temps « libre ». Il lui a interdit récemment d'aller faire du shopping avec une copine : « parce qu'il trouve que ce n'est pas une occupation ». Il décide de ce qui fait « sens » à la place de sa fille, ce qui est contradictoire avec une éducation à l'autonomie qui devrait laisser plus de marge de jeu pour que le jeune expérimente sa vie. Or, préoccupé par la logique des études et du travail professionnel et par la préparation de l'avenir, ce père s'inquiète du « vide » de certaines activités de sa fille. Comme son père n'a pas donné l'autorisation pour les courses, Karla est finalement allée à la piscine avec sa copine. Son père surveille aussi la télévision. En principe, Karla ne peut pas la regarder après le dîner. Ce refus paternel trahit la hiérarchie culturelle des activités selon leur degré inégal de

1. À la question : « Quel est ton coin préféré dans la maison ? », 44 % des filles et 51 % des garçons de milieu cadre, 46 % des filles et 48 % des garçons de milieu populaire répondent le lit.

« passivité ». La télévision et le cinéma s'opposent selon ce critère (au-delà des différences éventuelles de contenu). C'est pourquoi cette adonaissante peut aller au cinéma environ une fois par mois sans ses parents. La crainte de la passivité prend racine dans une conception d'un temps utile, pour des raisons culturelles et morales (ces deux dimensions se recoupent sur ce point). Une autre adonaissante, Mélodie (13 ans, père médecin, mère formatrice, de religion musulmane) a beau avoir une assez grande indépendance — en pouvant se servir d'Internet, partir en vacances sans ses parents — son emploi du temps ordinaire est contrôlé par son père également : « Lui [papa], faut tout planifier. Même mon samedi. Quand il est là ça va ; mais si je passe le samedi seule, ou un lundi par exemple que j'ai pas école, il faut que je planifie quand même pour savoir ce que je dois faire à telle heure. Parce qu'il préfère que quand je suis toute seule, il préfère que je sache quoi faire. »

Ces cas ne sont pas isolés. La moitié des adonaissants de milieu cadre qui font une activité artistique déclarent que leurs parents leur ont conseillé, voire les ont fortement influencé, pour suivre cette pratique (tableau 10). Dans les familles populaires, le choix d'une activité organisée de ce type est un peu plus libre, et aussi plus rare.

Tableau 10. L'influence, perçue, des parents sur les activités organisées

Rapport des parents au sport pratiqué par les adolescents (pourcentages horizontaux)

	Non influencé	Conseillé	Fortement influencé
Garçon, cadre	65,2	23,2	11,7
Garçon, populaire	74,0	13,5	12,5
Fille, cadre	59,4	30,2	10,5
Fille, populaire	66,3	21,3	12,3

(Pourcentage du rapport des parents à l'activité artistique pratiquée par les adolescents.)

	Non influencé	Conseillé	Fortement influencé
Garçon, cadre	51,5	27,9	20,6
Garçon, populaire	62,5	29,2	12,5
Fille, cadre	50,6	32,5	16,8
Fille, populaire	63,8	25,5	10,6

Source : enquête Prendre son autonomie, 2001, université Paris-5 — Cerlis. Lecture : 62,5 % des garçons de milieu populaire ont des parents qui ne les ont pas influencés pour la pratique du sport.

Apparaît donc une difficulté de la mise en œuvre d'une pédagogie reposant sur le clivage identitaire : à savoir le respect par les parents eux-mêmes des frontières séparant les deux mondes. Pour les études, ce sont les jeunes qui essayent d'étendre la zone libre afin de diminuer la zone occupée. Pour les activités organisées pendant le reste du temps, un mouvement inverse (et comparable) est initié par les adultes qui peuvent rêver d'un territoire culturel unifié.

Une des raisons qui fondent le développement d'activités culturelles en direction des jeunes enfants, même très jeunes[1], est le souci d'anticiper la résistance possible lorsque l'enfant grandit. Petit, l'adulte espère qu'il sera plus dupe de la confusion des genres, qu'il sera capable d'apprendre en s'amusant. Les parents espèrent que l'intériorisation des contraintes inhérentes à bon nombre de pratiques, sportives ou artistiques, sera assez avancée pour qu'au moment de l'adolescence, le charme opère. C'est sans compter que certains adonaissants rejettent ces activités organisées justement parce qu'elles sont organisées. Ils veulent être plus libres, par exemple en préférant le skate au basket. Samuel (12 ans et demi, en cinquième, parents cadres) éprouve cette sensation : « La natation, j'ai commencé il y a quatre ou cinq ans. C'est mon père qui a voulu pour me faire les muscles. Au départ j'aimais bien, mais maintenant ça devient embêtant parce que tous les soirs une fois par semaine, je dois

1. Voir le cas des « bébés lecteurs », visant à sensibiliser les tout-petits à la lecture. *Cf.* de Singly, 1995.

y aller et ça m'embête. Et sinon la guitare j'ai commencé l'année dernière, et ça, c'est moi qui ai voulu. Je voulais absolument en faire ou alors m'inscrire dans un autre club, et j'ai fait de ma guitare. » Ce garçon fait tout pour obtenir la permission d'arrêter la natation, et ne l'obtient pas. Pour lui, la guitare et la natation n'ont pas le même sens : seule la première manifeste le pouvoir de soi sur soi, la seconde indiquant l'appartenance familiale. De la même façon, Ivan veut cesser le théâtre pour pouvoir faire de la boxe. Il aime bien le théâtre, mais « c'est un peu lourd à la fin », et il « aimerait bien faire autre chose ». Mais sa mère refuse : « En fait, j'aimerais bien faire de la boxe, mais c'est ma mère qui ne veut pas, elle veut pas que je rentre avec un coquard à la maison. Mais j'essaye de la convaincre parce que j'aimerais bien en faire. Je lui en parle tout le temps. Tout le temps ça revient. » Le jeune se sent plus en position de force pour ne pas cesser la négociation, estimant qu'il a le droit d'avoir du temps « libre ».

Entrée dans l'adonaissance et bilan

L'entrée dans l'adonaissance est marquée pour certains par un bilan. Le jeune veut conserver les activités qui lui conviennent le mieux, et un des critères de jugement est le degré de décision qu'il estime avoir. Écoutons Mathilde (12 ans et demi, bonne élève de en cinquième, père au chômage, mère cadre fonctionnaire) qui joue du piano et pratique le kayak. L'enquêteur[1] lui demande comment elle a été amenée à pratiquer ces deux activités : « Maman avant, elle faisait du piano, donc elle m'a un peu poussée quand j'étais plus jeune. C'est maman qui m'avait proposé de faire ça, et j'ai accepté. Pour le kayak, au début, c'était ma sœur et une copine qui voulaient en faire et moi j'ai bien aimé aussi. » Aujourd'hui, elle voudrait arrêter ce sport : « J'aime pas du tout le kayak. Je suis sûre que ça ne me servira pas plus tard, je n'aime pas du tout ça. Je sais pas, ça me fait mal aux jambes. » Sa

1. Extrait du corpus des entretiens pour le mémoire de maîtrise de Benoît Chazot (université de Paris-5) qui, sous ma direction, a testé la méthodologie des monographies sur les collégiens.

mère refuse cette éventualité : « Quand on a commencé à passer nos “pagaies” — c’est différents niveaux — maman, elle voulait qu’on refasse une année pour repasser nos autres pagaies. Mais moi, je n’aime pas du tout le kayak. Je déteste ça. C’est toujours le mercredi. Faut qu’ils nous poussent à y aller parce que sinon, s’ils étaient pas derrière notre dos, on irait jamais. » Mathilde continue à demander : « Je pense que je vais arrêter l’année prochaine. Maman elle a dit qu’elle me laisserait parce que là, j’ai passé deux pagaies et je vais en passer une autre. Après maman, elle va me laisser arrêter. »

De la même façon, Clémence (12 ans et demi, en cinquième, parents séparés, tous deux cadres de soin) explique qu’elle pratique la danse classique pour faire plaisir à sa mère : « Ma mère a toujours voulu que je fasse de la danse, alors je me suis un peu forcée. J’ai fait un ballet, c’était nul. Alors, après j’ai arrêté et j’ai repris l’équitation. » Cette adonaissante s’affirme en changeant d’activité. Contrairement à la danse, dont on voit clairement qu’il ne s’agit pas d’une activité personnelle, l’équitation est une passion pour Clémence : « Je suis toujours vers les animaux. »

La nature familiale des activités organisées pendant le temps libre est perceptible avec la manière dont le jeune se déplace pour s’y rendre (tableau 11). Les trajets pour se rendre à une activité sportive ou culturelle se font principalement avec les parents ou un autre adulte, un parent d’un copain par exemple. Les adonaissants, pour aller et revenir du collège sont principalement accompagnés par des copains, des copines de classe. Pour rendre visite à un ami, ils se déplacent surtout seuls. Pour les activités non organisées (faire du shopping, jouer sur une place voisine par exemple), les trois types de voyage existent. Le maintien du rôle d’accompagnateur pour les activités extrascolaires s’explique pour deux raisons : la première renvoie à la distance. L’école de musique ou de danse et le club de sport ne sont pas choisis en fonction de leur proximité, contrairement au collège pour la majorité des familles. La seconde repose sur le sens de cette activité, proposée ou encouragée par les parents. Bon nombre de mères ou de pères assurent le déplacement, craignant l’irrégularité de la pratique, et pensant aussi que leur enfant mérite une certaine récompense, le confort. La part du temps « libre » investie dans les activités organisées peut donc se trouver triplement contrôlée par les parents, au niveau de la décision initiale, de l'encouragement à poursuivre, et du déplacement effectué ensemble.

Tableau 11. Les formes de déplacement selon l'activité

(Pourcentages horizontaux.)

Retour	Avec un adulte	Un copain	Seul
Collège	24,2	**50,1**	25,7
Activité organisée	**56,0**	17,7	26,4
Activité non organisée	29,2	38,9	31,5
Visite copain	26,2	12,6	**61,2**

Source : enquête nationale auprès de jeunes collégiens habitant de grandes villes, Institut de la ville en mouvement, 2001 (de Singly, 2002). Lecture : 56 % des collégiens qui reviennent d'une activité organisée font ce trajet avec un de leurs parents ou un autre adulte.

Les adonaissants se déplacent surtout en tant que « fils de » ou « fille de » pour se rendre dans un atelier, une école de musique, un club, une salle de catéchisme. Ils se font accompagner par un parent. Ils ont plus une identité générationnelle, étant accompagnés par des camarades de classe, pour découvrir la ville, les magasins, les jardins publics, les terrains de jeux, le cinéma, ou pour aller à l'école. Ils sont plus des « grands », acquérant progressivement leur indépendance pour rendre visite à leurs copains ou copines, avec le droit de s'y rendre « seul ». Leur identité est variable. À certains moments, ils mettent l'accent sur le confort de la vie familiale qui compense le haut degré de dépendance, et à d'autres, ils préfèrent se trouver entre copains. La dépendance spatiale est moins critiquée si elle se double d'une certaine dépendance comportementale. Se dégage alors une certaine cohérence entre les deux niveaux.

L'activité extrascolaire peut prendre un caractère mixte si elle convient aux deux parties. Jessica n'est pas seulement passionnée par la culture gothique et Marilyn Manson, elle aime les chevaux, et rêve d'en avoir un. Elle reconnaît qu'en famille, elle insiste plus sur la seconde dimension : « Je montre plus mon côté équitation quand je suis avec mes parents parce qu'ils font moins de réflexion comme ça. » Elle aime bien que sa mère arrive avant la fin des cours « exprès pour [la] regarder ». Quand elle réussit des figures difficiles à l'équitation, elle voudrait que sa mère la voie et l'admire. C'est le seul bon moment qu'elle est capable de citer avec sa mère, loin de la maison, loin donc de la pression scolaire. La demande d'une activité libre et appréciée n'implique pas le secret au contraire, l'adolescent peut rechercher une reconnaissance plus personnelle, moins statutaire.

Dans l'enquête, on a rencontré en milieu cadre une résistance de la part de certains adonaissants pour le suivi des activités religieuses. Où se situe la religion ? du côté des affaires familiales ? du côté de l'expression personnelle ? Comme c'est un engagement personnel, la profession de foi relève, semble-t-il, de la zone personnelle. Or pour certains parents, ce rituel appartient plus à la culture familiale et peut donc être inclus dans la zone collective. Cette ambiguïté peut engendrer des tensions, comme le rapporte Camille (12 ans, en cinquième, parents cadres) qui se rend à l'aumônerie chaque semaine pour préparer sa profession de foi. L'enquêteur lui demande si elle aurait pu ne pas suivre cette formation religieuse : « Ma mère, elle m'aurait demandé d'essayer sûrement. Et si vraiment, vraiment je m'étais ennuyée, j'aurais arrêté. » Mais quand, à un autre moment pendant lequel elle s'interroge pour savoir si elle peut arrêter l'une ou l'autre des activités qu'elle pratique, elle s'embrouille un peu : « D'un côté je pense que oui, [je pourrai arrêter] parce qu'elle me dirait : "T'en as marre, t'arrêtes d'accord." Mais d'un autre côté, je pense que non parce que, par exemple, ma sœur elle voulait arrêter et ma mère lui a dit "non". Elle doit continuer un petit peu. C'est un peu pour savoir des choses, ça serait dommage. » Encore à un autre moment, Camille explique qu'elle aimerait bien faire du patin à glace. S'interrogeant pour savoir comment elle peut intégrer cette nouvelle activité dans son emploi du temps, elle en arrive encore au catéchisme : « Et puis l'aumônerie, je me dis : "Maman, elle voudrait pas que j'arrête maintenant." »

Heureusement pour elle, elle a su nouer des relations amicales sur place : « Moi, au début, j'aimais pas du tout ça, ça m'énervait. Et puis après comme c'était avec des copines, c'était plus marrant. Chaque année c'est pareil, c'est la peur de pas être ensemble. Comme l'année dernière on avait été assez vives, la prof, des fois, elle s'en allait parce qu'elle en avait un peu marre. Alors elle partait et elle revenait. » Camille et ses amies craignaient que « la prof » (le choix du terme renvoie bien au fait que l'activité est codée comme un enseignement) ne les sépare. Comme pour le collège, cette activité est appréciée parce qu'elle est une occasion de se retrouver entre copines. Parfois ce groupe part un week-end entier pour des occasions particulières, cette année c'était pour la préparation de la profession de foi : « Moi, j'aime bien parce que c'est une journée avec mes amies, c'est marrant. » La dimension religieuse est secondaire, comme pour l'évocation de la messe du dimanche : « Maman me force quand même un petit peu à y aller, parce que franchement si elle m'écoutait, j'irais presque jamais en fait. » Si Camille trouve ça, la messe, « un petit peu barbante », « ennuyeuse », elle parvient à changer la situation à défaut de la supprimer : « Mais des fois le samedi soir j'appelle une copine et je lui demande si le lendemain on peut se rejoindre dix minutes avant [la messe]. On parle un peu. Après on va à la messe, on parle pendant la messe parce que c'est un peu long. » Les relations amicales rendent supportable une zone perçue comme une contrainte. Si, abstraitement, les amis et les études (ou son équivalent ici, le catéchisme) sont situés dans des territoires différents, dans la vie ordinaire, les deux niveaux ne sont pas séparés si fortement. Le collège est un support important de la sociabilité amicale, si décisive à cet âge. C'est d'ailleurs un des problèmes dans les familles où les parents décident à l'entrée au collège, d'inscrire leur enfant dans un autre établissement que celui du quartier, car les liens avec les copains du primaire sont plus difficiles à maintenir, et les rencontres de voisinage avec les nouveaux sont moins fréquentes.

Cette résistance que les adonaissants peuvent manifester, face aux activités organisées et encouragées par les parents, a pour origine à la fois un désir de prouver et de se prouver un accroissement de son pouvoir, et le souhait d'être plus disponible face aux sollicitations amicales. L'inconvénient de la programmation est de fermer certains possibles. C'est ce que pense Samuel (12 ans et demi, parents cadres) qui en sixième s'est inscrit, sur l'initiative de ses parents, en école de dessin et de peinture : « Je me suis dit : "Cela pourrait être bien." Après, j'ai fait de la peinture et c'était rigolo. » Malgré cela, il a arrêté, préférant faire de la peinture « comme ça pour s'amuser, n'ayant plus trop envie d'y aller maintenant à l'école de peinture. [Il a] envie de rester là, en train de faire ses petites œuvres d'art », dit-il d'un ton ironique. Il veut rester chez lui pour cette activité : « Je préfère peindre chez moi, parce que si y a quelqu'un qui m'appelle pour aller au parc, là à côté, je peux y aller directement et basta. Au lieu de faire mon heure de peinture à l'extérieur, de revenir quand eux, ils sont déjà au square. » Samuel veut pouvoir reprendre son identité amicale si nécessaire car elle est prioritaire.

La télévision, à consommer avec modération

Le rapport à la télévision permet d'appréhender les types de contrôle du temps libre selon les milieux sociaux. Dans les familles populaires, comme l'adonaissant a droit à son monde en tant que « jeune », il est autorisé à regarder ce qui l'intéresse, tout comme il peut acheter les journaux de sa génération. Cette pédagogie — c'en est une, même si elle n'est pas perçue comme telle du point de vue des familles cadres — est structurée par quelques règles : notamment le respect du travail scolaire qui fait aussi partie de la définition de la jeunesse ; le respect des heures de sommeil et d'une nuit complète avant les jours d'école. Les mêmes règles s'appliquent aussi à d'autres activités, comme l'ordinateur et la console de jeux. Ainsi, Sassoon (12 ans, en sixième, père employé de commerce, mère nourrice) aime beaucoup jouer avec la Playstation. C'est ce qu'il préfère faire dans la chambre qu'il partage avec ses frères. Cette console fait l'objet de restrictions parentales : « Pas tous les jours. Non. C'est le samedi et le dimanche ou le mercredi parfois… pas la semaine parce qu'on a école. » Sinon ce garçon se sent assez libre. Marc (en sixième, père ouvrier) souligne, lui aussi, cette liberté d'action, à la condition de travailler : « C'est ma grande sœur qui me fait réciter tous les soirs. Quand j'ai une leçon à apprendre, elle me fait réciter et si je ne la connais pas, je n'ai pas trop le choix. Faut que je l'apprenne mieux parce que ma sœur, elle le dit à mon père et à ma mère, alors du coup je peux pas jouer à la Playstation. » La privation de télévision représente, à peu près, un tiers des punitions dans tous les milieux (dans le sous-ensemble des parents qui punissent), sans compter les limitations dans l'usage de l'ordinateur et des consoles de jeu. La zone libre des activités à la maison est sous contrôle parental, plus ou moins prégnant, mais presque toujours existant.

Dans les milieux populaires, les parents admettent que l'équipement télévisuel ou informatique, lorsqu'il est possible, est un besoin « normal » à l'adonaissance (comme à tout âge). Près de la moitié des garçons de milieu populaire, contre un quart des garçons de milieu cadre, ont un poste dans la pièce où ils dorment. Les familles considérées comme moins « individualistes » offrent davantage un équipement individualisé à leurs adolescents (tableau 12). Mourad évoque ainsi la pièce qu'il partage avec deux autres frères : « Moi la plupart du temps, je suis dans ma chambre parce qu'il y a tout. Il y a ma télé, ma console, mon ordinateur. » Il y tient beaucoup : « Tout ce qui touche pas à l'électricité, d'habitude je déteste. Je ne pourrais pas vivre sans télé. » En écoutant Damien (13 ans, en cinquième, père employé de commerce, mère employée de bureau, un frère de 16 ans) décrire sa soirée de la veille[1], on observe que chacun a le droit de regarder ce qui lui plaît, et avec qui il veut :

R : Hier soir ? Dès que ma mère rentre du travail, je mange avec elle. Après, je prends un bain et après, je regarde une série à la télévision avec ma mère. Après, je vais me coucher. En fait, on mange tous ensemble, toute la famille. Avant, je regardais la télé, je la regardais avec mon frère. En fait, la télé, elle est dans la chambre de mon frère. Et, moi je suis dans ma chambre quand je regarde, je peux la voir de ma chambre et mon frère aussi, il peut la voir de sa chambre.

Q : Et vous vous parlez pas quand vous regardez la télé ?

1. Cela montre aussi comment sont conduits les entretiens, au plus près des activités, et non selon des considérations générales.

R : Si, des fois, on fait des réflexions. Hier, on regardait une série. Disons qu'il aime bien les mangas et moi aussi. Donc on regarde les mangas mais je ne connais pas le nom. On fait ça presque tous les soirs.

Q : Tu manges à 18h30, est-ce que la télé est allumée ?

R : Oui. Disons qu'en fait, la chaîne qu'on regarde mon frère et moi, c'est au moment de manger. La télé dans le salon, c'est mon père qui regarde. Quand c'est l'heure de manger, mon frère et moi, on met la chaîne qu'on regarde nous. Et après, quand on repart, on remet la chaîne à mon père. Mon père, il regarde une série sur Paris Première, c'est Ma sorcière bien-aimée. Ma mère, elle fait à manger et après, je ne sais pas trop ce qu'elle fait.

Q : Alors ce repas d'hier soir ?

R : On mange. On regarde en même temps la télévision.

Q : Et après, tu as regardé une série avec ta mère ?

R : Oui. C'est une série sur France 3, c'est Plus belle la vie, ça commence à 8h20. Je la regarde avec ma mère. Mon frère, il regarde un manga sur MCM parce qu'il n'aime pas ce genre de série, il trouve ça bête. Mon père aussi regarde un manga sur MCM mais pas avec mon frère, il regarde dans son coin. On a trois télés en fait. Donc il regarde dans le salon et nous, on regarde Plus belle la vie dans la chambre de ma mère.

Q : Raconte-moi comment ça se passe quand vous regardez ça tous les deux ?

R : On regarde la série, et moi je suis toujours à la même place. Ma mère se met à l'endroit où normalement dort mon père, parce qu'il n'aime pas des fois que je sois sur la place où il est, et moi je me mets à la place de ma mère. Moi je suis assis sur le lit et ma mère elle est allongée.

Q : Et pourquoi t'aimes bien ce moment ?

R : J'aime bien parce qu'on rigole ensemble, on fait des réflexions.

Q : Comment ça des réflexions ?

R : Je n'ai pas d'idée là, mais on ne parle que sur la série en fait.

Q : Et ça te manquerait si tu ne regardais plus cette série avec ta mère le soir ?

R : Disons que je ne saurais pas quoi faire à partir de 8h20. Je vais dans la chambre, je m'assois et je lui dis : « Maman, ça commence ! » et elle vient.

La télévision révèle les liens. Chez Damien, le père ne semble pas gagnant. Même lorsqu'il regarde la même émission qu'un de ses fils, il le fait sur un poste différent. Pendant ce temps-là, le fils est dans la chambre parentale, se rapprochant de sa mère. Il l'appelle et elle vient regarder. Pendant le repas, les deux fils imposent leur programme comme si c'était un temps où les jeunes avaient le droit de regarder ce qu'ils veulent. En tout, le multi-équipement est utilisé pour fractionner la famille selon les désirs de chacun. Les moments « seul » et « avec » alternent, comme le remarque Karim (11 ans, sixième, père ouvrier retraité, mère chômage, fratrie de six). Au goûter, il regarde des dessins animés avec sa mère, et quelquefois avec ses petites sœurs. Le matin, il regarde le même genre d'émission, mais seul, cela le réveille. Il « n'est pas d'humeur à regarder les infos ». Et ils ont vu à un autre moment *Ma famille d'abord* : « J'étais pas tout seul. Toute notre famille, elle regarde ça parce que tout le monde aime bien. Alors on regarde d'habitude tous ensemble ». Quand c'est l'heure des infos, sa mère veut les suivre, elle est au salon, et alors « tout le monde regarde dans la chambre ». La télévision n'est pas dangereuse.

Tableau 12. Les deux rapports à la télévision

Avoir une chambre individuelle.

Milieu	Garçons	Filles
Cadre	**85,2 %**	**77,9 %**
Populaire	63,2 %	62,8 %

(Pourcentage de jeunes ayant une télévision dans leur chambre.)

Milieu	Garçons	Filles
Cadre	27,4 %	14,4 %
Populaire	**48,6 %**	**36,8 %**

Avoir regardé la télévision la semaine précédant l'enquête.

Garçons	Tous les jours	Deux à trois fois par semaine	Une fois	Aucune fois
Milieu cadre	60,3	**31,3**	4,6	3,9
Milieu populaire	**83,3**	22,6	1,4	2,1

Milieu cadre	67,7	**25,6**	4,5	2,3
Milieu populaire	**81,9**	15,5	1,3	1,3

Source : enquête Prendre son autonomie, 2001, université Paris-5 — Cerlis. Lecture : 85,2 % des garçons et 77,9 % des filles de milieu cadre ont une chambre personnelle.

Si les parents cadres (qui en ont pourtant les moyens) n'installent pas de récepteur dans la chambre de leurs fils ou de leurs filles, c'est parce qu'ils se méfient de la télévision : pas assez culturelle et trop dévoreuse de temps. Aussi tentent-ils, avec plus ou moins de succès, avec plus ou moins de sévérité, de limiter ce qu'ils considèrent comme de potentiels dégâts en contrôlant le temps passé (perceptible par une moindre fréquence de l'écoute quotidienne), en essayant de placer la télévision derrière le travail scolaire pour imposer une hiérarchie des valeurs (« Elle dit : “D'abord faites vos devoirs et après, vous pouvez regarder la télé” »).

La mise en œuvre d'un tel contrôle n'est pas si simple au moins pour deux raisons. Premièrement de nombreux adonaissants adorent la télévision, les priver suscite donc de l'incompréhension. Ainsi Charline (11 ans, en sixième, parents cadres et séparés) ne comprend pas comment on a pu vivre sans télé : « Quand ma mère me raconte quand elle était petite, je me dis : “Oh la la, j'aimerais pas être à sa place.” Déjà la télé, ça existait pas. » Deuxièmement la vie en famille peut intégrer des moments passés à regarder ensemble, ce qui peut entraîner des parents à reconnaître une dimension positive à la télévision, pour créer du bien-être familial. C'est ce que souligne Maëlle (12 ans, en cinquième, père artiste, mère cadre de soin, séparés). Elle commence par énoncer le principe général : « La télé, on n'a pas le droit de la regarder trop souvent. » Elle le nuance aussitôt, remarquant qu'elle la regarde assez souvent avec sa mère : « Non, c'est pas qu'on n'a pas le droit de regarder, c'est qu'elle ne veut pas qu'on regarde des séries américaines. » La mère surveille donc attentivement les programmes. Malgré tout Maëlle « a réussi à négocier une chose », *Charmed* : « C'est la seule chose qu'elle nous laisse regarder. » Et le reste ? « Pfff… (*soupir*). » Tactique, Maëlle profite des moments où sa mère, occupée, est distraite pour contourner la règle : « Quand elle est avec des amis et que je rentre de l'école, avant de faire les devoirs je vais dans sa chambre, je m'enferme dans sa chambre et je regarde la télé. » Elle profite aussi des moments d'absence de sa maman (trop rares selon elle) : « Je regarde la télé quand ma mère elle n'est pas là parce que je sais qu'après, je pourrai pas la regarder. En fait je regarde la télé quand elle n'est pas là. Quand elle arrive, je cours dans ma chambre et je fais semblant de faire mes devoirs. » Elle peut ainsi regarder *Buffy contre les vampires*, d'autres téléfilms ou séries qui déplaisent à sa mère. Maëlle distingue nettement ses centres d'intérêt télévisuels et les goûts de sa mère qui apprécie « les vieux films français par exemple ou les vieilles séries françaises ». Les jeunes contre les vieux. Sa mère l'invite à regarder *La Petite Maison dans la prairie* (oubliant que c'est une série américaine !) : « Quand elle était petite elle regardait ça, alors elle me dit : "Tu peux regarder." Mais moi, ça m'intéresse pas. » La mère agit comme les parents qui achètent les livres de leur enfance, ils n'oseraient pourtant pas offrir les chansons de leur adolescence. Pour le plaisir d'être avec sa mère, de regarder la télé quand même, Maëlle regarde parfois *Thalassa* ou *Envoyé spécial*, sans enthousiasme.

Tout en comprenant les bonnes raisons que donnent et se donnent les parents cadres de Mélodie (13 ans, en cinquième), elle estime être trop surveillée : « Très près de moi parce que vraiment ils me disent : "Mélodie, éteins la télé." Mais je comprends parce qu'il y en a vraiment ils deviennent abrutis à cause de la télé. Je comprends qu'ils ne veulent pas que je devienne comme ça. Mais j'aimerais bien qu'ils me laissent regarder un peu plus quand même. » Heureusement souligne-t-elle, ils ont assoupli leur règle : lire une heure pour pouvoir regarder la télé deux heures. Aujourd'hui, Mélodie est un peu plus libre — « c'est un peu plus quand je veux », elle peut la regarder un peu le matin, et le soir après avoir fait son travail scolaire. Mais il est très rare qu'elle puisse la regarder après le dîner. Ce temps libre, apprécié par ce qu'il « ne prend pas la tête », est autorisé à petites doses.

Le statut des parents à l'adonaissance

La « sortie » constitue un des rêves dès l'adonaissance. Mélodie le dessine avec une belle expression. Elle a l'impression d'être encore « un peu dans un carré » : « Je suis dans une petite boîte, mais la boîte elle commence à s'ouvrir petit à petit. Là elle est quand même un peu ouverte. » Elle s'ouvre en effet mais pas suffisamment vers l'extérieur à son goût : « Ici [à la maison] je suis tranquille, mais à l'extérieur c'est quand même un peu coincé, elle est un peu rouillée la porte de la boîte on va dire. » Elle souhaite pouvoir sortir plus : « Ce serait qu'ils me laissent aller où je veux. Que je n'aie pas à leur dire systématiquement où je vais, si par exemple je veux aller avec une copine faire des magasins j'aimerais bien qu'ils me laissent comme ça sans me poser des questions tout ça. » Et si possible non seulement sans ses parents mais aussi sans leur demander la permission. C'est ainsi qu'elle aura l'impression d'être plus libre puisqu'elle pourra sortir de la boîte, sans s'interdire d'y revenir ensuite.

Aucun parent ne laisse un adonaissant entièrement libre d'aller et venir, pris entre la reconnaissance de la sortie, symbole d'une classe d'âge, et le devoir de protéger. Le rapport des parents à la sortie constitue un indicateur de l'équilibre que les adultes font entre les deux composantes des droits de l'enfant : la protection et l'exercice de la liberté. Les parents de Lola pondèrent en surestimant, selon leur fille, la première dimension : « Souvent ça m'énerve parce que je pense que tout le monde peut sortir sauf moi. » Par exemple, quand elle part à la bibliothèque du quartier, sa mère lui demande de téléphoner quand elle sort et quand elle rentre : « C'est mes parents, ils veulent savoir où je suis comme ça, au cas où. Enfin je ne sais pas s'il pouvait m'arriver quelque chose, ils savaient où j'étais quoi. » Cette adonaissante qui affirme « sortir souvent » ne peut le faire que dans un petit périmètre autour de l'appartement et pour un temps limité.

On demandait aux jeunes si pour leur dernière sortie ils devaient demander la permission avant, s'ils prévenaient leurs parents de leur sortie, ou s'ils ne disaient rien, en pensant que le fait de demander la permission constituait un degré plus grand de contrôle parental. Les adonaissants se conduisent de la même façon quelle que soit leur origine sociale (tableau 13). La différence observée est entre les garçons et les filles : les premiers se contentent de prévenir alors que les filles demandent plus souvent la permission. La rue — qui historiquement et culturellement a été davantage interdite aux filles et aux femmes — leur est devenue plus accessible, à la condition malgré tout d'obtenir cette permission préalable.

Tableau 13. Demander ou non la permission de sortir

Adolescents de milieu cadre qui demandent à leurs parents, les préviennent ou ne leur disent rien avant de sortir (pourcentages horizontaux)

	Demander	Prévenir	Ne rien dire
Garçon	42,0	**48,1**	10,0
Fille	**54,3**	34,1	11,6

Adolescents de milieu populaire qui demandent à leurs parents, les préviennent ou ne leur disent rien avant de sortir (pourcentages horizontaux)

Garçon	**41,1**	**44,7**	**14,1**
Fille	**56,2**	**34,0**	**9,8**

Source : enquête Prendre son autonomie, 2001, université Paris-5 — Cerlis. Lecture : 42 % des garçons de milieu cadre demandent à leurs parents avant de sortir.

En demandant la permission, les adonaissantes expriment une plus grande dépendance vis-à-vis de leurs parents. Pour caractériser plus précisément les modalités associées à cette plus grande dépendance, nous reprenons la technique des profils (tableau 14). On observe que par rapport aux autres adonaissantes, les jeunes filles qui demandent la permission parlent nettement plus à leurs parents ; elles racontent plus spontanément leur dernière sortie et ce qu'elles ont fait en classe. Plus souvent, elles indiquent qui vient de les appeler au téléphone ; elles évoquent la lettre qu'elles viennent de recevoir plus souvent que les autres. Le contrôle préalable (qui existe aussi pour la télévision) ne reflète pas une imposition plus stricte de la part des parents. Il a lieu dans une relation au sein de laquelle la parole circule : l'adonaissante parle de sa vie. Ses parents sont des personnes proches dont elle ne cherche pas avant tout à s'éloigner[1].

1. Les garçons qui demandent la permission de sortir ressemblent au sous-groupe équivalent des filles. Ils apprécient plus d'être chez eux. La sortie semble moins constitutive de leur identité que pour d'autres.

Tableau 14. Le profil des adolescents qui demandent la permission de sortir

Situations plus fréquemment vécues par les filles qui demandent à leurs parents avant de sortir que par celles qui les préviennent seulement ou qui ne leur disent rien :
• Le dernier film vu était celui qu'elle voulait voir, avec conseil des parents. • Ses parents sont venus la rechercher lors de la dernière sortie. • L'heure de retour a été peu respectée pour la dernière sortie. • Elle a raconté spontanément sa dernière sortie à ses parents. • Ses parents connaissent tous ou presque ses copines proches. • Elle passe plus de la moitié du temps libre dans sa chambre. • Le soir, elle raconte volontiers ce qu'elle a fait en classe. • Elle a parlé d'elle-même de la dernière lettre reçue. • Elle a dit spontanément à ses parents avec qui elle parlait pour le dernier coup de fil. • Ses parents posent tous les soirs ou presque des questions sur le travail scolaire. • Pour la télé, elle leur a dit avant de la regarder pour les en informer.

Source : enquête Prendre son autonomie, 2001, université Paris-5 — Cerlis.

Les parents, encore autrui significatifs ?

Cela permet de se demander si la dépendance dont de telles adonaissantes font preuve n'est pas l'expression d'une soumission intériorisée. N'exprime-t-elle pas aussi un attachement affectif qui renvoie à d'autres registres que la seule dépendance ? On retrouve le problème posé par le modèle de l'indépendance, dominant dans les sociétés individualistes. Faisons un détour par la relation conjugale. Anthony Giddens affirme que celle-ci devrait être « pure » de toute dépendance (Giddens, 2004). Il oublie que les hommes et les femmes ne rejettent pas la dépendance si elle est associée à des bénéfices comme la protection, la sécurité, l'affection, la validation. Il nous semble que certains adonaissants nouent avec leurs parents une relation au sein de laquelle ils souhaitent que la liberté ne soit pas le seul objectif. Ils désirent certes subir moins de contrôle, mais cela n'est pas l'unique demande des jeunes vis-à-vis de leurs parents. Pour les adonaissants, l'important est d'obtenir la liberté dans les secteurs de la vie dont ils veulent être les maîtres, cela n'implique en rien une volonté de rupture. On se souvient de Jessica qui est déçue que ses parents ne viennent pas l'encourager dans ses activités hippiques. Elle veut être libre sans renoncer à la reconnaissance et à la validation que ses parents peuvent lui apporter.

Par les réponses à cette question sur « demander la permission ou prévenir », on approche deux manières d'être en relation avec ses parents :

> – du côté de la permission, ce sont des jeunes qui tentent de concilier leur autonomie avec le maintien d'une relation forte avec leurs parents. Les premiers estiment possible d'avoir un monde personnel qui soit également validé par leurs parents ;
> – du côté de l'avertissement, ce sont des jeunes qui souhaitent qu'à leur autonomie corresponde un niveau équivalent d'indépendance. Pour les seconds, un des critères de l'existence de leur univers est le fait qu'il soit inconnu de leur mère et de leur père.

Les uns et les autres s'opposent donc sur le statut qu'ils donnent à leurs parents : sont-ils encore des « autrui significatifs », c'est-à-dire des proches avec qui le jeune souhaite parler afin de faire consolider son monde ? Si oui, le fait de raconter sa journée de classe ou sa dernière sortie (plus que de se confier) repose sur le besoin d'avoir l'avis des adultes. Si non, l'adonaissant se veut plus libre et affirme plus nettement son autorité sur ses affaires, en conservant les informations le concernant. Cette opposition ne sépare pas les adonaissants plus ou moins fusionnels puisqu'il est possible d'avoir son propre monde et en même temps de le faire valider par autrui. Il s'agit d'un clivage entre deux modes de construction de soi. Certains adonaissants se font plus consolider par leurs parents et d'autres, moins.

La surveillance des amis

L'examen des profils des adonaissants à qui les parents ont déconseillé de fréquenter tel ou tel ami renforce cette interprétation[1] (tableau 15). Le contrôle très explicite des fréquentations amicales affecte des jeunes qui ne ressemblent pas du tout aux garçons et aux filles précédents qui demandaient la permission avant de sortir. Ces derniers avaient une relation de confiance avec leurs parents. Ici, cette confiance est ébranlée. Comparativement aux jeunes qui ne reçoivent pas un tel conseil, les adonaissants dont les amis sont contrôlés ont plus le sentiment qu'un de leurs parents farfouille dans leur chambre. Ils ont davantage une cachette ignorée par leurs parents (alors que dans d'autres familles, la cache au trésor est connue sans que le jeune soupçonne des visites inopinées).

Tableau 15. Le profil des adolescents à qui les parents ont déconseillé de fréquenter certains copains, certaines copines

Dans le milieu cadre, les situations plus fréquemment vécues par les adonaissants à qui les parents ont déconseillé de fréquenter certains copains, certaines copines que par les autres.
• Les parents farfouillent dans la chambre.
• L'adolescent a une cachette que ses parents ne connaissent pas.
• Il n'est pas souvent d'accord avec sa mère.
• Il n'est pas souvent en désaccord avec son père.
• Il vit chez sa mère, et voit son père.
• Ses parents ont fait des remarques sur les photos affichées dans sa chambre.
• Il n'a pas parlé de lui-même de la dernière lettre reçue.
• Il a déjà eu un petit ami.
• Ses parents ne connaissent qu'à peu près l'origine de son argent.
• Ses dernières dépenses importantes ont été consacrées à des sorties.
• Il fait souvent des remarques à ses parents sur ce qu'ils font.
• Il s'entend seulement assez bien avec sa mère.
• Il ne connaît le diplôme ni de sa mère, ni de son père.

1. Cette intervention est plus le fait de parents populaires que de parents cadres : 39 % des garçons et 35 % des filles en milieu cadre ; 52 % des garçons et 48 % des filles en milieu populaire sont dans ce cas.

Dans le milieu populaire, les situations plus fréquemment vécues par les adonaissants à qui les parents ont déconseillé de fréquenter certains copains, certaines copines que par les autres :
• Lorsqu'il a une mauvaise note, l'adolescent attend les questions de ses parents. • Il a une cachette que ses parents ne connaissent pas. • Ses parents ne connaissent qu'à peu près l'origine de son argent. • Il fait souvent des remarques à ses parents sur ce qu'ils font. • Sa mère et son père n'ont aucun diplôme. • Ses parents farfouillent dans sa chambre. • Il fait souvent la vaisselle. • Ses dernières dépenses importantes ont été pour des vêtements.

Source : enquête Prendre son autonomie, 2001, université Paris-5 — Cerlis.

Dans les familles cadres, ces adonaissants surveillés n'hésitent pas à faire souvent des remarques à leurs parents sur leurs conduites (ce qui est un comportement rare). Ils sont plus nombreux à ne s'entendre qu'« assez bien » avec leur mère, la majorité déclarant s'entendre entre « bien » et « très bien ». Malgré la différence d'intensité du « déconseil », le profil des adonaissants à qui les parents de milieu populaire ont adressé un tel avis ressemble à celui observé dans les familles cadres. Quel que soit le milieu, ce conseil d'interrompre telle ou telle relation amicale trahit davantage une confiance déstabilisée entre les deux générations. Cela se voit parce que les parents qui demandent à leurs enfants d'interrompre certaines de leurs relations amicales regardent plus souvent dans les affaires de leur fils ou de leur fille, et parce que ces derniers s'autorisent plus à faire des remarques à leur père ou à leur mère sur ce qu'ils font.

Tensions et bons moments avec les parents

Dans la plupart des essais sur l'adolescence, figure une thèse selon laquelle les enfants et les jeunes bénéficient d'une considération trop grande (en tant que personnes) et qu'en conséquence ils perdent le sens de leur place, la différence entre adultes et enfants n'étant pas assez marquée : «Ainsi la Déclaration des droits de l'enfant voudrait refuser aux enfants leur enfance, au nom de la protection et de la considération qui leur sont dues, et à leurs parents le droit de considérer leurs enfants comme des enfants, des enfants dans leur enfance» (Yonnet, 2006). Pour ne pas en rester à une dénonciation sans preuve, on teste cette proposition en prenant un indicateur : l'existence ou non des remarques que les adonaissants adressent à leurs parents. En effet si les adonaissants restaient à leur place, ils ne devraient pas faire de remarques à leurs parents sur leurs opinions et leurs comportements. Si au contraire, les premiers se perçoivent comme égaux aux adultes, alors ils peuvent s'autoriser une telle prise de parole. Le principe de réciprocité — les parents énonçant de telles remarques — reflète une certaine égalité des positions.

On observe qu'une minorité d'adonaissants se permet de faire «souvent» des remarques sur ce que les parents font (tableau 16). Les jeunes restent majoritairement à leur place.

Tableau 16. Faire des remarques à ses parents

Garçons (Pourcentages horizontaux.)

	Souvent	Quelquefois	Rarement	Jamais
Milieu cadre	14,9	27,6	31,3	26,1
Milieu populaire	9,0	32,6	20,8	**37,5**

Filles (Pourcentages horizontaux.)

Milieu cadre	16,4	35,0	22,9	25,7
Milieu populaire	10,3	28,2	29,5	**32,1**

Source : enquête Prendre son autonomie, 2001, université Paris-5 — Cerlis. Lecture : 14,9 % des garçons de milieu cadre font souvent des remarques à leurs parents sur ce qu'ils font.

Le principe de réciprocité

Un tel chiffre ne signifie pas que les jeunes soient d'accord avec leurs parents, mais qu'ils ne manifestent pas leur désaccord. Ainsi 44 % des garçons de famille cadre ne sont pas d'accord avec leur mère « souvent » et ils ne sont plus que 16 % à l'exprimer en ce qui concerne leurs conduites. Un tiers seulement de ces adonaissants en désaccord l'exprime tout haut directement à ses parents. La distribution des réponses à la question « faire ou non des remarques » montre aussi que les garçons et les filles de milieux populaires sont plus respectueux de leurs parents. Ils marquent plus la distance hiérarchique par un silence quasi total, en s'abstenant de manifester leurs désaccords sur les comportements maternels ou paternels.

Cependant, les profils selon le milieu social ne montrent pas de variations entre jeunes silencieux et jeunes « impertinents » (peut-être est-ce ainsi que certains des parents les désignent). Faire des remarques n'est pas entendu comme le signe d'une libre expression normalement acceptée. Elles sont énoncées par des adonaissants plutôt en opposition avec leurs parents (tableau 17). Ces jeunes, plus nombreux que les jeunes qui ne font aucune remarque sont souvent en désaccord avec chacun de leurs parents. Ils cherchent à s'enfermer dans leur chambre, à préserver une cache secrète alors que leurs parents voudraient tout contrôler et tout savoir.

Tableau 17. Le profil des adolescents qui font souvent des remarques à leurs parents sur ce qu'ils font

Dans le milieu populaire, les situations les plus fréquemment vécues par les adonaissants qui font souvent des remarques à leurs parents par rapport aux adonaissants qui n'en font jamais :
• Ses parents lui ont déconseillé de fréquenter un copain et l'adonaissant a continué de le voir. • L'adonaissant attend que ses parents lui posent des questions pour donner ses mauvaises notes. • Il aide souvent à la cuisine. • Il a une cachette dans sa chambre que ses parents ne connaissent pas. • Il reçoit beaucoup d'argent de poche. • Il lui arrive souvent de ne pas être d'accord avec sa mère. • Il lui arrive souvent de ne pas être d'accord avec son père. • Il fait souvent des remarques à ses parents sur leurs opinions. • Il dort au moins une fois par mois à l'extérieur. • Il dit souvent à ses parents que leur choix pour les programmes télé ne lui convient pas. • Ses parents ont farfouillé sa chambre. • Sa mère le punit.
Dans le milieu cadre, les situations les plus fréquemment vécues par les adonaissants qui font souvent des remarques à leurs parents par rapport aux adonaissants qui n'en font jamais :
• Après la dernière sortie, il n'a rien dit à ses parents et ces derniers n'ont rien demandé. • Il dort au moins une fois par mois à l'extérieur. • Il pense que ses parents ont farfouillé dans sa chambre. • Il refuse parfois l'accès de sa chambre à ses parents. • Ses parents ne savent pas complètement la source de son argent. • Il lui arrive souvent de ne pas être d'accord avec sa mère. • Il lui arrive souvent de ne pas être d'accord avec son père. • Il fait souvent des remarques à ses parents sur leurs opinions. • Il ne s'entend qu'assez bien avec sa mère. • Ses parents lui ont déconseillé de fréquenter un copain.

Source : enquête Prendre son autonomie, 2001, université Paris-5 — Cerlis.

Quel est le sens de faire des remarques à ses parents à l'entrée de l'adonaissance ? Cela ne signe pas une excellente relation. Cela reflète plutôt un manque de confiance réciproque. La tension exprimée par ces remarques montre que les parents attendent plutôt de la part de leurs enfants une certaine discrétion. Les parents sont habilités à faire des remarques, les jeunes, non. La dissymétrie existe, les parents ne font pas « copain-copain » avec leur fils ou leur fille. On ne comprend pas l'inquiétude de ceux et de celles qui ne voient que confusion des âges alors que ce qui ressort surtout, c'est le maintien d'un ordre familial. La distance intergénérationnelle repose tout autant sur l'autorité associée à la taille symbolique des parents que sur la différence entre les cultures « jeune » et « autre ».

Les murs ont la parole sans que les mots circulent librement entre parents et adonaissants. Ceux et celles qui brisent un certain silence et font entendre leur mécontentement ne sont pas les seuls à vouloir modifier les règles de l'échange verbal. Bon nombre de jeunes voudraient, de temps en temps au moins être considérés autrement que comme « petits ». Youmna (12 ans, en cinquième, père gérant d'un garage, mère secrétaire) se soumet à une telle restriction, mais en souffre. Elle tente ainsi quelques incursions dans les discussions de ses parents : « Des fois, je lui [à mon père] demande aussi comment s'est passée sa journée de travail. Mais à vrai dire, mes parents pensent qu'un enfant ne comprend pas les choses. Qu'il n'y a que les adultes qui peuvent comprendre. Souvent mon père ou ma mère me dit : “Tu ne peux pas comprendre, tu n'es qu'une enfant.” » Ses essais restent infructueux : « Quand mes parents parlent entre eux et que je veux parler avec eux, ils me disent que c'est des problèmes de grandes personnes. Et moi, je ne suis qu'une petite fille, comme disent mes parents. » Une autre adonaissante souligne, elle aussi : « En général, on trouve que nos parents nous traitent comme des petits enfants… Alors que nous comme on grandit, on en a un peu marre. »

La reconnaissance et le lien

Ces jeunes ne réclament pas d'avoir le pouvoir sur leurs parents. Ils ne cherchent pas de nouveaux territoires personnels dans une logique d'expansion (qui s'exprime dans la revendication d'être maître de son temps). Ils voudraient que les territoires partagés avec leurs parents ne correspondent pas seulement aux moments où les parents contrôlent leurs propres activités, les accompagnent à leurs activités extrascolaires et même viennent leur dire bonsoir (moment pourtant apprécié). Ils demandent, implicitement le plus souvent, que leur taille « petite » ne soit pas un obstacle à ce qu'ils considèrent comme une « vraie » communication.

Respecter l'autre dans ses territoires — par exemple en frappant à la porte avant d'entrer dans la chambre, en ne la fouillant pas en l'absence de son propriétaire — est une condition nécessaire pour l'établissement d'une bonne relation. Et non une condition suffisante, comme l'affirme Goffman (1973). Il faut aussi des gestes, des activités qui symbolisent le lien, la communauté. Pour que l'activité commune ait du sens, il faut que l'une des parties n'impose pas à l'autre la définition de la situation. Damien, que l'on a entendu ci-dessus à propos de la télévision, poursuit la description des moments télévisuels partagés avec sa mère : « Disons, j'aime les mêmes sortes de films que ma mère. C'est-à-dire que mon frère c'est plutôt des films de guerre, quand il y a du sang. Moi et ma mère, faut qu'il y ait une histoire, que ça soit une histoire classique ». Il précise que ce n'est pas pour faire plaisir à sa mère qu'il regarde : « Mais quand un film ne me plaît pas, je vais me coucher. » Il ajoute une condition essentielle pour que ces moments soient de bons moments, choisir de temps en temps pour eux deux : « Ça arrive quand ma mère n'a pas d'idée sur ce qu'elle a envie de regarder. Alors je regarde ce qu'il y a d'intéressant, je mets quelque chose et comme on a les mêmes goûts, et souvent, ça lui plaît. » Le principe de réciprocité est un des fondements de la reconnaissance. Il ressent la même impression lorsqu'il fait les courses avec sa mère : « C'est moi qui dis à ma mère : “Je viens avec toi." » Et il décrit très bien la double dimension des achats : « On prend ce qu'on a besoin. Moi, je dis ce que j'ai envie. Je peux lui dire : "J'aimerais avoir tel gâteau." Et elle prend le gâteau. » Il est heureux qu'une partie de ce qu'il souhaite soit pris en compte. Il souligne qu'il accompagne aussi sa mère car il est soucieux de sa santé : « Ma mère a eu un problème. En fait, elle a eu une sciatique, elle s'est coincée le nerf sciatique. De temps en temps, je vais l'aider à porter les courses. C'est moi qui porte les courses. C'est moi qui ai pris l'initiative comme ça. C'est juste pour faire plaisir à ma mère. » La réciprocité, il ne l'exige pas seulement pour en tirer des bénéfices, il la met en œuvre pour sa mère.

Le principe de réciprocité peut s'inscrire dans des gestes, des comportements, dans des échanges sans que la hiérarchie des places soit annulée. Youmna ne demande pas à participer à toutes les conversations avec ses parents, Damien regarde aussi des émissions avec son grand frère.

La bonne humeur

Ce que bon nombre d'adonaissants reprochent à leurs parents c'est d'être exclusivement parents, d'oublier que toute la vie ne se joue pas dans un concours de « plus grand ». Un des moyens par lesquels ils décrivent une condition favorable à la vie commune, c'est le côté « cool » des parents, ce sont les moments où ils oublient les questions systématiques sur les études. Ils ne supportent pas non plus — cela est revenu plusieurs fois — les disputes conjugales qui déclenchent une grande insécurité. Témoin, Élise (11 ans, en cinquième, parents ingénieurs, deux sœurs) qui évoque une scène qui a eu lieu pendant que la famille était réunie pour décorer le sapin. Son père avait mal rangé des affaires dans une armoire. En l'ouvrant, tout est tombé sur sa mère et ils se sont disputés. L'adonaissante décide de prendre son second bain de la journée : « Ils ne prêtaient pas attention à nous. Donc je me suis dit : "On va pas décorer le sapin toutes seules." » Inversement, Élise est rassurée par ce qu'elle a vu la veille de l'entretien : « Hier soir, je suis remontée parce que j'avais mon dessin à prendre. Là je les ai vus en train de rigoler ensemble devant la télé. J'étais contente. »

Camélia définit ainsi les bons moments avec sa mère : « C'est quand on rigole, c'est quand elle est plus zen. » « Rigoler ensemble » est une sorte de baromètre pour mesurer le climat parental. Mathieu (12 ans, en sixième, père employé, mère comptable) apprécie beaucoup de tels moments : « Mon père, il fait bien les grimaces. Donc à table, pour nous faire rire, il en fait. Et on rigole tout le temps… On regarde des choses à la télé, et s'il y a une pub ou un truc qui passe et que c'est marrant, mon père fait quelque chose de marrant pour qu'on rigole. Mais là, samedi dernier, je ne me souviens plus bien de ce qu'il a fait parce qu'il en fait tellement. » Son fils l'envie : « Moi, j'arrive pas à les faire. Y a que lui qui en fait et on rigole. Ma mère aussi elle rigole. » Un soir où ses parents avaient des invités, une amie de sa mère et un ami de son père, Mathieu et son frère sont partis dans leur chambre assez vite. Cependant troublé de ne pas les entendre, il descend leur expliquer qu'il y a quelque chose de bien à la télé : « Après ils n'ont pas arrêté de rigoler après. Ils rigolaient beaucoup, j'étais content. » La bonne humeur familiale est un plaisir personnel. Pour Karim (11 ans, en sixième, père retraité, mère au chômage, cinq frères et sœurs), la télévision est source aussi de moments gais : « On la regarde et on rigole. Mais, quelquefois, quand c'est marrant, marrant, on retient une phrase et quelquefois, on la répète après entre nous. » Dans la bonne humeur, il est plus facile de discuter : « Quelquefois, quand il y a des choses dans *Super Nanny* par exemple, on dit : “Ça, c'est comme ma petite sœur”, “c'est comme Fatima”, des fois on dit : “Ça, c'est bien, c'est des bonnes méthodes.” On parle de la télé en fait. »

Parler de tout et de rien

Parler de tout et de rien signifie surtout que parents et adonaissants s'entretiennent d'*autre chose* que des devoirs. Cela laisse la place à une relation qui ne se résume pas à des interactions entre parents seulement parents et jeunes seulement élèves. Tous les soirs, chez Mélodie (12 ans, en cinquième, parents gardiens d'immeuble, une sœur), le repas rassemble la famille. Cette jeune fille parvient à « faire rire ses parents » : « [On parle] de tout et de rien. On rigole souvent en fait. Ce n'est pas parce qu'on est à table qu'on ne parle pas. Il y a une bonne ambiance. Des fois, quand il y a des choses qui se passent en cours et que ça me fait rire, alors je raconte à mes parents et ça les fait rire aussi. » De sa vie d'élève, elle raconte des choses qui ne sont pas en lien avec les résultats et la concurrence. Elle puise des histoires qu'elle fait partager à ses parents, leur permettant par là même d'accéder à une partie de sa vie à l'extérieur. Ce n'est pas du contrôle, c'est une manière de faire lien. Elle ne dit pas tout pour autant.

En milieu populaire, la pédagogie continuiste n'exige pas que l'adonaissant ne soit que « fille de » ou « fils de », et donc « petit ». Elle est compatible avec la définition du jeune comme membre de la famille qui peut participer à la vie de groupe et discuter, même si dans certains groupes le père joue au *paterfamilias* autoritaire. Dès qu'il ouvre la bouche à table, un adonaissant est puni par son père en fonction du nombre de mots qu'il dit. Dans d'autres groupes, l'ambiance est peu tendue, comme chez Marie (13 ans, en cinquième, père plombier, mère au foyer, une sœur) qui souligne aussi qu'avec ses parents elle « discute de tout et de rien ». Les parents écoutent ce que leur fille dit sur ses lectures car elle adore lire. Elle ne se souvient pas précisément des sujets lors des derniers repas : « On échange des banalités, on raconte nos journées. » Ce banal n'est pas ennuyeux, il désigne une habitude d'échanger. Le samedi matin, elle discute particulièrement avec son père lorsque la mère est partie faire les courses : « On est très complices. On discute de pêche parce qu'avec ma mère c'est plutôt ami, collège. Avec mon père, c'est de pêche, de nature, de plantes. » Elle décrit ainsi la conversation de la veille avec son père : « Tu as eu des bonnes notes, patati, patata… Après, on s'est échangé nos journées. » L'image est jolie. Lorsqu'elle se promène avec sa mère en forêt, elle parle avec elle : « On veut toutes les deux avoir raison, donc ça va moins bien. On discute très fort, mais c'est pas hurler. C'est juste parler très fort pour montrer qu'on n'est pas d'accord. Je veux montrer que j'ai raison peut être aussi parce que c'est des sujets plus personnels. » Effectuant un bilan, elle constate que c'est quand même avec sa mère : « que je discute de grandes choses plutôt qu'avec mon père ». Les grandes choses ? « Enfin, de la vie de tous les jours, de mes journées. » De toutes ses remarques, elle tire la conclusion suivante : « Je ne pense pas avoir encore ma crise d'adolescence, enfin, je pense pas. [La crise ?] Je parle de forte opposition, enfin j'ai pris plus de caractère mais ça va avec mes parents. Avant, je parlais quasiment jamais et maintenant je peux parler. » Marie ne veut pas céder sur les droits associés à son âge.

Chez Fanny (12 ans, en sixième, père profession libérale, mère au foyer), les discussions sont quotidiennes. Le soir elle récite ses leçons à sa mère, puis elle regarde la télé avec sa mère et son frère : « On a fait des commentaires de la télé ». Notamment une série « stressante », *Le Caméléon,* pendant laquelle « Maman elle a pleuré un petit peu ». L'arrivée du père fait repartir les échanges : « On a parlé encore des notes, de toute la journée, quoi de neuf... On se raconte la journée à l'école. On se raconte ce que nos familles nous ont dit, par exemple : "Au fait, tu sais machin, machin." Par exemple, papa m'a dit : "Tu sais ta tante elle s'est croûtée sur le trottoir, elle s'est fait vingt bosses." On se raconte un petit peu notre vie. Les rendez-vous de papa aussi. » Le week-end précédant l'entretien, elle a fait du vélo avec son père, et avec le chien. L'ambiance était bonne : « C'était cool, on a rigolé. On a fait un petit peu les fous. »

L'importance d'une ambiance détendue transparaît aussi dans le récit d'Élise (11 ans, en cinquième, parents ingénieurs, deux sœurs). Dans sa famille, les enfants passent à table lorsque la cloche tinte. C'est dire que les horaires sont indiscutables. Cependant tous les dimanches, l'adonaissante a réussi à imposer un petit « monde à l'envers » : l'apéritif du soir : « Par exemple, ma mère est à l'ordinateur et mon père est dans la cuisine. Et moi, je leur demande, à tour de rôle. Et donc, s'ils veulent bien, on s'installe et voilà. » C'est un moment agréable : « Parce que, déjà, un, j'aime bien les gâteaux apéro. Deux, parce qu'on se marre souvent en même temps. Trois, parce que c'est à ce moment-là que mes parents sont cools, ils ne stressent plus. » Habituellement ses parents sortent une bouteille de vin pour eux : « J'aime bien emmener le plateau. Parce que des fois quand ils hésitent, c'est moi qui sers et je sais qu'ils ne peuvent plus dire non. » Elle sert l'apéritif sur une petite table devant la télévision. Elle installe des bols en plastique et des verres : « La plupart du temps, c'est moi qui remplis les verres. Et moi, je sers les gâteaux apéro. » Elle précise que les deux sœurs se resservent en douce quand les parents regardent ailleurs. L'apéritif a lieu devant les dessins animés : « Mes parents regardent avec nous. Mon père parfois se marre parce qu'il trouve ça un peu débile mais aussi parce que c'est bébé. » Le plaisir que manifeste son père compte pour elle : « J'aime bien regarder les cartoons parce que ça me fait marrer. En plus, c'est plein de couleurs. Mes parents, ils rigolent, donc, c'est vraiment bien. » Lorsque ses parents retournent à leur occupation, Élise ne regarde pas toujours la fin des dessins animés, « parce que ça me saoule de regarder les cartoons ». Cette scène mélange les tailles, l'apéritif des grands, les dessins animés des petits. Chacun doit se laisser prendre au jeu des âges qui autorise une famille plus souple que d'habitude, une identité plus flexible.

Le secret de la bonne entente

Comme dans le couple (Kaufmann, 2005), les jeunes souhaitent aussi une ambiance plus « cool » afin que les soucis ne soient pas évoqués, que d'autres dimensions de la vie puissent être prises en considération, et qu'en conséquence la vie commune ne soit pas limitée à l'inspection des journées de travail. La « faim de famille » (Kaufmann, 2005) ne survient que dans des moments précis : soit ceux où l'adonaissant est reconnu pour ce qu'il apprécie à titre personnel, à titre de « jeune », soit ceux où il est « membre de la famille » sans que cela veuille dire « petit ». Ce n'est donc que si les parents ne cantonnent pas leur fille ou leur fils soit dans sa condition d'élève, soit dans celle d'enfant-petit, qu'être bien ensemble est possible. Le pouvoir sur soi, non pas pour dominer, mais pour participer à la définition des moments communs, semble indispensable aux jeunes. Si ces derniers n'obtiennent pas cela, alors ils préfèrent aller voir ailleurs, sortir. Et certains peuvent estimer être victimes d'abus de pouvoir parental — du fait de cette réduction identitaire — et l'exprimer à leur père, à leur mère, prenant le risque que les relations deviennent plus tendues. Les relations en famille ne sont appréciées que si et seulement si le jeune a l'impression de ne pas être seulement un accompagnateur de ses parents. Contrairement à la réunion de famille, pensée comme trop rigide, les bons moments de famille sont plutôt ceux où il y a en quelque sorte « relâche » de certains rôles pour que la communion devienne possible (premier versant), et pour que le jeune puisse s'exprimer autrement que comme élève et petit (second versant), ce qui n'implique pas qu'il ne veuille pas être élève et petit au regard de ses parents. Tout est une question d'équilibre. Si ces deux conditions sont respectées du point de vue des adonaissants, alors ces derniers affirment bien s'entendre avec leur mère, et avec leur père.

Le profil de ceux qui sont dans ce cas, comparé à celui de ceux qui ne s'entendent que moyennement ou mal avec leur mère, fait apparaître dans les deux milieux sociaux, une variable identique : « Le soir, le jeune raconte volontiers ce qu'il a fait en classe. » En milieu populaire, s'ajoute aussi le fait d'être rarement en désaccord avec la mère sont les suivantes : une bonne entente avec le père, le fait de prendre ses deux parents comme interlocuteurs en cas de problème scolaire, le fait de suivre les conseils de ses parents si ces derniers lui ont déconseillé de fréquenter tel ou tel copain, le fait de les tenir au courant dès qu'il a une mauvaise note. En milieu cadre, les autres variables associées à la bonne entente avec la mère sont les suivantes : bien s'entendre avec le père, dire spontanément avec qui il parlait lors du dernier coup de fil, avoir une récompense de sa mère si les résultats sont bons.

De l'ensemble de toutes les variables qui auraient pu être associées à la bonne entente, seul un petit nombre ressort, avec l'importance de la parole, non pas sous la forme de la critique des parents — indicateur on l'a vu d'un trop fort bouleversement de la relation dissymétrique — mais sous la forme de ce qui est perçu comme signe de confiance. L'accroissement incontestable de pouvoir pendant l'adonaissance reste limité. Les jeunes ne doivent pas oublier leur place, sauf à certains moments « cools » et appréciés. Un pouvoir accru ne signifie pas un changement de place.

Conclusion

La critique de l'éducation libérale-bourgeoise

Les deux modèles de l'adonaissance selon les milieux sociaux ne sont pas équivalents. L'adonaissance en famille cadre tire une plus grande légitimité à la fois de la position sociale et culturelle des parents et de sa proximité avec les normes psychologiques. Pourtant, à observer son fonctionnement, ce type d'adonaissance pose problème[1]. Notre critique ne rejoint pas pour autant les visions alarmistes sur la jeunesse qui ne perçoivent que manque d'autorité et manque de repères. Selon nous, les difficultés des adonaissants des familles cadres dérivent non de ces manques mais d'autres défauts de conception du modèle.

Redessinons brièvement ce modèle avant d'en souligner les défauts. L'identité de l'enfant est clivée. D'un côté, une partie de sa vie est « libre » pour que le jeune puisse expérimenter sa propre identité, exprimer ce qu'il ressent. De l'autre, une partie de sa vie est sous contrôle, elle concerne principalement ses études. Ce compromis offre l'avantage de pouvoir concilier les exigences de la reproduction sociale de la valeur de la famille et celles de la construction d'une identité personnelle. L'injonction de devenir soi-même semble pouvoir se cumuler avec le commandement de la réussite. L'adonaissant doit développer simultanément sa valeur personnelle et sa valeur sociale par la médiation de sa valeur scolaire. Selon cette conception d'une telle identité clivée, les parents peuvent et doivent intervenir dans la zone de la reproduction et au contraire laisser faire dans la zone de la libre expression.

1. Cette conclusion est centrée sur les familles cadres, leur style d'éducation permettant de distinguer deux conceptions de l'individualisme.

Dans la réalité — comme nous l'avons observé dans les enquêtes — ce compromis a des conséquences fâcheuses :

– la première est de rendre peu attractives les études. Le jeune comprend que sa propre construction personnelle importe et que le « reste » existe mais relève tout autant de la responsabilité de ses parents que de la sienne propre. Les études peuvent apparaître comme des affaires secondaires aux yeux des jeunes. La transmission de la culture et du savoir est de ce fait déstabilisée. C'est le cas très fréquemment chez les garçons de familles cadres. Ces derniers apprécient avant tout les investissements dans les relations amicales, dans le sport, dans les jeux sur console… ;
– la deuxième est de conduire les parents à ne pas respecter le clivage. En effet, préoccupés par la réussite scolaire et sociale de leurs enfants — rendue plus difficile par l'accroissement de la concurrence du fait de la massification — le père et la mère tendent à diminuer la zone d'expression personnelle. Ils le font en cherchant à imposer des temps libres utiles du point de vue culturel. Ils agissent à l'inverse des jeunes en considérant que la zone d'expression personnelle est secondaire ;
– dérivée des deux premières, la troisième conséquence est de focaliser toute l'attention des parents et des adonaissants sur la définition de la frontière. Cette dernière n'est pas fixée une fois pour toutes. Elle est l'objet central de la négociation. Ceci n'est pas en soi dommageable. Cependant ces discussions font que le jeune peut avoir l'impression qu'en défendant la taille de sa zone d'expression personnelle, il se défend lui-même. Une telle équivalence renforce la première conséquence, à savoir l'intime conviction que les études, c'est pour les parents, et non pour soi ;
– la quatrième est de faire correspondre à ce clivage une dualité temporelle. La zone libre est celle du temps présent qui s'inscrit notamment dans la culture jeune, et la zone « commune » est celle de l'avenir qui s'inscrit dans la logique de la transmission intergénérationnelle. C'est peut-être l'effet le plus grave de ce clivage. Confondre son identité personnelle avec les valeurs du temps présent, et renvoyer

le sens de l'avenir à une préoccupation des plus âgés, des parents, peut inquiéter. Le temps long n'est pas intégré dans la construction de l'identité personnelle;
– la cinquième se situe sur un autre plan. La partition ainsi entendue en deux zones laisse de côté les pratiques communes en famille. Les parents ne sont perçus que sous leur uniforme de contrôleurs scolaires : ils vérifient l'investissement dans les études. Avoir du plaisir à regarder un film ensemble, à être en vacances ne fait pas partie du modèle. Cet oubli trouble certains jeunes puisqu'ils ont le sentiment d'être dans l'anormalité en éprouvant le plaisir d'être bien en famille. C'est l'enquête sur les moments communs qui a permis d'éclairer tout ce pan resté dans l'ombre dans les monographies centrées sur l'individualisation. On retrouve le paradoxe du modèle de la «relation pure», dessiné par Giddens (2004) pour les rapports à l'intérieur du couple. Dans une telle conception, l'individu prouve qu'il est lui-même en se détachant de son partenaire. La peur de la dépendance est telle qu'elle mène implicitement à rejeter les pratiques communes comme temps pendant lequel au moins l'un des deux conjoints perd le pouvoir sur lui-même et se soumet aux bons désirs de l'autre. Dans les rapports entre les adonaissants et leurs parents, c'est la même chose : la zone «commune» est construite comme le terrain où les jeunes sont moins libres.

Danger : «intellos» !

Le compromis élaboré par les parents de milieux cadres mérite donc d'être révisé. Il a trop d'effets pervers. Le plus important réside dans la hiérarchisation entre les deux zones établie plus ou moins consciemment par le père et la mère. La zone des études est sous contrôle parental car les enjeux sont trop importants pour qu'elle soit gérée par les jeunes eux-mêmes. Les adonaissants jugent mal leurs copains, leurs copines qui investissent trop dans les études. Ils les rangent dans une catégorie négative, «les intellos». Ils les dotent de deux traits stigmatisants. Ces «intellos» ne sont pas du tout attentifs à la culture jeune : ils s'habillent souvent dans une indifférence totale aux normes des apparences de l'adonaissance et ils sont très fortement soumis à leurs parents. Théoriquement cette catégorie signifie que les adonaissants qui la constituent restent trop dépendants de leur appartenance familiale et ne prennent pas assez appui sur l'appartenance amicale ou générationnelle. Ils font comme si le travail propre à l'adonaissance — déstabiliser le « nous » familial par le « nous » générationnel — n'était pas effectué.

D'où l'établissement d'une certaine équivalence entre « les intellos » et le fait de rester « petit ». Ceux et celles qui les critiquent les chargent : « Ils s'habillent ringards, ils sont pas comme les autres » ; « leurs parents les poussent, et je dirais un peu trop » (Courtois, 2006). Cette représentation négative de ceux et de celles qui sont perçus comme « intellos » ne suscite guère d'émulation. Un des signes de cette marginalité est le cartable à roulettes, équipement considéré comme propre à l'école primaire : celui ou celle qui l'a encore au collège trahit ainsi son retard en refusant d'adopter le modèle dominant, l'Eastpak. Au lieu de chercher à s'aligner sur les plus grands, il regarde en arrière. Dans sa manière de s'habiller, il montre une grande indifférence aux critères d'appartenance à la jeunesse. Le style « ringard » (qui concerne surtout les garçons intellos) se signale par le port du pantalon en velours côtelé, trop court, laissant entrevoir les chaussettes, l'exact contraire du baggy.

Dans ce jeu de miroirs, sans doute déformants, la vérité objective n'est pas la plus importante. Ce qui compte c'est le fait que les adonaissants associent investissements scolaires à désinvestissements dans la culture jeune[1] d'une part, et à petite taille symbolique d'autre part. La crise de l'école, du collège, s'enracine dans de tels jugements. Le monde des études est perçu comme étant très éloigné du monde des jeunes : comme si ces univers n'étaient pas conciliables. Les « intellos » sont trop proches des adultes, de leurs parents,

1. Claire, considérée comme « intello », est la seule du corpus de l'enquête sur les représentations des adonaissants, à avouer : « Des fois, quand je suis stressée un peu avant un contrôle, j'écoute du classique. Je crois que c'est du Mozart » (Courtois, 2006).

et aussi de leurs professeurs («ils s'entendent bien avec les profs, c'est des chouchous, ils sucent les profs»). En conséquence ils s'isolent de leurs copains. Ainsi ils n'hésitent pas à réviser avant un contrôle. Les autres viennent leur demander d'arrêter sans succès : «c'est bouffon de réviser dans la cour» (Courtois, 2006). La construction de cette catégorie rejetée des «intellos» sert aux autres à justifier leur propre distance au monde de la culture et des études. Par exemple un des adonaissants de milieu cadre a un frère qu'il juge «intello». Ce dernier vient lui demander conseil pour écouter de la musique. Cette catégorie fonctionne selon le schéma classique de vases communicants : l'excès de temps passé aux études réduit trop fortement le temps consacré à la «vraie vie», au temps des copains.

La réalisation de soi

L'existence de la catégorie «intellos» nous questionne sur la pertinence du clivage élaboré par l'éducation bourgeoise. Ces limites proviennent d'une confusion entre deux formes de l'identité clivée. L'histoire de l'individualisme en Occident repose sur le principe de la séparation et sur la non-confusion entre les appartenances, les positions et l'identité personnelle. C'est incontestable, le «moi» ne se réduit pas à ses appartenances, à ses positions, à ses statuts. La distinction entre les deux dimensions identitaires n'implique pas que les appartenances, les positions, les statuts n'ont aucun sens pour l'individu qui ne serait heureux que dépouillé, que désaffilié (de Singly, 2005*c*). Elle affirme que l'individu dispose d'un pouvoir sur lui-même qui l'autorise à juger ce qui est pertinent pour lui. Le cas le plus significatif est celui de l'amour : l'homme ou la femme choisit «l'élu de son cœur», mais il conserve le droit de pouvoir modifier ensuite ce choix. Il ne peut le faire que parce que son lien amoureux ne suffit pas à le définir.

Le processus d'individualisation a été défini (au début de ce livre) comme un certain décalage entre l'identité de «fille de» ou de «fils de» et soi permettant au jeune d'avoir plus de pouvoir sur lui-même. L'autonomie (autre nom de l'individualisation) exprime ce pouvoir de construire son propre monde. Le lien amoureux a un sens « personnel » tant que la personne est encore amoureuse ; il ne devient gênant que si cette personne estime, en son for intérieur, que ce lien a perdu sa signification. Ni l'appartenance, ni le statut, ni la position sociale ne sont incompatibles avec la libre expression personnelle. La seule chose importante dans l'individualisme, c'est la certitude que l'individu continue à valider positivement ses appartenances, ses liens, ses positions. Ainsi un jeune n'est pas obligé de rompre avec ses parents pour devenir lui-même, mais il doit avoir suffisamment de liberté pour que le maintien de sa relation ne soit pas le reflet de sa dépendance. Pour prendre un autre exemple, l'entrée dans la relation amoureuse, conjugale, voire matrimoniale, ne supprime pas la propriété de son corps. Les partenaires restent maîtres de leurs territoires corporels. Cependant, comme preuve de leur relation, ils peuvent renoncer provisoirement à cette propriété exclusive, et la partager avec leur partenaire. L'individualisme ne supprime pas le lien, il valorise seulement davantage les relations qui relèvent du pouvoir des individus. C'est la raison de l'énoncé suivant, qui peut heurter s'il est mal compris : le divorce donne sens à la relation conjugale. Non parce que la rupture est un idéal ; mais parce que la liberté de se séparer rend possible la réélection et donc la valeur du maintien du lien.

Ce détour était nécessaire pour comprendre les erreurs sur l'individualisme perceptibles dans le modèle éducatif des familles cadres. Elles naissent d'une mauvaise définition du contenu de l'identité personnelle. Celle-ci ne constitue pas un « reste », en l'occurrence tout ce qui n'est pas vie scolaire et vie familiale. Elle est la possibilité pour le jeune d'avoir le pouvoir de décision sur sa propre vie. Ainsi comprise, l'identité personnelle peut ne pas se cantonner *a priori* dans la seconde zone, dite d'expression personnelle, et peut sans dommages s'inscrire dans la première zone, dite des études. Certaines jeunes filles de milieu populaire démontrent qu'il est possible de s'investir à titre personnel dans la scolarité. Dans le modèle « continuiste » de ces familles, les jeunes choisissent plus librement leur terrain d'aventures personnelles, ils ne sont pas contraints par la définition du clivage[1].

Plutôt que d'opposer l'épanouissement personnel à la réussite sociale, la valeur personnelle à la valeur sociale, ne faudrait-il pas mieux raisonner en termes de « réalisation de soi » ? Se réaliser signifie premièrement que c'est à l'individu — dans les limites de ses ressources sociales, culturelles, économiques — de décider ses propres orientations, et non à ses parents ou à d'autres autorités. Deuxièmement l'individu peut choisir la ou les manières d'être lui-même, avec des emprunts qui ne sont pas limités à la culture jeune. Ouvrir le champ de possibles — a l'adonaissance — ne devrait pas consister à le fermer à tout enrichissement venant de la culture héritée. Rien ne devrait idéalement contraindre l'adonaissant (ni aucun individu) à être davantage lui-même sur ses temps de loisir que sur ses temps de travail. La réalisation de soi transcende la coupure entre les deux zones. L'adonaissant peut par ailleurs se réaliser, à certains moments, en tant que membre de la famille, si et seulement si il a la possibilité de se retirer dans sa chambre. Écoutons Pauline (Ville, 2005) nous parler de la télévision chez elle. Les programmes étant décidés à la majorité, cette jeune fille est donc amenée à regarder des films qu'elle ne regarderait pas si elle était toute seule : « Les James Bond, on les a tous vus plusieurs fois. Ce n'est pas, enfin moi j'aime pas. Enfin si, j'aime bien. Cela ne me dérange pas de regarder. Mais ce n'est pas mes films préférés. Mais ma famille, elle adore, donc voilà. » Appréciant d'être avec ses frères et ses sœurs, ses parents, elle regarde les James Bond. Elle renonce provisoirement à ses préférences individuelles et s'aligne sur un goût commun. Elle distingue bien entre les films qu'elle regarde seule et les films qu'elle regarde en tant que membre du groupe familial. Rien ne lui interdit — sinon des parents

1. L'éducation « continuiste » peut conduire à l'enfermement dans le genre comme destin. Cela est perceptible par exemple avec Christina qui se déplace rarement en centre-ville avec ses cousines : « J'y vais, mais c'est rare parce que, en fait, chez nous, les filles on doit pas aller tous les jours… on doit aller à l'école, à la maison, faire comme une femme. Parce que comme on doit être vierge au mariage, on ne doit pas tellement fréquenter tout ça. On doit rester à l'école, à la maison [mots prononcés avec insistance]. Le ménage, tout ça, chez nous c'est toujours les filles qui doivent tout faire ».

qui l'y obligeraient — de se définir *à titre personnel* comme sœur, comme fille de et à accepter de regarder librement des émissions qu'elle n'aurait pas choisies si elle était seule.

Augmenter l'autonomie des adonaissants

Une des limites de l'éducation libérale-bourgeoise renvoie à l'imaginaire de l'individu « indépendant » (Renaut, 1995) : les pratiques effectuées « sans » ne sont pas perçues comme celles réalisées « avec ». Domine toujours l'impression que le pouvoir de décider de sa vie, de ses activités, est plus grand dans les conditions de la solitude[1]. Une telle hiérarchisation présuppose que l'individu « individualisé » serait idéalement seul alors que le processus d'individualisation dessine un individu « avec », maître et responsable de ses liens. Deux conceptions de l'individu s'opposent selon moi : dans un premier cas, l'individu doit être avant tout indépendant, cherche à refuser tout lien de dépendance, alors que dans le second cas, l'individu est avant tout autonome, c'est-à-dire qu'il a le pouvoir de valider le monde dans lequel il vit.

L'identité clivée avec la zone personnelle est une représentation relevant de la première option : la zone « libre » est alors valorisée bien davantage que l'autre. C'est de là que découle l'illusion, pour les adonaissants, que c'est en dehors du travail scolaire — et plus tard, du travail professionnel — que chacun se réalise. Or il est tout à fait possible de poser, avec la seconde conception, que l'individu peut devenir lui-même dans n'importe quelle activité, y compris de travail, y compris collective, à la condition que cette activité soit validée par la personne elle-même.

Contrairement à la représentation selon laquelle les jeunes sont trop élevés comme des adultes, je pense que bien des adonaissants sont éduqués trop comme des « mineurs », avec un haut degré d'irresponsabilité. En effet, la partie qu'ils

1. Les femmes seules l'expriment (Kaufmann, 1999).

gouvernent comprend surtout les activités relevant de la culture jeune. Ils peuvent choisir leurs vêtements, le type de musique, la radio qu'ils écoutent. Des éléments qui, aussi importants soient-ils, engagent peu leur avenir, leur devenir. Leur autonomie est donc fortement limitée par la frontière séparant les deux zones, les adonaissants n'étant propriétaires d'eux-mêmes que dans l'une d'elles.

C'est à ce niveau que la comparaison entre l'Allemagne et la France, dans notre travail, s'avère la plus utile[1]. En effet, les adonaissants en Allemagne ont nettement plus de responsabilités. On se souvient que le collège unique n'existe pas dans ce pays, que plusieurs filières hiérarchisées sont mises en place dès l'entrée des études secondaires. Or la plupart des parents laissent leur fille, leur fils décider de la série dans laquelle il veut aller. Il peut se tromper, il y aura alors réorientation scolaire. Le choix des études est placé sous la responsabilité des jeunes eux-mêmes. Les parents allemands, plus que les parents français, les laissent faire. De ce fait, la scolarité change de sens : elle n'est pas d'abord une affaire de famille, elle peut plus aisément faire partie du monde personnel.

La crise de l'école en France, qui affecte aussi les adonaissants des familles cadres (même s'ils bénéficient de l'héritage culturel qui masque ce désinvestissement relatif), s'enracine — au moins partiellement — dans cette déresponsabilisation des jeunes vis-à-vis de leurs études. Si les parents français se réservent à ce point le contrôle de la scolarité, c'est parce que le diplôme dans ce pays est comme un « titre » de noblesse (Bourdieu, 1989 ; Iribarne, 1989, 2006). À la fin des études, le fait d'en avoir un, surtout s'il est délivré par une grande école, fige la définition de soi quasiment pour la vie. Le diplôme est un tel enjeu que les adultes estiment imprudent de laisser les jeunes avoir prise sur leurs études. En Allemagne, il est possible de prouver que l'on vaut quelque chose, même si son diplôme n'est pas signé par une filière d'excellence. L'à-venir reste

1. Les jeunes allemands ont également une plus grande liberté de circuler dans la ville, en empruntant les transports en commun. Là aussi la valorisation de l'autonomie nettement plus élevée en Allemagne qu'en France (Malpas, Lambert, 1993) s'inscrit dans un degré plus grand de liberté laissée aux adonaissants.

ouvert, plus ouvert qu'en France. Pour que les jeunes français s'approprient plus leurs études, ils doivent pouvoir davantage rattraper d'éventuelles erreurs de parcours, d'éventuels décrochages, d'éventuels désinvestissements. Tant que la norme de la précocité — associée à celle du « titre » — continuera à régner dans le monde scolaire[1], les jeunes risquent d'expérimenter leur identité personnelle seulement sur des « terrains de jeu ». Il faut également s'interroger sur les raisons qui fondent le refus plus important dans les familles cadres de récompenser le travail scolaire. La récompense ne devrait-elle pas être perçue comme une des manières de responsabiliser l'adonaissant, comme une reconnaissance de son travail ? Repousser à plus tard les preuves de son engagement n'est-ce pas conduire les jeunes, sensibles au temps présent, à préférer les domaines qui leur apportent des bénéfices immédiats ?

La force de Philippe Ariès (1960) a été de montrer le lien existant entre la scolarisation et l'invention de l'enfance et ensuite de l'adolescence. Deux facteurs soutiennent cette invention : le fait que les jeunes vivent entre eux, et non plus comme avec la logique de l'apprentissage, avec des adultes, et le prolongement de la dépendance vis-à-vis de la famille d'origine. C'est pourquoi on peut s'étonner que l'inquiétude contemporaine prenne la forme de l'énoncé : « Les enfants sont élevés comme des adultes ». Tout au contraire, l'éducation propre aux familles cadres, couplée à l'allongement de la scolarisation, engendre le renforcement d'une séparation des âges : comme si le travail et sa récompense étaient les attributs des adultes. Que dans de nombreuses familles les adonaissants soient déchargés de tout travail domestique est un signe supplémentaire du statut particulier réservé aux plus jeunes. Pour le moment, l'individualisation offerte aux jeunes est tronquée, elle n'est valide que dans une zone très délimitée. N'est-il pas possible de repenser

1. Il existe même, pour certains concours de la fonction publique, des âges limites, ce qui est contraire à la lutte contre toute discrimination.

l'éducation des adonaissants pour que ces derniers soient davantage propriétaires d'eux-mêmes, davantage autonomes, et donc « majeurs » ?

L'analyse critique de l'éducation dans les familles cadres permet de comprendre que le processus d'individualisation doit ou devrait mener à la prise du pouvoir sur soi tout autant qu'à la découverte d'une intériorité.

Annexe

L'enquête par monographies

1. L'analyse des entretiens en onze dimensions

Sur la base des transcriptions des deux entretiens passés auprès de jeunes collégiennes et collégiens, et des informations notées sur leur carnet de déplacement (rempli pendant la semaine séparant les deux entretiens), ont été réalisées des monographies, avec un classement du contenu selon onze dimensions du processus d'autonomisation. La même organisation permet plus aisément la comparaison des monographies entre elles.

Dimension 1 : l'appropriation du domicile familial

Les manières dont l'adonaissant s'approprie ou non certains espaces intérieurs sont des indicateurs de son processus d'individualisation. L'appropriation du logement peut se faire par des moments passés seul à la maison (tous les adonaissants ne restent pas seuls chez eux, et tous n'ont pas la clé).

L'appropriation de la chambre dans laquelle vit l'adonaissant est un indicateur révélateur de son autonomie, même si la chambre individuelle n'est pas en soi une preuve d'autonomie, puisque la possession d'une chambre individuelle est également conditionnée par les ressources financières des parents et que le fait d'avoir une chambre propre n'implique pas encore que l'adonaissant ait une « chambre à soi ». Cet indicateur n'a de signification (comme les autres) qu'en association avec les autres dimensions du processus. La fermeture de la porte manifeste par exemple le désir d'isolement dans un monde à soi.

La pièce dans laquelle l'adonaissant est le plus souvent est révélatrice de l'appropriation qu'il se fait des différents espaces. Certains adonaissants sont « partout », d'autres disent d'emblée être le plus souvent dans leur chambre parce que c'est là qu'ils se sentent le mieux… L'accès à la chambre conjugale pour la télévision ou l'ordinateur révèle l'appropriation forte de tous les espaces par l'adonaissant.

La possession d'un téléphone portable, servant certes beaucoup lorsque l'adonaissant est hors de chez lui, permet aussi la construction d'un monde à soi dans l'espace familial parce que l'adonaissant peut téléphoner sans consulter ses parents, se faire appeler ou encore envoyer des SMS.

Le temps passé devant la télévision et le lieu dans lequel l'adonaissant la regarde permettent d'observer à la fois si l'adonaissant fait de cette pratique un temps commun ou un temps personnel, et si l'adonaissant fait de la télévision son principal loisir.

Les principaux indicateurs

– Être seul chez soi
– La chambre/le coin personnels
– La décoration/l'aménagement intérieur
– La porte fermée/ouverte
– Le temps passé dans la chambre, dans les autres pièces
– Téléphoner dans la chambre
– La télévision/l'ordinateur dans sa chambre/dans une autre pièce
– Le rangement
– La cachette
– La pièce d'accueil pour les copains/copines
– L'accès à la chambre conjugale
– Le nombre et le lieu des postes de télévisions
– Écouter de la musique/radio dans sa chambre
– Faire dormir des copains ou copines chez soi
– Faire/aider à faire la cuisine

Dimension 2 : les déplacements dans la ville

Les déplacements en transport en commun sans adulte sont un indicateur privilégié du degré de liberté de circulation de l'adonaissant. Les déplacements à vélo permettent également de voir le degré d'autonomie et de responsabilisation de l'adonaissant. Les trajets effectués en train ou en avion sans les parents expriment une certaine forme indépendance et d'autonomie (certains adonaissants pensent, par exemple, qu'ils sont trop jeunes et/ou qu'ils auraient peur de voyager seul ; d'autres au contraire se sentent prêt mais n'en ont jamais eu l'occasion).

De même, le fait de partir en vacances sans les parents renseigne sur l'autonomie de l'adonaissant, même si pour certains adonaissants cela n'exprime pas un refus des parents. Cet indicateur reste difficile à manier dans la mesure où les adonaissants de parents divorcés partent rarement en vacances seuls, les jours de congé étant le plus souvent l'occasion d'aller rendre visite au parent non-gardien.

Le repérage sur carte donne une idée objective de la connaissance que l'adonaissant a de l'espace géographique environnant.

Les principaux indicateurs

– Le déplacement à pied, à vélo
– Le déplacement en transport en commun
– La variété des lignes fréquentées
– Le repérage sur les plans

Dimension 3 : le rapport au corps

Le corps exprime l'identité de l'adonaissant (habillement, maquillage, etc.) et il n'échappe pas au contrôle parental. À cet âge-là, ce dernier est assez important (surtout sur les filles).

Les principaux indicateurs

– L'achat des vêtements seul
– La liberté dans le choix des vêtements
– La coiffure et le coiffeur
– L'autorisation/l'interdiction du maquillage
– Le régime alimentaire
– L'alcool
– La cigarette
– Avoir un petit copain ou une petite copine

Dimension 4 : les activités culturelles et les loisirs

Le choix des activités de loisirs est très souvent, même si ces dernières sont appréciées par les jeunes, initié, directement ou indirectement par les parents. Cependant la pratique d'activités extérieures permet un relâchement du contrôle parental.

Les principaux indicateurs

– Le choix des films télé
– Les sorties au cinéma
– La fréquence et nature des sorties culturelles extérieures
– La bibliothèque
– Les magazines
– La lecture
– Les concerts de musique
– La « culture jeune » (avec les séries télévisées, les clips, la mode vestimentaire, la lecture de magazines, l'écoute de stations radiophoniques ou de CD de chanteurs)

Dimension 5 : la nature des relations

Les fréquentations de l'adonaissant et la nature des relations sont un indicateur important de l'autonomie dans la mesure où c'est par ce ou ces tiers que l'adonaissant se détache progressivement de ses parents. Un adonaissant qui se confie à sa mère n'est pas dans une configuration identique à un adonaissant qui se confie à sa meilleure amie. D'autre part, la distinction entre copain/copine et meilleure amie marque également un début de hiérarchisation de la part de l'adonaissant relativement aux relations qu'il peut entretenir avec les autres (le petit copain ou la petite copine pouvant avoir une place à part dans cette hiérarchie).

Les principaux indicateurs

– Le ou la meilleur(e) ami(e)
– Le ou la confident(e)
– Les copains/copines
– Dormir/inviter des copains/copines
– Avoir/ou avoir eu un petit copain/une petite copine
– Le réseau amical (peu étendu, étendu)
– Les relations fraternelles/parentales
– Les relations familiales (grands-parents, oncle, tante, etc.)

Dimension 6 : l'origine et la gestion de l'argent

L'argent, qui permet la consommation et donc l'accès à des biens susceptibles de participer à la construction identitaire et à la production d'un monde personnel, est un indicateur important dans la mise en œuvre des processus d'autonomisation des jeunes. Il semble important de connaître l'origine de l'argent (l'argent de poche étant une rentrée régulière qui permet une gestion économique de ses besoins ; l'argent que le jeune peut recevoir occasionnellement, et sans régularité parce qu'il a rendu service, parce qu'il a une bonne note). Avoir une somme disponible, aussi petite soit-elle, c'est pouvoir acquérir quelque chose sans que les parents soient nécessairement informés de cette acquisition, c'est donc aussi une manière d'échapper à leur contrôle.

Les principaux indicateurs

– L'argent de poche
– L'argent du travail scolaire
– L'argent des petits boulots
– L'argent comme récompense scolaire
– L'argent, cadeau pour des fêtes, un anniversaire.
– Avoir un compte, livret d'épargne
– Avoir une carte de retrait
– Avoir toujours sur soi son porte-monnaie

Dimension 7 : la scolarité hors le collège

Cette dimension permet d'observer si le jeune est davantage considéré comme un « adonaissant » ou comme un « élève » par les parents, de constater quelles relations sont à l'œuvre entre lui et ses parents.

Les principaux indicateurs

– Le contrôle scolaire
– Le soutien/accompagnement scolaire, les cours particuliers
– Le non-contrôle (demander sans contrôler) comme confiance
– Le non-contrôle et la non-demande comme laisser-aller
– Les encouragements

– Le « chantage », la « pression »
– Les « parents » d'élèves

Dimension 8 : l'emploi et la gestion du temps

La dimension du temps, complémentaire de celle de l'espace, ne peut être totalement indépendante des parents qui fixent les règles communes à l'ensemble des membres de la famille. La présence d'horaires fixes structure la vie quotidienne de l'adonaissant, le rappelle à l'ordre du temps familial s'il en est éloigné. Le temps personnel de l'adonaissant doit venir se caler sur le temps familial qui est plus ou moins figé, sur lequel l'adonaissant peut plus ou moins intervenir.

Les principaux indicateurs

– Le réveil du matin, qui réveille ?
– Le contrôle du coucher
– La « fraude » (rallumer la lumière/la musique)
– Les heures fixes pour repas, les temps communs
– Le goûter, un rituel familial ou une prise individuelle
– Le téléphone portable, accès à une certaine gestion de son temps, ou moyen de contrôle parental
– Les sorties, les heures de rentrée à la maison

Dimension 9 : les réserves d'information

Le fait de ne pas tout dire à ses parents, de confier aussi des informations à d'autres indique que l'adonaissant n'est plus totalement sous appartenance familiale et que son monde n'est pas nécessairement validé par ses parents. La cachette est également un moyen de mettre à l'abri des informations, objets, etc. que l'adonaissant souhaite garder pour lui (à cet âge c'est assez souvent des friandises, mises à l'abri autant des frères et sœurs que des parents !).

Les principaux indicateurs

– La confidence « ailleurs »
– Le secret
– Le journal intime
– Le mensonge
– La cachette
– La « transgression » (ou le mensonge par omission)

Dimension 10 : la participation de l'adonaissant aux décisions familiales

La concertation avec l'adonaissant au sujet d'activités, d'achats, de projets familiaux indique une prise en compte de son avis et exprime par là même que le jeune a un statut qui ne se réduit pas à celui d'enfant, de «petit».

Les principaux indicateurs

– La télévision
– L'heure du coucher
– La destination des vacances
– Le choix des loisirs

Dimension 11 : le rapport à l'avenir

Le fait de savoir ou de ne pas savoir ce que l'adonaissant souhaite faire (même si le choix de la profession peut varier avec le temps) indique si l'adonaissant se projette ou non dans l'avenir.

Les principaux indicateurs

– Les études, le métier envisagé
– La vie privée (mariage, adonaissants, etc.)
– Où vivre plus tard?

2. Le corpus

Filles de milieu cadre

Amy : Elle a 12 ans, elle est en *6. Klasse*. En fonction des résultats de fin d'année, elle devrait aller dans un *Gymnasium*. Elle sera dans une classe européenne-français. Sa mère est chercheuse, son père également. Fille unique, elle a sa chambre à elle. Elle habite à Berlin.

Ariane : Elle a 11 ans. Elle est en 5e dans un collège classé en ZEP. Le père est ingénieur, la mère est cadre moyen administratif. Ariane a un frère de 8 ans avec qui elle partage une chambre. Ils habitent à Paris.

Carol : Âgée de 12 ans, elle est en *6. Klasse*. Elle est dans une classe spéciale qui prépare le baccalauréat en un an de moins que le cursus habituel. Ses parents sont divorcés depuis une dizaine d'années. Elle habite chez son père. Son père est cadre supérieur dans une entreprise privée de santé. Sa mère est cadre dans un établissement de soins. La nouvelle conjointe du père est professeure. Le nouveau conjoint de sa mère est consultant en informatique. Carol a un frère de 14 ans qui vit chez sa mère et une demi-sœur de 7 ans qui est la fille de son père. Carol a une chambre personnelle. Elle habite dans la banlieue de Berlin.

Charline : Elle a 11 ans. Elle est en 6e dans une école publique. Son père est directeur de société. Sa mère est consultante. Ils sont séparés. Elle a une sœur de 13 ans. Elle a aussi une demi-sœur de 10 ans qui vit chez son père. Elle bénéficie d'une chambre à elle. Elle réside surtout à Paris.

Clarisse : Âgée de 12 ans, elle est en 6e. Le père est artiste. La mère est journaliste. Ses parents sont séparés depuis qu'elle a 4 ans. Son père habite dans le Sud. Clarisse passe la majeure partie du temps chez sa mère à Paris. Elle a deux demi-frères de 25 et 21 ans issus d'un premier mariage du père, et une demi-sœur de 3 ans issue d'un troisième mariage. Clarisse a une chambre chez sa mère dans le 6e arrondissement de Paris.

Claire : Elle a 12 ans. Elle est en 5e. Elle tient à préciser qu'elle va dans une école publique, contrairement à beaucoup d'adonaissants de l'immeuble qui sont en école privée. Son père est artiste, sa mère enseignante de collège. Ses parents sont séparés depuis cinq ou six ans. Claire est fille unique. Elle a une grande chambre individuelle chez sa mère, mais pas de pièce réservée chez son père qui habite dans un tout petit logement. Elle habite Paris.

Dolorès : Âgée de 12 ans, elle est en 5e dans le seul collège de sa commune. Sa mère est employée administrative, son père cadre dans une société privée. Dolorès a un frère âgé de 15 ans. Elle dispose d'une chambre plus grande que celle de ses parents. Elle a toujours résidé dans la banlieue de Strasbourg.

Flores : Âgée de 12 ans, elle est en 5e dans un collège de son quartier. Son père est ingénieur dans une grande industrie en Allemagne. Sa mère est secrétaire dans une association, après un arrêt d'une dizaine d'années pour élever ses adonaissants. Flores a une sœur de 8 ans et un frère de 10 ans. Chaque adonaissant a sa propre chambre. Ils habitent à Strasbourg.

Jaclyn : Elle a 11 ans. L'an prochain, elle ira dans un *Gymnasium*. Sa mère est enseignante de formation. Son père est également enseignant. Il occupe aussi une position politique. Jaclyn a une chambre personnelle. Ils habitent Berlin.

Jade : Elle a 12 ans. Elle est dans la 6. *Klasse* et l'an prochain elle ira au *Gymnasium*. Son père est ingénieur dans une grande entreprise. Sa mère travaille à mi-temps comme secrétaire administrative. Jade a une sœur de 9 ans avec qui elle partage sa chambre. La famille habite dans un quatre-pièces. Le père refait une cinquième pièce à partir de leur grande chambre commune pour que les filles aient chacune leur chambre. Ils résident à Berlin.

Jodie : Elle a 11 ans. Elle est en 6. *Klasse* dans un *Gymnasium*. Sa mère, enseignante en sciences sociales, et son père, artiste, sont divorcés. Ils habitent tous deux Fribourg. Jodie est fille unique. Elle a une chambre à elle.

Karla : Elle vient d'avoir 12 ans. Elle est dans la 6. *Klasse*. Elle voulait aller dans un lycée qui est connu pour avoir une classe spéciale qui prépare en une année de moins que le cursus initial. Il s'agit d'une *SchnellläuferKlasse* qui fait un *Express-Abitur*. Ses parents sont médecins. Karla, fille unique, a une très grande chambre. Ils habitent à Berlin.

Lola : Âgée de 11 ans, elle en 6e. Lola va au collège à pied, non loin de chez elle. Ses parents sont tous deux hauts fonctionnaires. C'est un remariage, de sorte que Lola a quatre demi-frères et sœurs. Du côté de sa mère, elle a un demi-frère de 20 ans qui ne vit pas avec elle, une demi-sœur de 16 ans qui vit avec elle. Du côté de son père, elle a deux demi-sœurs, âgées de 19 et 20 ans qui vivent loin. Mis à part sa demi-sœur (du côté maternel) de 16 ans avec qui elle s'entend bien, Lola ne voit pas beaucoup ses autres demi-frères et sœurs. Elle a une chambre à elle. Elle vit à Paris.

Maëlle : Âgée de 12 ans, elle est en 5e dans un collège public. Le père est artiste, la mère est une ancienne artiste qui développe désormais des activités alliant la culture et les massages. Ses parents sont séparés. Maëlle vit chez sa mère. Elle a une demi-sœur, 6 ans, qui a comme père le second compagnon de sa mère avec qui elle ne vit plus aujourd'hui. Chez sa mère, Maëlle cohabite dans sa chambre avec sa petite sœur. Elle a aussi une chambre chez son père. Ils résident à Paris.

Marianne : Elle a 11 ans. Elle est en 6e dans un collège public. Ses deux parents sont cadres dans une grande entreprise publique. Elle a un frère de 9 ans. Elle dispose d'une grande chambre pour elle, son frère de 9 ans en possède également une, juste en face de la sienne. Ils habitent à Strasbourg.

Mélanie : Âgée de 13 ans, elle est en classe de 5e dans une école privée. Médecin de formation, le père travaille dans une entreprise privée. La mère, après avoir été professeure, a monté une société de formation. Mélanie a deux sœurs de 7 et 3 ans. Elle a une chambre individuelle. Ils habitent à Paris.

Nicole : Âgée de 13 ans et demi, elle est dans la 7. *Klasse* dans une *Gesamtschule*. Sa mère est cadre supérieure dans le domaine culturel, et le père exerce plusieurs métiers. Ses parents sont divorcés depuis environ dix ans. Nicole habite momentanément chez son père (sa mère vient de se séparer de son dernier compagnon). Elle a une sœur de 2 ans qui habite chez sa mère (il s'agit de sa demi-sœur mais elle la présente comme sa sœur). Chez son père, qui habite dans un deux-pièces avec sa compagne, Nicole n'a pas de chambre à elle, mais elle en a une chez sa mère. Ils résident à Berlin.

Nina : Elle a 12 ans. Elle est dans la 7. *Klasse* dans une école catholique. Son père occupe une position élevée dans le monde de la culture. Sa mère est femme au foyer depuis la naissance du frère de 5 ans, après avoir été directrice de magasin. Nina dispose d'une chambre pour elle. Ils habitent Berlin.

Sandra : Elle a 13 ans. Elle est en 5e dans un collège privé. Son père est psychiatre, sa mère est retraitée de l'Éducation nationale. Elle a deux frères plus âgés (l'un est étudiant, l'autre est au lycée). Elle a une chambre individuelle. Elle habite Strasbourg.

Sylvia : Âgée de 12 ans, elle est en 7. *Klasse*. Elle a un an d'avance. Sa mère est enseignante et son père est architecte. Sylvia a un frère de 8 ans et une sœur de 15 ans (tous ont un an d'avance, c'est sa mère qui pensait que c'était mieux). Depuis quelques années, son oncle paternel habite avec eux. Sylvia a une chambre à elle. Elle habite dans un arrondissement à Berlin.

Garçons de milieu cadre

Achille : Il a 12 ans. Il est en classe de 5ᵉ. Il va à l'école non loin de chez sa mère. Ses parents, séparés, sont chercheurs. Achille a un petit frère. Il a une chambre individuelle chez sa mère mais partage sa chambre avec son petit frère chez son père. Ils habitent à Paris.

Claude : Il a 11 ans. Il est en 6ᵉ dans un collège privé assez loin de chez lui. Son père est comptable dans une grande entreprise publique, sa mère est cadre moyen dans l'administration. Il a acquis récemment la chambre individuelle qu'il occupe. Ils habitent à Paris.

David : Âgé de 12 ans, il est en 6. *Klasse* dans une *Express-Abitur*. Son père est enseignant, sa mère assistante de recherche. David a un frère de 8 ans avec qui il partage sa chambre. Ils habitent Berlin.

Édouard : Âgé de 12 ans, il est en 5ᵉ. Édouard et son frère, 13 ans, auraient pu aller dans un collège du quartier juste en face de chez eux mais ils n'ont pas voulu y aller parce que c'est « un collège de racailles ». Du coup, ils mettent vingt à vingt-cinq minutes pour aller à pied dans l'autre collège. La mère est psychologue, le père est cadre. Ils viennent de divorcer. Étienne partage la chambre avec son frère. Il habite Paris.

Florian : Âgé de 12 ans, il est en 5ᵉ dans un collège international. Sa mère est universitaire, son beau-père également. Ses parents sont séparés. Son père, cadre, vit en Italie. Florian s'y rend régulièrement pendant les vacances scolaires. Il a un quasi-frère. Il a une chambre individuelle. Il habite Strasbourg.

Jonas : Il a 13 ans. Il est en 5ᵉ dans un collège public à Paris. Sa mère est médecin, son père enseignant. Il a un frère de 11 ans. Jonas a sa chambre depuis environ trois, quatre ans. Ils résident à Paris.

Kevin : Il a 12 ans. Il est en 6. *Klasse*. Il est dans une classe spéciale qui prépare le baccalauréat en un an de moins que le cursus habituel. Sa mère est cadre moyen, son père est programmeur informaticien. Ses parents sont divorcés depuis cinq ans. Kevin est fils unique. Il n'a pas de chambre chez son père et dort dans le salon. Il habite la plupart du temps chez sa mère où il a une chambre à lui. Ils vivent à Berlin.

Martin : Âgé de 12 ans, il est en 5ᵉ. Il aime bien son collège. Sa mère, cadre dans le domaine culturel, est actuellement en recherche d'emploi. Son père est directeur d'une agence. Ses parents sont séparés. Son beau-père est banquier. Martin a deux sœurs, un frère de 18 ans et également un quasi frère de 24 ans. L'une de ses sœurs, 14 ans, et les deux autres garçons habitent avec lui à Paris. Martin a une chambre pour lui tout seul.

Nicolas : Il a 12 ans. Il est en 5e dans un collège public. Son père est haut fonctionnaire, sa mère professeure. Il a deux frères, l'un a 8 ans, l'autre 13 ans. Il a une chambre individuelle, il a même un petit deux-pièces avec une chambre où il joue notamment à l'ordinateur (la télé qui s'y trouve ne sert qu'à ça). Ils habitent à Strasbourg.

Philipp : Il a 12 ans. Il est en 6. *Klasse*. L'an prochain il ira dans un *Gymnasium*. Sa mère est homéopathe, son père agent immobilier. Philipp est adonaissant unique. Il a une toute petite chambre. Il habite Berlin.

Théo : Il a 11 ans. Il est en 6e dans un collège privé. Sa mère ne travaille pas (elle a une activité dans une association bénévole). Son père est ingénieur en bâtiment. Il a deux frères de 32 et de 36 ans qui ont quitté la maison. Un autre frère est décédé, il ne l'a pas connu. Théo a été adopté suite au décès de celui-ci. La chambre de Théo est au premier étage, elle est assez petite. Le jeune garçon habite dans un petit village à une bonne vingtaine de kilomètres de Strasbourg.

Filles de milieu moyen

Alice : Elle a 12 ans. Elle est en 5e dans une section internationale. Sa mère est institutrice, son père est enseignant. Elle vit essentiellement avec sa mère, car d'une part ses parents sont divorcés et d'autre part, sa grande sœur est de plus en plus souvent chez son copain plutôt que dans l'appartement familial. Le père d'Alice est à Berlin, il est allemand. Alice possède une chambre propre. Elle habite Strasbourg.

Amelia : Elle a 11 ans. Elle est en 5. *Klasse*. Amelia aimerait aller au *Gymnasium* ensuite mais elle ne sait pas si elle y arrivera. Sa mère est divorcée (depuis pas mal d'années) et remariée (depuis peu). Elle attend un enfant, ce sera le demi-frère d'Amelia. Sa mère est responsable d'éducateurs de personnes handicapées. Son beau-père est tunisien, il ne travaille pas pour l'instant. Son père est artisan menuisier, au chômage actuellement. Elle a une chambre à elle. Elle habite dans la banlieue de Berlin.

Anaelle : Âgée de 11 ans, elle est en 6e dans un collège public. Son père est contrôleur, sa mère est radiologiste. Tous les deux travaillent à la SNCF. Elle bénéficie d'une chambre à elle. Ils résident à Paris.

Angela : Âgée de 12 ans, elle est en 6. *Klasse* dans une *Hauptschule*. Son père est buraliste, sa belle-mère ne travaille pas (elle a accouché depuis peu). Sa mère biologique est décédée il y a 5 ou 6 ans. Elle a un frère de 10 ans et une demi-sœur de 8 mois. Elle a aussi un demi-frère âgé d'une vingtaine d'années qui est en prison depuis un an. Il est le fils que sa mère décédée avait eu avec un premier époux qui n'est pas le père d'Angela. Elle dispose, comme son frère, d'une chambre individuelle. Elle habite dans la banlieue de Fribourg.

Elvire : Elle a 11 ans. Elle est en 6e dans un collège public. Son père est maître d'hôtel dans un grand restaurant, sa mère est femme au foyer et prépare actuellement des concours pour entrer dans l'Éducation nationale. Elle a une sœur 9 ans et un frère de 6 ans. Sa chambre se situe en face de celle que se partagent son frère et sa sœur. Ils habitent Strasbourg.

Eva : Âgée de 12 ans, elle est dans la 6. *Klasse*. Elle est dans une classe spéciale qui prépare le bac en huit ans au lieu de neuf. Elle a choisi cette école car elle n'est pas loin de chez elle et qu'elle était intéressée par cette préparation spéciale au bac. Sa mère, originaire d'Allemagne de l'Est, est psychologue du travail. Eva n'a jamais connu son père. Elle est adonaissante unique. Elle passe le plus clair de son temps entre sa mère, sa grand-mère et son arrière-grand-mère qui habitent des immeubles voisins. Eva habite dans un deux-pièces et dispose d'une chambre à elle. Elle habite dans la banlieue de Berlin.

Félicie : Âgée de 11 ans, elle est en 6e dans un collège public. Son père est technicien supérieur dans l'automobile, sa mère est puéricultrice. Elle a un frère jumeau, une autre sœur (15 ans) et un frère (20 ans). Comme son frère jumeau, Félicie dispose depuis environ deux ans d'une chambre individuelle. Ils habitent Strasbourg.

Florence : Elle a 13 ans, Elle est en 5e dans un collège public situé à 2 km de son domicile. Son père travaille dans une raffinerie, sa mère travaille dans une clinique. Elle partage sa chambre avec sa sœur âgée de 10 ans. Elle vit dans la banlieue de Strasbourg.

Garçons de milieu moyen

Alex : Âgé de 12 ans, il est en 7. *Klasse* au *Gymnasium*. Sa mère travaille dans le secteur social, son père est aide-soignant. Ses parents sont divorcés. Sa mère vit seule avec lui et sa sœur de 10 ans. Lorsqu'ils ont emménagé, il partageait une chambre avec sa sœur, et depuis deux ans, il a sa propre chambre. C'est lui qui a choisi d'avoir cette chambre, parce qu'elle était très grande, presque vingt mètres carrés. Comme sa sœur la voulait aussi, ils ont tiré au sort et c'est lui qui l'a obtenu. Ils habitent à Fribourg.

Armand : Âgé de 11 ans, il est en 6e dans un collège privé. Son père est chef de chantier, sa mère est agent d'assurance. Il a une sœur de 23 ans qui a quitté la maison depuis deux mois. Il a sa propre chambre depuis peu. Jusqu'à très récemment, il la partageait avec sa sœur. Ils habitent Strasbourg.

Bastide : Il a 11 ans. Il est en 6e. Il va au collège Foch juste en face de chez lui. Son père est technicien supérieur dans l'automobile, sa mère puéricultrice. Il a deux sœurs (dont une jumelle). Sa deuxième sœur a 15 ans. Il a aussi un frère (20 ans). Il a une chambre individuelle. Bastide habite Strasbourg.

Fabrice : Il a 12 ans. Il est en 5e dans un collège classé en ZEP. Le père est capitaine dans la police. La mère est au foyer avec ponctuellement des gardes d'adonaissants à domicile. Fabrice est fils unique et il ne souhaite pas avoir de frère ni de sœur. Fabrice a une chambre à lui et les parents dorment sur un « clic-clac » dans le salon. Ils habitent Paris.

Marc : Il a 11 ans. Il est en 6e dans une école du quartier. Son père est mécanicien et sa mère est infirmière. Il vit avec deux de ses trois frères (18 et 7 ans). Le dernier a quitté la maison et est marié. Il a aussi trois sœurs qui habitent également dans l'appartement (16 ans, 4 ans et 1 an). Marc partage sa chambre avec ses trois frères. Ils vivent à Paris.

Markus : Il a 12 ans. Il est dans la 5. *Klasse*. Il fréquente une classe spéciale qui prépare le bac en un an de moins que le cursus habituel. Ses parents se sont remis aux études tous les deux. Sa mère avait déjà fait des études et elle a repris la psychologie, son père étudie aussi la psychologie. Sa mère travaille à mi-temps comme enseignante dans une école pour adonaissants en difficultés. Son père travaille aussi à mi-temps dans une institution pour personnes en difficultés. Ses parents viennent d'Allemagne de l'Est. Sa mère est divorcée et remariée. Il appelle son beau-père, son père et son père biologique, « père biologique ». Il a une petite sœur qui a 8 ans. Markus partage sa chambre avec sa sœur. Ils habitent dans la banlieue proche de Berlin.

Maxence : Il a 11 ans. Il est en 6e dans un collège situé au centre-ville. Son père est ecclésiastique, sa mère est médecin. Il a une sœur de 7 ans et un frère de 14 ans. Maxence partage sa chambre avec sa sœur. Ils habitent Strasbourg.

Niklas : Âgé de 12 ans, il est en 6. *Klasse* dans une *Grundschule*. Sa mère est conseillère pour jeunes drogués. Pour ce qui est de son père, il ne le voit plus depuis très longtemps. Il est adonaissant unique. Niklas a une chambre à lui. Il habite Berlin.

Tobias : Il a 13 ans. Il est en 7. *Klasse* au *Gymnasium*. Son père est informaticien indépendant (dépanneur) depuis un an. Il travaillait avant chez Bull puis a connu une petite période de chômage. Sa mère travaille dans une association pour l'intégration des personnes handicapées (éducatrice spécialisée). Il a un frère de 16 ans. Tobias habite une belle et grande maison de trois étages dans la banlieue nord de Berlin. Il occupe, depuis quelques années, le dernier étage avec mansarde qui fait à peu près 35 mètres carrés. Son frère (16 ans, bientôt 17) habite quant à lui au rez-de-chaussée.

Valère : Il a 12 ans. Il est en 5e dans un collège du quartier. Sa mère travaille dans une agence d'assurances, son beau-père est commercial dans une grande société alsacienne. Ses parents sont divorcés depuis une dizaine d'années. Son père habite Toulouse et a perdu contact avec son fils, qui ne sait donc pas ce qu'il fait actuellement. Valère a un frère de 16 ans qui vit avec lui. Chaque adonaissant a sa chambre. Ils habitent Strasbourg.

Filles de milieu populaire

Anne : Âgée de 13 ans, elle est en 7. *Klasse*. Son père, 70 ans, est retraité. Il travaillait comme électronicien dans les transports en commun, puis il a tenu un petit fast-food dont il est propriétaire et qu'il a mis ensuite en gérance. Sa mère, 46 ans, est en congé maladie longue durée, elle était vendeuse et auparavant pâtissière. Anne a un frère de 10 ans et trois demi-frères et sœurs mais ne connaît qu'un des demi-frères, celui qui a 25 ans, et qui vient régulièrement leur rendre visite. Son père n'a plus de contact avec les autres. Elle a une chambre personnelle. Ils habitent Berlin.

Christine : Elle a 13 ans et est élève de 6e dans un collège public. Elle ne sait pas ce que fait son père qui vit séparé de sa mère. Sa mère est femme au foyer. Christine a trois sœurs (5 ans, 2 ans et 1 an) et un frère (11 ans). Christine partage sa chambre avec l'une de ses sœurs, Mirabella, 5 ans et son frère David, âgé de 11 ans. Elle réside depuis quatre ans à Strasbourg.

Cindy : Elle a 12 ans. Elle est en 6. *Klasse* dans une *Hauptschule*. Sa mère est ouvrière spécialisée à mi-temps. Son père est également ouvrier spécialisé, il travaille aux deux-huit. Elle a un frère de 14 ans. Cindy bénéficie d'une chambre individuelle. Ils habitent dans la banlieue de Fribourg.

Connie : Âgée de 12 ans, elle est en 6. *Klasse* au *Gymnasium*. Sa mère est femme de ménage à temps partiel, son père ouvrier, il fait les trois-huit. Elle a un frère de 16 ans et une sœur de 7 ans. Connie partage sa chambre avec sa sœur. Ils habitent la banlieue de Fribourg.

Émilie : Âgée de 12 ans, elle est en 5e dans l'école de son quartier. Son père est mécanicien, sa mère est femme de ménage. Ses parents sont divorcés, elle habite chez sa mère. Elle a un frère de 11 ans qui habite chez son père. Chez son père comme chez sa mère, elle a une chambre pour elle. Elle habite Strasbourg.

Fati : Elle a 12 ans. Elle est en 5e dans un collège de son quartier. Fati pense que son père est voyant. Il reçoit d'ailleurs ses clients chez lui. Sa mère a été caissière puis femme de ménage. Elle vit avec sa famille dans un petit trois-pièces, exigu pour toute la famille. Ils sont onze à y vivre. Les parents et la dernière fille, (un mois et demi) occupent une des pièces. Un oncle dort actuellement dans le salon. Et enfin, les huit autres adonaissants dorment dans la chambre restante. Les garçons (de 14, 13 et 9 ans) sont installés dans trois lits superposés. Les quatre filles (de 12, 10, 7 et 4 ans) dans deux lits superposés. Fati a, en plus, une sœur de 17 ans et un frère qui vivent en Afrique et qu'elle a pu voir lors d'un voyage qu'elle a fait là-bas. Son père a un deuxième foyer. Elle a ainsi un demi-frère (de 9 ans) et deux demi-sœurs (de 11 et 10 ans). Tous résident à Paris.

Leila : Elle a 12 ans. Elle est dans la 6. *Klasse*. Elle va tenter d'intégrer soit le *Gymnasium*, soit la *Realschule*. La mère de Leila ne travaille pas. Son père est décédé. Elle est née en Allemagne, elle est d'origine libanaise. Elle a trois sœurs (34, 25, 21 ans) et quatre frères (40, 32, 24 et 20 ans). Une sœur (25 ans) et un frère (40 ans) n'habitent plus au domicile familial. Six adonaissants sur les huit habitent dans cet appartement, à cela s'ajoutent les deux adonaissants d'une de ses sœurs (34 ans, divorcée), un garçon (son neveu) et une fille (sa nièce). Leila partage sa chambre avec son neveu de 12 ans et sa nièce de 9 ans. Ils habitent dans la banlieue de Berlin.

Magali : Âgée de 11 ans, elle est en 6e dans un collège privé. Sa mère est agent technique à la Mutuelle Complémentaire. Elle n'a jamais connu son père, ni celui de son petit frère de 4 ans. Sa mère en parle très peu. Et il n'existe pas de photographies. Elle est jumelle avec Sandrine. L'appartement est un trois-pièces. Il est constitué d'un salon et de trois chambres : une pour la mère, une pour leur petit frère et la plus vaste pour les jumelles. Elles sont originaires de Guadeloupe et vivent à Paris.

Nadia : Âgée de 13 ans, elle est en *7. Klasse* dans une *Realschule*. Sa mère est au foyer, son père au chômage (ancien ouvrier du bâtiment). Elle a six frères et sœurs : le plus âgé a 19 ans, l'autre 15 ou 16 ans, elle a aussi une sœur de 14 ans, une sœur de 10 ans, une autre de 6 ans et un frère de 7 ou 8 ans. Nadia est née au Liban mais n'y a jamais vraiment habité puisque sa famille est partie peu après sa naissance. Elle porte le voile depuis cette année. Nadia partage sa chambre avec sa sœur de 14 ans. Ils habitent dans la banlieue de Berlin.

Paula : Elle a 11 ans. Elle est en *6. Klasse* et veut se diriger vers une *Realschule*. Sa mère est aide à domicile pour des personnes handicapées habitant en communauté. Son père est un ancien boulanger. Ses parents se sont séparés. Elle a un frère de 19 ans. Chaque adonaissant a une chambre individuelle. Ils habitent dans la banlieue de Berlin.

Saïda : Elle a 12 ans. Elle est en 5e dans une école de son quartier. Sa mère ne travaille pas, son père est à la retraite (ouvrier) depuis deux ans. Elle est d'origine algérienne. Elle parle l'arabe mais ne l'écrit pas. Elle a une sœur (10 ans) et un frère (16 ans). Saïda partage la chambre avec sa jeune sœur. Ils habitent à Strasbourg.

Sandrine : Elle a 11 ans. Elle est en 6e dans un collège privé. Sa mère est agent technique à la Mutuelle Complémentaire. Elle n'a jamais connu son père, ni celui de son petit frère de 4 ans. Sa mère en parle très peu. Et il n'existe pas de photographies. Elle est jumelle avec Magali. Elles partagent la même chambre. Elles sont originaires de Guadeloupe et vivent à Paris.

Solène : Elle a 12 ans. Elle est en 5e, demi-pensionnaire au collège Saint-Blaise dans son quartier. Son père est convoyeur de fonds. Sa belle-mère ne travaille pas. Solène ne voit plus sa mère depuis six ans, ni son demi-frère et sa demi-sœur. En revanche, elle garde contact avec sa grand-mère maternelle chez qui elle passe une partie des vacances. Solène a une chambre à elle. Elle habite Paris.

Zorah : Âgée de 12 ans, elle est en 5e dans une école du quartier. Son père est agent de service, sa mère, femme au foyer. Elle a deux frères (16 et 4 ans) et deux sœurs (14 et 6 ans). Sa petite sœur est pour l'instant dans une chambre avec son petit frère. Son grand frère de 16 ans a une chambre pour lui. Elle partage sa chambre avec sa sœur de 14 ans. Elle est d'origine tunisienne, née en France. Zorah habite Strasbourg.

Garçons de milieu populaire

Aid : Âgé de 12 ans, il est en 5e dans un collège situé « à l'autre bout » de la commune. Il est né à Strasbourg, de père algérien et de mère tunisienne. Il possède la nationalité algérienne. Le père d'Aid est ouvrier spécialisé dans une papeterie, sa mère n'exerce pas d'activité professionnelle. Il a trois sœurs (22, 20 et 16 ans) et un frère (8 ans). Son frère plus jeune partage sa chambre. Ils habitent dans la banlieue de Strasbourg.

Brian : Âgé de 13 ans, il est en 7. *Klasse* dans une *Realschule*. Sa mère, thaïlandaise, travaille comme femme de ménage dans les toilettes d'un parc. Son père est au chômage, il était peintre en bâtiment. Ses parents sont séparés depuis six mois environ. Sa mère se fait héberger par des amis en alternance, elle ne souhaite pas communiquer à son ex-époux son adresse ponctuelle. Brian habite avec son père. Brian partage sa chambre avec sa sœur de 11 ans. Il habite à Berlin.

Eliot : Âgé de 11 ans, il est en 5. *Klasse* dans une *Grundschule*. Son père est fonctionnaire. Sa belle-mère est au chômage (elle était vendeuse dans un kiosque à journaux). Eliot a emménagé chez son père il y a deux ans, il ne souhaitait plus habiter chez sa mère. Il a deux quasi-frères (13 ans et 10 ans) et une demi-sœur (6 ans) issu de l'union de son père et de sa belle-mère. Son frère, 8 ans, habitait déjà avant avec son père. Eliot partage sa chambre avec un de ses quasi-frères. Ils habitent à Berlin.

Erik : Âgé de 13 ans, il est en *7. Klasse* dans une école polyvalente située dans un autre quartier que celui où il réside. Son père est ouvrier. Il est en congé maladie longue durée depuis deux ans. Sa mère fait des ménages, elle travaille à temps partiel. Il a un frère de 11 ans et une sœur de 8 ans. Erik partage sa chambre avec son frère. Sa sœur a une chambre pour elle. Il est d'origine africaine et habite à Berlin depuis qu'il a un an et demi.

Iouri : Âgé de 12 ans, il est en 6e dans un collège de son quartier. Son père est au chômage et sa mère fait des ménages dans des entreprises. Il a cinq sœurs (15, 18, 19, 22 et 29 ans), l'une vit à Paris, et un frère (28 ans) qui ne vit plus à la maison. Il partage sa chambre avec sa sœur âgée de quinze ans, qui est très proche de lui. Il habite Strasbourg depuis sa naissance.

Mohand : Il a 13 ans. Il est en 5e au collège Henri Matisse, près de chez lui. Sa mère était caissière puis elle a fait des ménages. Depuis son accouchement elle ne travaille plus. Son père ne travaille pas. L'appartement de trois pièces est exigu : un salon, la chambre de ses parents où dort sa plus jeune sœur (un mois et demi) et sa chambre qu'il partage avec ses deux frères (14 et 9 ans) et ses quatre sœurs (12, 10, 7 et 4 ans). Il est le second garçon d'une famille de dix adonaissants, dont deux vivent en Afrique. Il a également deux demi-frères (9 ans) et deux demi-sœurs (11 et 10 ans) que son père a eues avec son autre femme. Ils vivent également à Paris et Mohand les voit régulièrement (deux fois par mois). Il est d'origine guinéenne.

Mourad : Il a 13 ans. Il est en 5e. Après s'être fait renvoyer de son ancien collège (près de chez lui), il a été mis dans un autre établissement du quartier mais un peu plus distant. Son père était ouvrier chez Peugeot, aujourd'hui il est retraité. Sa mère est femme de ménage et garde des adonaissants. Elle a commencé à travailler quand son mari est parti à la retraite. Mourad a deux de ses frères (23 et 16 ans) qui vivent à la maison, un troisième frère de 21 ans a quitté la maison. Il a également une sœur d'une vingtaine d'années. Il partage sa chambre avec ses frères. Mourad est d'origine marocaine. Ils vivent à Paris.

Pierre : Âgé de 12 ans, il est en 5e dans un collège public. Son père est chef cuisinier dans un restaurant à la Défense, sa mère est employée chez un fleuriste. Elle est née en Guadeloupe. Il a un demi-frère qui habite Anthony chez la première femme de son père. Ils se voient une fois par semaine, le dimanche, quand il va là-bas avec son père. Pierre et ses parents dorment dans la même chambre. Ils habitent Paris.

Saïd : Il a 12 ans. Il est en 5e dans un collège public. Sa mère occupe pendant les vacances scolaires un poste de femme de ménage au Parlement Européen. Son père est homme de ménage. Il a trois sœurs (22, 18 et 4 ans) et un frère (14 ans). Il partage sa chambre avec son frère. Tous habitent encore chez leurs parents près de Strasbourg.

Sassoon : Âgé de 12 ans, il est en 6e dans une école de son quartier. Son père est salarié dans une épicerie. Sa mère garde des adonaissants chez elle. Il a une sœur (13 ans) et deux frères (10 et 7 ans). Pendant un moment, un cousin dont Sassoon se sent proche (il l'appelle son demi-frère et même son grand frère) a vécu chez eux. L'appartement est constitué de quatre pièces : un salon (pièce la plus vaste de l'appartement), la chambre des parents, la chambre de sa sœur (13 ans) et la chambre de Sassoon et de ses deux frères (10 et 7 ans). Ils habitent Paris.

Tim : Il a 11 ans. Il est en *5. Klasse*. L'année prochaine Tim a décidé d'aller au *Gymnasium*. Ses parents approuvent sa décision. Sa mère est à la recherche d'un emploi ou d'une formation (elle était femme au foyer auparavant), son père est électricien. Ses parents sont divorcés. Tim a une sœur de 7 ans. Il a une grande chambre pour lui depuis presque un an maintenant. Sa sœur aussi. Ils résident à Berlin.

Walid : Il a 13 ans. Il est en *7. Klasse* dans une école polyvalente. Il a fréquenté le lycée quelques mois mais a été réorienté. Il est à présent le premier de toutes les *7. Klasse* de son établissement. Il est d'origine palestinienne mais est né en Allemagne. Sa mère est femme au foyer. Son père est au chômage (il était mécanicien et a aussi été vendeur dans un supermarché). Ils sont sept enfants : trois sœurs de 20, 16, 9 ans et trois frères de 21, 19 et 14 ans. Sa chambre fait une quinzaine de mètres carrés. Walid partage sa chambre avec ses frères de 14 et 19 ans. Ses trois sœurs partagent elles aussi une chambre. Le plus âgé de ses frères ne vit plus à la maison. Ils habitent Berlin.

Bibliographie

ALI M. (2004). *Sept mers et treize rivières*, Paris, Belfond.

ALWIN D. (1988). « From obedience to autonomy. Changes in traits desired in children 1924-1978 », *Public Opinion Quaterly*, vol. 52, 1, pp. 33-52.

ARENDT H. (1954). *La Crise de la culture*, Paris, Gallimard.

ARIÈS P. (1960). *L'Enfant et la vie familiale sous l'Ancien régime*, Paris, Plon.

AVERTON R. (1646). *Une flèche visant tous les tyrans.*

BAILLY D. (2005). *La Peur de la séparation*, Paris, O. Jacob.

BAJOIT B. (2001). « Une jeunesse en quête de sens » in F. de Singly (dir.), *Être soi d'un âge à l'autre. Famille et individualisation*, t. II, Paris, L'Harmattan, pp. 45-56.

BAJOIT G. (1988). « Exit, voice, loyalty… and apathy. Les réactions individuelles au mécontentement », *Revue française de sociologie*, vol. 29, n° 2, pp. 325-345.

BAJOIT G., BELIN E. (éd.) (1997). *Contributions à une sociologie du sujet*, Paris, L'Harmattan.

BAJOIT G., FRANSSEN A. (1995). *Les Jeunes dans la compétition culturelle*, Paris, PUF.

BARRETT S. (2006). *Retour sur l'adolescence des quadragénaires*, mémoire de master 1, université de Paris 5-Descartes (dir. F. de Singly).

BAUDRILLARD J. (1970). *La Société de consommation*, Denoël, Paris.

BAUMAN Z. (2004). *L'Amour liquide. De la fragilité des liens entre les hommes*, Rodez, Le Rouergue/Chambon.

BECK U. (2001). *La Société du risque. Sur la voie d'une autre modernité*, Paris, Aubier (1re éd. 1986).

BECK U., BECK-GERNSHEIM E. (2002). *Individualization. Institutionalized Individualism ans its Social and Political Consequences*, Londres, Sages Publications.

BENNETT A. (1999). « Subcultures or neo-tribes ? Rethinking the relationship between youth, style, and musical taste », *Sociology*, vol. 33, n° 3, pp. 599-617.

BERGER P., LUCKMANN T. (2006). *La Construction sociale de la réalité*, Paris, A. Colin (1re éd. 1966).

BERGMAN L.R. (2001). « A Person approach in Research of Adolescence », *Journal of adolescent research*, vol. 16, n° 1, pp. 28-53.

BERTRAND G. (1999). « Pratiques télévisuelles dans la famille et processus de décision », *Réseaux*, n° 92-93, pp. 315-342.

BETTELHEIM B. (1976). « Bruno Bettelheim », in collectif, *Pour ou contre Summerhill*, Paris, Payot (1re éd. 1970), pp. 85-104.

BOLTANSKI L. (1969). *Prime éducation et morale de classe*, Paris-La Haye, Mouton.

BOURDIEU P. (1989). *La Noblesse d'État*, Paris, Éd. de Minuit.

BOURDIEU P. (1979). *La Distinction*, Paris, Éd. de Minuit.

BOURDIEU P., PASSERON J.-C. (1964). *Les Héritiers*, Paris, Éd. de Minuit.

BOURDIEU P., PASSERON J.-C. (1970). *La Reproduction*, Paris, Éd. de Minuit.

BULCROFT R.A., CARMODY D.C., BULCROFT K.A. (1996). « Patterns of parental independance giving to adolescents : variations by race, age and gender of child », *Journal of Marriage and the Family*, vol. 58, pp. 866-883.

BUTLER J. (2004). *Le Pouvoir des mots. Politique du performatif*, Paris, Éditions Amsterdam (1re éd., 1997).

BUTLER J. (2005). *Troubles dans le genre*, Paris, La Découverte (1re éd. 1990).

CAHN R. (1990). *L'Adolescent dans la psychanalyse*, Paris, PUF.

CASTEL R. (1995). *Métamorphoses de la question sociale*, Paris, Fayard.

CASTEL R. (2003). *L'Insécurité sociale*, Paris, La République des Idées-Seuil.

CASTEL R., HAROCHE C. (2000). *Propriété privée, propriété sociale, propriété de soi*, Paris, Fayard.

CHALAND K. (1999). « Pour un usage sociologique de la double généalogie philosophique de l'individualisme », in F. de Singly (dir.), *Être soi d'un âge à l'autre. Famille et individualisation*, t. II, Paris, L'Harmattan, pp. 31-43.

CHAZOT B. (2001). *Les Espaces de l'autonomie des jeunes adolescents*, mémoire de maîtrise, université de Paris 5-Descartes (dir. F. de Singly).

CIBOIS P. (1993). « Le PEM, pourcentage de l'écart maximum : un indice de liaison entre modalités d'un tableau de contingence », *Bulletin de méthodologie sociologique*, n° 40, pp. 43-63.

CIBOIS P. (2002). « La bonne volonté scolaire. Expliquer la carrière scolaire d'élèves issus de l'immigration », in P. Blanchard, T. Ribémont, *Méthodes et outils des sciences sociales, innovation et renouvellement*, Paris, L'Harmattan, pp. 111-128.

CICCHELLI V. (2001). *La Construction de l'autonomie. Parents et jeunes adultes face aux études*, Paris, PUF.

CLAIR I. (2005). *Amours sous silence. La socialisation amoureuse des jeunes de milieux populaires*, thèse de sociologie (dir. F. de Singly), université de Paris 5-Descartes.

COPPER-ROYER B. (2002). *Vos enfants ne sont pas de grandes personnes*, Paris, Albin Michel.

COURTOIS S. (2006). *Les Catégories de perception des adolescents par leurs pairs*, mémoire de master 1, université de Paris 5-Descartes (dir. F. de Singly).

CRUBELIER M. (1979). *L'Enfance et la Jeunesse dans la société française 1800-1950*, Paris, A. Colin.

CUSSET C. (2001). *La Haine de la famille*, Paris, Gallimard.

DARMON M. (2001). « Devenir “sans pareil” ? La construction de la différence dans la fratrie gémellaire », in F. de Singly (dir.), *Être soi d'un âge à l'autre. Famille et individualisation*, t. II, Paris, L'Harmattan, pp. 99-114.

DESCHAVANNE E., TAVOILLOT P.-H. (2004). « La querelle du jeunisme », in F. DUBET, O. GALLAND, E. DESCHAVANNE (éd.), *Comprendre les jeunes*, Paris, PUF, pp. 223-242.

DOLTO F. (1977). *Lorsque l'enfant paraît*, Paris, Le Seuil, t. I (t. II, 1978 ; t. III, 1979).

DOLTO F. (1988). *La Cause des adolescents*, Paris, R. Laffont.

DUBET F. (1994). *Sociologie de l'expérience*, Paris, Le Seuil.

DUBET F. (2002). *Le Déclin de l'institution*, Paris, Le Seuil.

DUBET F., MARTUCCELLI D. (1996). *À l'école. Sociologie de l'expérience scolaire*, Paris, Le Seuil.

DURET P. (1996). *Anthropologie de la fraternité dans les cités*, Paris, PUF.

DURET P. (1999). *Les Jeunes et l'identité masculine*, Paris, PUF.

DURKHEIM E. (1963). *L'Éducation morale*, Paris, PUF (cours de 1902-1903).

ELIAS N. (1991). *La Société des individus*, Paris, Fayard (1re éd. 1987).

ERIKSON E. (1972). *Adolescence et crise. La quête de l'identité*, Paris, Flammarion (1re éd., 1968).

ESTER P., HALMAN L., DE MOOR R. (1993). *The Individualizing Society. Value Change in Europe and North America*, Tilburg, Tilburg University Press.

FINKELKRAUT A. (1990). « La mystification des droits de l'enfant », in *Les Droits de l'enfant,* actes du colloque européen d'Amiens, 8-10 novembre.

FIZE M. (1998). *La Démocratie familiale*, Paris, Presses de la Renaissance.

FIZE M. (2006). *L'Adolescent est une personne*, Paris, Le Seuil.

FORNIA A. (2004). *Dieu est une femme. L'année de mes quatorze ans*, Paris, PUF.

FOURGNAUD A. (1999). *La Confusion des rôles*, Paris, J.-C. Lattès.

FOURIER C. (2006). *Vers une enfance majeure*. Textes sur l'éducation réunis par R. Schérer, Paris, La Fabrique.

FURLONG A., CARTMEL F. (1997). *Young People and Social Change. Individualization and Risk in Late Modernity*, Buckingham, Open University Press.

GALLAND O. (2004). *Sociologie de la jeunesse*, Paris, A. Colin.

GAUCHET M. (2004). « La redéfinition des âges de la vie », *Le Débat*, n° 132, pp. 27-44.

GIDDENS A. (1987). *La Constitution de la société*, Paris, PUF.

GIDDENS A. (1994). *Les Conséquences de la modernité*, Paris, L'Harmattan.

GIDDENS A. (2004). *La Transformation de l'intimité*, Rodez, Le Rouergue/Chambon, 1re éd. 1992.

GIRAL M. (2002). *Les Adulescents : enquête sur les nouveaux comportements de la génération Casimir,* Paris, Le Pré aux Clercs.

GLEVAREC H. (2005). *Libre antenne. La réception de la radio par les adolescents*, Paris, A. Colin.

GOFFMAN E. (1968). *Asiles*, Paris, Éd. de Minuit.

GOFFMAN E. (1973). *Les Relations en public*, Paris, Éd. de Minuit.

GOFFMAN E. (1988). « La ritualisation de la féminité », in E. Goffman, *Les Moments et leurs hommes*, Paris, Seuil/Éd. de Minuit, pp. 150-185.

GORDON T. (1979). *Parents efficaces*, Paris, Belfond, réédition Éditions Marabout.

GOTMAN A. (1995). *Dilapidation et prodigalité*, Paris, Nathan.

GRUEL L. (2004). *La Rébellion de 68. Une relecture sociologique*, Rennes, Presses Universitaire de Rennes.

HEFEZ S. (2004). *Quand la famille s'emmêle*, Paris, Hachette.

HEINICH N. (1999). *L'Épreuve de la grandeur. Prix littéraires et reconnaissance*, Paris, La Découverte.

HENAFF G. (2000). « L'enfant, l'âge et le discernement », *Lien social et politiques,* n° 44, pp. 41-50.

HERMANGE M.-T. (1999). *L'Enfant soi-disant roi,* Paris, A. Michel.

HESSE H. (1925). *Siddhartha*, Paris, Grasset (1re éd., 1922).

HIRSCHMAN A.O. (1972). *Face au déclin des entreprises et des institutions*, Paris, Éditions Ouvrières-Éditions Économie et humanisme.

HOGGART R. (1970). *La Culture du pauvre*, Paris, Éd. de Minuit.

HOLT J. (1976). *S'évader de l'enfance*, Paris, Payot.

HUERRE P., PAGAN-REYMOND, REYMOND J.-M. (2004). *L'Adolescence n'existe pas*, Paris, PUF.

IHL O. (2002). « Socialisation et événements politiques », *Revue française de sciences politiques*, vol. 52, n° 2-3, pp. 125-144.

IRIBARNE D' P. (1989). *La Logique de l'honneur*, Paris, Seuil.

IRIBARNE D' P. (2006). *L'Étrangeté française*, Paris, Seuil.

JACKSON S., SCOTT S. (1999). « Risk Anxiety and the Construction of Childhood », in Lupton D. (éd.), *Risk and Sociocultural Theory,* Cambridge, Cambridge University Press, pp. 86-130.

JEAMMET P. (dir.) (2004). *Adolescences. Repères pour les parents et les professionnels*, Paris, La Découverte.

KANT E. (1784). *Qu'est-ce que les Lumières ?* (1999, Paris, Hatier).

KAUFMANN J.-C. (1999). *La Femme seule et le Prince charmant*, Paris, Nathan.

KAUFMANN J.-C. (2005). *Casseroles, amour et crises. Ce que cuisiner veut dire,* Paris, A. Colin.

KELEK N. (2005). *La Fiancée importée*, Paris, Éditions J. Chambon.

KOHN M.L. (1969). *Class and Conformity*, Homewood, Dorsey Press.

KORCZAK J. (1998). *Comment aimer son enfant/Le droit de l'enfant au respect*, Paris, R. Laffont.

KORCZAK J. (1978). *Le Roi Mathias Ier,* t. I et II, Paris, Gallimard.

LACROIX E. (2001). *Les Droits de l'enfant,* Paris, Ellipses.

LABOV W. (1976). *Sociolinguistique*, Paris, Éd. de Minuit.

LAFOND L. (2005). *Sociologie de la « crise d'adolescence »*, mémoire de master 1, université de Paris 5-Descartes (dir. F. de Singly)

LAHIRE B. (2004). *La Culture des individus*, Paris, La Découverte.

LECCARDI C. (2005). « Facing uncertainty. Temporality and biographies in the new century », *Young*, vol. 13, n° 2, pp. 123-146.

LEVI G., SCHMITT J.-C. (éd.) (1996). *Histoire des jeunes en Occident. L'époque contemporaine*, Paris, Seuil.

MACPHERSON C.B. (2004). *La Théorie politique de l'individualisme possessif*, Paris, Gallimard.

MAIRA S., SOEP E. (2004), « United States of an Adolescence ? Reconsidering US Youth culture studies », *Young*, vol. 12, n° 3, pp. 245-269.

MALPAS N., LAMBERT P.-Y. (1993). *Les Européens et la famille*, rapport pour la commission des communautés européennes, Bruxelles.

MARCELLI D. (2003). *L'Enfant, chef de famille*, Paris, Albin Michel.

MARTINO B. (2002). *Le Bébé est une personne,* Paris, J'ai lu (1re éd., 1985).

MARTUCCELLI D. (2002). *Grammaires de l'individu*, Paris, Gallimard.

MARTUCCELLI D. (2006). *Forgés par l'épreuve*, Paris, A. Colin.

MEAD M. (1970). *Le Fossé des générations*, Paris, Denoël.

MESURE S. (2004). « L'enfant entre droit et sollicitude », in F. de Singly (dir.), *Enfants-adultes : vers une égalité de statuts ?,* Paris, éditions Universalis, pp. 99-111.

NAOURI A. (2004). *Les Pères et les Mères*, Paris, O. Jacob.

NEILL A.S. (1971). *Libres enfants de Summerhill*, Paris, F. Maspero (1re éd., 1960).

NEILL A.S. (1975). *La Liberté, pas l'anarchie. Réflexions sur l'éducation et l'expérience de Summerhill*, Paris, Payot.

PASQUIER D. (2000). *La Culture des sentiments. L'expérience télévisuelle des adolescents*, Paris, Éd. de la MSH.

PASQUIER D. (2005). *Cultures lycéennes. La tyrannie de la majorité*, Paris, Autrement.

PASSERON J.-C., REVEL J. (éd.) (2005). *Penser par cas*, Paris, Éd. de l'EHESS.

POISSENOT C. (1997). *Les Adolescents et la Bibliothèque*, Paris, BPI-Centre Georges Pompidou.

POMMAUX Y. (1994). *Une nuit, un chat…*, Paris, L'École des loisirs.

RAMOS E. (2002). *Rester enfant, devenir adulte*, Paris, L'Harmattan.

RENAUT A. (1989). *L'Ère de l'individu*, Paris, Gallimard.

RENAUT A. (1995). *L'Individu. Réflexions sur la philosophie du sujet*, Paris, Hatier.

RENAUT A. (2002). *La Libération des enfants. Contribution philosophique à une histoire de l'enfance*, Paris, Bayard-Calmann-Lévy.

RENAUT A. (2004). *La Fin de l'autorité*, Paris, Flammarion.

ROBIC S. (2006). *Les Doigts écorchés*, Paris, Naïve.

RODRIGUEZ-TOMÉ H., JACKSON S., BARIAUD F. (1997). *Regards actuels sur l'adolescence*, Paris, PUF.

ROLLET C. (1990). *La Politique à l'égard de la petite enfance sous la IIIe République*, Paris, PUF-INED.

ROUSSEL L. (1989). *La Famille incertaine,* Paris, O. Jacob.

ROUSSEL L. (2001). *L'Enfance oubliée*, Paris, O. Jacob.

RUFO M. (2005). *Détache-moi !*, Paris, A. Carrère.

SARTRE J.-P. (1943). *L'Être et le Néant*, Paris, Gallimard, 1976.

SCHNEEWIND J.B. (2001). *L'Invention de l'autonomie*, Paris, Gallimard.

SCHWARTZ O. (1990). *Le Monde privé des ouvriers*, Paris, PUF.

SINGLY DE F. (1995). « Les actions culturelles en direction des bébés lecteurs et leurs raisons sociologiques », in M. GLAUMAUD-CARRÉ, M. MANUÉLIAN-RAVET, *Le Bébé et ses apprentissages*, Paris, Syros, pp. 107-114.

SINGLY DE F. (1996). *Le Soi, le Couple et la Famille*, Paris, Nathan.

SINGLY DE F. (1993). « Les jeunes et la lecture », *Les dossiers Éducation et Formation*, n° 24.

SINGLY DE F. (1999). « "La fin du règne de l'enfant". Des usages savants de la norme du "bien de l'enfant" », *French Politics, Culture and Society*, vol. 17, n° 3-4, pp. 117-133.

SINGLY DE F., RAMOS E. (2000). « La défense d'un "petit monde" pour un jeune adulte vivant chez ses parents », in F. DE SINGLY, *Libres ensemble*, Paris, Nathan, pp. 155-176.

SINGLY DE F., JANET-CHAUFFIER J. (2000). « En famille au *fast-food* », in F. DE SINGLY, *Libres ensemble,* Paris, Nathan, pp. 113-129.

SINGLY DE F., CHALAND K. (2001). « Quel modèle pour la vie à deux dans les sociétés modernes avancées ? », in F. de SINGLY, S. MESURE (éd.), *Comprendre le lien familial*, Paris, PUF, pp. 280-300.

SINGLY DE F. (2002). « La "liberté de circulation" : un droit aussi de la jeunesse », *Recherches et Prévisions,* n° 67, pp. 21-36.

SINGLY DE F. (2003*a*). *Les Uns avec les autres. Quand l'individualisme crée du lien*, Paris, A. Colin.

SINGLY DE F. (2003*b*). « Qu'est-ce qu'un bon parent ? », in F. DEKEUWER-DÉFOSSEZ, C. CHOAIN (éd.), *L'Autorité parentale en question*, Lille, Presses universitaires Septentrion, pp. 15-25..

SINGLY DE F., avec CHALAND K. (2003). *Les Espaces de l'autonomie des préadolescents,* rapport pour le PUCA, ministère de l'Équipement, des Transports et du Logement, Paris, CERLIS.

SINGLY DE F. (2004*a*). « Le statut de l'enfant dans la famille contemporaine », in F. DE SINGLY (dir.), *Enfants, adultes : vers une égalité de statuts ?,* Paris, Éditions Universalis.

SINGLY de F. (2004*b*). « La spécificité de la jeunesse dans les sociétés individualistes », in F. DUBET, O. GALLAND, E. DESCHAVANNE (éd.), *Comprendre les jeunes*, Paris, PUF, pp. 259-274.

SINGLY DE F. (2005*a*). *L'Individualisme est un humanisme*, La Tour d'Aigues, Éditions de l'Aube.

SINGLY DE F. (2005*b*). « Les disparitions de l'individu singulier en sociologie », in P. CORCUFF, J. ION, F. DE SINGLY (éd.), *Politiques de l'individualisme*, Paris, Textuel, pp. 63-86.

SINGLY DE F. (2005*c*) « Le soi dénudé. Sur l'inscription corporelle de l'identité intime », in C. BOMBERGER, P. DURET, J.-C. KAUFMANN, D. LE BRETON, F. DE SINGLY, G. VIGARELLO, *Un corps pour soi,* Paris, PUF, pp. 115-138.

SIROTA R. (1999). « Les civilités de l'enfance contemporaine. L'anniversaire ou le déchiffrage d'une configuration », *Éducation et Sociétés,* n° 3, pp. 31-54.

SLOTERDIJK P. (1999), *Essai d'intoxication volontaire. Conversation avec Carlos Oliveira*, Paris, Calmann-Lévy (1re éd. 1996).

SOHN A.-M. (2001). *Âge tendre et tête de bois. Histoire des jeunes des années 1960*, Paris, Hachette.

TAYLOR C. (1992). *Grandeur et misère de la modernité*, Québec, Bellarmin.

TAYLOR C. (1998). *Les Sources du moi*, Paris, Seuil.

THÉRY I. (1992). « Nouveaux droits de l'enfant, la potion magique ? », *Esprit,* n° 3-4, pp. 5-30.

THIERCÉ A. (1999). *Histoire de l'adolescence (1850-1914*), Paris, Belin.

TISSERON S. (2005). *Vérités et mensonges de nos émotions*, Paris, A. Michel.

VILLE P. (2005). *La Famille et la Télévision*, mémoire de master 1, sous la dir. F. de Singly, université de Paris-5 Descartes.

WANG R., BIANCHI S.M., RALEY S.B. (2005). « Teenagers' Internet Use and Family Rules : A Research note », *Journal of Marriage and the Family*, vol. 67, n° 4, pp. 1249-1258.

WATSON G. (1970). « Goodwin Watson », in collectif, *Pour ou contre Summerhill*, Paris, Payot, pp. 155-171.

WINOCK M. (1985). *Études sur la France de 1939 à nos jours*, Paris, Seuil.

YONNET P. (2006). *Le Recul de la mort*, Paris, Gallimard.

ZIMMERMANN F. (2005). « La casuistique dans la bioéthique américaine », in J.-C. PASSERON, J. REVEL (éd.), *Penser par cas*, Paris, Éditions de l'EHESS, pp. 159-170.

Table des matières

Aubin Imprimeur
LIGUGÉ, POITIERS

Achevé d'imprimer en juillet 2006
N° d'impression L 70113
Dépôt légal, juillet 2006
Imprimé en France